전면개정판 제36회 공인중개사 시험대비

박문각 공인중개사

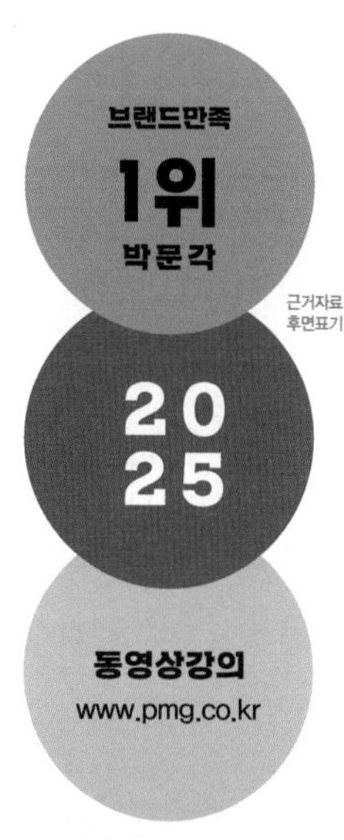

김화현 강의노트 1차 민법·민사특별법

김화현 편저

합격까지 박문각
합격 노하우가 **다르다!**

민법 및 민사특별법

김화현 필수서(요약집) 강의노트

[유튜브]
김화현쌤의 부동산북두칠성

[네이버 밴드]
공인중개사민법 김화현쌤

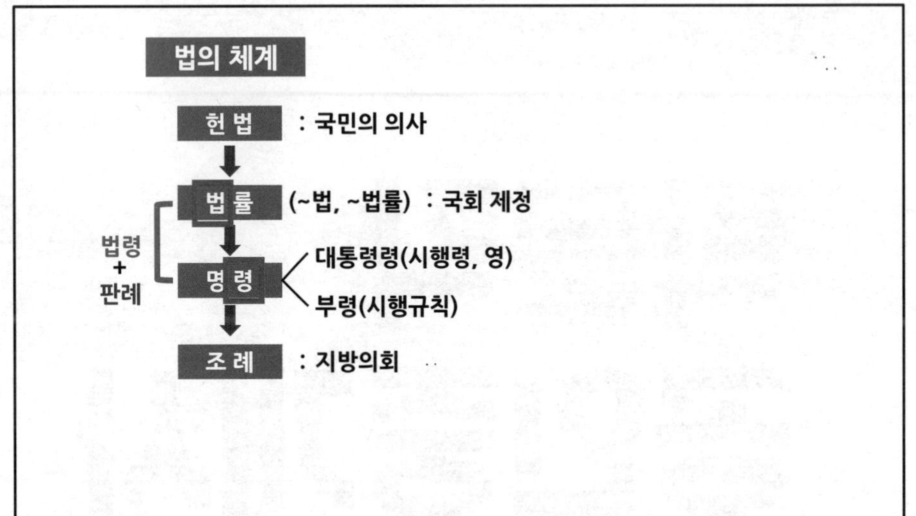

제 1 편

민법총칙

제 1 장

총 설

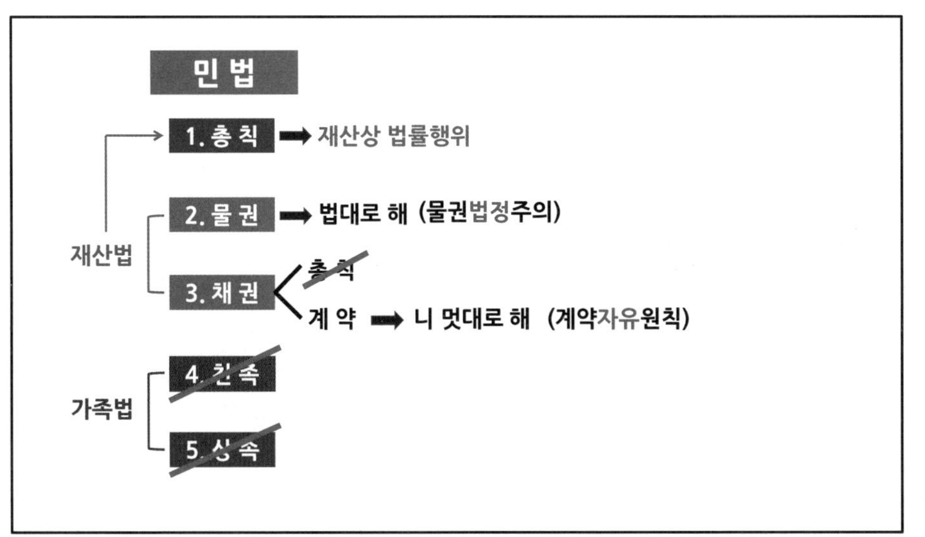
민 법
1. 총 칙
재산상 법률행위
2. 물 권
법대로 해 (물권법정주의)
재산법
3. 채 권
총 칙
계 약
니 멋대로 해 (계약자유원칙)
4. 친 속
가족법
5. 상 속

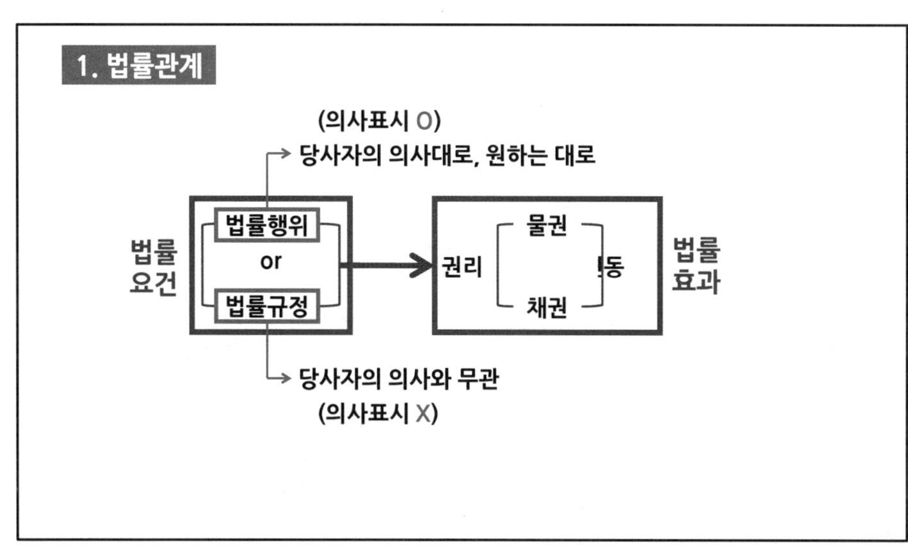
1. 법률관계
(의사표시 O)
당사자의 의사대로, 원하는 대로
법률
요건
법률행위
or
법률규정
권리
물권
채권
변동
법률
효과
당사자의 의사와 무관
(의사표시 X)

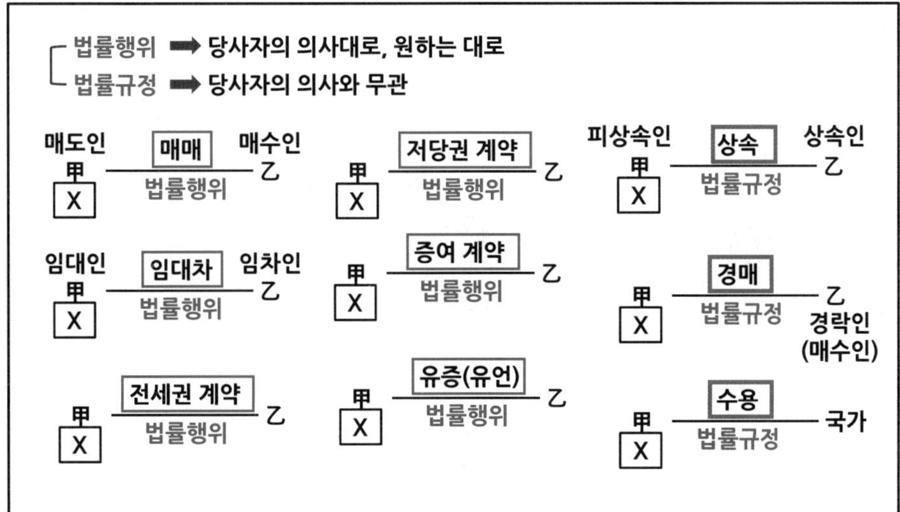
법률행위 ➡ 당사자의 의사대로, 원하는 대로
법률규정 ➡ 당사자의 의사와 무관
매도인
매매
매수인
甲
乙
X
법률행위
저당권 계약
甲
乙
X
법률행위
피상속인
상속
상속인
甲
乙
X
법률규정
임대인
임대차
임차인
甲
乙
X
법률행위
증여 계약
甲
乙
X
법률행위
경매
甲
乙
X
법률규정
경락인
(매수인)
전세권 계약
甲
乙
X
법률행위
유증(유언)
甲
乙
X
법률행위
수용
甲
국가
X
법률규정

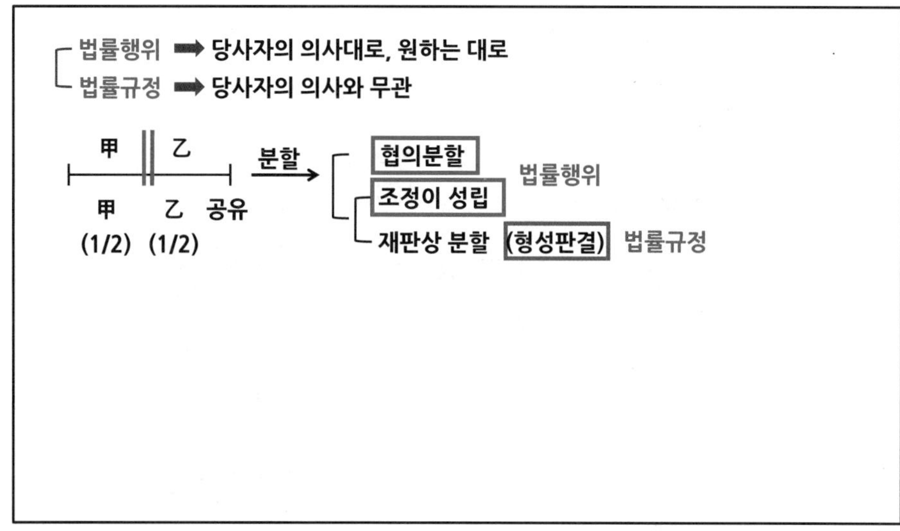
법률행위 ➡ 당사자의 의사대로, 원하는 대로
법률규정 ➡ 당사자의 의사와 무관
甲
乙
분할
甲
乙
공유
(1/2)
(1/2)
협의분할
조정이 성립
법률행위
재판상 분할
(형성판결)
법률규정

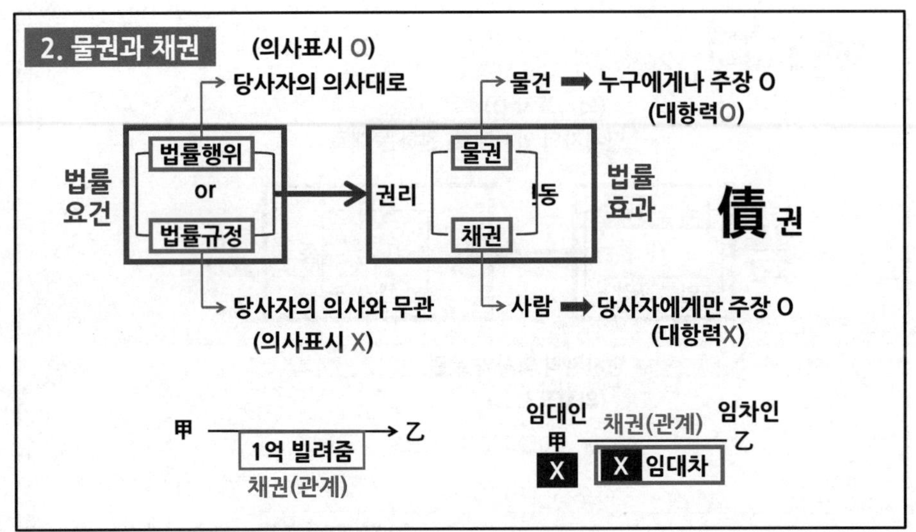
2. 물권과 채권
(의사표시 O)
당사자의 의사대로
법률요건
법률행위
or
법률규정
당사자의 의사와 무관
(의사표시 X)
권리
물권
채권
변동
법률효과
물건 ➡ 누구에게나 주장 O
(대항력O)
사람 ➡ 당사자에게만 주장 O
(대항력X)
債 권
甲
1억 빌려줌
乙
채권(관계)
임대인
甲
X
채권(관계)
X 임대차
임차인
乙

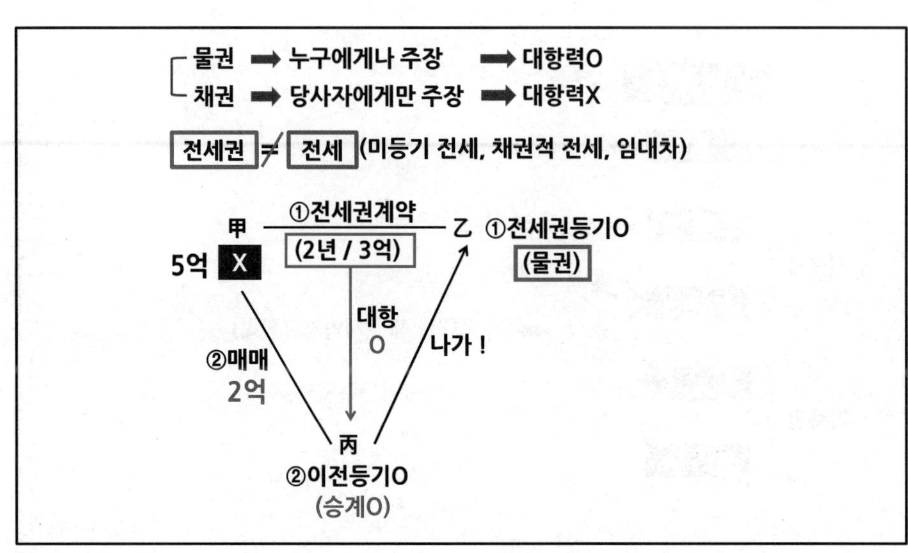
물권 ➡ 누구에게나 주장 ➡ 대항력O
채권 ➡ 당사자에게만 주장 ➡ 대항력X
전세권 ≠ 전세 (미등기 전세, 채권적 전세, 임대차)
甲
5억 X
①전세권계약
(2년 / 3억)
乙 ①전세권등기O
(물권)
대항
O
나가 !
②매매
2억
丙
②이전등기O
(승계O)

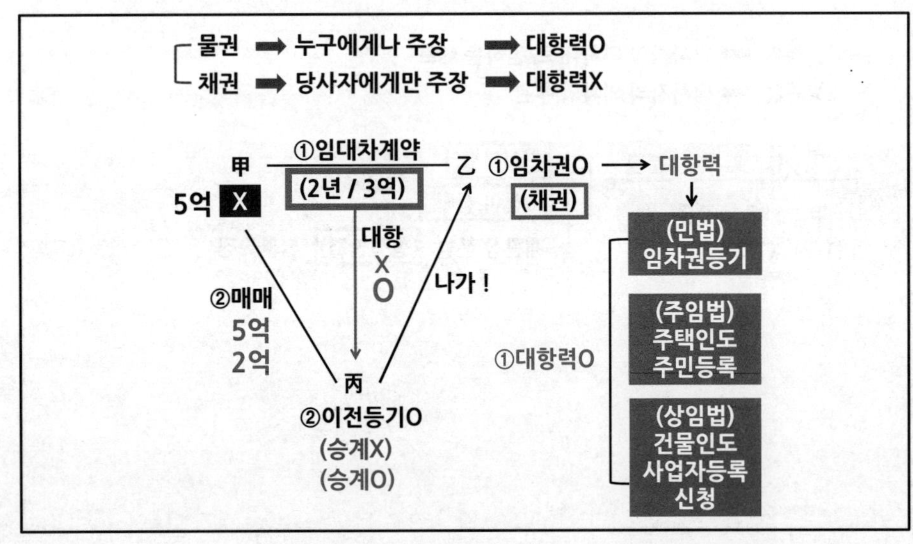
물권 ➡ 누구에게나 주장 ➡ 대항력O
채권 ➡ 당사자에게만 주장 ➡ 대항력X
甲
5억 X
①임대차계약
(2년 / 3억)
乙 ①임차권O → 대항력
(채권)
대항
X
O
나가 !
②매매
5억
2억
丙
②이전등기O
(승계X)
(승계O)
①대항력O
(민법)
임차권등기
(주임법)
주택인도
주민등록
(상임법)
건물인도
사업자등록
신청

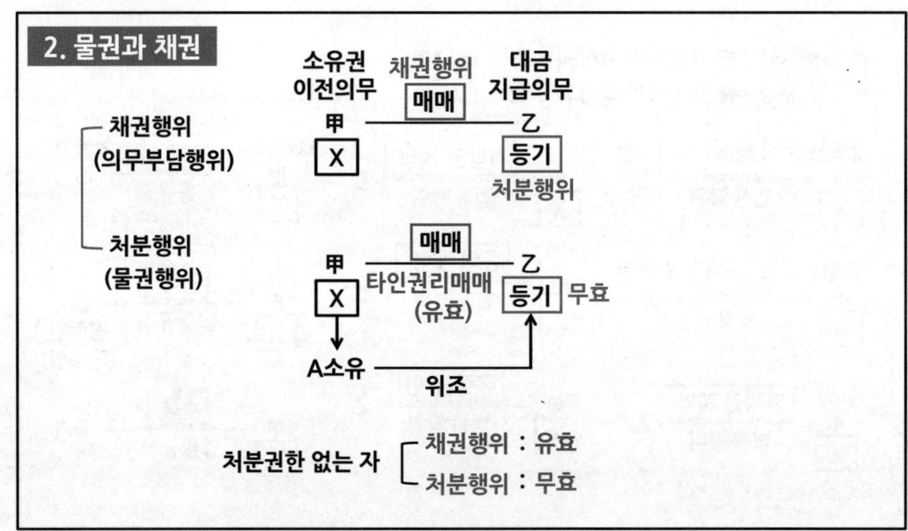
2. 물권과 채권
채권행위
(의무부담행위)
처분행위
(물권행위)
소유권
이전의무
채권행위
매매
대금
지급의무
甲
X
乙
등기
처분행위
매매
甲
X
타인권리매매
(유효)
乙
등기 무효
A소유
위조
처분권한 없는 자
채권행위 : 유효
처분행위 : 무효

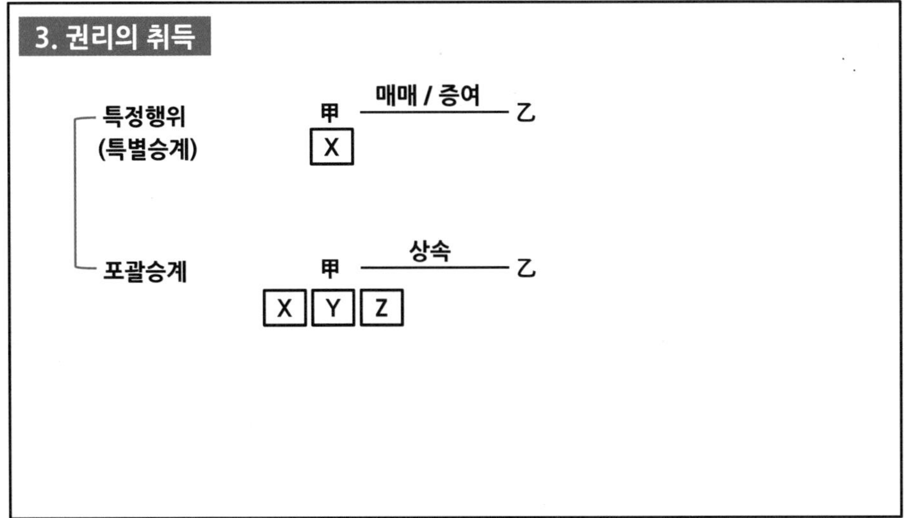
3. 권리의 취득
특정행위
(특별승계)
甲
매매 / 증여
乙
X
포괄승계
甲
상속
乙
X
Y
Z

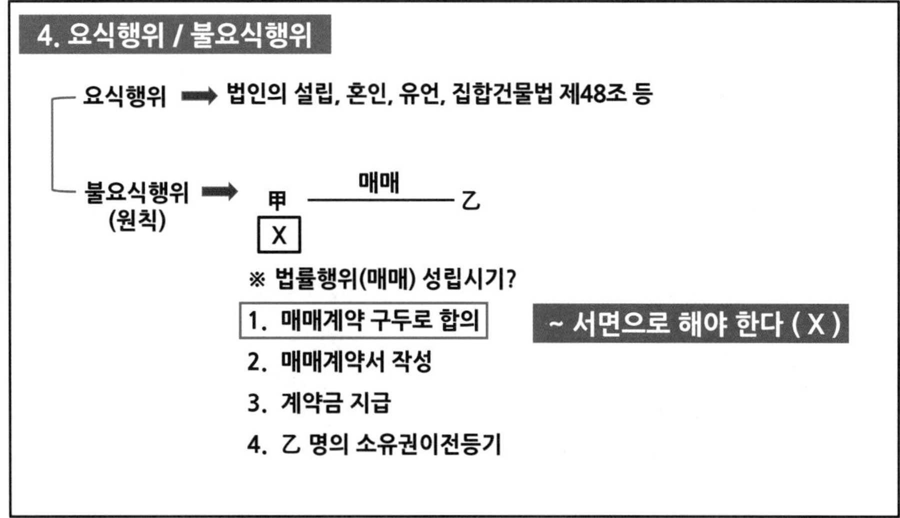
4. 요식행위 / 불요식행위
요식행위
법인의 설립, 혼인, 유언, 집합건물법 제48조 등
불요식행위
(원칙)
甲
매매
乙
X
※ 법률행위(매매) 성립시기?
1. 매매계약 구두로 합의
~ 서면으로 해야 한다 (X)
2. 매매계약서 작성
3. 계약금 지급
4. 乙 명의 소유권이전등기

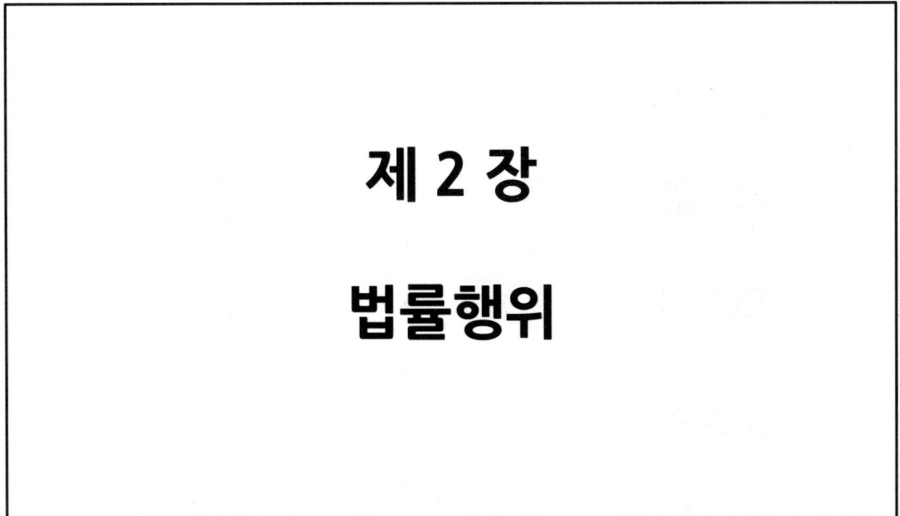
제 2 장
법률행위

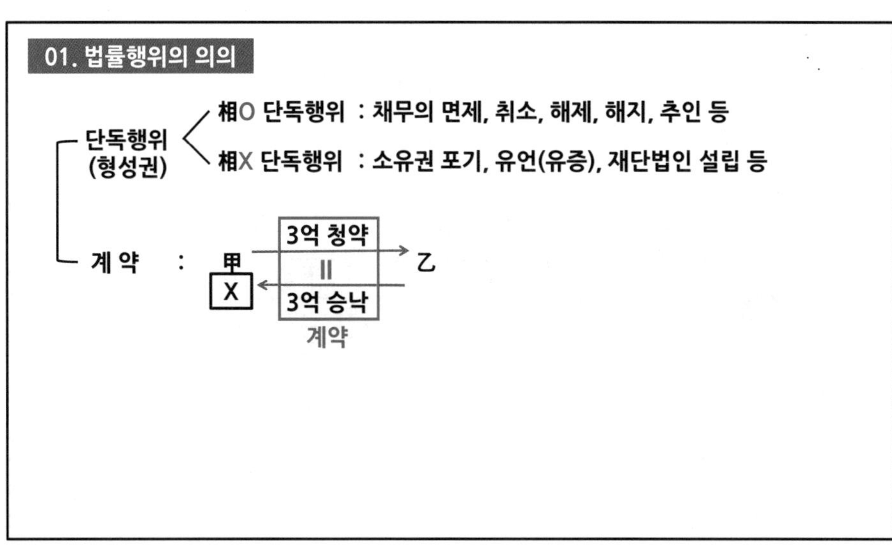
01. 법률행위의 의의
단독행위
(형성권)
相O 단독행위 : 채무의 면제, 취소, 해제, 해지, 추인 등
相X 단독행위 : 소유권 포기, 유언(유증), 재단법인 설립 등
계 약 :
甲
X
3억 청약
II
3억 승낙
계약
乙

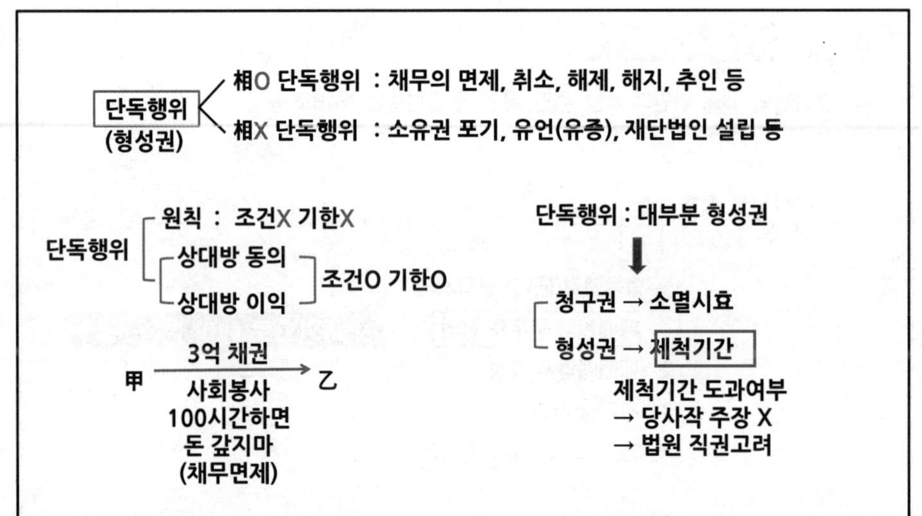
단독행위
(형성권)
相O 단독행위 : 채무의 면제, 취소, 해제, 해지, 추인 등
相X 단독행위 : 소유권 포기, 유언(유증), 재단법인 설립 등
단독행위
원칙 : 조건X 기한X
상대방 동의
상대방 이익
조건O 기한O
甲
3억 채권
乙
사회봉사
100시간하면
돈 갚지마
(채무면제)
단독행위 : 대부분 형성권
청구권 → 소멸시효
형성권 → 제척기간
제척기간 도과여부
→ 당사작 주장 X
→ 법원 직권고려

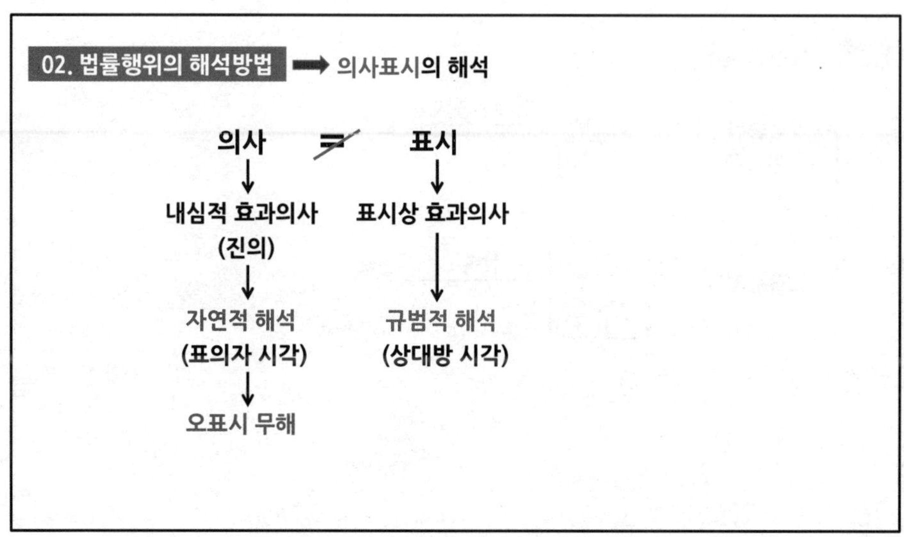
02. 법률행위의 해석방법
의사표시의 해석
의사
표시
내심적 효과의사
(진의)
표시상 효과의사
자연적 해석
(표의자 시각)
규범적 해석
(상대방 시각)
오표시 무해

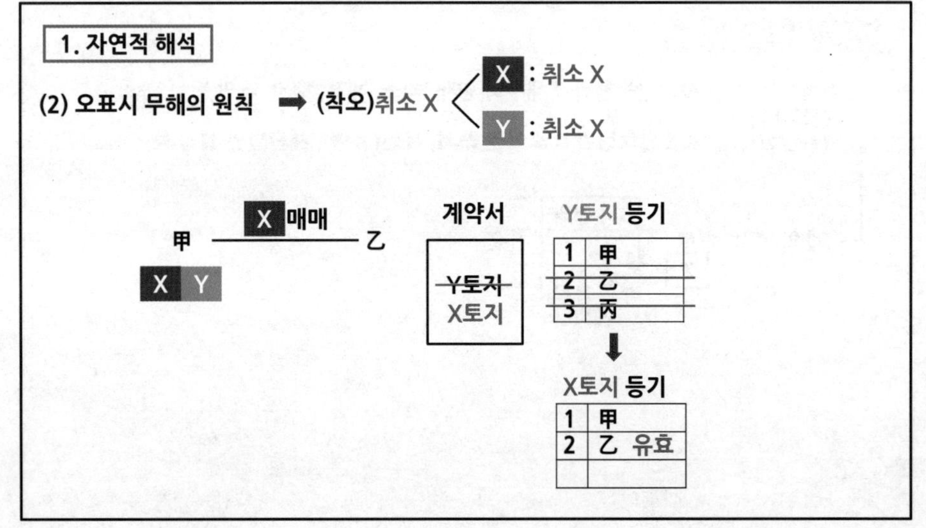
1. 자연적 해석
(2) 오표시 무해의 원칙
(착오)취소 X
X : 취소 X
Y : 취소 X
甲
X 매매
乙
X Y
계약서
Y토지
X토지
Y토지 등기
1 甲
2 乙
3 丙
X토지 등기
1 甲
2 乙 유효

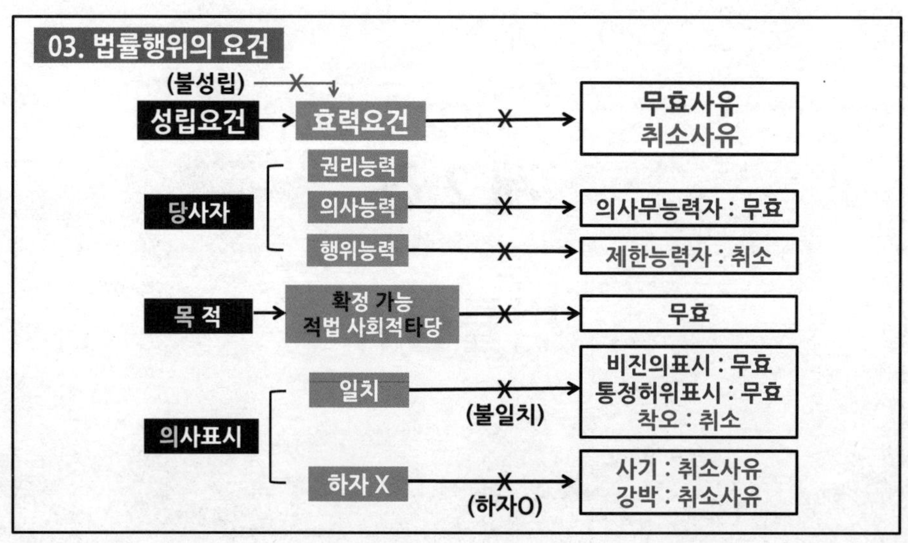
03. 법률행위의 요건
(불성립)
성립요건
효력요건
무효사유
취소사유
당사자
권리능력
의사능력
행위능력
의사무능력자 : 무효
제한능력자 : 취소
목 적
확정 가능
적법 사회적타당
무효
의사표시
일치
(불일치)
비진의표시 : 무효
통정허위표시 : 무효
착오 : 취소
하자 X
(하자O)
사기 : 취소사유
강박 : 취소사유

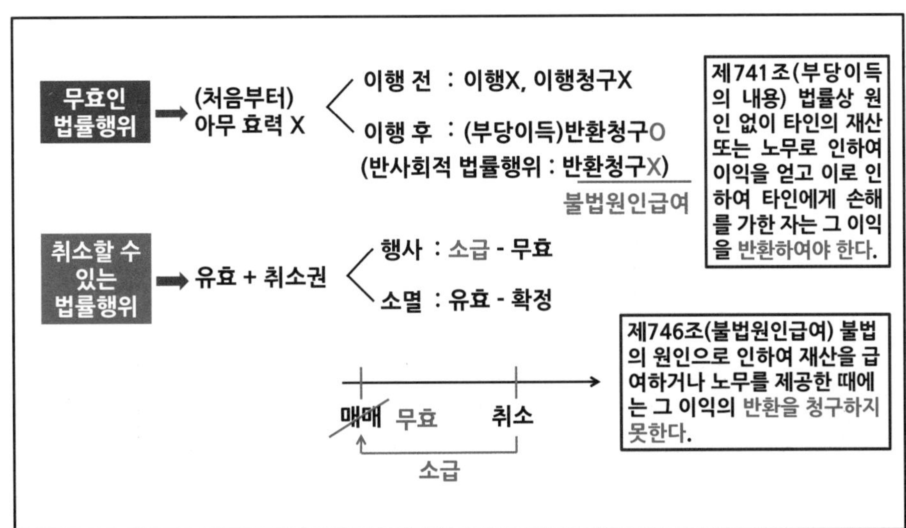

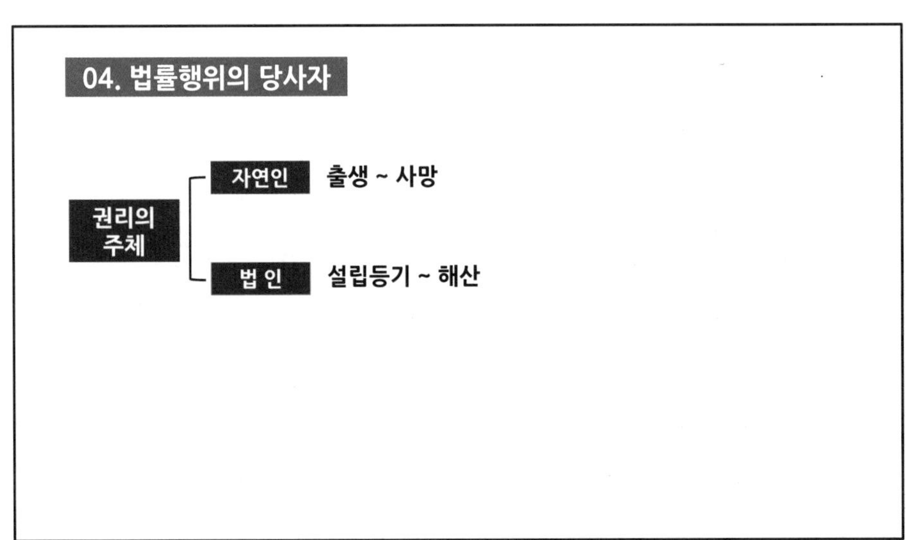

3. 행위능력

제한능력자 미성년자 피한정후견인 피성년후견인

제4조(성년) 사람은 19세로 성년에 이르게 된다.

제5조(미성년자의 능력) ① 미성년자가 법률행위를 함에는 법정대리인의 동의를 얻어야 한다.
② 전항의 규정에 위반한 행위는 취소할 수 있다.

제12조(한정후견개시의 심판) ① 가정법원은 질병, 장애, 노령, 그 밖의 사유로 인한 정신적 제약으로 사무를 처리할 능력이 부족한 사람에 대하여 ~ 한정후견개시의 심판을 한다.

제9조(성년후견개시의 심판) ① 가정법원은 질병, 장애, 노령, 그 밖의 사유로 인한 정신적 제약으로 사무를 처리할 능력이 지속적으로 결여된 사람에 대하여 ~ 성년후견개시의 심판을 한다.

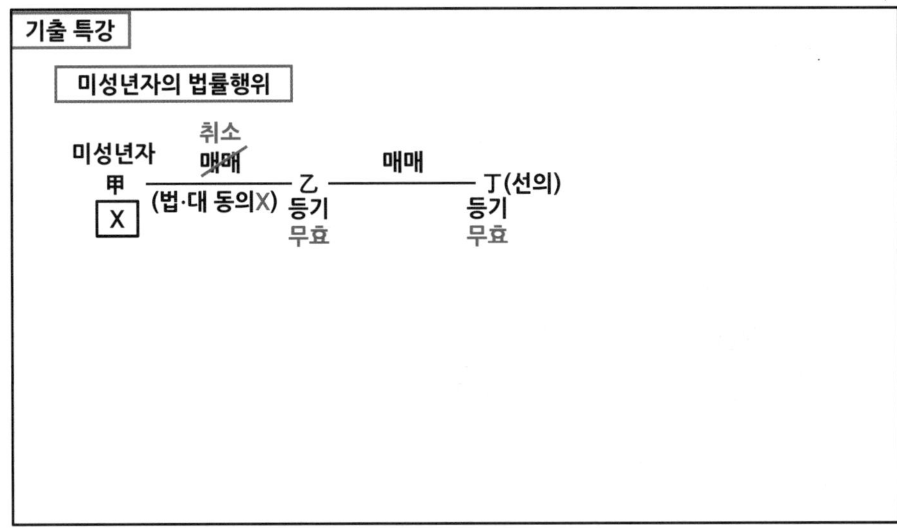

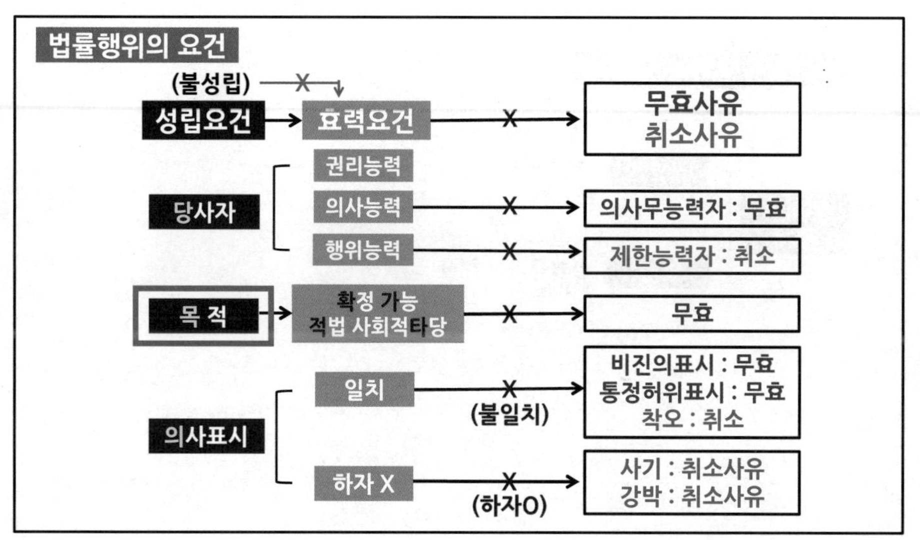
법률행위의 요건
(불성립)
성립요건
효력요건
무효사유
취소사유
권리능력
당사자
의사능력
의사무능력자 : 무효
행위능력
제한능력자 : 취소
목 적
확정 가능
적법 사회적타당
무효
일치
(불일치)
비진의표시 : 무효
통정허위표시 : 무효
착오 : 취소
의사표시
하자 X
(하자O)
사기 : 취소사유
강박 : 취소사유

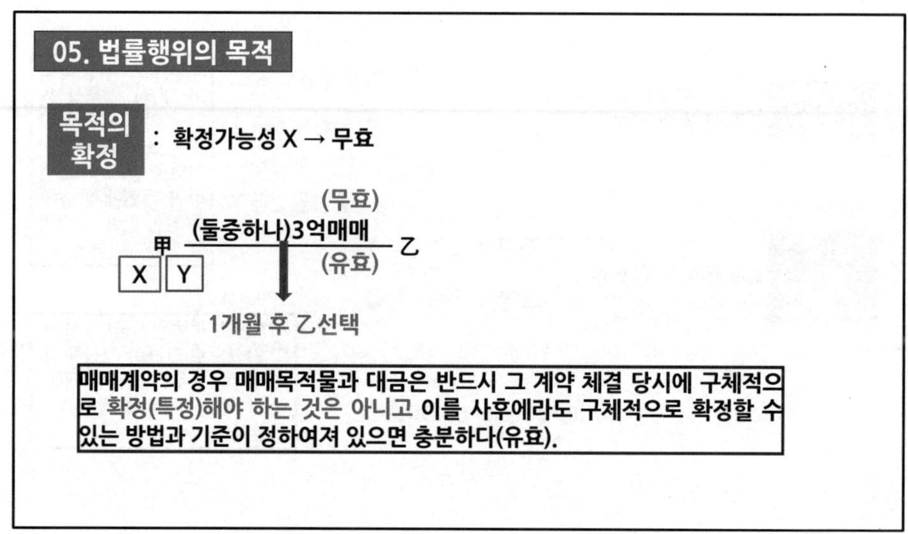
05. 법률행위의 목적
목적의 확정
: 확정가능성 X → 무효
(무효)
(둘중하나)3억매매
甲
乙
(유효)
X
Y
1개월 후 乙선택
매매계약의 경우 매매목적물과 대금은 반드시 그 계약 체결 당시에 구체적으로 확정(특정)해야 하는 것은 아니고 이를 사후에라도 구체적으로 확정할 수 있는 방법과 기준이 정하여져 있으면 충분하다(유효).

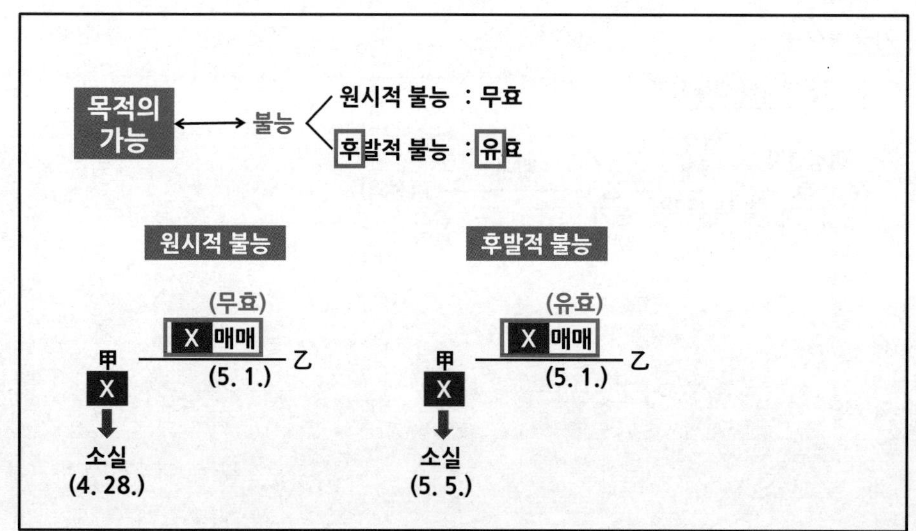
목적의 가능
불능
원시적 불능 : 무효
후발적 불능 : 유효
원시적 불능
(무효)
X 매매
甲
X
(5. 1.)
乙
소실
(4. 28.)
후발적 불능
(유효)
X 매매
甲
X
(5. 1.)
乙
소실
(5. 5.)

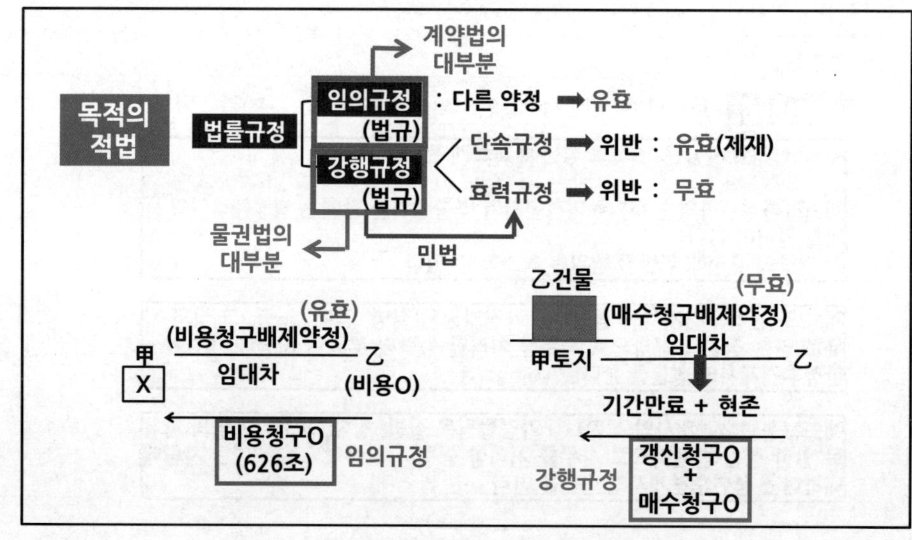
계약법의 대부분
목적의 적법
법률규정
임의규정 (법규)
: 다른 약정 ➡ 유효
강행규정 (법규)
단속규정 ➡ 위반 : 유효(제재)
효력규정 ➡ 위반 : 무효
물권법의 대부분
민법
(유효)
(비용청구배제약정)
甲
임대차
乙
X
(비용O)
비용청구O (626조)
임의규정
乙건물
(무효)
(매수청구배제약정)
임대차
甲토지
乙
기간만료 + 현존
강행규정
갱신청구O + 매수청구O

(강행규정 중)단속규정 ➡ 위반 : 유효(제재)

무허가 음식점(숙박업) 영업

중간생략등기(미등기 전매)

甲 ──매매── 乙 ──매매── 丙

X 등기X 등기O (유효)

1	甲
2	丙 유효

=

1	甲
2	乙
3	丙

실체관계에 부합

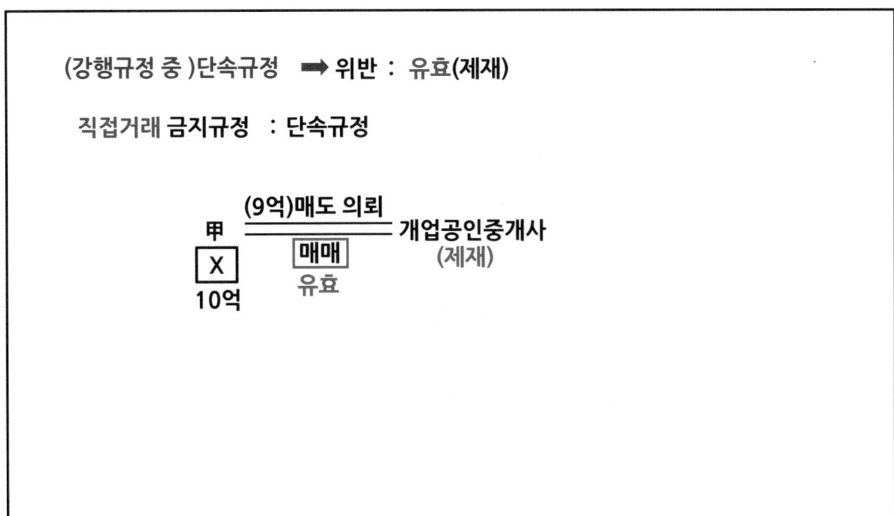

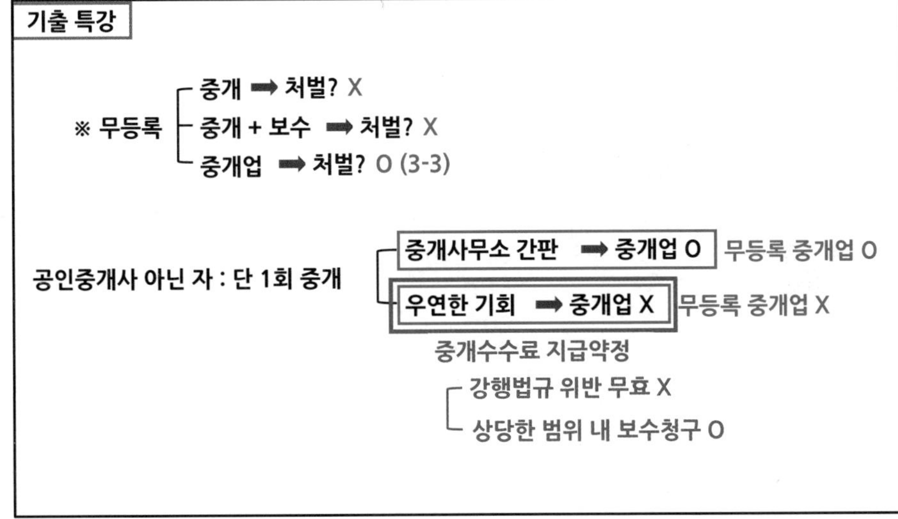

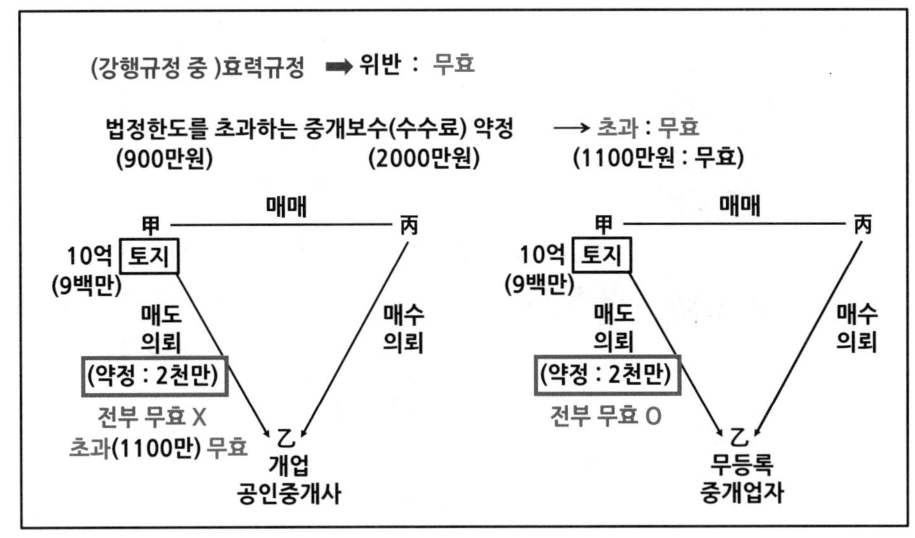

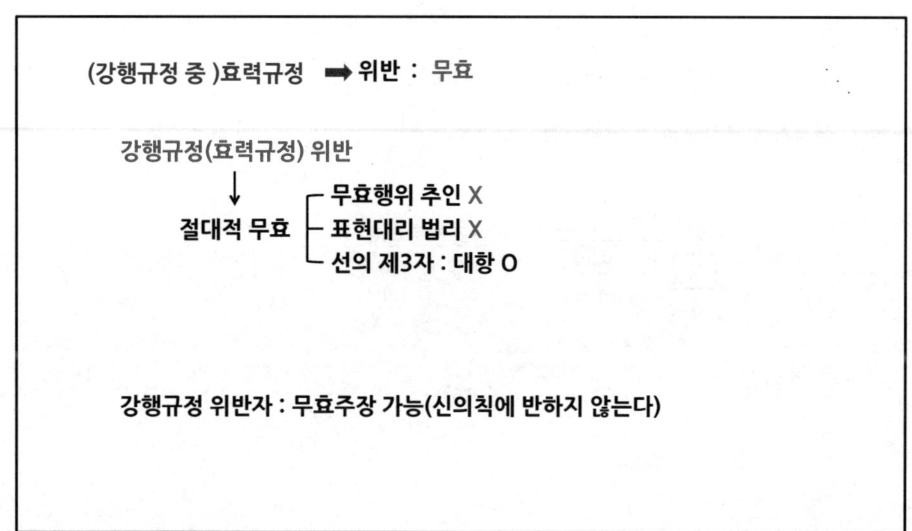
(강행규정 중)효력규정 ➡ 위반 : 무효
강행규정(효력규정) 위반
절대적 무효
무효행위 추인 X
표현대리 법리 X
선의 제3자 : 대항 O
강행규정 위반자 : 무효주장 가능(신의칙에 반하지 않는다)

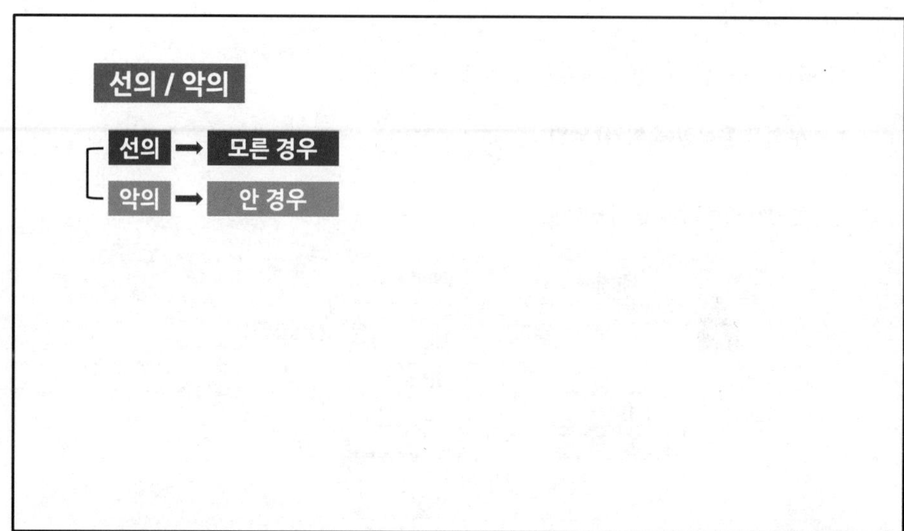
선의 / 악의
선의 ➡ 모른 경우
악의 ➡ 안 경우

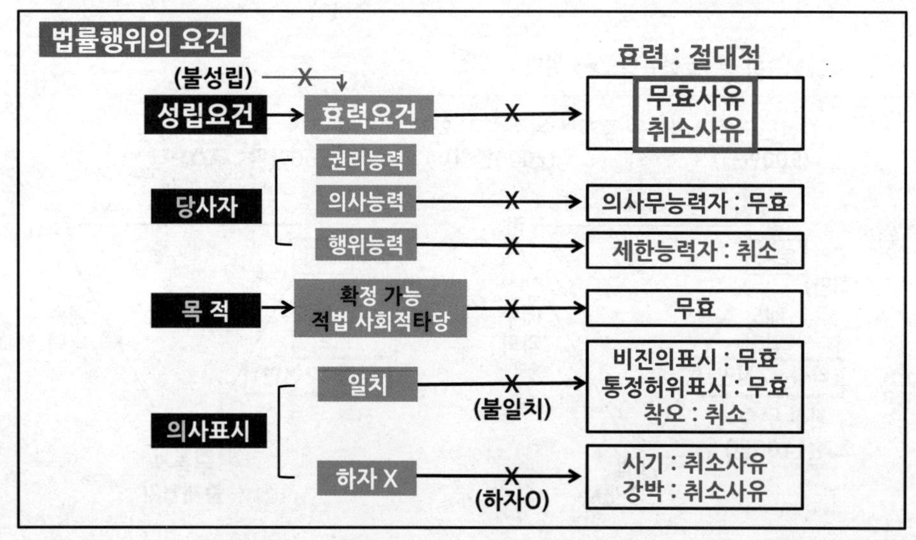
법률행위의 요건
(불성립)
성립요건
효력요건
효력 : 절대적
무효사유
취소사유
당사자
권리능력
의사능력
행위능력
의사무능력자 : 무효
제한능력자 : 취소
목 적
확정 가능
적법 사회적타당
무효
의사표시
일치
(불일치)
비진의표시 : 무효
통정허위표시 : 무효
착오 : 취소
하자 X
(하자O)
사기 : 취소사유
강박 : 취소사유

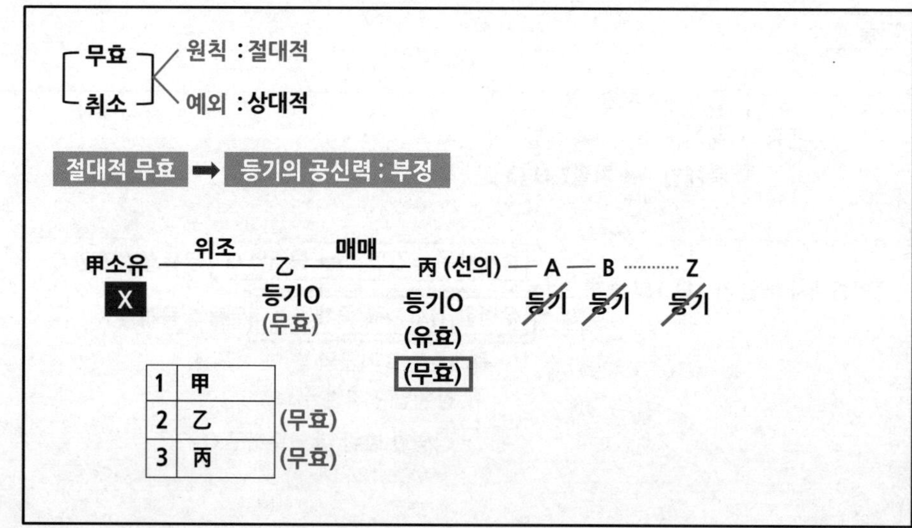
무효
취소
원칙 : 절대적
예외 : 상대적
절대적 무효 ➡ 등기의 공신력 : 부정
甲소유
X
위조
乙
등기O
(무효)
매매
丙 (선의)
등기O
(유효)
(무효)
A
B
Z
등기
등기
등기
1 甲
2 乙 (무효)
3 丙 (무효)

5. 목적의 사회적 타당

제103조(반사회질서의 법률행위) 선량한 풍속 기타 사회질서에 위반한 사항을 내용으로 하는 법률행위는 무효로 한다.

제741조(부당이득의 내용) 법률상 원인없이 타인의 재산 또는 노무로 인하여 이익을 얻고 이로 인하여 타인에게 손해를 가한 자는 그 이익을 반환하여야 한다.

제746조(불법원인급여) 불법의 원인으로 인하여 재산을 급여하거나 노무를 제공한 때에는 그 이익의 반환을 청구하지 못한다. 그러나 그 불법원인이 수익자에게만 있는 때에는 그러하지 아니하다.

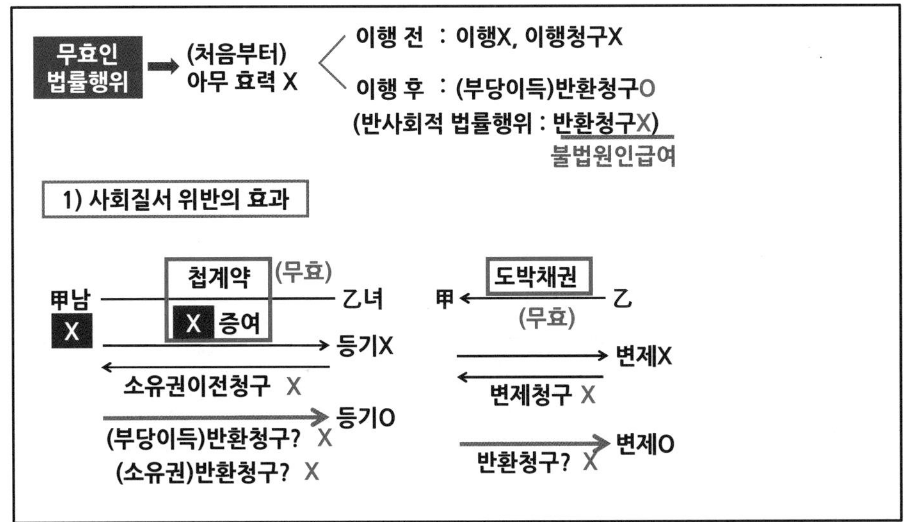

2) 판단시기

반사회적 법률행위의 판단시기 → 법률행위 성립당시

3) 반사회적 법률행위에 해당 여부

반사회적 법률행위 X ➡ 불법원인급여X

1. 강제집행 면할~~
2. 강박
3. 통정허위표시
4. 명의신탁
5. 조세(양도소득세 등)

3) 반사회적 법률행위에 해당 여부

변호사의 성공보수약정
- 민사사건 : 103조 무효 X
- 형사사건 : 무효

증언 + 금품약정
- (사실) 증언
  - 상당성 O : 유효
  - 상당성 초과 : 무효
- 허위진술 : 무효 (상당성 여부 무관)

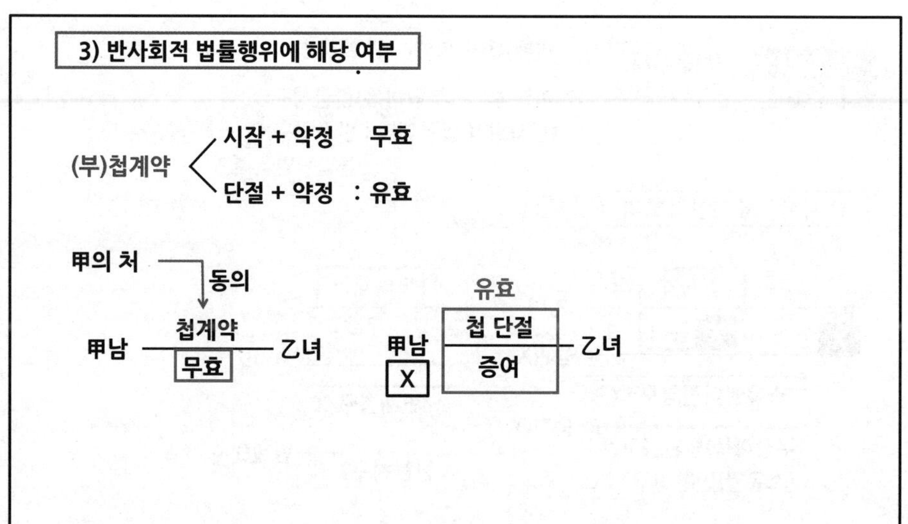
3) 반사회적 법률행위에 해당 여부
시작 + 약정 무효
(부)첩계약
단절 + 약정 : 유효
甲의 처
동의
첩계약
甲남
무효
乙녀
유효
첩 단절
甲남
증여
乙녀
X

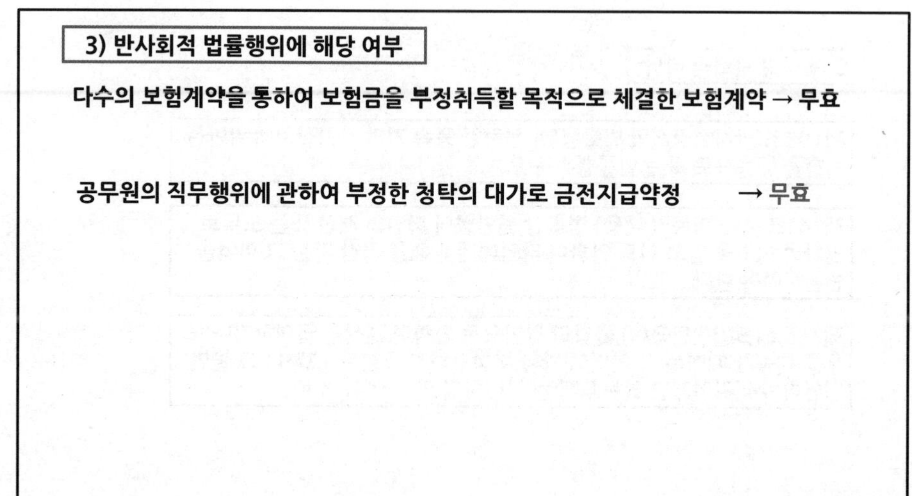
3) 반사회적 법률행위에 해당 여부
다수의 보험계약을 통하여 보험금을 부정취득할 목적으로 체결한 보험계약 → 무효
공무원의 직무행위에 관하여 부정한 청탁의 대가로 금전지급약정 → 무효

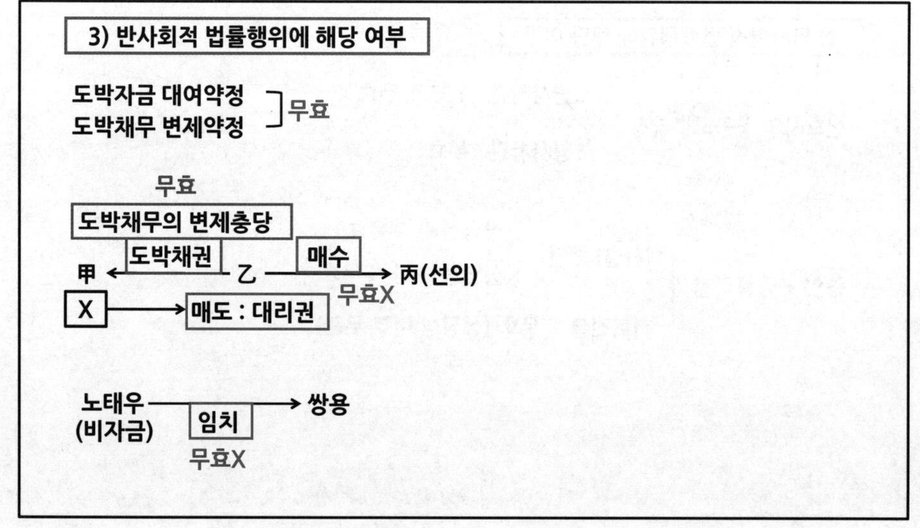
3) 반사회적 법률행위에 해당 여부
도박자금 대여약정
도박채무 변제약정
무효
무효
도박채무의 변제충당
도박채권
매수
甲
乙
丙(선의)
무효X
X
매도 : 대리권
노태우
(비자금)
임치
무효X
쌍용

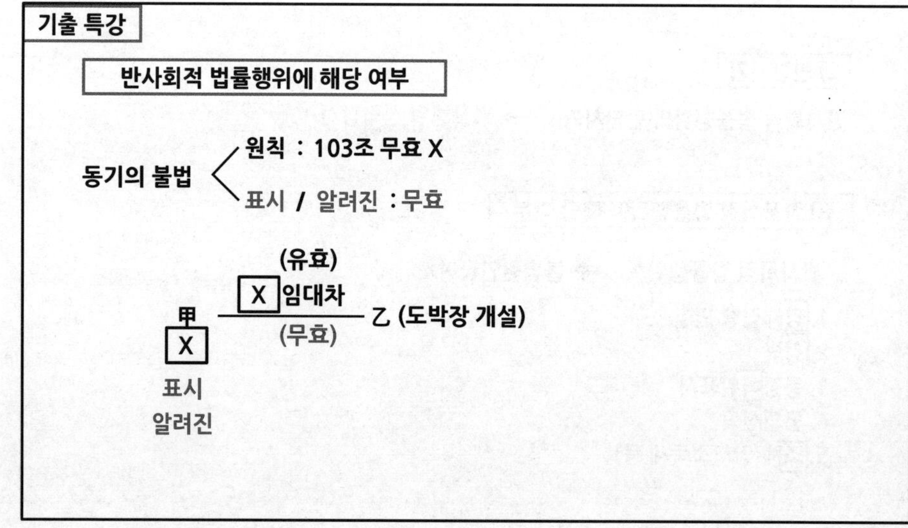
기출 특강
반사회적 법률행위에 해당 여부
원칙 : 103조 무효 X
동기의 불법
표시 / 알려진 : 무효
(유효)
X 임대차
甲
X
(무효)
乙 (도박장 개설)
표시
알려진

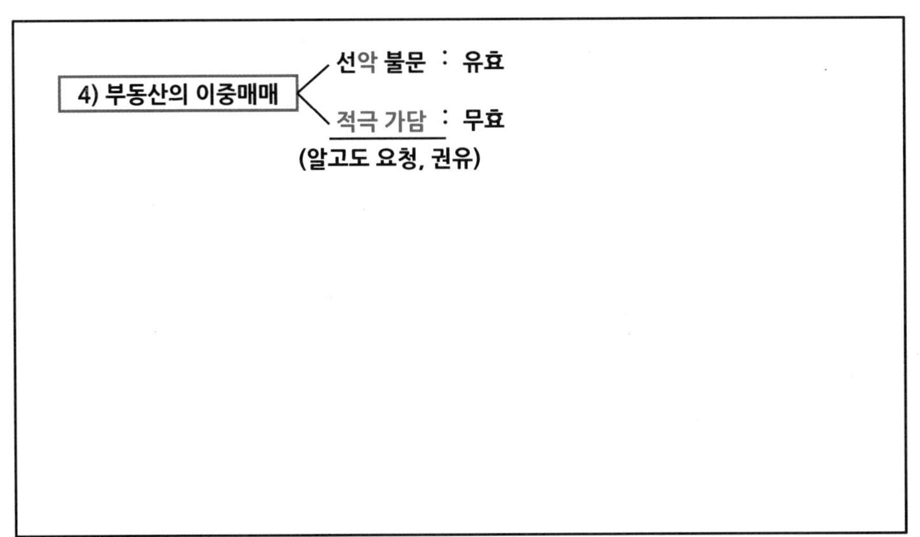
4) 부동산의 이중매매
선악 불문 : 유효
적극 가담 : 무효
(알고도 요청, 권유)

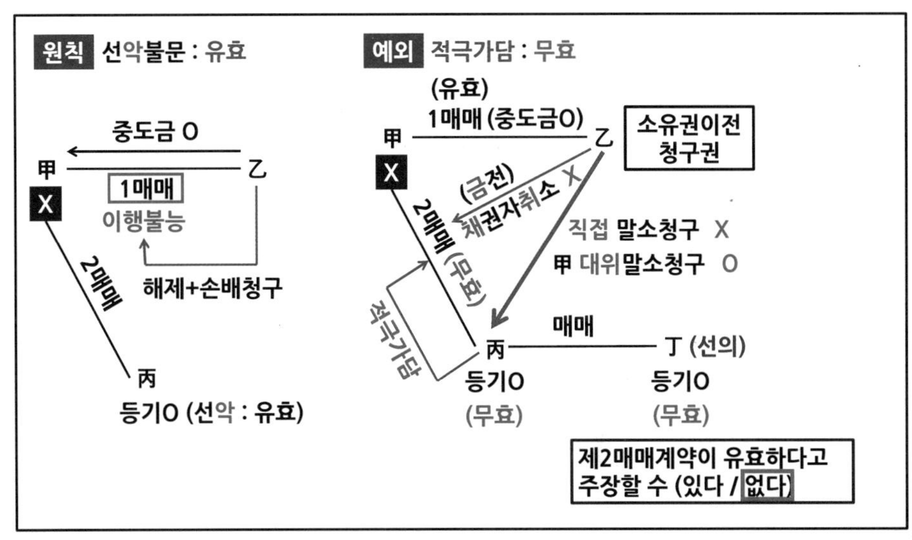
원칙 선악불문 : 유효
중도금 O
甲
乙
X
1매매
이행불능
해제+손배청구
2매매
丙
등기O (선악 : 유효)
예외 적극가담 : 무효
(유효)
1매매 (중도금O)
소유권이전
청구권
(금전)
채권자취소 X
2매매 (무효)
직접 말소청구 X
甲 대위말소청구 O
적극가담
매매
丁 (선의)
등기O
(무효)
제2매매계약이 유효하다고
주장할 수 (있다 / 없다)

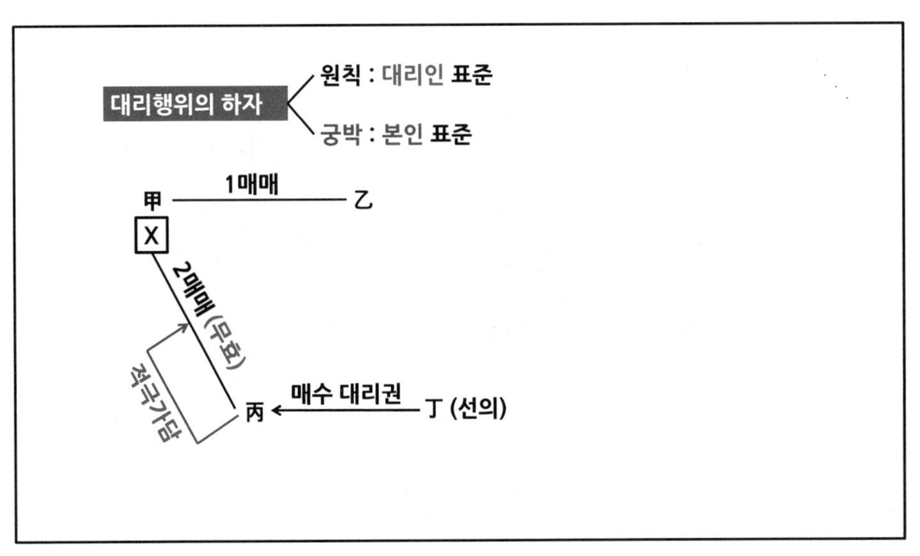
대리행위의 하자
원칙 : 대리인 표준
궁박 : 본인 표준
甲
1매매
乙
X
2매매 (무효)
적극가담
丙
매수 대리권
丁 (선의)

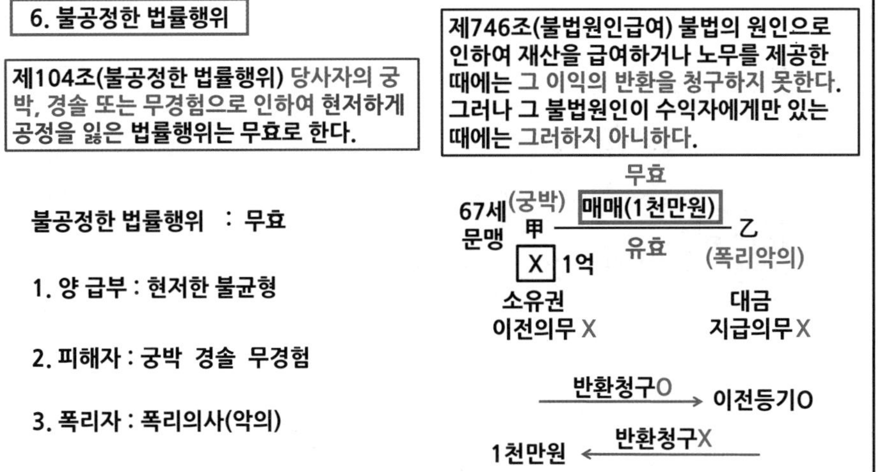
6. 불공정한 법률행위
제104조(불공정한 법률행위) 당사자의 궁박, 경솔 또는 무경험으로 인하여 현저하게 공정을 잃은 법률행위는 무효로 한다.
불공정한 법률행위 : 무효
1. 양 급부 : 현저한 불균형
2. 피해자 : 궁박 경솔 무경험
3. 폭리자 : 폭리의사(악의)
제746조(불법원인급여) 불법의 원인으로 인하여 재산을 급여하거나 노무를 제공한 때에는 그 이익의 반환을 청구하지 못한다. 그러나 그 불법원인이 수익자에게만 있는 때에는 그러하지 아니하다.
무효
67세 (궁박)
문맹
甲
매매(1천만원)
乙
유효
(폭리악의)
X 1억
소유권
이전의무 X
대금
지급의무 X
반환청구O
이전등기O
1천만원
반환청구X

(1) 불공정한 법률행위의 효과

제104조(불공정한 법률행위) 당사자의 궁박, 경솔 또는 무경험으로 인하여 현저하게 공정을 잃은 **법률행위는 무효로 한다.**

무상행위(증여, 기부 등) : 적용 X

불공정한 법률행위 : 무효 → 추인 X **/ 전환** O

경매 : 적용 X

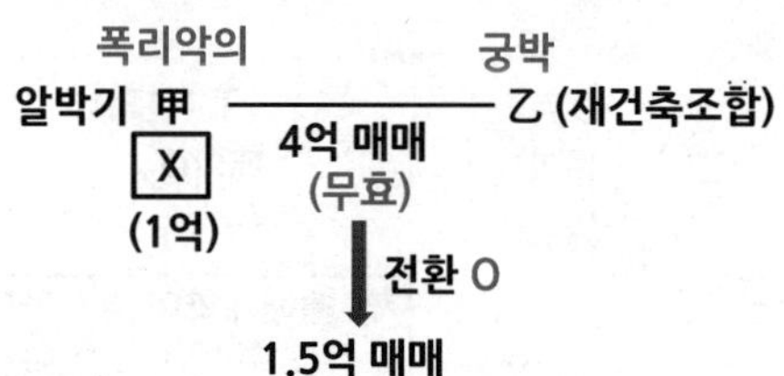

(2) 불공정한 법률행위의 성립요건

제104조(불공정한 법률행위) 당사자의 궁박, 경솔 또는 무경험으로 인하여 현저하게 공정을 잃은 **법률행위는 무효로 한다.**

무상행위(증여, 기부 등) : 적용 X

불공정한 법률행위 : 무효 → 추인 X **/ 전환** O

경매 : 적용 X

1. 양 급부 : 현저한 불균형
   객관적 가치
2. 피해자 : 궁박 경솔 무경험 —대리→ 궁박 : 본인 기준 / 경솔, 무경험 : 대리인 기준
   경제적O 정신적O / 거래일반O 특정영역X
3. 폭리자 : 폭리의사(악의)

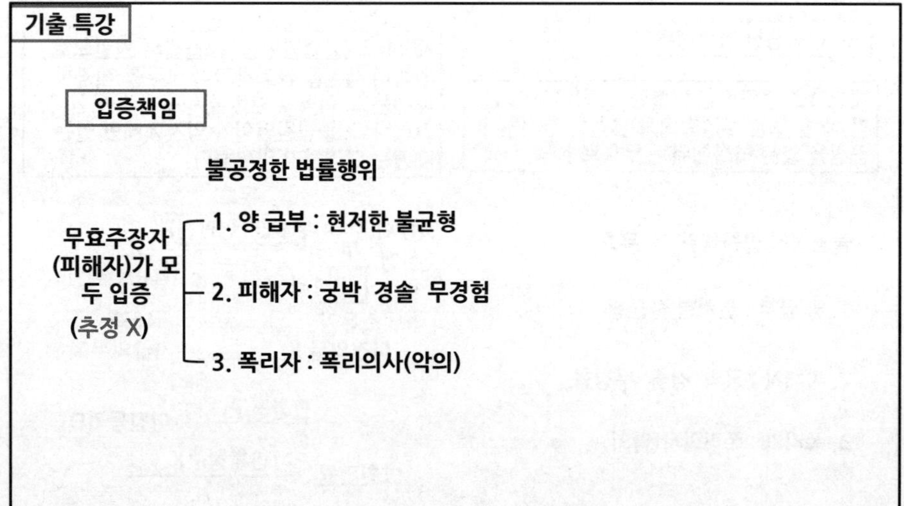

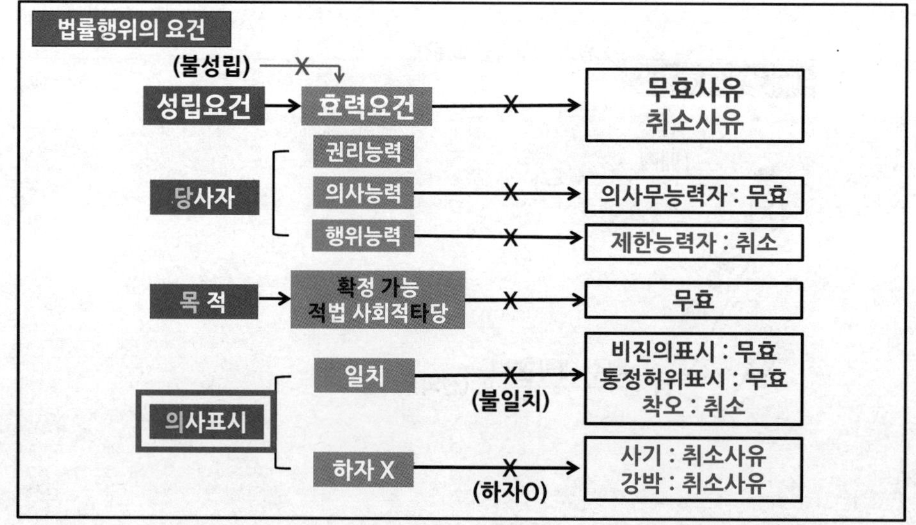

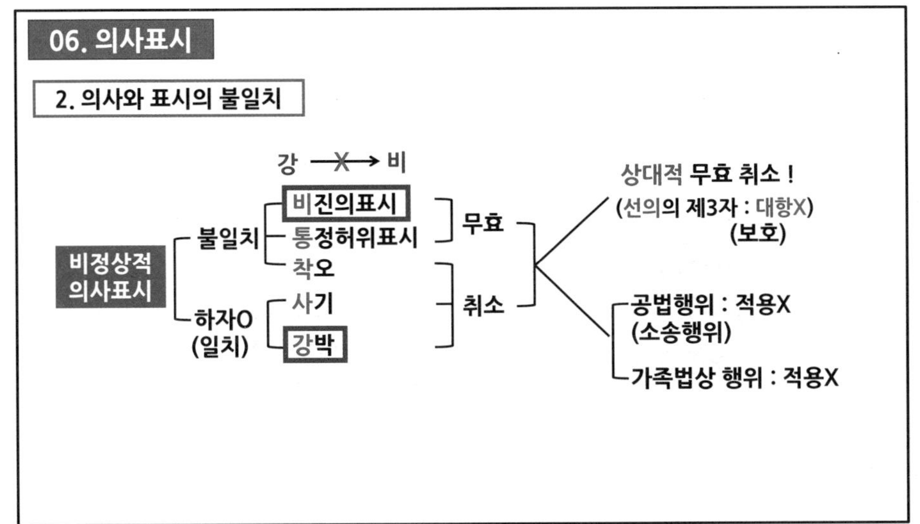

진의 아닌 의사표시 뻥 구라

> 제107조(진의 아닌 의사표시) ① 의사표시는 표의자가 진의 아님을 알고 한 것이라도 그 효력이 있다. 그러나 상대방이 표의자의 진의 아님을 알았거나 이를 알 수 있었을 경우에는 무효로 한다.
> ② 전항의 의사표시의 무효는 선의의 제삼자에게 대항하지 못한다.

상대방과 통정(합의)이 없다는 점에서 통정허위표시와 구별된다

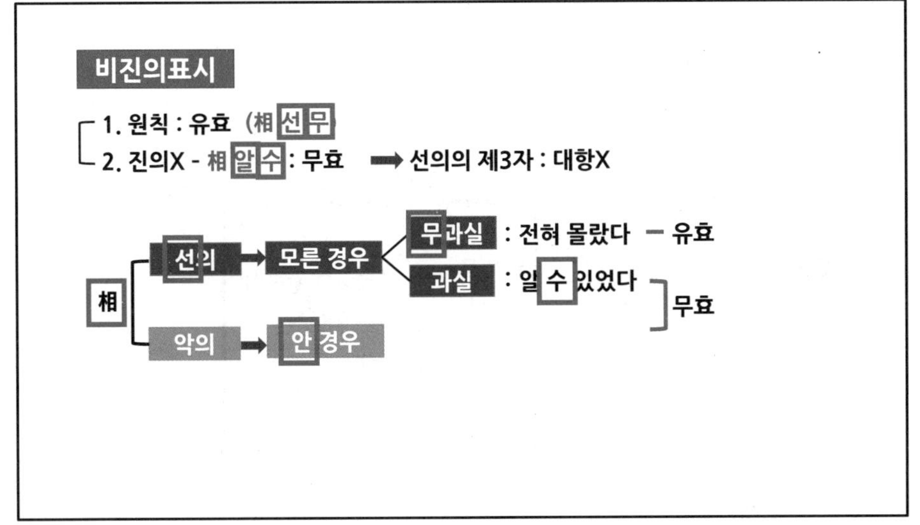

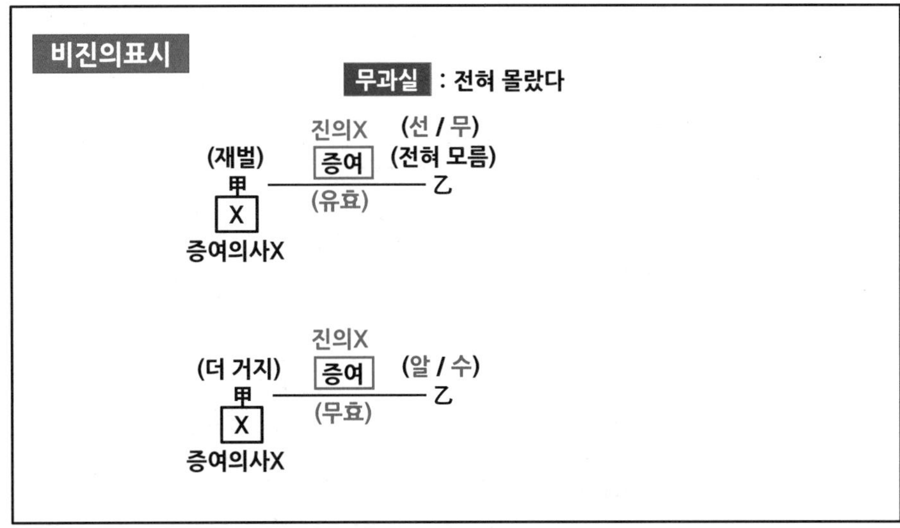

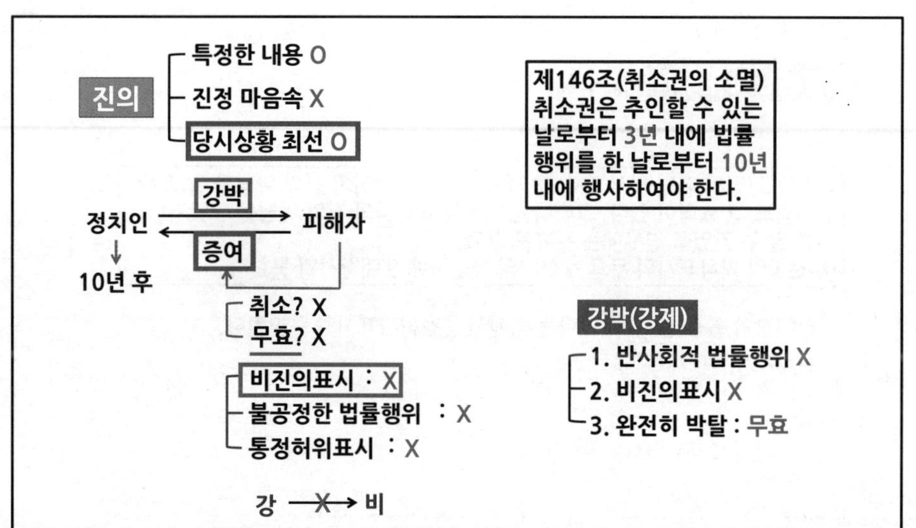
진의
특정한 내용 O
진정 마음속 X
당시상황 최선 O
제146조(취소권의 소멸) 취소권은 추인할 수 있는 날로부터 3년 내에 법률행위를 한 날로부터 10년 내에 행사하여야 한다.
강박
정치인
피해자
증여
10년 후
취소? X
무효? X
비진의표시 : X
불공정한 법률행위 : X
통정허위표시 : X
강박(강제)
1. 반사회적 법률행위 X
2. 비진의표시 X
3. 완전히 박탈 : 무효
강 → 비

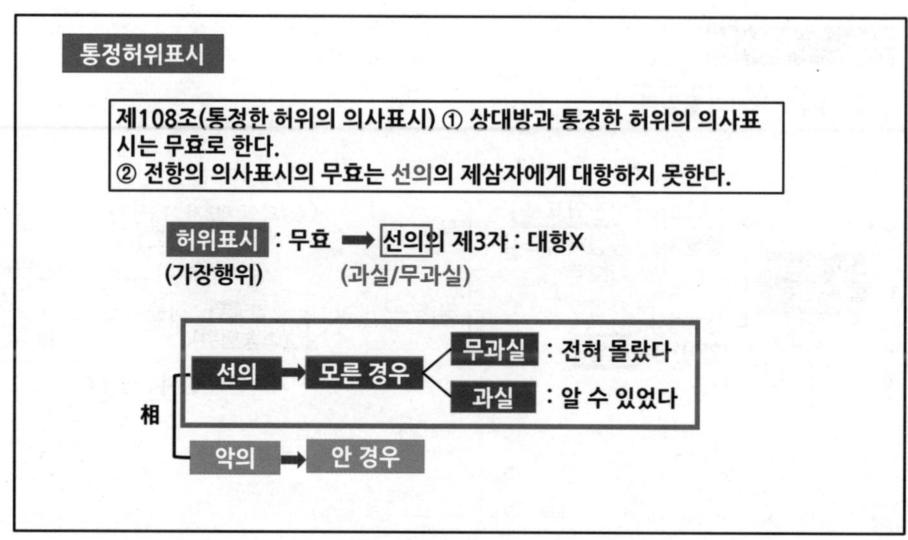
통정허위표시
제108조(통정한 허위의 의사표시) ① 상대방과 통정한 허위의 의사표시는 무효로 한다.
② 전항의 의사표시의 무효는 선의의 제삼자에게 대항하지 못한다.
허위표시 : 무효 ➡ 선의의 제3자 : 대항X
(가장행위)
(과실/무과실)
相
선의
모른 경우
무과실 : 전혀 몰랐다
과실 : 알 수 있었다
악의
안 경우

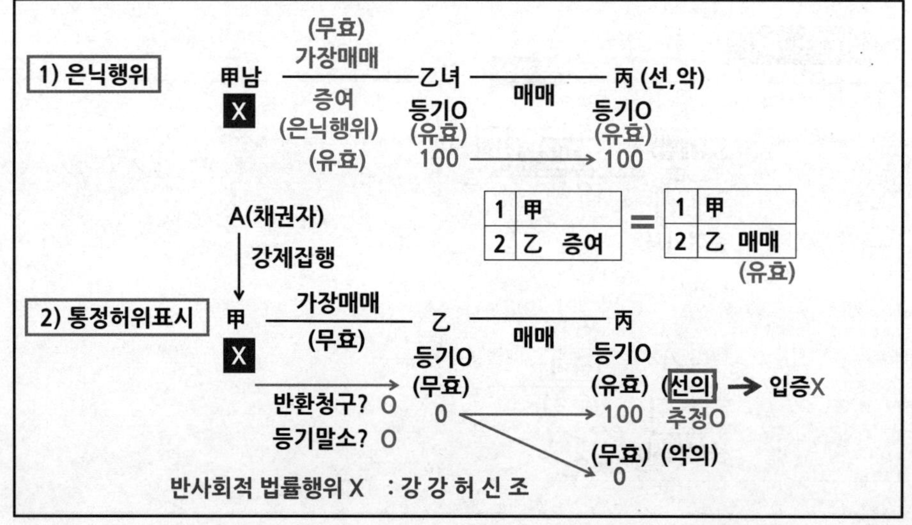
1) 은닉행위
甲남
X
(무효)
가장매매
증여
(은닉행위)
(유효)
乙녀
등기O
(유효)
100
매매
丙 (선,악)
등기O
(유효)
100
1 甲
2 乙 증여
=
1 甲
2 乙 매매
(유효)
A(채권자)
강제집행
2) 통정허위표시
甲
X
가장매매
(무효)
乙
등기O
(무효)
0
매매
丙
등기O
(유효) (선의) → 입증X
100 추정O
(무효) (악의)
0
반환청구? O
등기말소? O
반사회적 법률행위 X : 강 강 허 신 조

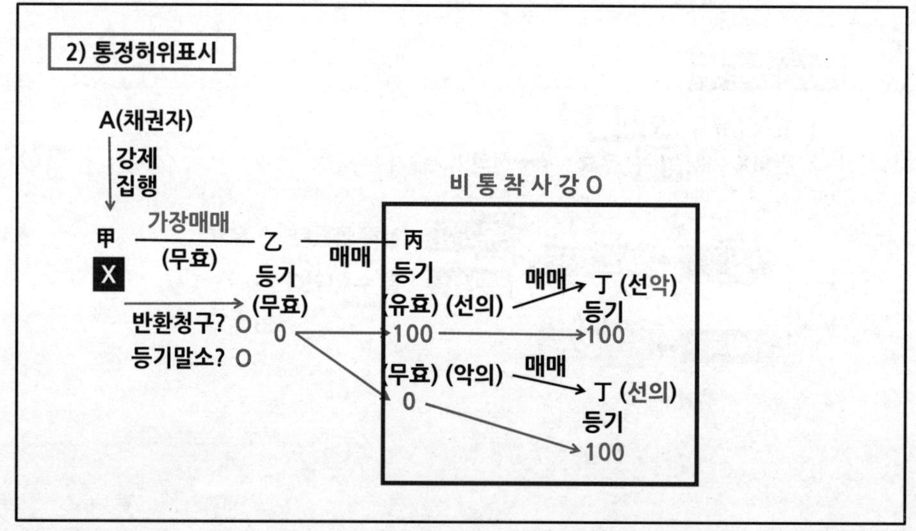
2) 통정허위표시
A(채권자)
강제
집행
甲
X
가장매매
(무효)
乙
등기
(무효)
0
매매
丙
등기
(유효) (선의)
100
(무효) (악의)
0
반환청구? O
등기말소? O
비 통 착 사 강 O
매매
丁 (선악)
등기
100
매매
丁 (선의)
등기
100

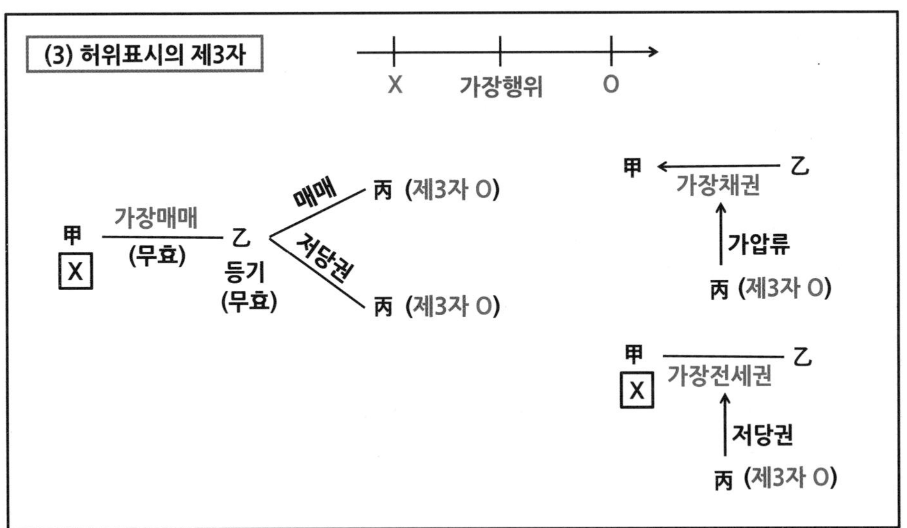
(3) 허위표시의 제3자
X 가장행위 O
甲 X
가장매매
(무효)
乙
등기
(무효)
매매
저당권
丙 (제3자 O)
丙 (제3자 O)
甲 ← 乙
가장채권
가압류
丙 (제3자 O)
甲 X 乙
가장전세권
저당권
丙 (제3자 O)

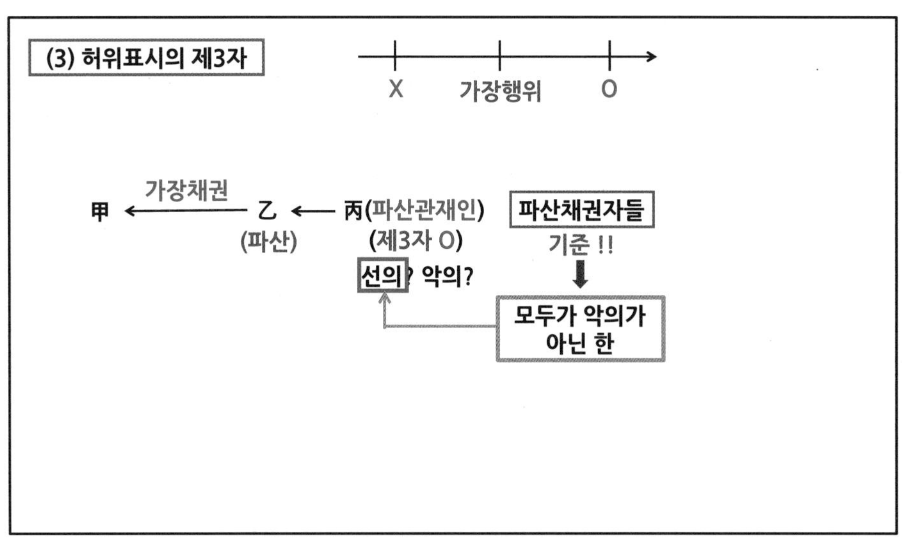
(3) 허위표시의 제3자
X 가장행위 O
가장채권
甲 ← 乙 ← 丙(파산관재인)
(파산)
(제3자 O)
선의? 악의?
파산채권자들
기준 !!
모두가 악의가 아닌 한

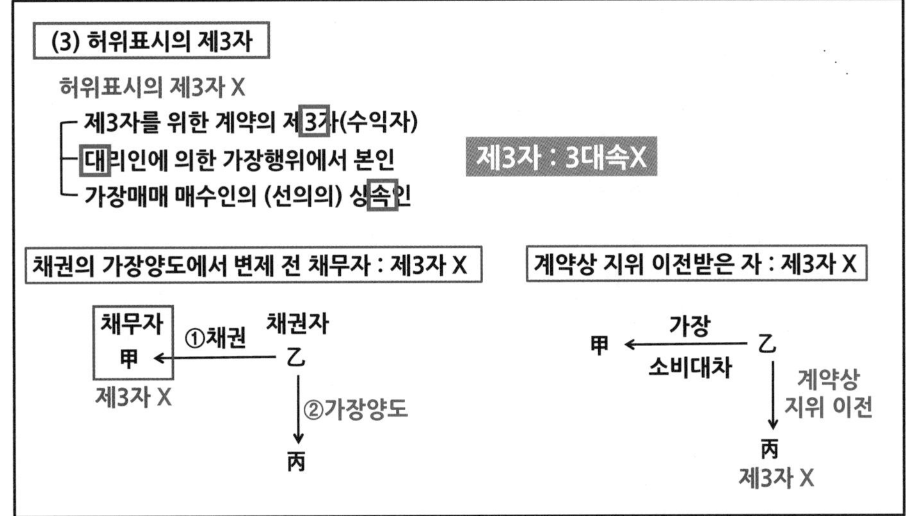
(3) 허위표시의 제3자
허위표시의 제3자 X
제3자를 위한 계약의 제3자(수익자)
대리인에 의한 가장행위에서 본인
가장매매 매수인의 (선의의) 상속인
제3자 : 3대속X
채권의 가장양도에서 변제 전 채무자 : 제3자 X
채무자
甲
제3자 X
①채권
채권자
乙
②가장양도
丙
계약상 지위 이전받은 자 : 제3자 X
甲 ← 乙
가장
소비대차
계약상
지위 이전
丙
제3자 X

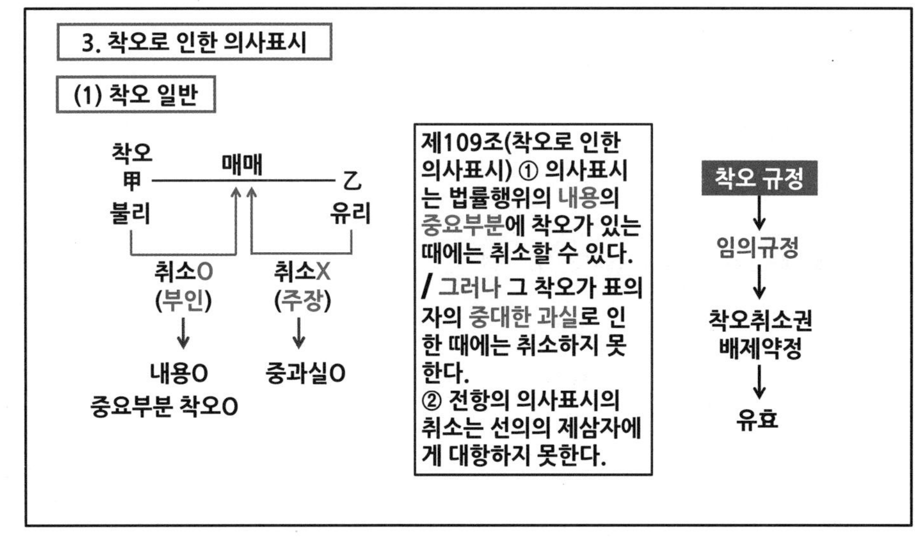
3. 착오로 인한 의사표시
(1) 착오 일반
착오
甲
불리
매매
乙
유리
취소O
(부인)
내용O
중요부분 착오O
취소X
(주장)
중과실O
제109조(착오로 인한 의사표시) ① 의사표시는 법률행위의 내용의 중요부분에 착오가 있는 때에는 취소할 수 있다. / 그러나 그 착오가 표의자의 중대한 과실로 인한 때에는 취소하지 못한다.
② 전항의 의사표시의 취소는 선의의 제삼자에게 대항하지 못한다.
착오 규정
임의규정
착오취소권
배제약정
유효

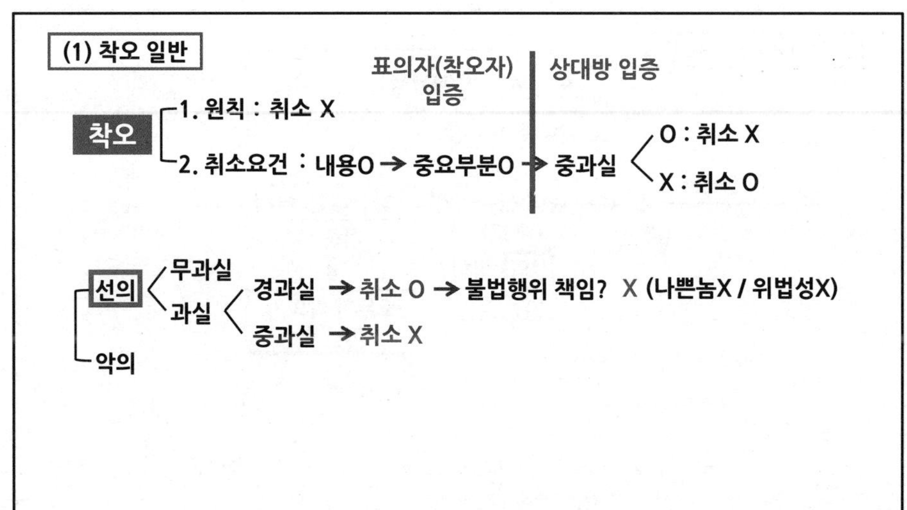
(1) 착오 일반
표의자(착오자) 입증
상대방 입증
착오
1. 원칙 : 취소 X
2. 취소요건 : 내용O → 중요부분O → 중과실
O : 취소 X
X : 취소 O
선의
무과실
과실
경과실 → 취소 O → 불법행위 책임? X (나쁜놈X / 위법성X)
중과실 → 취소 X
악의

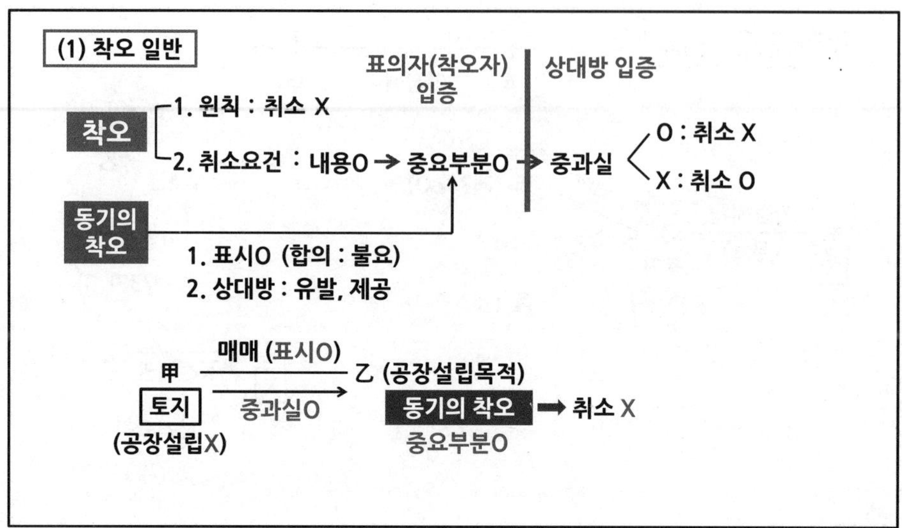
(1) 착오 일반
표의자(착오자) 입증
상대방 입증
착오
1. 원칙 : 취소 X
2. 취소요건 : 내용O → 중요부분O → 중과실
O : 취소 X
X : 취소 O
동기의 착오
1. 표시O (합의 : 불요)
2. 상대방 : 유발, 제공
매매 (표시O)
甲
토지
(공장설립X)
중과실O
乙 (공장설립목적)
동기의 착오 → 취소 X
중요부분O

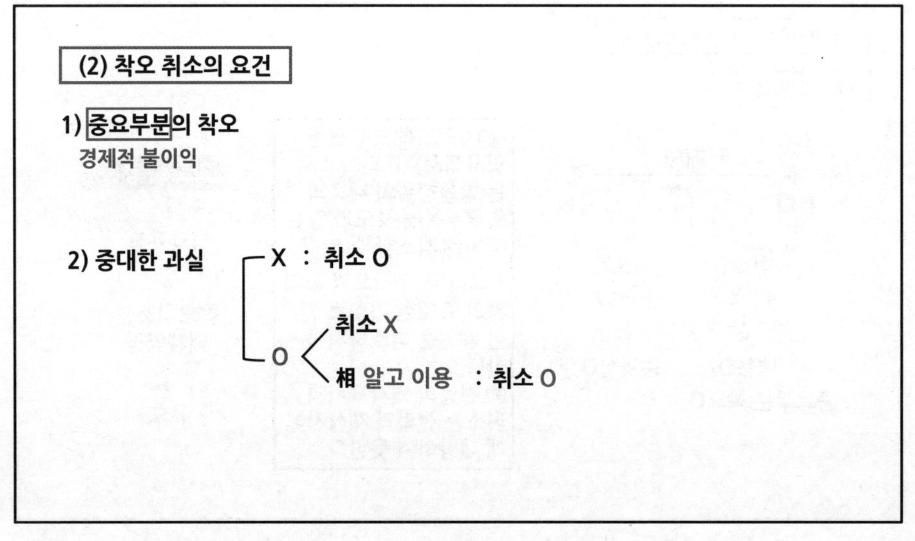
(2) 착오 취소의 요건
1) 중요부분의 착오
경제적 불이익
2) 중대한 과실
X : 취소 O
O
취소 X
相 알고 이용 : 취소 O

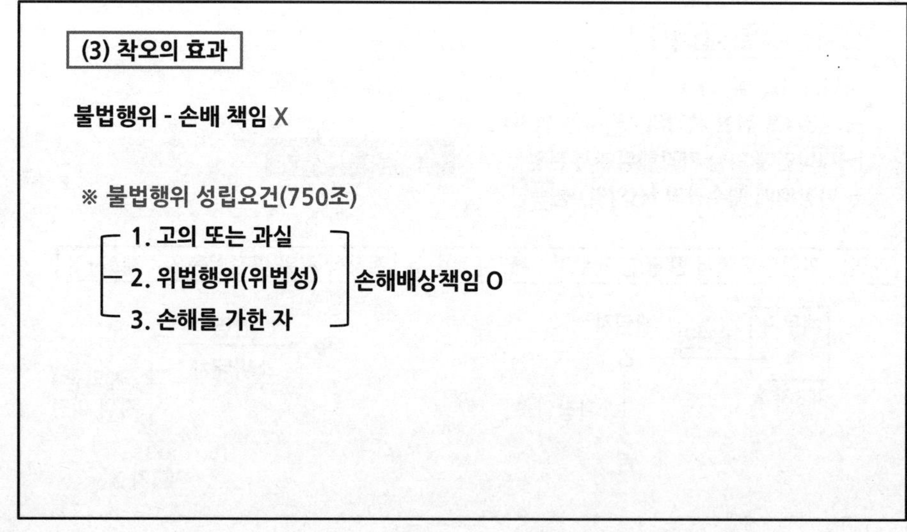
(3) 착오의 효과
불법행위 - 손배 책임 X
※ 불법행위 성립요건(750조)
1. 고의 또는 과실
2. 위법행위(위법성)
3. 손해를 가한 자
손해배상책임 O

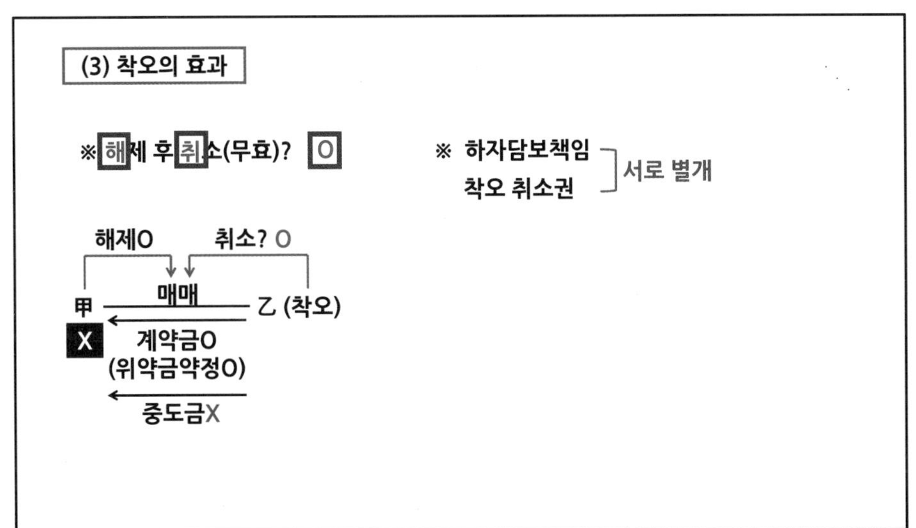

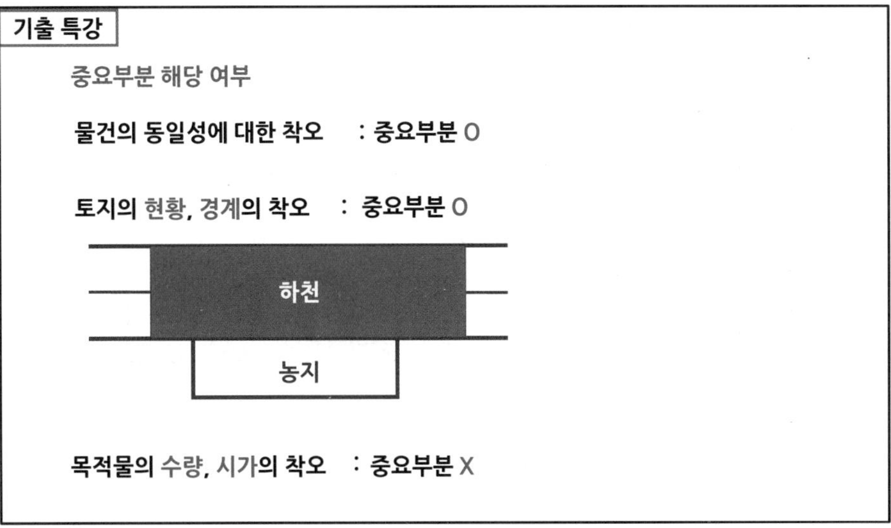

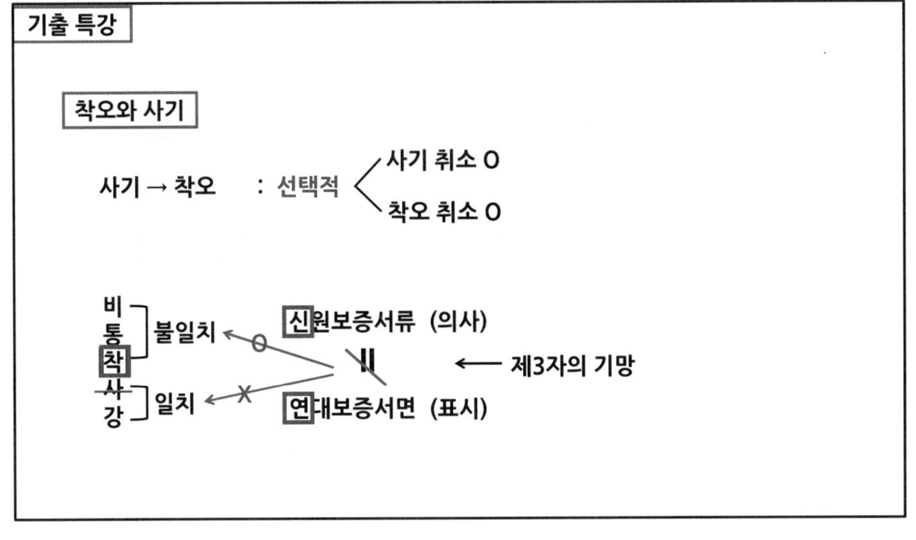

3. 하자있는 의사표시(사기 · 강박)

제110조(사기, 강박에 의한 의사표시) ① 사기나 강박에 의한 의사표시는 취소할 수 있다.

② 상대방 있는 의사표시에 관하여 제삼자가 사기나 강박을 행한 경우에는 상대방이 그 사실을 알았거나 알 수 있었을 경우에 한하여 그 의사표시를 취소할 수 있다.

③ 전2항의 의사표시의 취소는 선의의 제삼자에게 대항하지 못한다.

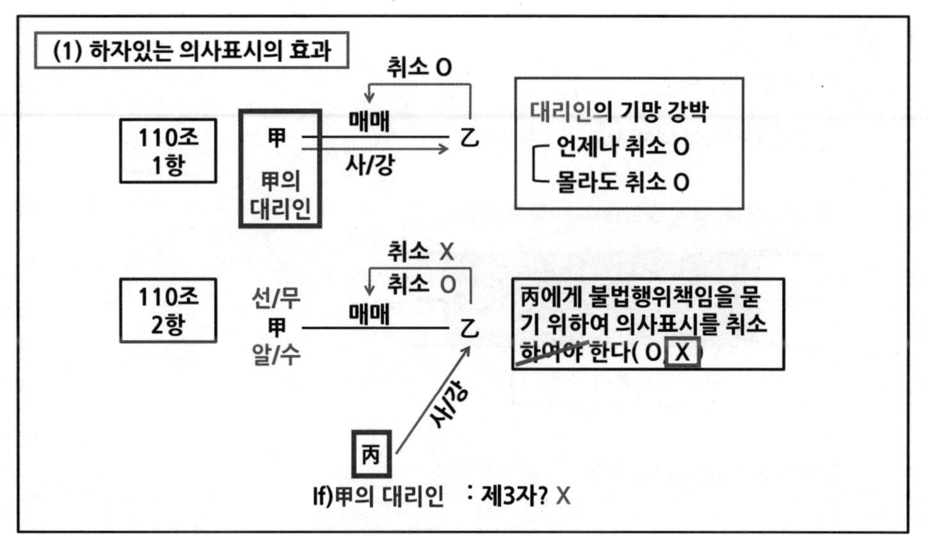
(1) 하자있는 의사표시의 효과
취소 O
110조 1항
甲
매매
사/강
乙
甲의 대리인
대리인의 기망 강박
언제나 취소 O
몰라도 취소 O
취소 X
취소 O
110조 2항
선/무
甲
알/수
매매
乙
丙에게 불법행위책임을 묻기 위하여 의사표시를 취소하여야 한다(O, X)
사/강
丙
If)甲의 대리인 : 제3자? X

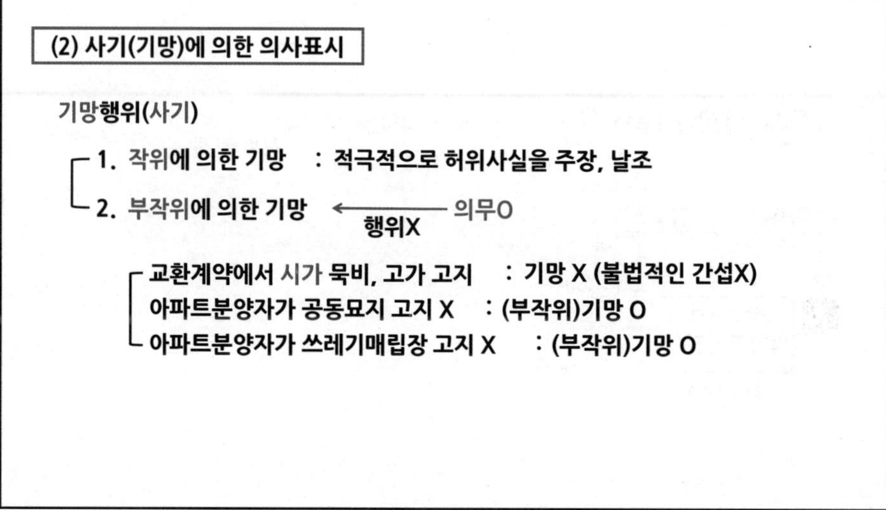
(2) 사기(기망)에 의한 의사표시
기망행위(사기)
1. 작위에 의한 기망 : 적극적으로 허위사실을 주장, 날조
2. 부작위에 의한 기망
행위X
의무O
교환계약에서 시가 묵비, 고가 고지 : 기망 X (불법적인 간섭X)
아파트분양자가 공동묘지 고지 X : (부작위)기망 O
아파트분양자가 쓰레기매립장 고지 X : (부작위)기망 O

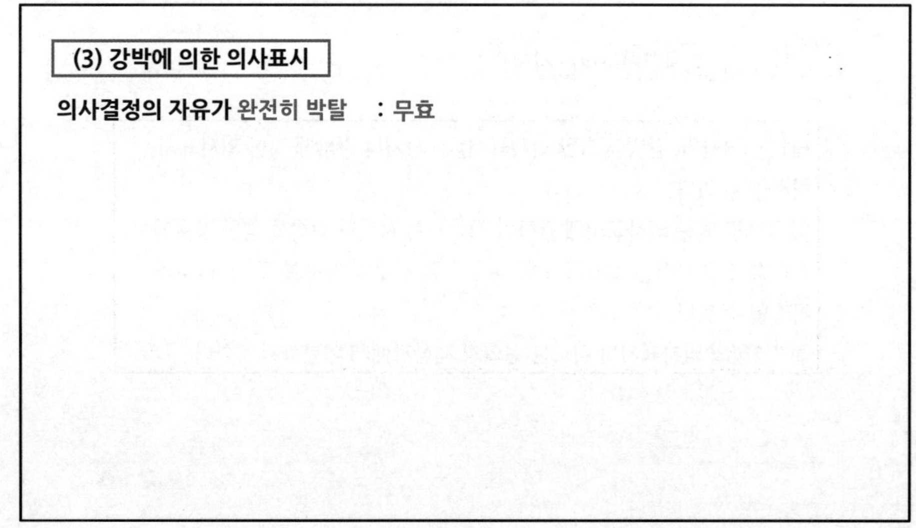
(3) 강박에 의한 의사표시
의사결정의 자유가 완전히 박탈 : 무효

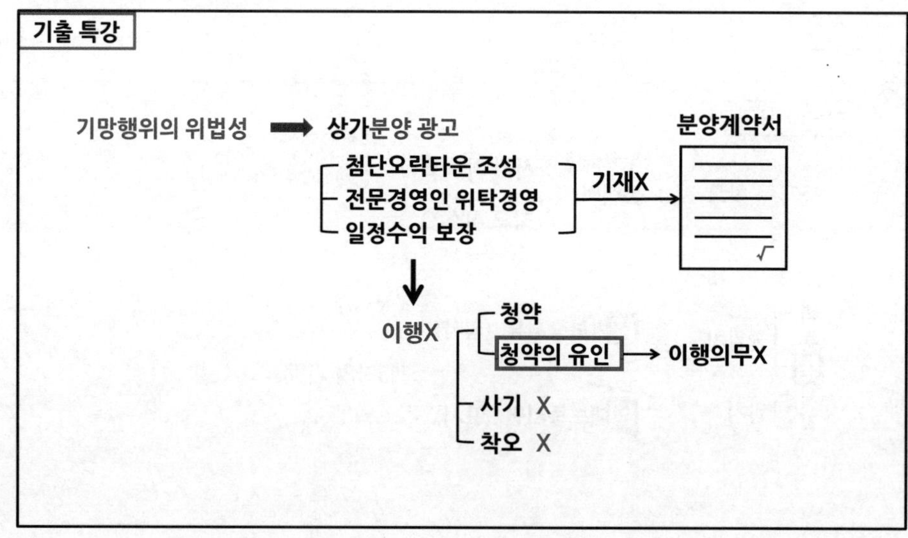
기출 특강
기망행위의 위법성
상가분양 광고
분양계약서
첨단오락타운 조성
전문경영인 위탁경영
일정수익 보장
기재X
이행X
청약
청약의 유인
이행의무X
사기 X
착오 X

기출 특강

강박행위 : 불법으로 해악을 고지

⟶ 단지 각서에 서명날인할 것을 강력히 요구 : 강박 X

강박의 위법성

⟶ 부정행위에 대한 고소, 고발
- 강박 X
- 부정한 이익 목적 : 강박 O

기망 → 하자있는 물건 매수
- 담보책임 주장 O
- 사기 취소 O

4. 의사표시의 효력발생

(1) 의사표시의 효력발생시기

제111조(의사표시의 효력발생시기) ① 상대방이 있는 의사표시는 상대방에게 도달한 때에 그 효력이 생긴다.

요지한때 X 요지가능 O

도달의 개념
- 상대방이 의사표시의 내용을 알 수 있는 객관적 상태에 놓인 때
- 상대방이 통지내용을 알 것 : 불요
- 상대방이 정당한 사유 없이 수령 거절한 경우에도 상대방이 그 통지의 내용을 알 수 있는 객관적 상태에 놓인 때

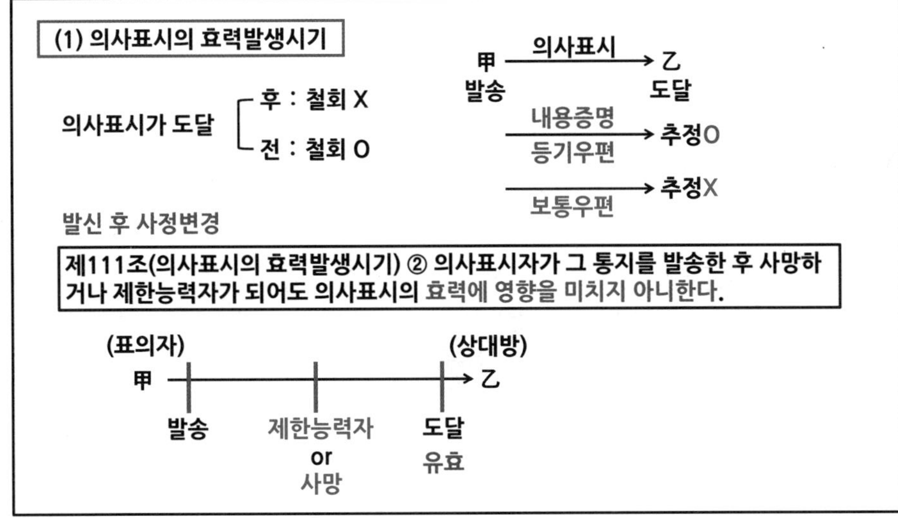

(1) 의사표시의 효력발생시기

예외적 발신주의 ➡ 무최발 / 격승발

(2) 기타 규정

의사표시의 수령능력

(수령무능력자)
甲 —의사표시→ 乙 (제한능력자)
발송 도달
—도달주장 X→
—도달주장 O→ 법·대 : 안 후

제112조(제한능력자에 대한 의사표시의 효력) 의사표시의 상대방이 의사표시를 받은 때에 제한능력자인 경우에는 의사표시자는 그 의사표시로써 대항할 수 없다. 다만, 그 상대방의 법정대리인이 의사표시가 도달한 사실을 안 후에는 그러하지 아니하다.

(2) 기타 규정

의사표시의 공시송달

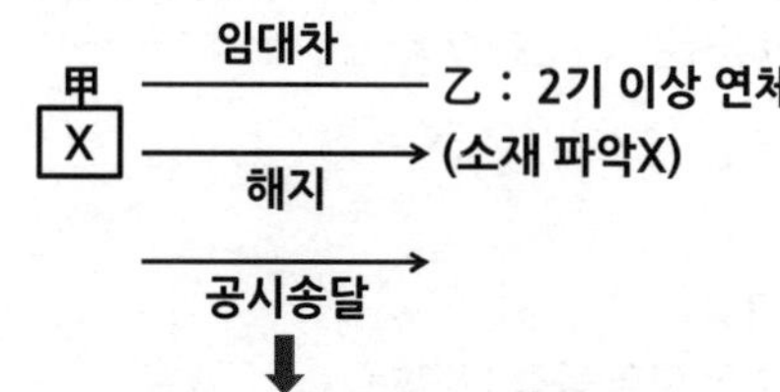

법원게시판 : 게시 → 2주 후 도달

제113조(의사표시의 공시송달) 표의자가 과실 없이 상대방을 알지 못하거나 상대방의 소재를 알지 못하는 경우에는 의사표시는 민사소송법 공시송달의 규정에 의하여 송달할 수 있다.

제 3 장

(재산상) 법률행위의 대리

01. 총 설

- 대 리 ← 의사결정 : 대리인
- 사 자 ← 의사결정 : 본 인

02. 대리권

1. 대리권 발생원인

법률행위 불요식행위
- 임의대리 ← 대리권수여표시 (수권행위)
- 법정대리 ← 법률규정

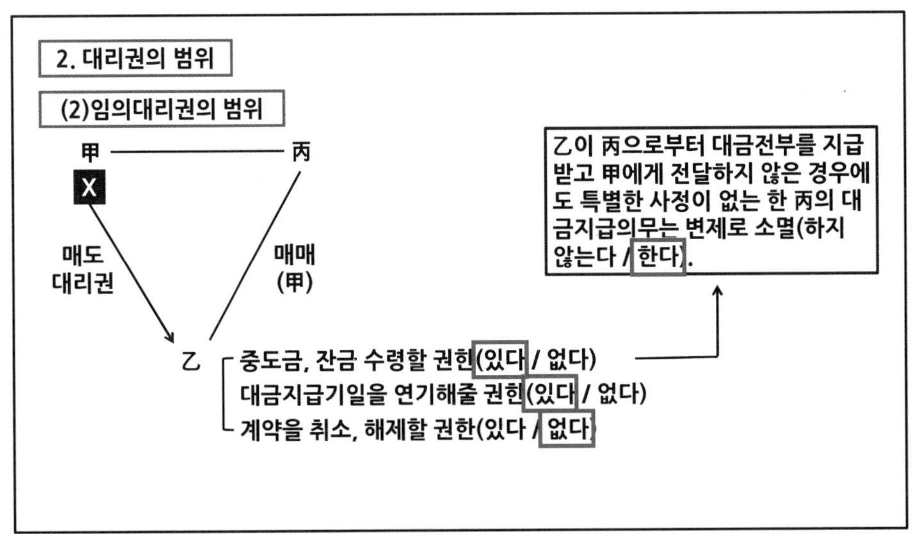

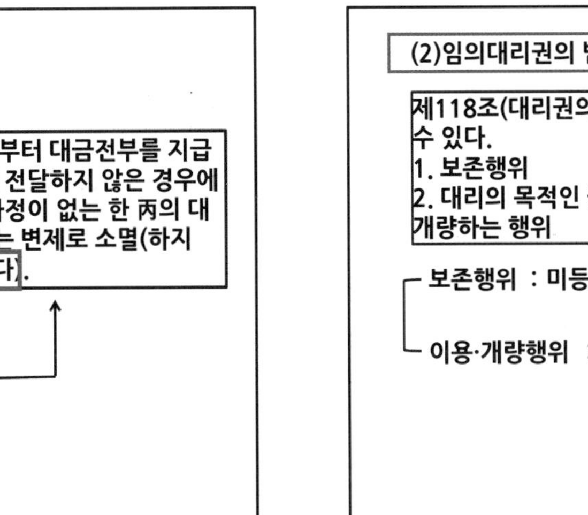

(2)임의대리권의 범위

제118조(대리권의 범위) 권한을 정하지 아니한 대리인은 다음 각호의 행위만을 할 수 있다.
1. 보존행위
2. 대리의 목적인 물건이나 권리의 성질을 변하지 아니하는 범위에서 그 이용 또는 개량하는 행위

- 보존행위 : 미등기부동산 —O→ (보존)등기
- 이용·개량행위 : 성질 변X

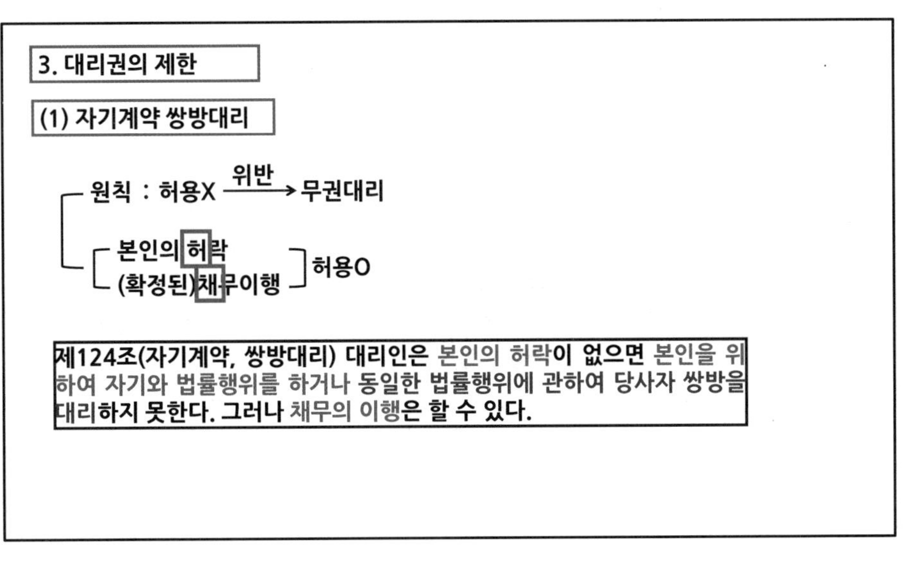

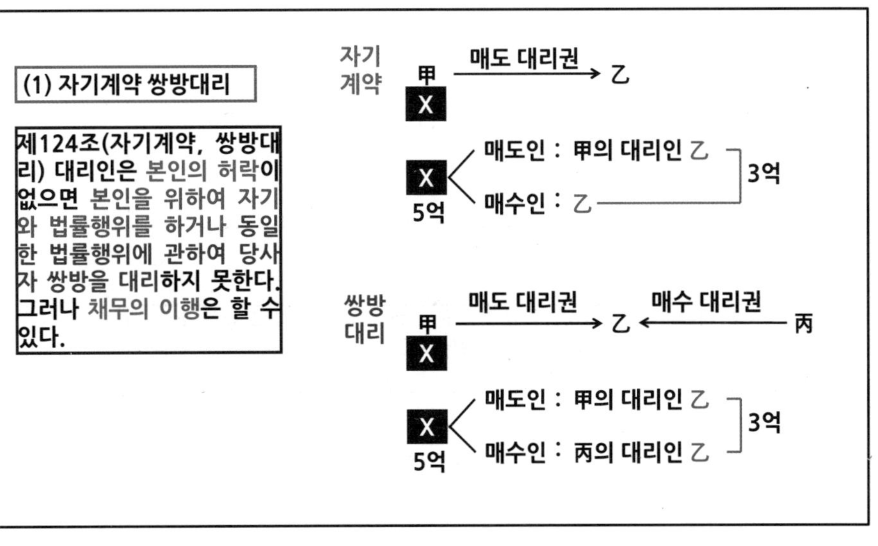

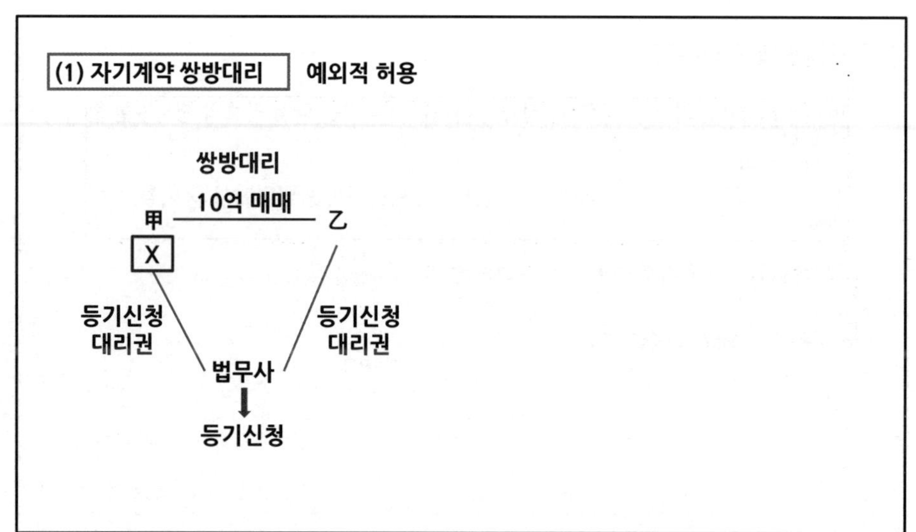

(1) 자기계약 쌍방대리
예외적 허용
쌍방대리
10억 매매
甲
乙
X
등기신청
대리권
등기신청
대리권
법무사
등기신청

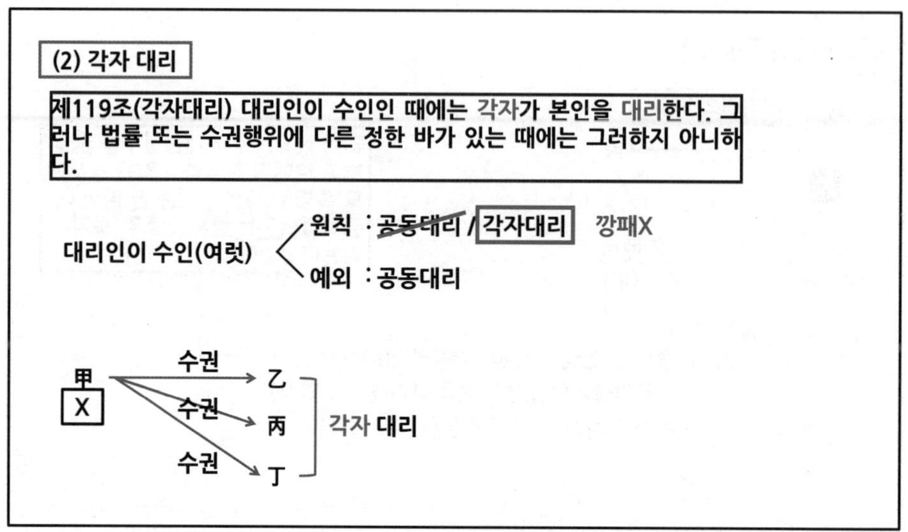

(2) 각자 대리
제119조(각자대리) 대리인이 수인인 때에는 각자가 본인을 대리한다. 그러나 법률 또는 수권행위에 다른 정한 바가 있는 때에는 그러하지 아니하다.
대리인이 수인(여럿)
원칙 : 공동대리 / 각자대리
깡패X
예외 : 공동대리
甲
X
수권
乙
수권
丙
수권
丁
각자 대리

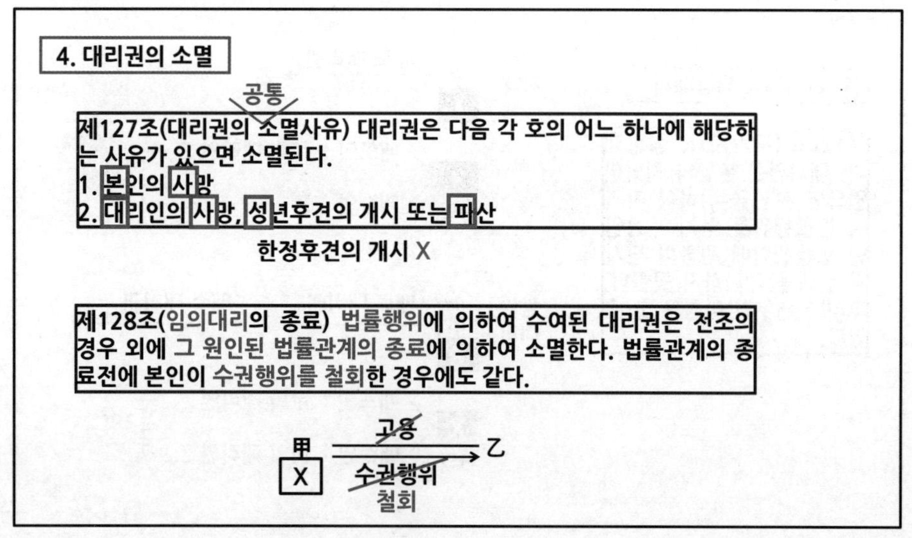

4. 대리권의 소멸
공통
제127조(대리권의 소멸사유) 대리권은 다음 각 호의 어느 하나에 해당하는 사유가 있으면 소멸된다.
1. 본인의 사망
2. 대리인의 사망, 성년후견의 개시 또는 파산
한정후견의 개시 X
제128조(임의대리의 종료) 법률행위에 의하여 수여된 대리권은 전조의 경우 외에 그 원인된 법률관계의 종료에 의하여 소멸한다. 법률관계의 종료전에 본인이 수권행위를 철회한 경우에도 같다.
甲
X
고용
수권행위
철회
乙

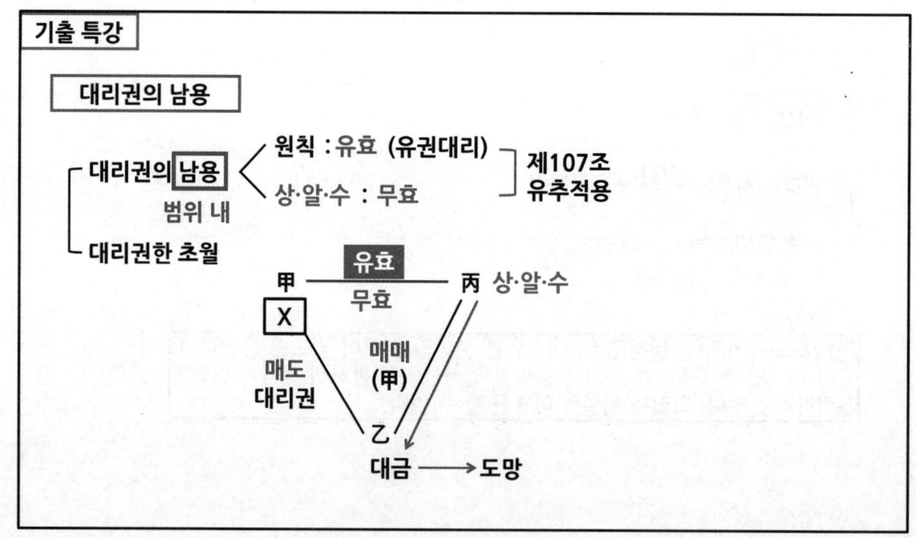

기출 특강
대리권의 남용
대리권의 남용
범위 내
원칙 : 유효 (유권대리)
상·알·수 : 무효
제107조
유추적용
대리권한 초월
甲
X
유효
무효
丙 상·알·수
매도
대리권
매매
(甲)
乙
대금
도망

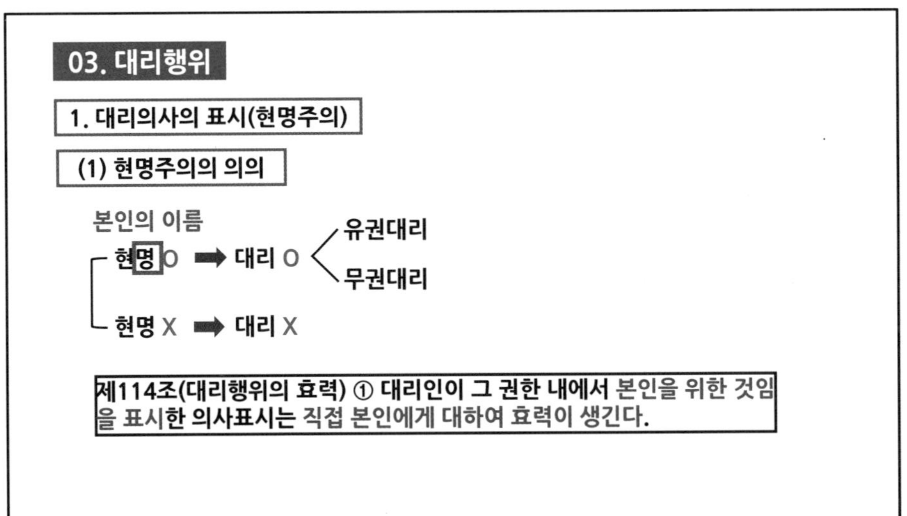
03. 대리행위
1. 대리의사의 표시(현명주의)
(1) 현명주의의 의의
본인의 이름
현명 O ➡ 대리 O
유권대리
무권대리
현명 X ➡ 대리 X
제114조(대리행위의 효력) ① 대리인이 그 권한 내에서 본인을 위한 것임을 표시한 의사표시는 직접 본인에게 대하여 효력이 생긴다.

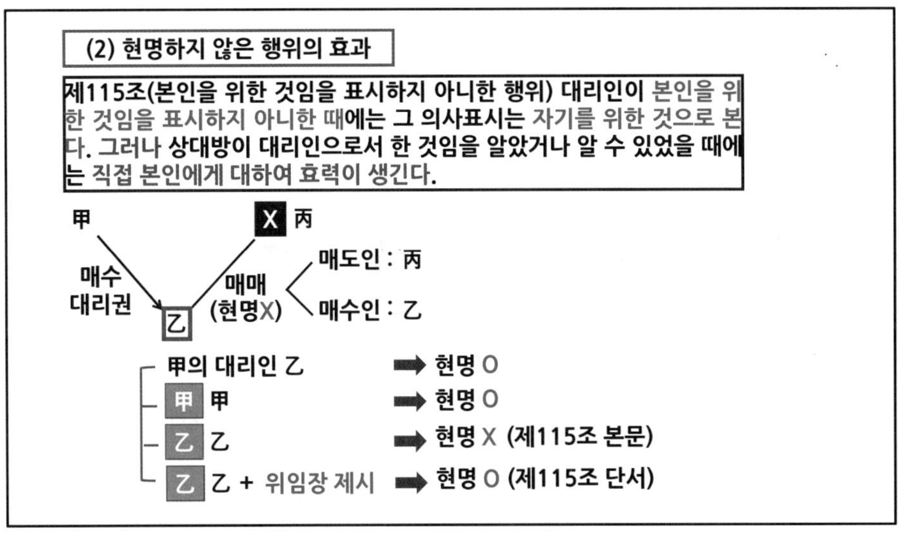
(2) 현명하지 않은 행위의 효과
제115조(본인을 위한 것임을 표시하지 아니한 행위) 대리인이 본인을 위한 것임을 표시하지 아니한 때에는 그 의사표시는 자기를 위한 것으로 본다. 그러나 상대방이 대리인으로서 한 것임을 알았거나 알 수 있었을 때에는 직접 본인에게 대하여 효력이 생긴다.
甲
X 丙
매수 대리권
매매 (현명X)
乙
매도인 : 丙
매수인 : 乙
甲의 대리인 乙 ➡ 현명 O
甲 甲 ➡ 현명 O
乙 乙 ➡ 현명 X (제115조 본문)
乙 乙 + 위임장 제시 ➡ 현명 O (제115조 단서)

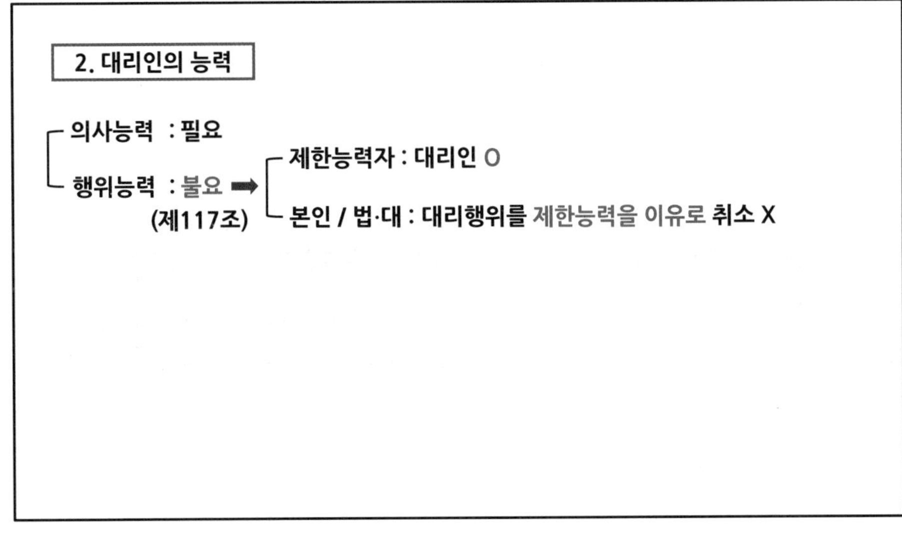
2. 대리인의 능력
의사능력 : 필요
행위능력 : 불요 ➡
(제117조)
제한능력자 : 대리인 O
본인 / 법·대 : 대리행위를 제한능력을 이유로 취소 X

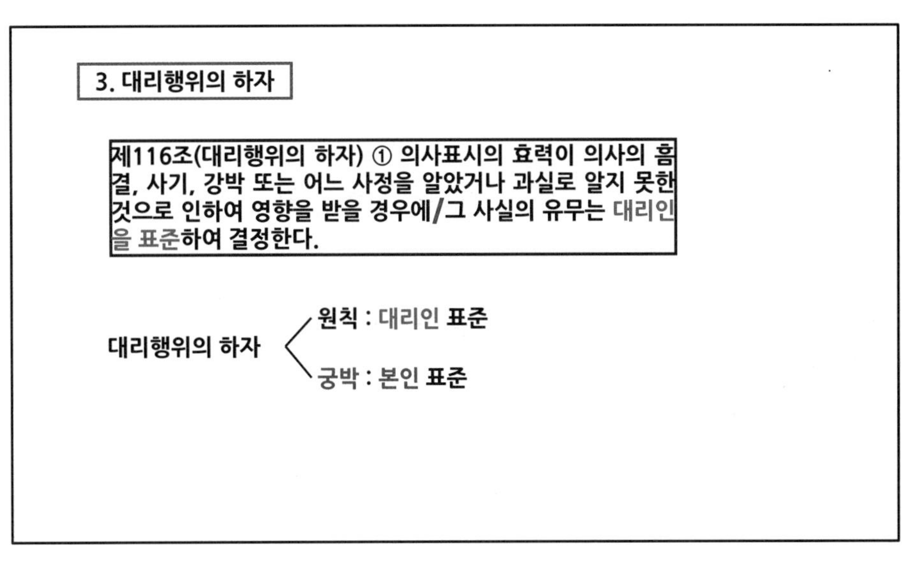
3. 대리행위의 하자
제116조(대리행위의 하자) ① 의사표시의 효력이 의사의 흠결, 사기, 강박 또는 어느 사정을 알았거나 과실로 알지 못한 것으로 인하여 영향을 받을 경우에/그 사실의 유무는 대리인을 표준하여 결정한다.
대리행위의 하자
원칙 : 대리인 표준
궁박 : 본인 표준

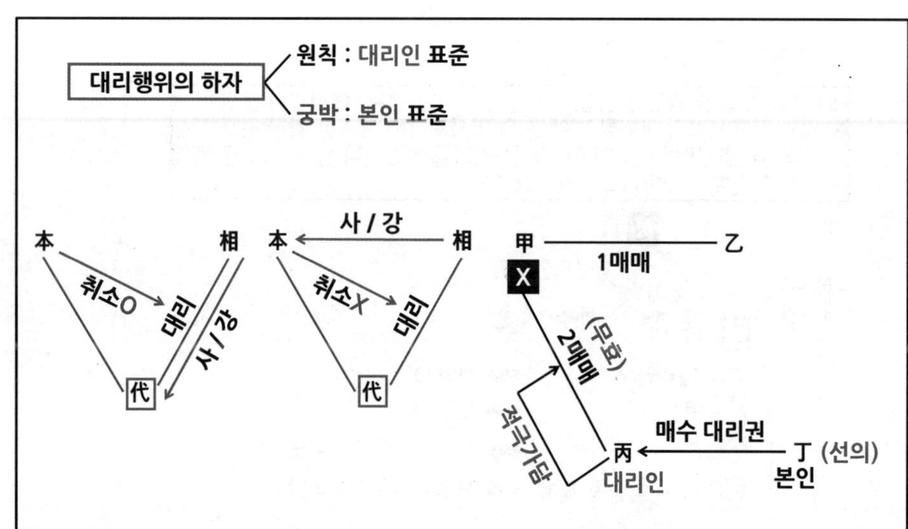
대리행위의 하자
원칙 : 대리인 표준
궁박 : 본인 표준
本
相
취소O
대리
사 / 강
代
本
사 / 강
相
취소X
대리
代
甲
X
1매매
乙
2매매
(무효)
적극가담
丙
대리인
매수 대리권
丁 (선의)
본인

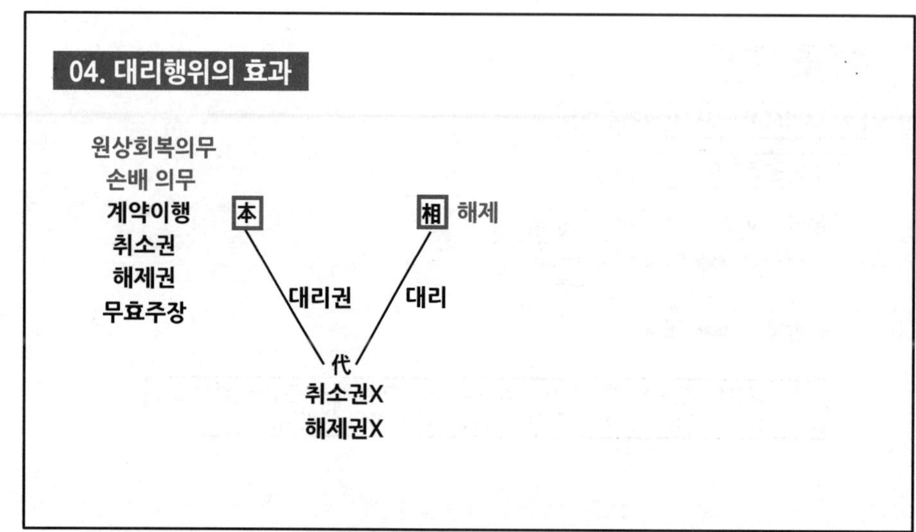
04. 대리행위의 효과
원상회복의무
손배 의무
계약이행
취소권
해제권
무효주장
本
相 해제
대리권
대리
代
취소권X
해제권X

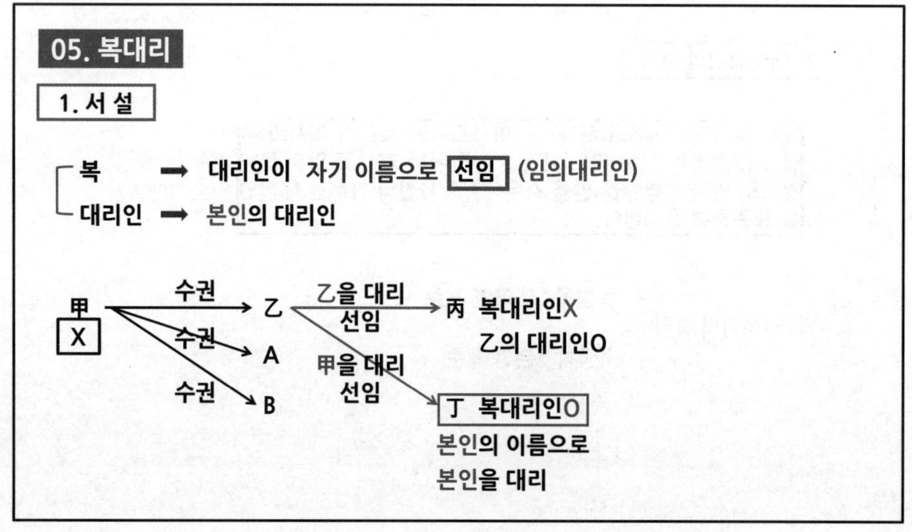
05. 복대리
1. 서 설
복 ➡ 대리인이 자기 이름으로 선임 (임의대리인)
대리인 ➡ 본인의 대리인
甲
X
수권
乙
수권
A
수권
B
乙을 대리
선임
丙 복대리인X
乙의 대리인O
甲을 대리
선임
丁 복대리인O
본인의 이름으로
본인을 대리

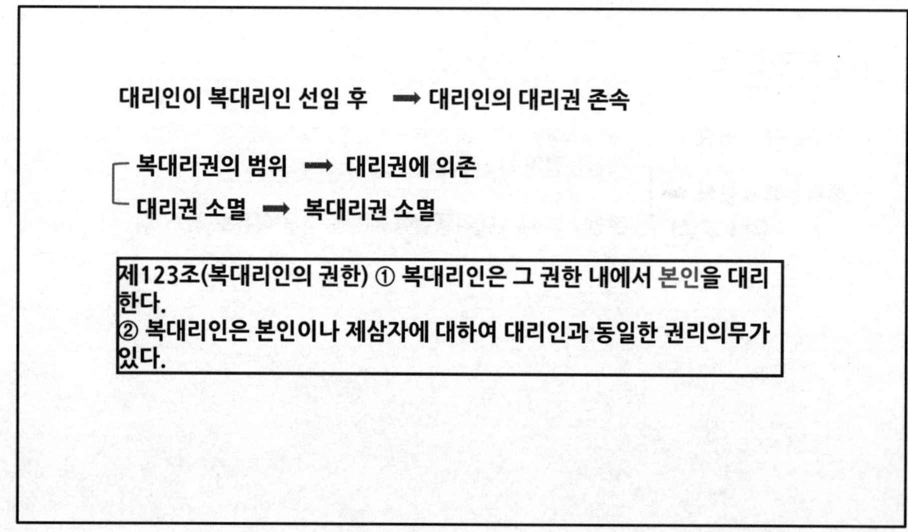
대리인이 복대리인 선임 후 ➡ 대리인의 대리권 존속
복대리권의 범위 ➡ 대리권에 의존
대리권 소멸 ➡ 복대리권 소멸
제123조(복대리인의 권한) ① 복대리인은 그 권한 내에서 본인을 대리한다.
② 복대리인은 본인이나 제삼자에 대하여 대리인과 동일한 권리의무가 있다.

2. 대리인의 복임권과 책임

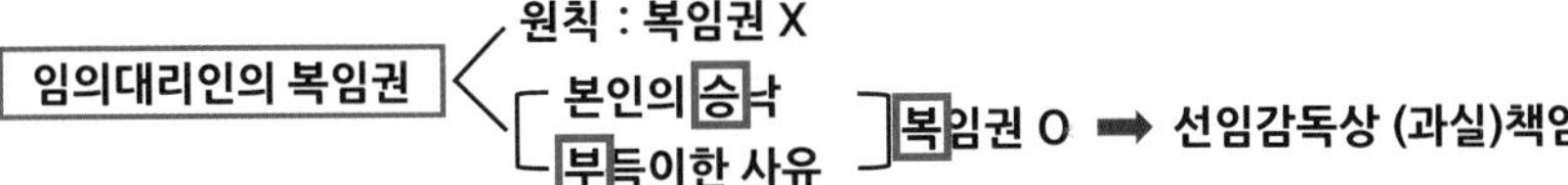

제120조(임의대리인의 복임권) 대리권이 법률행위에 의하여 부여된 경우에는 대리인은 본인의 승낙이 있거나 부득이한 사유 있는 때가 아니면 복대리인을 선임하지 못한다.

제121조(임의대리인의 복대리인 선임의 책임) ① 전조의 규정에 의하여 대리인이 복대리인을 선임한 때에는 본인에게 대하여 그 선임감독에 관한 책임이 있다.

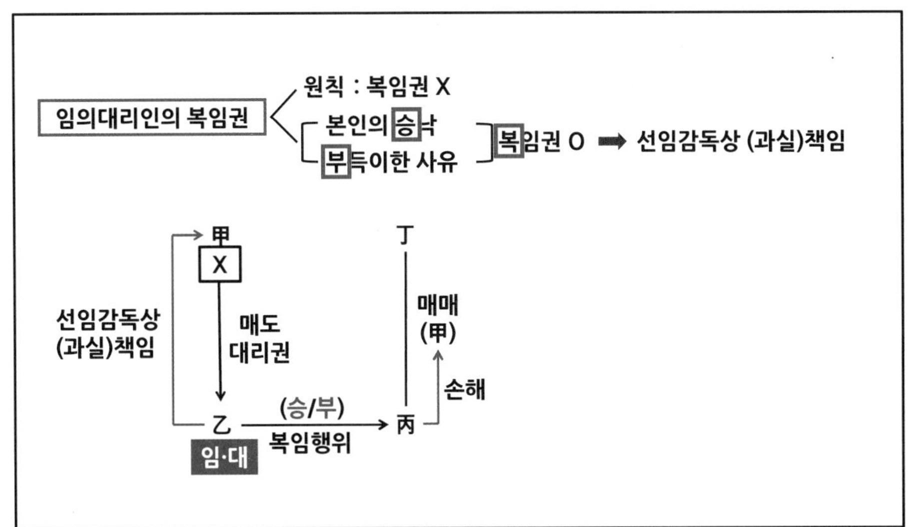

법정대리인의 복임권
- 원칙 : 복임권 O ➡ 무과실책임
- 부득이한 사유 - 선임 ➡ 선임감독상 (과실)책임

제122조(법정대리인의 복임권과 그 책임) 법정대리인은 그 책임으로 복대리인을 선임할 수 있다. 그러나 부득이한 사유로 인한 때에는 전조 제1항에 정한 책임만이 있다.

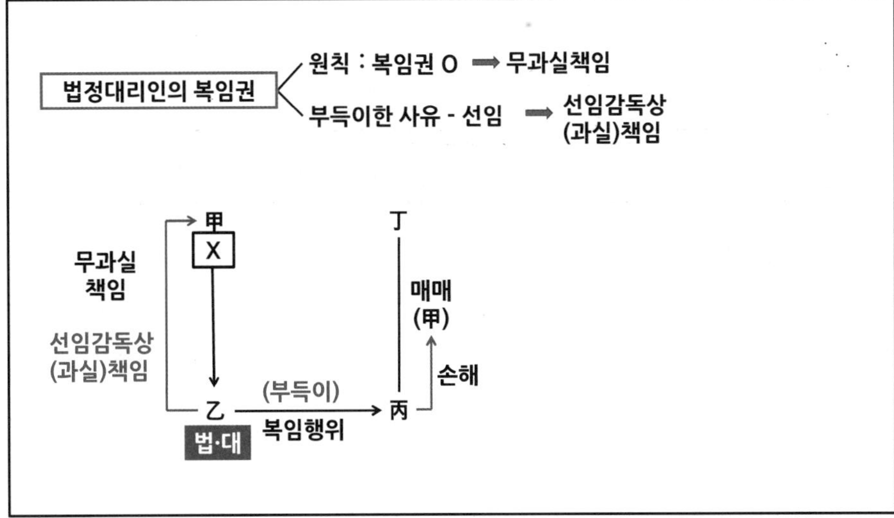

06. 무권대리

- 표현대리
- 협의의 무권대리

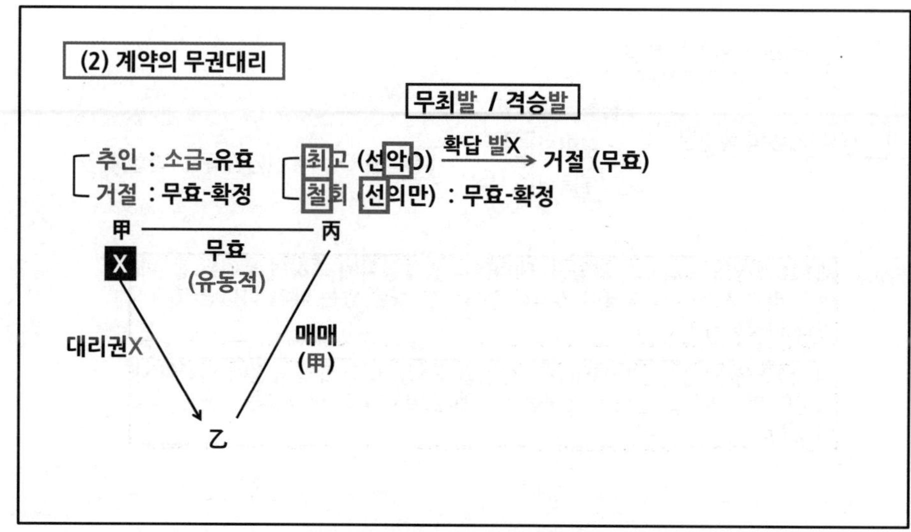

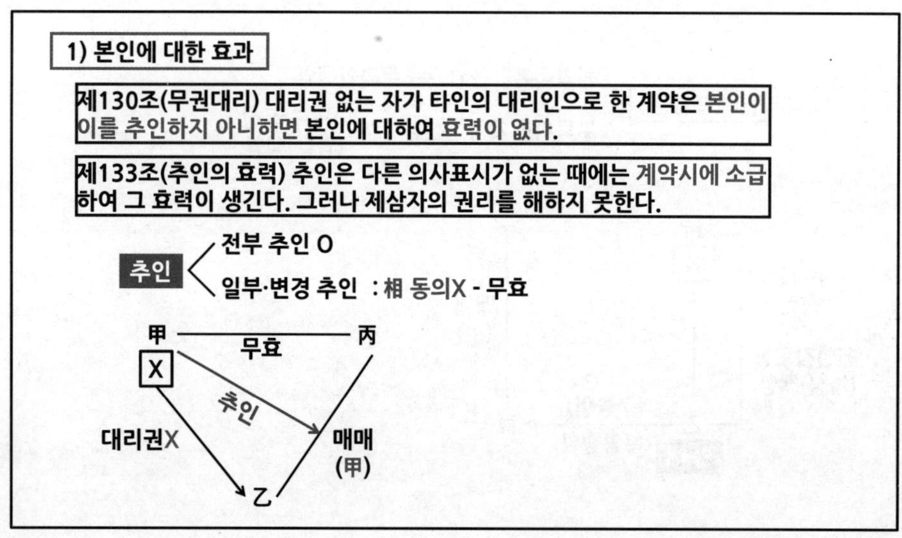

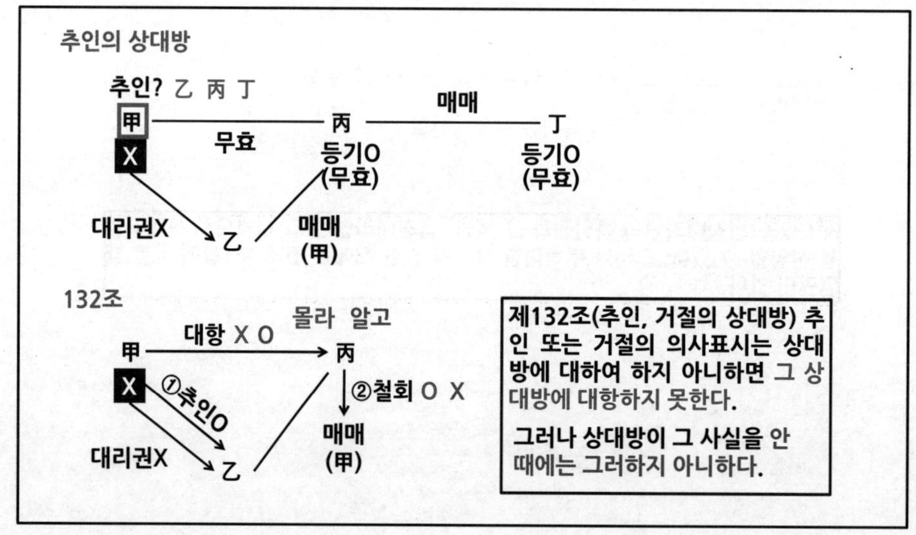

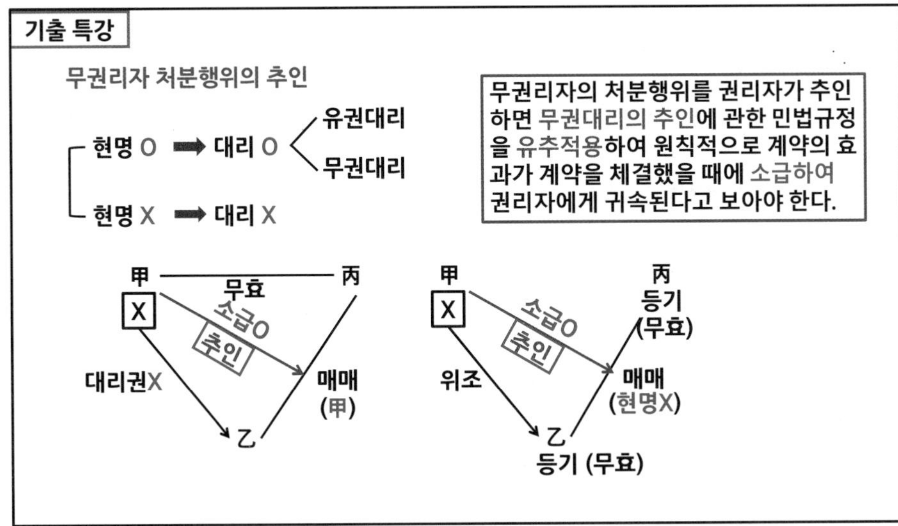

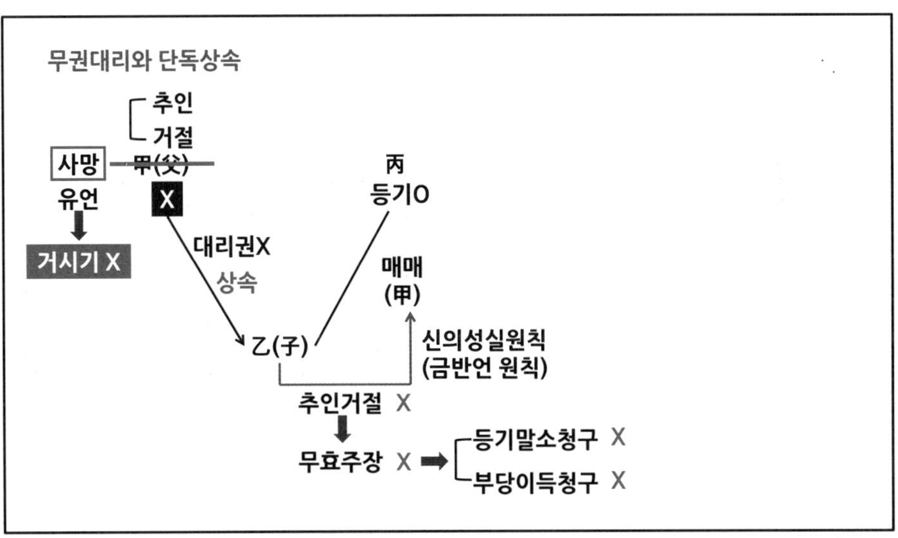

2) 상대방에 대한 효과

제131조(상대방의 최고권) 대리권 없는 자가 타인의 대리인으로 계약을 한 경우에 상대방은 상당한 기간을 정하여 본인에게 그 추인여부의 확답을 최고할 수 있다. 본인이 그 기간 내에 확답을 발하지 아니한 때에는 추인을 거절한 것으로 본다.

제134조(상대방의 철회권) 대리권 없는 자가 한 계약은 본인의 추인이 있을 때까지 상대방은 본인이나 그 대리인에 대하여 이를 철회할 수 있다. 그러나 계약당시에 상대방이 대리권 없음을 안 때에는 그러하지 아니하다.

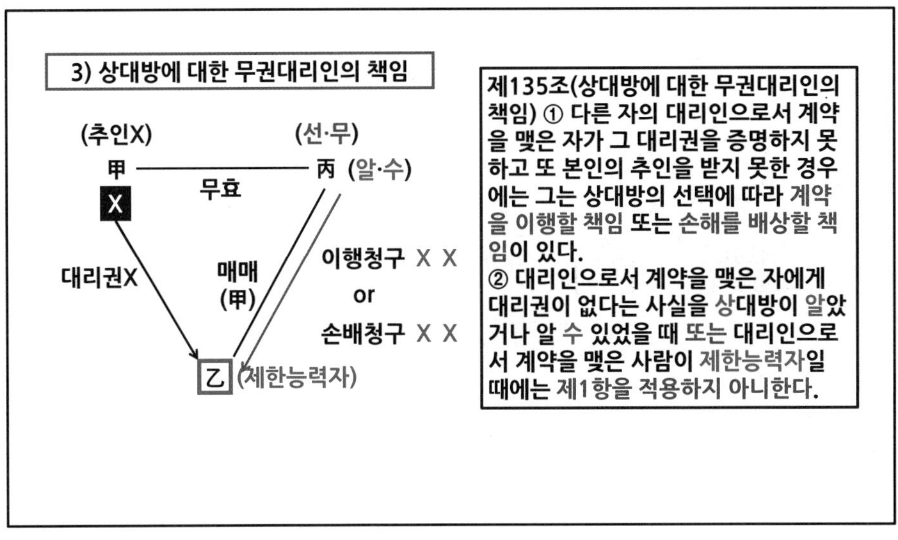

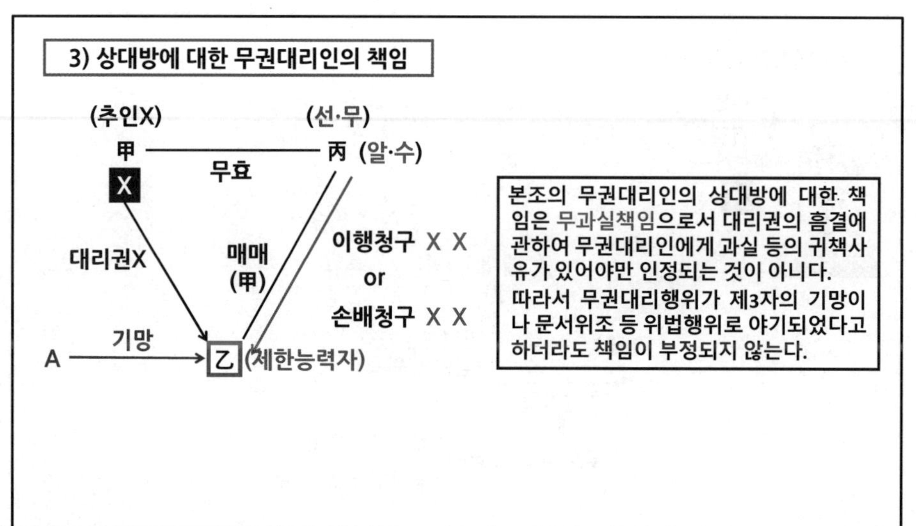
3) 상대방에 대한 무권대리인의 책임
(추인X)
(선·무)
甲
무효
丙 (알·수)
X
대리권X
매매
(甲)
이행청구 X X
or
손배청구 X X
A
기망
乙 (제한능력자)
본조의 무권대리인의 상대방에 대한 책임은 무과실책임으로서 대리권의 흠결에 관하여 무권대리인에게 과실 등의 귀책사유가 있어야만 인정되는 것이 아니다.
따라서 무권대리행위가 제3자의 기망이나 문서위조 등 위법행위로 야기되었다고 하더라도 책임이 부정되지 않는다.

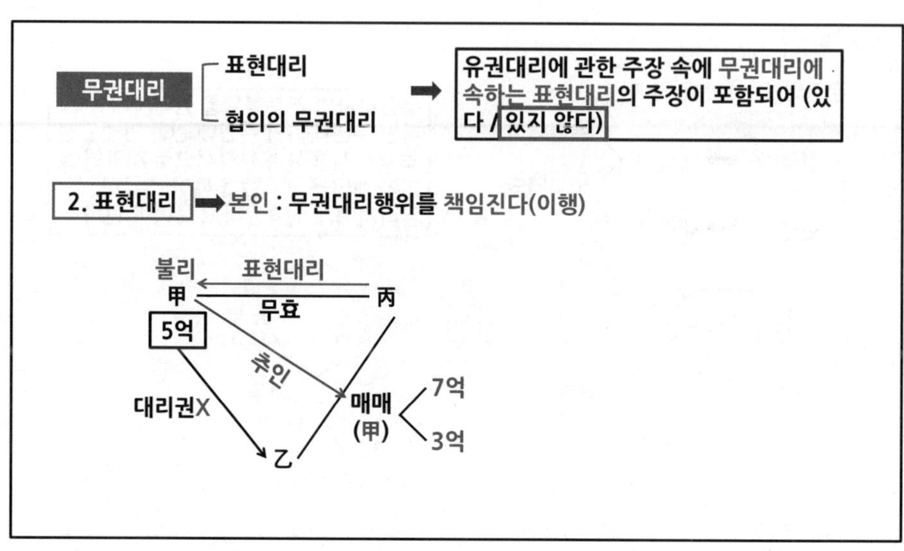
무권대리
표현대리
협의의 무권대리
유권대리에 관한 주장 속에 무권대리에 속하는 표현대리의 주장이 포함되어 (있다 / 있지 않다)
2. 표현대리
본인 : 무권대리행위를 책임진다(이행)
불리
표현대리
甲
丙
무효
5억
추인
대리권X
매매
(甲)
7억
3억
乙

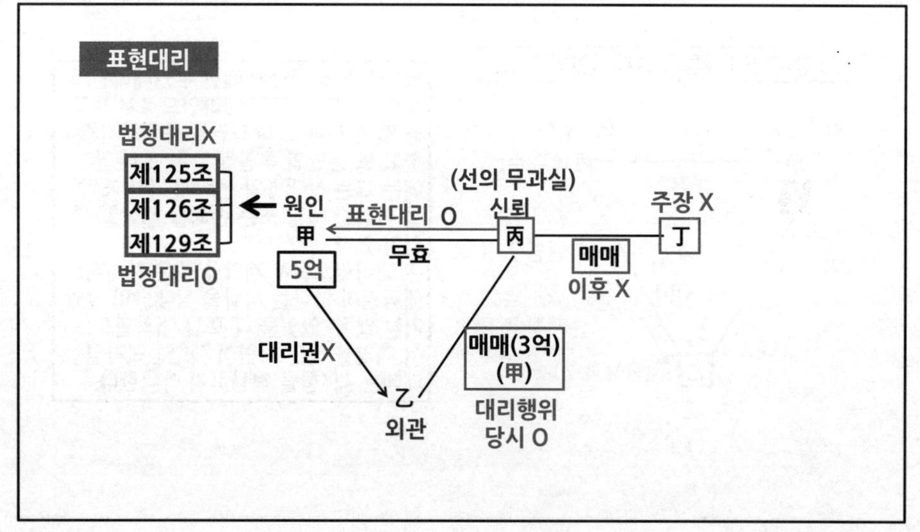
표현대리
법정대리X
제125조
제126조
제129조
법정대리O
원인
甲
표현대리 O
(선의 무과실)
신뢰
丙
주장 X
丁
5억
무효
매매
이후 X
대리권X
매매(3억)
(甲)
대리행위
당시 O
乙
외관

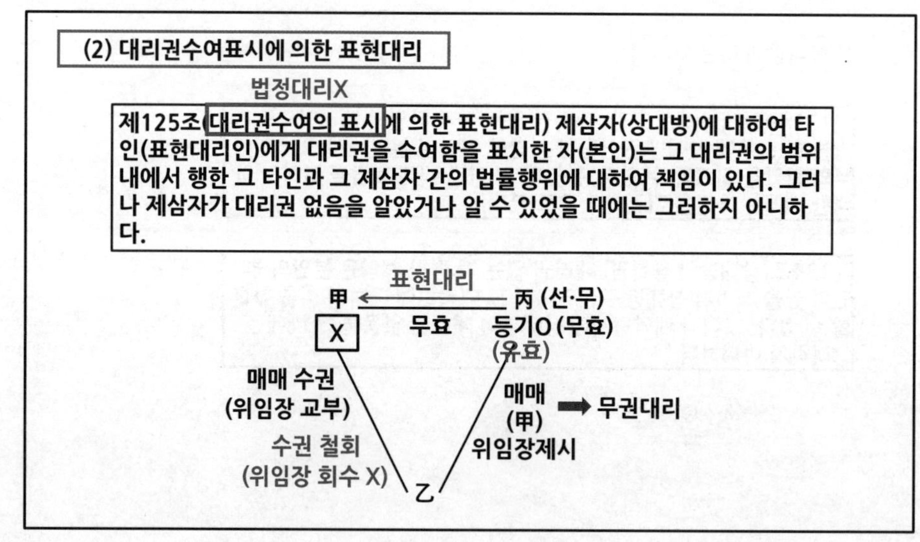
(2) 대리권수여표시에 의한 표현대리
법정대리X
제125조(대리권수여의 표시에 의한 표현대리) 제삼자(상대방)에 대하여 타인(표현대리인)에게 대리권을 수여함을 표시한 자(본인)는 그 대리권의 범위 내에서 행한 그 타인과 그 제삼자 간의 법률행위에 대하여 책임이 있다. 그러나 제삼자가 대리권 없음을 알았거나 알 수 있었을 때에는 그러하지 아니하다.
표현대리
甲
丙 (선·무)
X
무효
등기O (무효)
(유효)
매매 수권
(위임장 교부)
매매
(甲)
무권대리
위임장제시
수권 철회
(위임장 회수 X)
乙

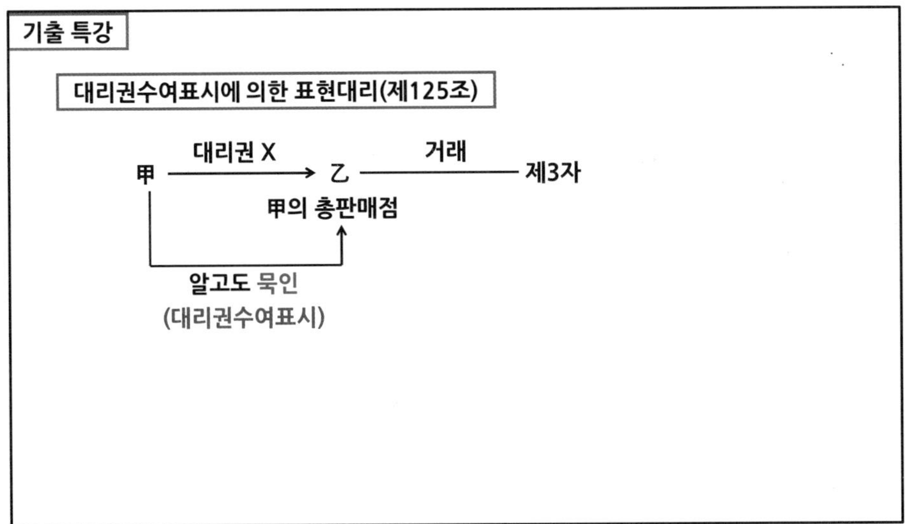
기출 특강
대리권수여표시에 의한 표현대리(제125조)
대리권 X
거래
甲
乙
제3자
甲의 총판매점
알고도 묵인
(대리권수여표시)

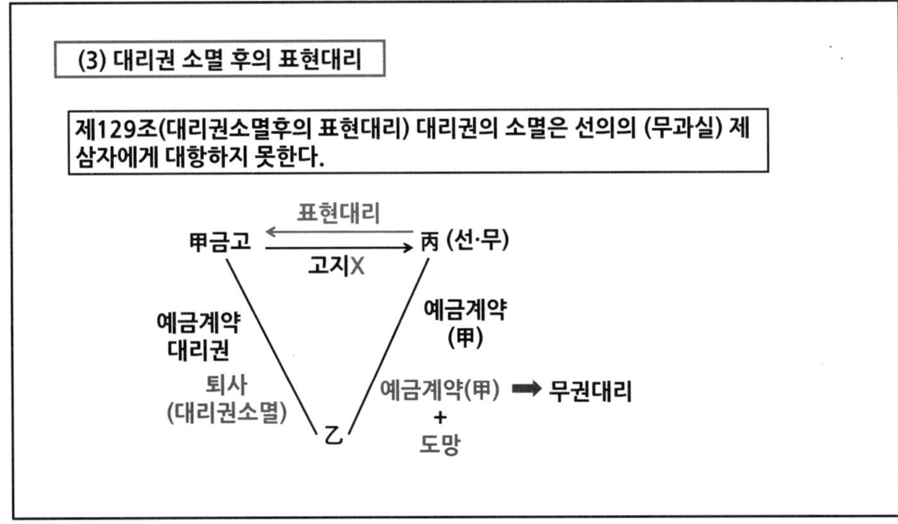
(3) 대리권 소멸 후의 표현대리
제129조(대리권소멸후의 표현대리) 대리권의 소멸은 선의의 (무과실) 제삼자에게 대항하지 못한다.
표현대리
甲금고
丙 (선·무)
고지X
예금계약
대리권
퇴사
(대리권소멸)
예금계약
(甲)
예금계약(甲) ➡ 무권대리
+
도망
乙

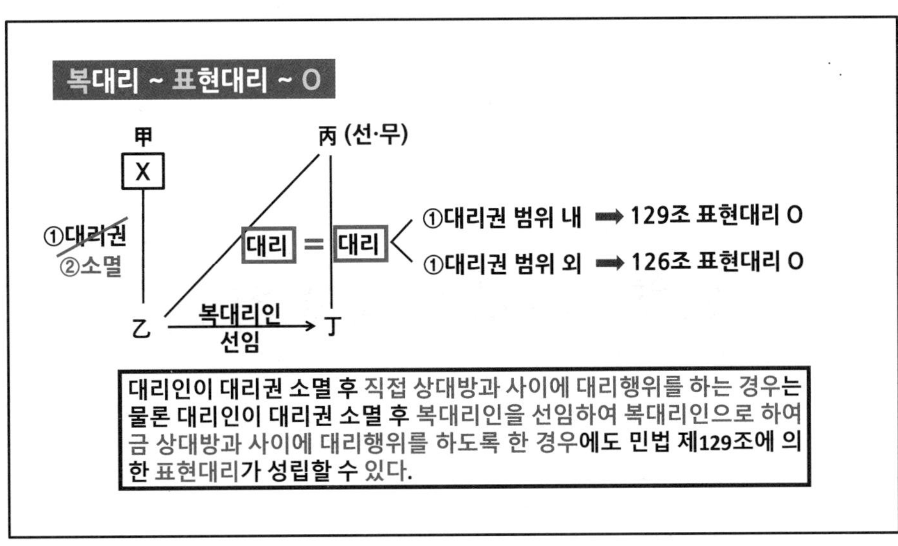
복대리 ~ 표현대리 ~ O
甲
X
丙 (선·무)
①대리권
②소멸
대리 = 대리
①대리권 범위 내 ➡ 129조 표현대리 O
①대리권 범위 외 ➡ 126조 표현대리 O
乙
복대리인
선임
丁
대리인이 대리권 소멸 후 직접 상대방과 사이에 대리행위를 하는 경우는 물론 대리인이 대리권 소멸 후 복대리인을 선임하여 복대리인으로 하여금 상대방과 사이에 대리행위를 하도록 한 경우에도 민법 제129조에 의한 표현대리가 성립할 수 있다.

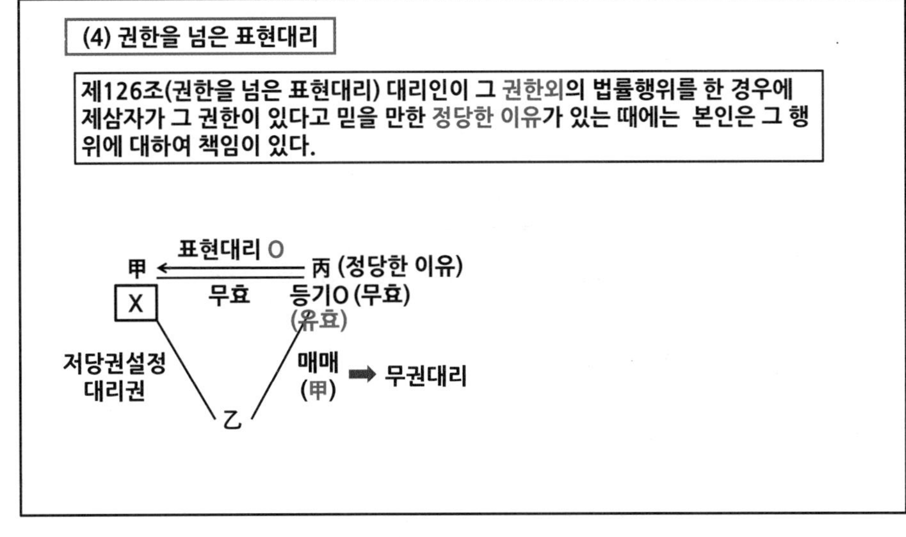
(4) 권한을 넘은 표현대리
제126조(권한을 넘은 표현대리) 대리인이 그 권한외의 법률행위를 한 경우에 제삼자가 그 권한이 있다고 믿을 만한 정당한 이유가 있는 때에는 본인은 그 행위에 대하여 책임이 있다.
표현대리 O
甲
丙 (정당한 이유)
X
무효
등기O (무효)
(유효)
저당권설정
대리권
매매
(甲)
➡ 무권대리
乙

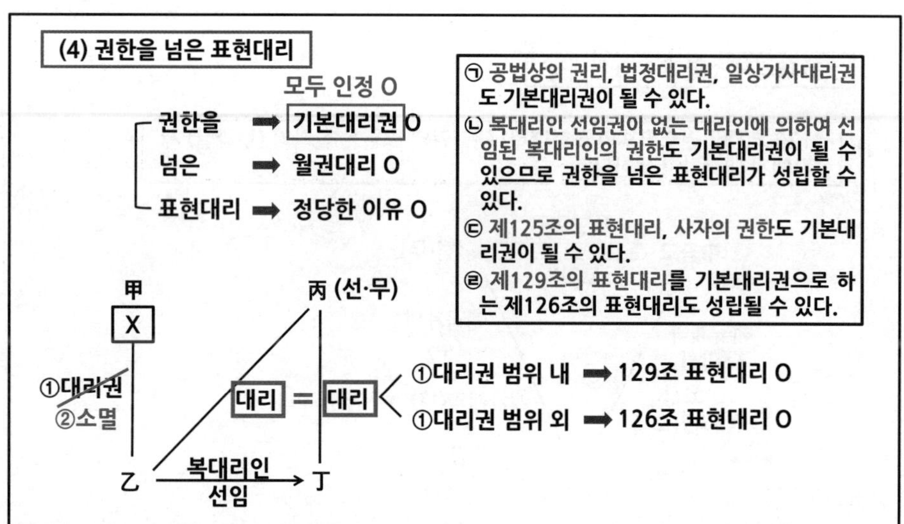
(4) 권한을 넘은 표현대리
모두 인정 O
권한을 ➡ 기본대리권 O
넘은 ➡ 월권대리 O
표현대리 ➡ 정당한 이유 O
㉠ 공법상의 권리, 법정대리권, 일상가사대리권도 기본대리권이 될 수 있다.
㉡ 복대리인 선임권이 없는 대리인에 의하여 선임된 복대리인의 권한도 기본대리권이 될 수 있으므로 권한을 넘은 표현대리가 성립할 수 있다.
㉢ 제125조의 표현대리, 사자의 권한도 기본대리권이 될 수 있다.
㉣ 제129조의 표현대리를 기본대리권으로 하는 제126조의 표현대리도 성립될 수 있다.
甲
X
丙 (선·무)
①대리권
②소멸
대리 = 대리
①대리권 범위 내 ➡ 129조 표현대리 O
①대리권 범위 외 ➡ 126조 표현대리 O
乙
복대리인 선임
丁

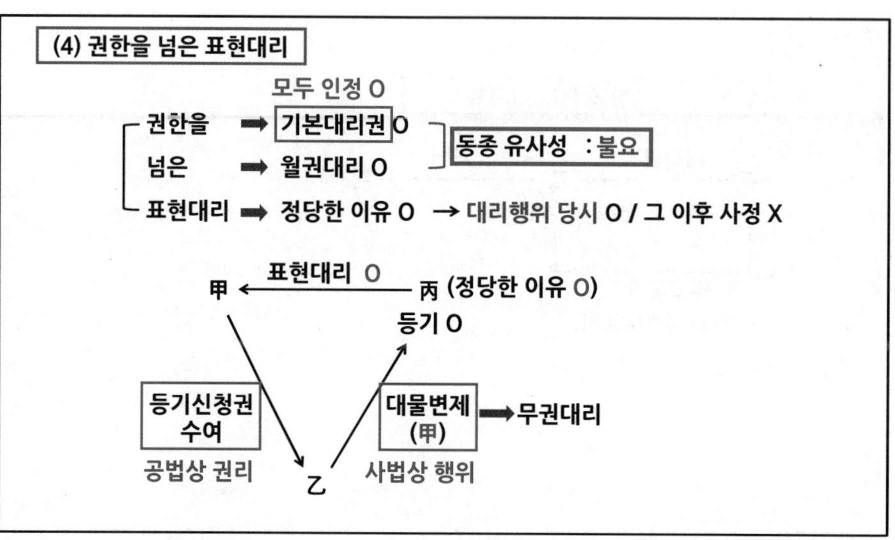
(4) 권한을 넘은 표현대리
모두 인정 O
권한을 ➡ 기본대리권 O
넘은 ➡ 월권대리 O
동종 유사성 : 불요
표현대리 ➡ 정당한 이유 O → 대리행위 당시 O / 그 이후 사정 X
甲
표현대리 O
丙 (정당한 이유 O)
등기 O
등기신청권 수여
공법상 권리
대물변제 (甲)
➡ 무권대리
사법상 행위
乙

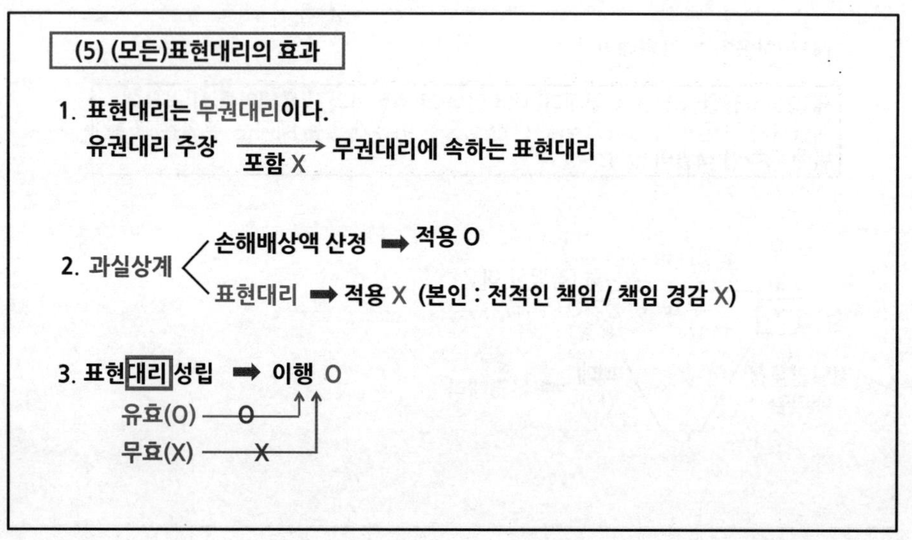
(5) (모든)표현대리의 효과
1. 표현대리는 무권대리이다.
유권대리 주장 → 무권대리에 속하는 표현대리
포함 X
2. 과실상계
손해배상액 산정 ➡ 적용 O
표현대리 ➡ 적용 X (본인 : 전적인 책임 / 책임 경감 X)
3. 표현대리 성립 ➡ 이행 O
유효(O) — O
무효(X) — X

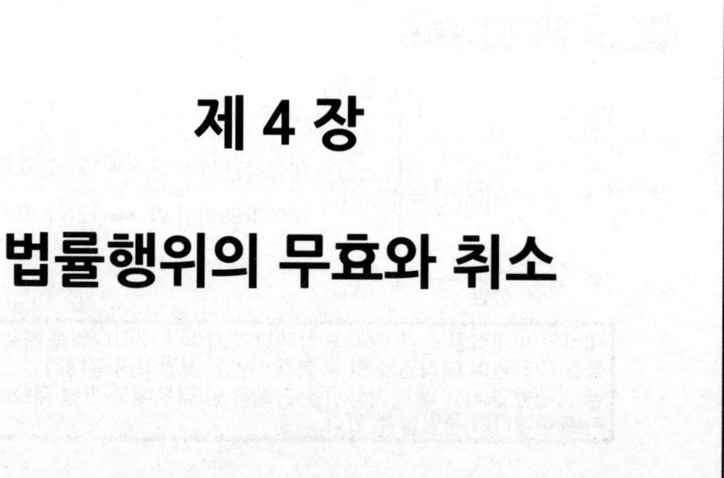
제 4 장
법률행위의 무효와 취소

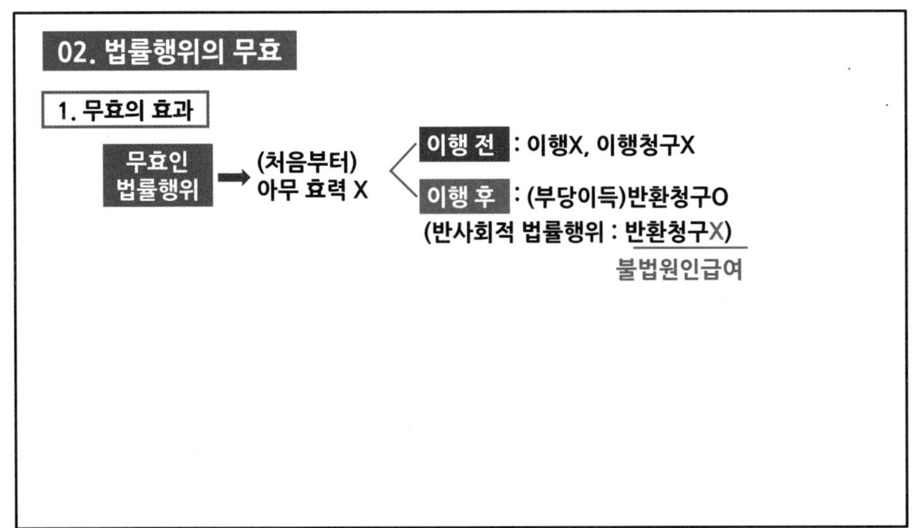
02. 법률행위의 무효
1. 무효의 효과
무효인 법률행위
(처음부터) 아무 효력 X
이행 전 : 이행X, 이행청구X
이행 후 : (부당이득)반환청구O
(반사회적 법률행위 : 반환청구X)
불법원인급여

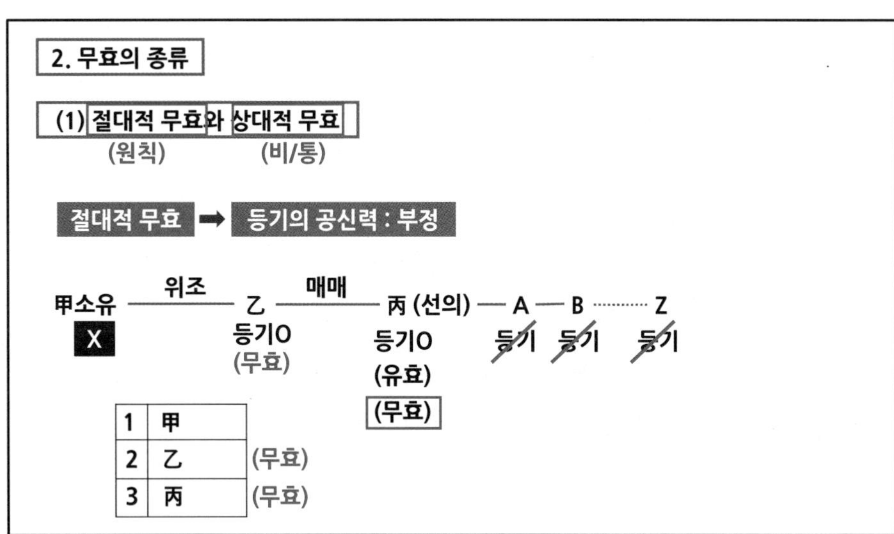
2. 무효의 종류
(1) 절대적 무효와 상대적 무효
(원칙)
(비/통)
절대적 무효 ➡ 등기의 공신력 : 부정
甲소유
X
위조
乙
등기O
(무효)
매매
丙 (선의) — A — B ········ Z
등기O
(유효)
(무효)
등기 등기 등기
1 甲
2 乙 (무효)
3 丙 (무효)

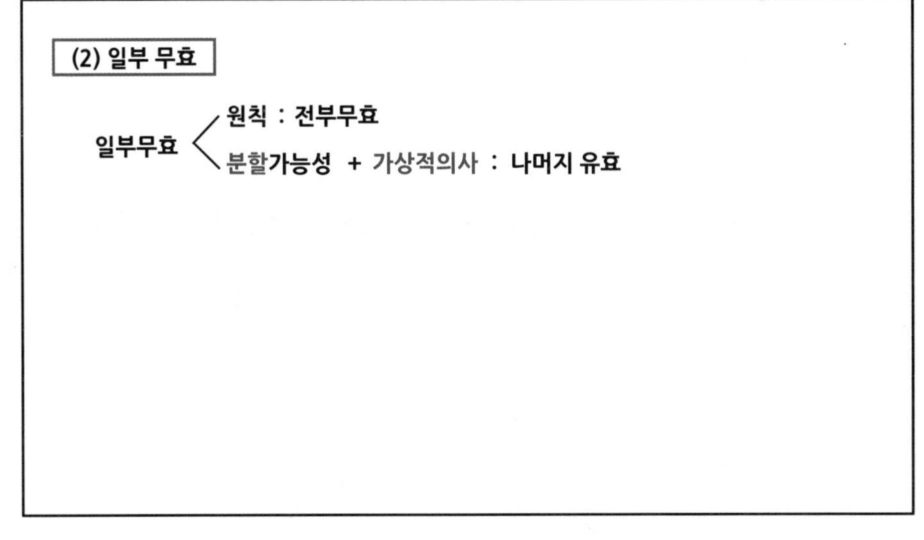
(2) 일부 무효
일부무효
원칙 : 전부무효
분할가능성 + 가상적의사 : 나머지 유효

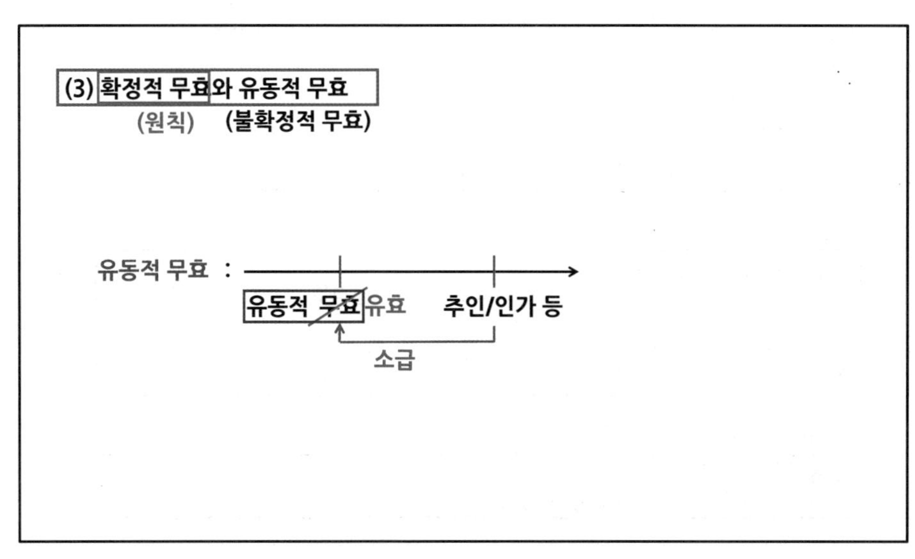
(3) 확정적 무효와 유동적 무효
(원칙)
(불확정적 무효)
유동적 무효 :
유동적 무효 유효
추인/인가 등
소급

허가구역 내 토지
- 허가O ➡ 매매
- 허가X ➡ 매매
  - 허가 전제 : 유동적 무효
  - 허가 잠탈 배제 : 확정적 무효

매매(허가X)

유동적 무효 → 유효 ← 허가O (소급)

유동적 무효 : 허가협력의무O 소구O 손해배상청구O 손해액 배상 약정O 해제X

: 계약상 효력X 이행청구X 채·불X 손해배상청구X 해제X

→ 계약금해제O 부당이득반환청구X

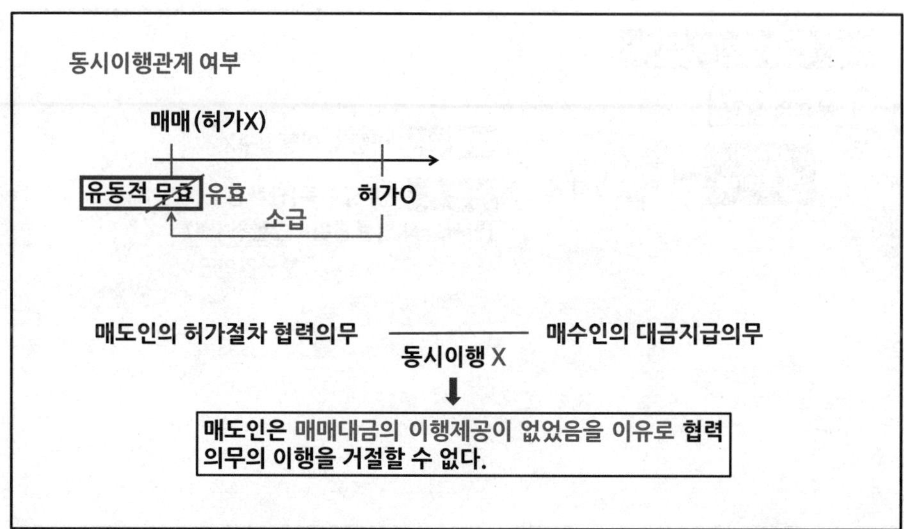

기출 특강

확정적 유효로 되는 경우

① 허가 O : 소급 - 유효
② 허가구역의 지정이 해제되거나 기간이 만료 → 재지정 X

확정적 무효로 되는 경우

㉠ 불허가처분을 받은 경우
㉡ 쌍방이 허가신청에 대한 이행거절의사를 명백히 한 경우
㉢ 처음부터 허가를 배제, 잠탈하기로 한 경우
㉣ 유동적 무효 이외의 무효.취소사유를 주장
㉤ 정지조건부 계약에서 허가를 받기 이전에 이미 불성취로 확정

확정적 무효로 된 경우의 효과

㉠ 계약금 등 : 부당이득으로 반환청구
㉡ 귀책사유가 있는 자 : 무효를 주장 O

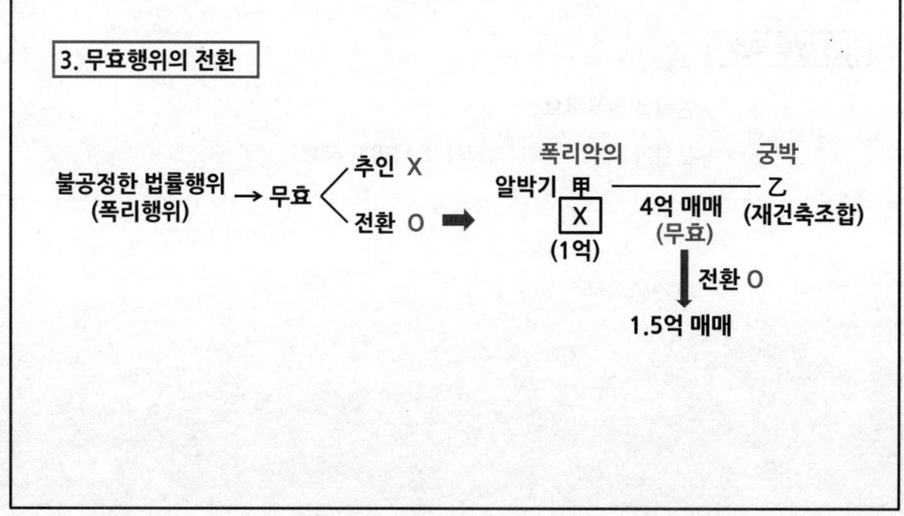

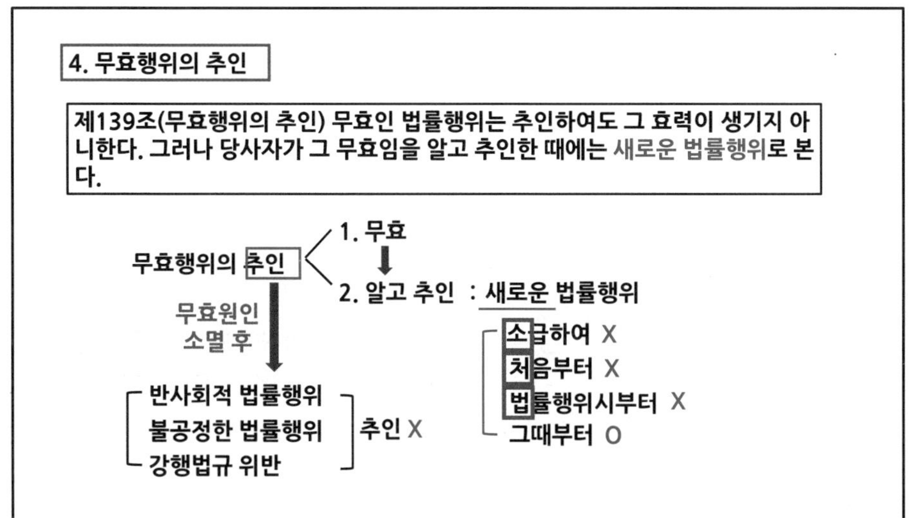
4. 무효행위의 추인
제139조(무효행위의 추인) 무효인 법률행위는 추인하여도 그 효력이 생기지 아니한다. 그러나 당사자가 그 무효임을 알고 추인한 때에는 새로운 법률행위로 본다.
무효행위의 추인
1. 무효
2. 알고 추인 : 새로운 법률행위
무효원인 소멸 후
소급하여 X
처음부터 X
법률행위시부터 X
그때부터 O
반사회적 법률행위
불공정한 법률행위
강행법규 위반
추인 X

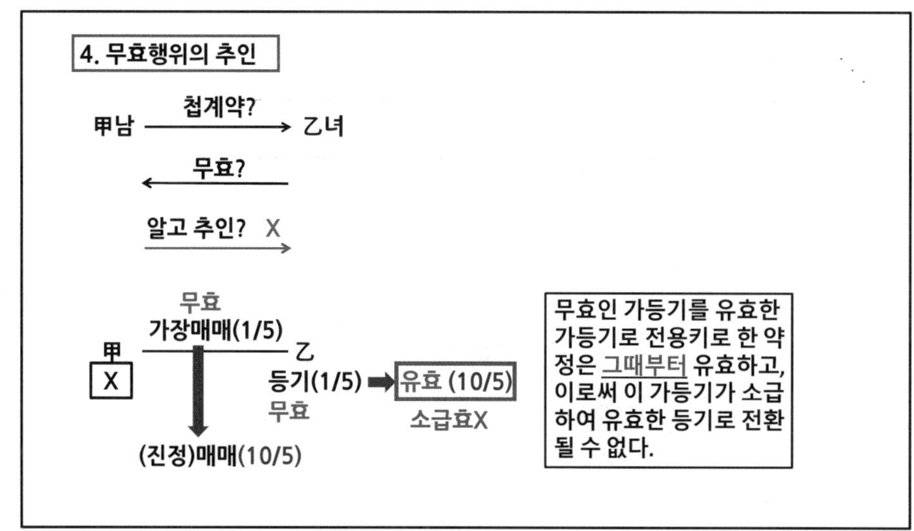
4. 무효행위의 추인
甲남
첩계약?
乙녀
무효?
알고 추인? X
무효
가장매매(1/5)
甲
X
乙
등기(1/5)
무효
유효 (10/5)
소급효X
(진정)매매(10/5)
무효인 가등기를 유효한 가등기로 전용키로 한 약정은 그때부터 유효하고, 이로써 이 가등기가 소급하여 유효한 등기로 전환될 수 없다.

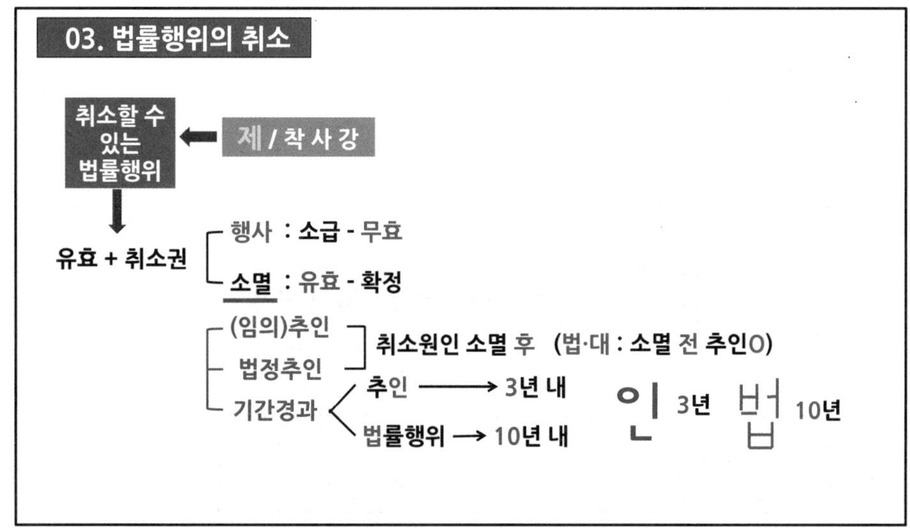
03. 법률행위의 취소
취소할 수 있는 법률행위
제 / 착 사 강
유효 + 취소권
행사 : 소급 - 무효
소멸 : 유효 - 확정
(임의)추인
법정추인
기간경과
취소원인 소멸 후 (법·대 : 소멸 전 추인O)
추인 → 3년 내
법률행위 → 10년 내
인 3년
법 10년

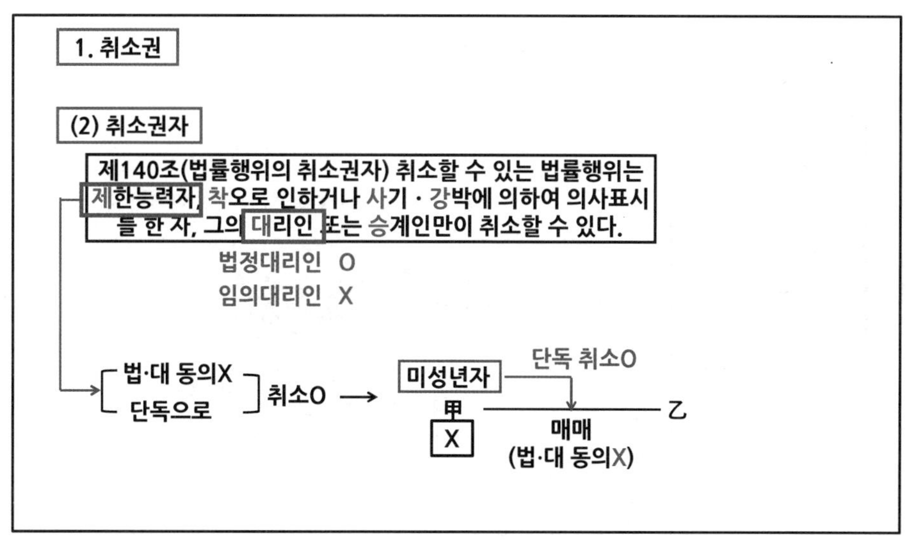
1. 취소권
(2) 취소권자
제140조(법률행위의 취소권자) 취소할 수 있는 법률행위는 제한능력자, 착오로 인하거나 사기 · 강박에 의하여 의사표시를 한 자, 그의 대리인 또는 승계인만이 취소할 수 있다.
법정대리인 O
임의대리인 X
법·대 동의X
단독으로
취소O
미성년자
단독 취소O
甲
X
乙
매매
(법·대 동의X)

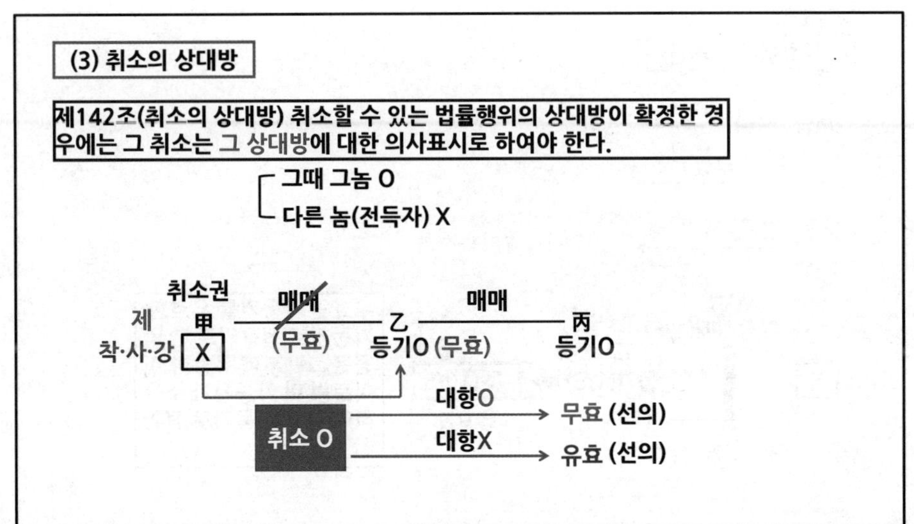
(3) 취소의 상대방
제142조(취소의 상대방) 취소할 수 있는 법률행위의 상대방이 확정한 경우에는 그 취소는 그 상대방에 대한 의사표시로 하여야 한다.
그때 그놈 O
다른 놈(전득자) X
취소권
제
착·사·강
甲
X
매매
(무효)
乙
등기O (무효)
매매
丙
등기O
대항O
무효 (선의)
취소 O
대항X
유효 (선의)

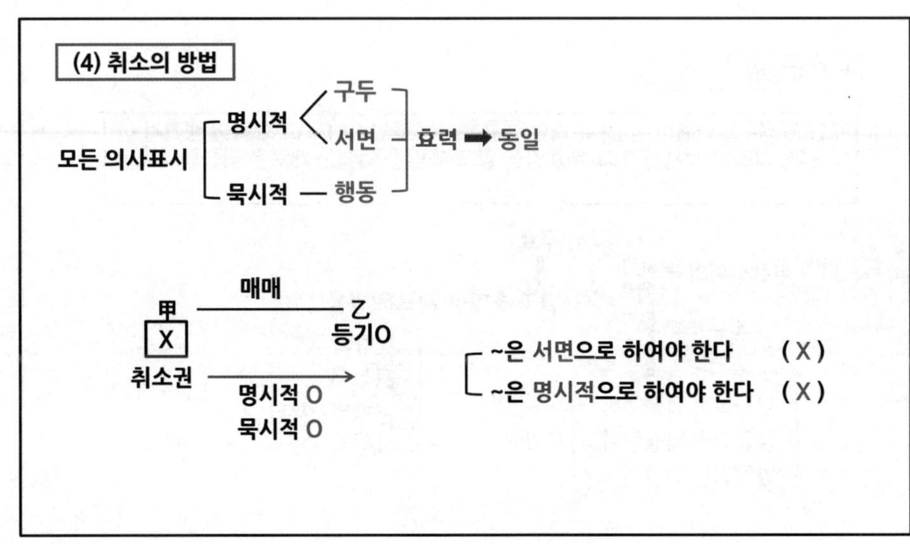
(4) 취소의 방법
모든 의사표시
명시적
구두
서면
묵시적 — 행동
효력 ➡ 동일
매매
甲
X
乙
등기O
취소권
명시적 O
묵시적 O
~은 서면으로 하여야 한다 (X)
~은 명시적으로 하여야 한다 (X)

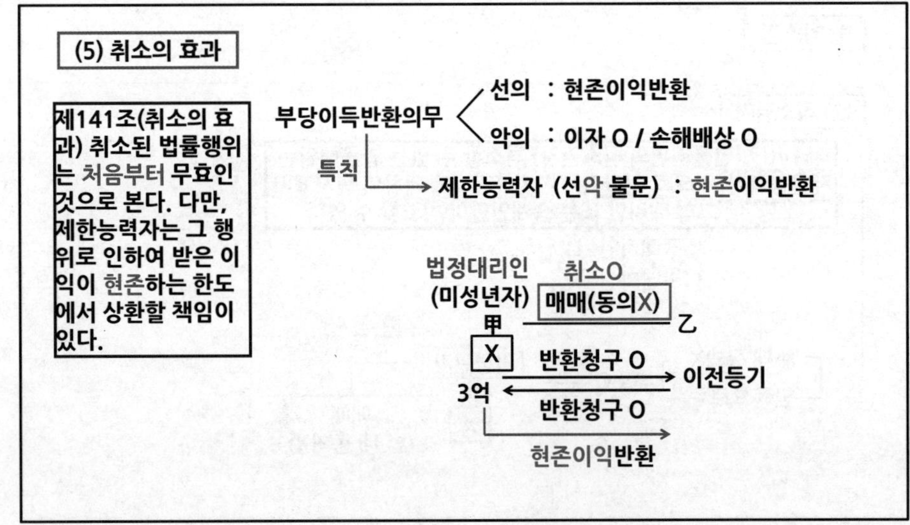
(5) 취소의 효과
제141조(취소의 효과) 취소된 법률행위는 처음부터 무효인 것으로 본다. 다만, 제한능력자는 그 행위로 인하여 받은 이익이 현존하는 한도에서 상환할 책임이 있다.
부당이득반환의무
선의 : 현존이익반환
악의 : 이자 O / 손해배상 O
특칙
제한능력자 (선악 불문) : 현존이익반환
법정대리인
(미성년자)
취소O
매매(동의X)
甲
X
乙
반환청구 O
이전등기
3억
반환청구 O
현존이익반환

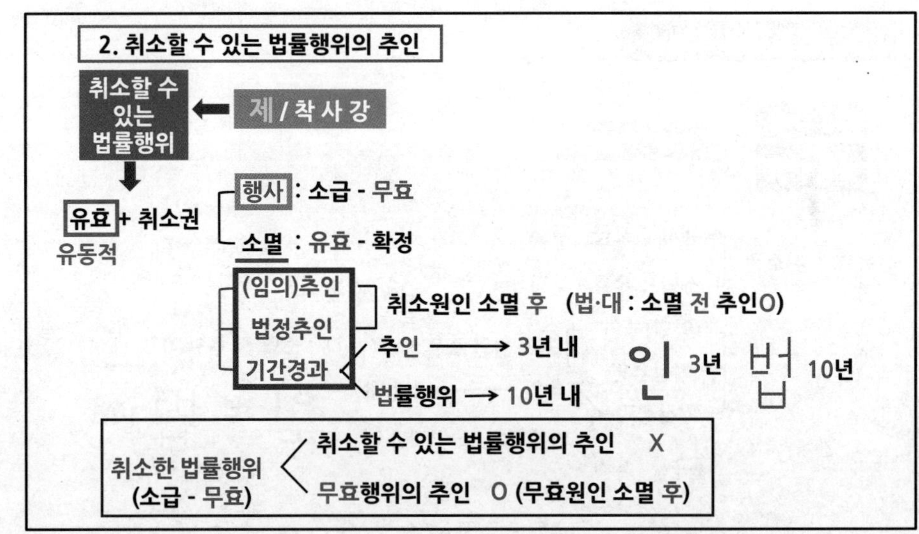
2. 취소할 수 있는 법률행위의 추인
취소할 수 있는 법률행위
제 / 착 사 강
유효 + 취소권
유동적
행사 : 소급 - 무효
소멸 : 유효 - 확정
(임의)추인
법정추인
기간경과
취소원인 소멸 후 (법·대 : 소멸 전 추인O)
추인 → 3년 내
법률행위 → 10년 내
인 3년 법 10년
취소한 법률행위
(소급 - 무효)
취소할 수 있는 법률행위의 추인 X
무효행위의 추인 O (무효원인 소멸 후)

(1) 임의적 추인

제143조(추인의 방법, 효과) ① 취소할 수 있는 법률행위는 제140조에 규정한 자가 추인할 수 있고 / 추인 후에는 취소하지 못한다.

제144조(추인의 요건) ① 추인은 취소의 원인이 소멸된 후에 하여야만 효력이 있다.
② 제1항은 법정대리인 또는 후견인이 추인하는 경우에는 적용하지 아니한다.

취소한 법률행위 (소급 - 무효)
- 취소할 수 있는 법률행위의 추인 X
- 무효행위의 추인 O (무효원인 소멸 후)

(2) 법정 추인 취 청 양 O

제145조(법정추인) 취소할 수 있는 법률행위에 관하여 전조의 규정에 의하여 추인할 수 있는 후에 다음 각호의 사유가 있으면 추인한 것으로 본다. 그러나 이의를 보류한 때에는 그러하지 아니하다.
1. 전부나 일부의 이행
2. 이행의 청구
3. 경개
4. 담보의 제공
5. 취소할 수 있는 행위로 취득한 권리의 전부나 일부의 양도
6. 강제집행

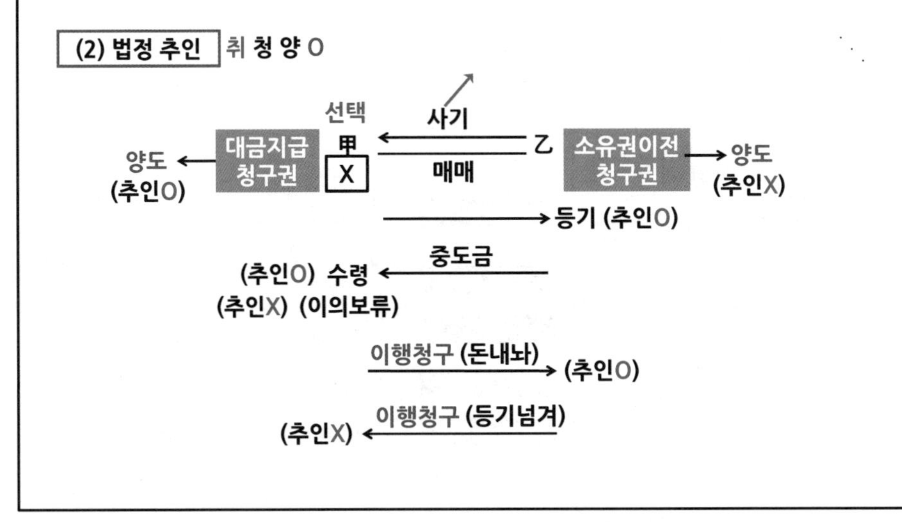

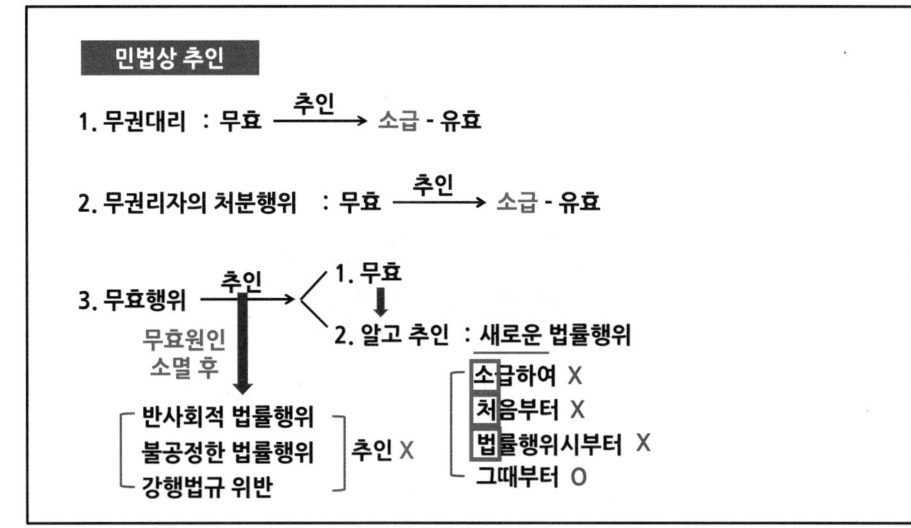

민법상 추인

4. 취소할 수 있는 법률행위 : 유효 —(임의)추인→ 유효-확정

↓

취소원인 소멸 후 (법·대 : 소멸 전 O)

5. 취소할 수 있는 법률행위 : 유효 —법정추인→ 유효-확정

↓

취 청 양 O

3. 취소권의 단기소멸

제146조(취소권의 소멸) 취소권은 추인할 수 있는 날로부터 3년 내에 법률행위를 한 날로부터 10년 내에 행사하여야 한다.

제 5 장

법률행위의 부관 (조건과 기한)

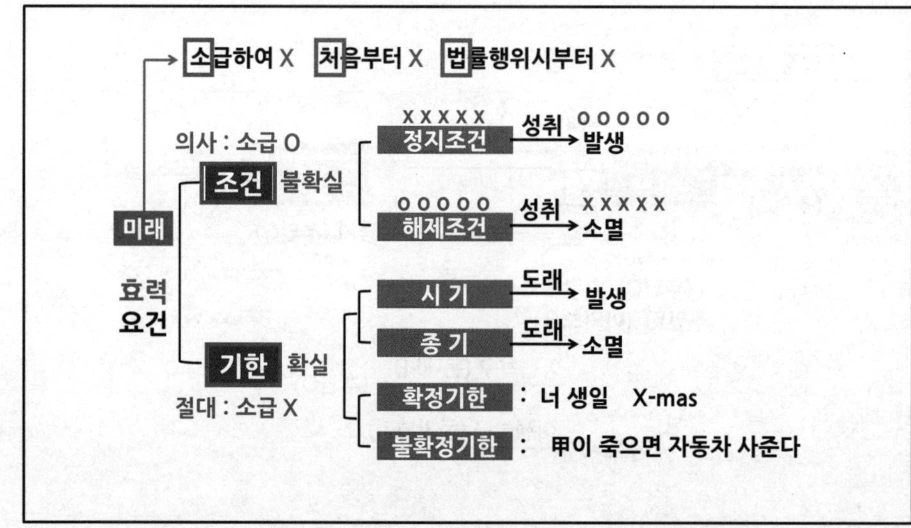

조건
1. 공인중개사시험에 합격하면/자동차를 사주겠다(정지조건)
2. 지금 자동차를 주는데 공인중개사시험에 합격하면/다시 돌려줘 (해제조건)
조건
3. 공인중개사시험에 불합격하면/자동차를 사주겠다 (정지조건)
조건
조건
4. 지금 자동차를 주는데 공인중개사시험에 불합격하면/다시 돌려줘(해제조건)
기한
5. 공인중개사시험 끝나면/자동차를 사주겠다(시기)
6. 지금 자동차를 주는데 공인중개사시험 끝나면/다시 돌려줘 (종기)
기한
7. 2024년 8월 11일(시기)부터 2026년 8월 10일(종기)까지 임대차계약을 체결한 경우

01. 조 건

2. 조건의 종류

(1) 정지조건, 해제조건

제147조(조건성취의 효과) ① 정지조건 있는 법률행위는 조건이 성취한 때로부터 그 효력이 생긴다.
② 해제조건 있는 법률행위는 조건이 성취한 때로부터 그 효력을 잃는다.
③ 당사자가 조건성취의 효력을 그 성취전에 소급하게 할 의사를 표시한 때에는 그 의사에 의한다.

※ 공인중개사 시험에 합격하면 X부동산 증여하는데,
11월 1일부터 임대료 받은 것도 다 주겠다.

제152조(기한도래의 효과) ① 시기 있는 법률행위는 기한이 도래한 때로부터 그 효력이 생긴다.
② 종기 있는 법률행위는 기한이 도래한 때로부터 그 효력을 잃는다.

(2) 가장조건

- 기성조건 (+)
  - 정지조건 (+) : 조건없는 법률행위 / 유효 (+)
  - 해제조건 (−) : 무효 (−)
- 불능조건 (−)
  - 정지조건 (+) : 무효 (−)
  - 해제조건 (−) : 조건없는 법률행위 / 유효 (+)

제151조(불법조건, 기성조건) ① 조건이 선량한 풍속 기타 사회질서에 위반한 것인 때에는 그 법률행위는 무효로 한다.
② 조건이 법률행위의 당시 이미 성취한(+) 것인 경우에는 그 조건이 정지조건(+)이면 조건 없는(+) 법률행위로 하고 해제조건(−)이면 그 법률행위는 무효(−)로 한다.
③ 조건이 법률행위의 당시에 이미 성취할 수 없는(−) 것인 경우에는 그 조건이 해제조건(−)이면 조건 없는(+) 법률행위로 하고 정지조건(+)이면 그 법률행위는 무효(−)로 한다

불법조건

부첩관계의 종료를 해제조건으로 하는 증여계약

- 조건 없는 법률행위이다
- 조건만 무효이다
- 법률행위 전부가 무효이다 (O)

3. 조건과 기한을 붙일 수 없는 법률행위

단독행위
- 원칙 : 조건X 기한X
- 상대방 동의 / 상대방 이익 — 조건O 기한O

甲 —1천만원 채권→ 乙
사회봉사 100시간 하면
돈 갚지 마(채무면제)

4. 조건부 법률행위의 효력

제149조(조건부, 기한부 권리의 처분 등) 조건의 성취가 미정한 권리의무(기한부 권리)는 일반규정에 의하여 처분, 상속, 보존 또는 담보로 할 수 있다.

제150조(조건성취, 불성취에 대한 반신의행위) ① 조건의 성취로 인하여 불이익을 받을 당사자가 신의성실에 반하여 조건의 성취를 방해한 때에는 상대방은 그 조건이 성취한 것으로 주장할 수 있다.
② 조건의 성취로 인하여 이익을 받을 당사자가 신의성실에 반하여 조건을 성취시킨 때에는 상대방은 그 조건이 성취하지 아니한 것으로 주장할 수 있다.

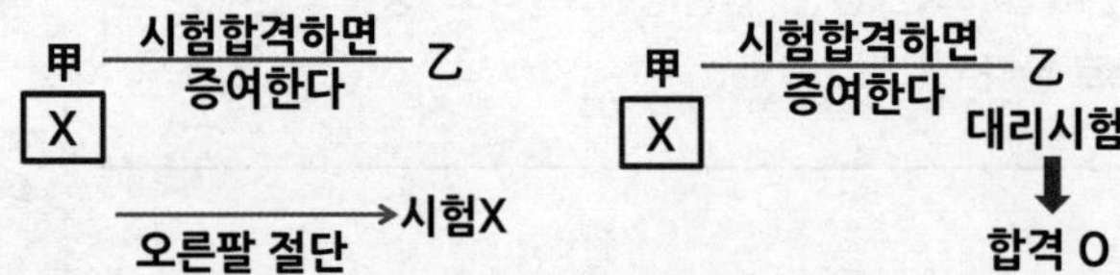

02. 기 한

2. 기한의 종류

(1) 시기와 종기

제152조(기한도래의 효과) ① 시기 있는 법률행위는 기한이 도래한 때로부터 그 효력이 생긴다.
② 종기 있는 법률행위는 기한이 도래한 때로부터 그 효력을 잃는다.

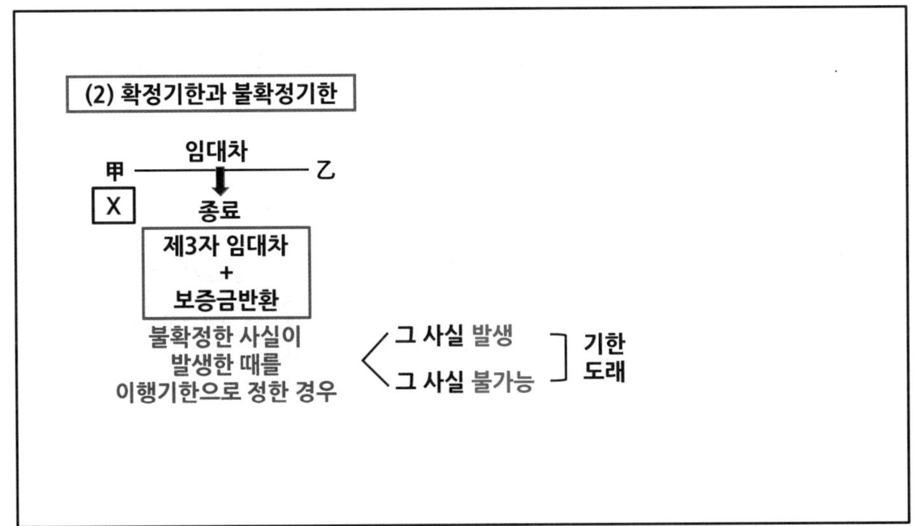

기한의 이익

제153조(기한의 이익과 그 포기) ① 기한은 채무자의 이익을 위한 것으로 추정한다.
② 기한의 이익은 이를 포기할 수 있다. 그러나 상대방의 이익을 해하지 못한다.

친구甲 —5억 채권(2년) (무이자)→ 乙 기한 이익O

기한 이익O 甲은행 —5억 채권(2년) (이자O)→ 乙 기한 이익O

6월 後 변제
+
중도상환수수료

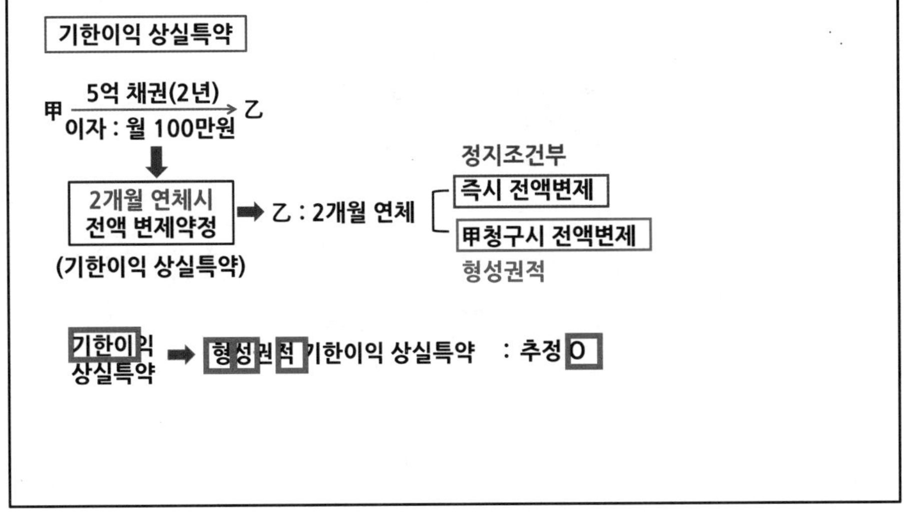

기출 특강

조건은 조건을 붙이고자 하는 의사 즉 조건의사와 그 표시가 필요하며, 조건의사가 있더라도 그것이 외부에 표시되지 않으면 법률행위의 동기에 불과할 뿐이고 그것만으로는 법률행위의 부관으로서의 조건이 되는 것은 아니다.

조건의 내용 자체가 불법적인 것이어서 무효일 경우

조건을 붙이는 것이 허용되지 아니하는 법률행위에 조건을 붙인 경우

➡ 조건만 분리하여 무효로 할 수 있다 (X)
법률행위 전부가 무효이다 (O)

기출 특강

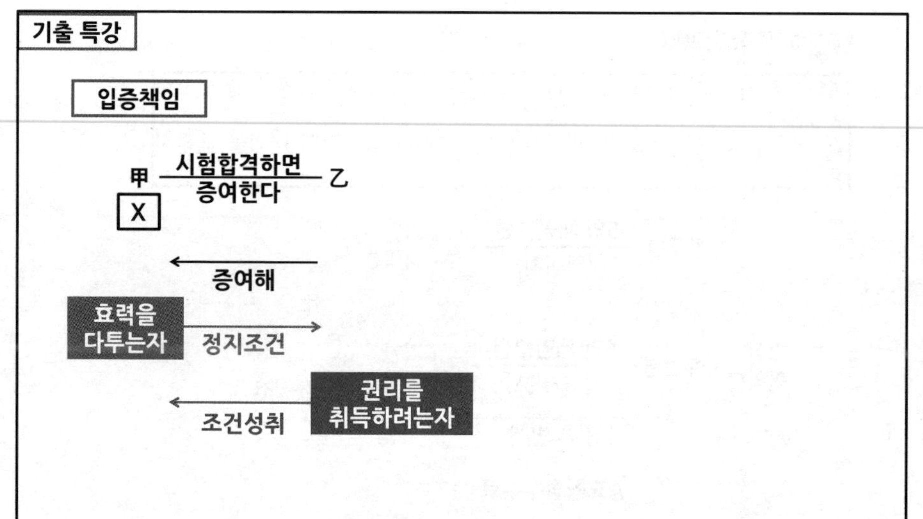

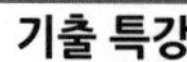

제150조(조건성취, 불성취에 대한 반신의행위) ① 조건의 성취로 인하여 불이익을 받을 당사자가 신의성실에 반하여 조건의 성취를 방해한 때에는 상대방은 그 조건이 성취한 것으로 주장할 수 있다.
② 조건의 성취로 인하여 이익을 받을 당사자가 신의성실에 반하여 조건을 성취시킨 때에는 상대방은 그 조건이 성취하지 아니한 것으로 주장할 수 있다.

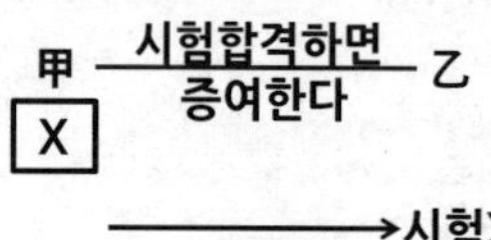

조건의 성취로 인하여 불이익을 받을 당사자가 신의성실에 반하여 조건의 성취를 방해한 경우, 조건이 성취된 것으로 의제되는 시점은 이러한 신의성실에 반하는 행위가 없었더라면 조건이 성취되었으리라고 추산되는 시점이다.

제 2 편

물 권 법

제 1 장

총 설

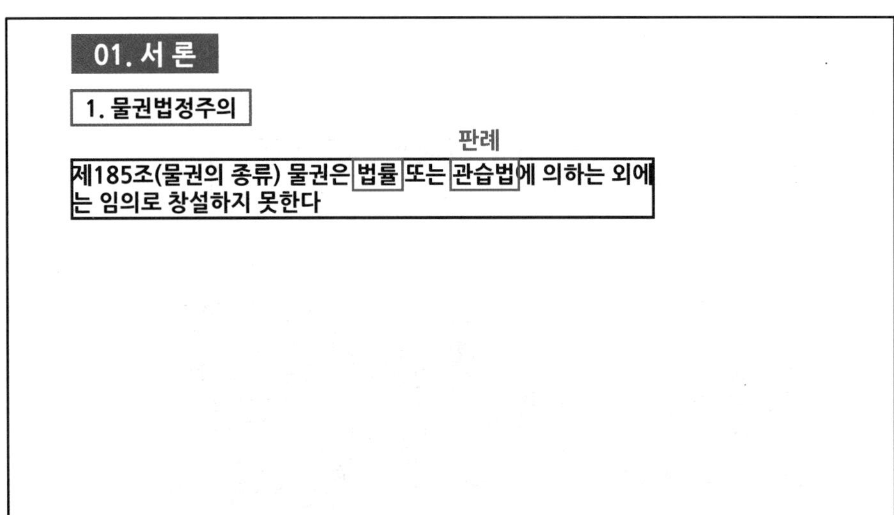

2. 관습법상의 물권

관습(법)상 물권 O

1. 관습법상 법정지상권
2. 분묘기지권
3. 동산 양도담보

관습(법)상 물권 X

1. 온천권
2. 사도통행권
3. 근린공원이용권
4. 미등기 무허가건물의 양수인의 소유권에 준하는 관습상의 물권

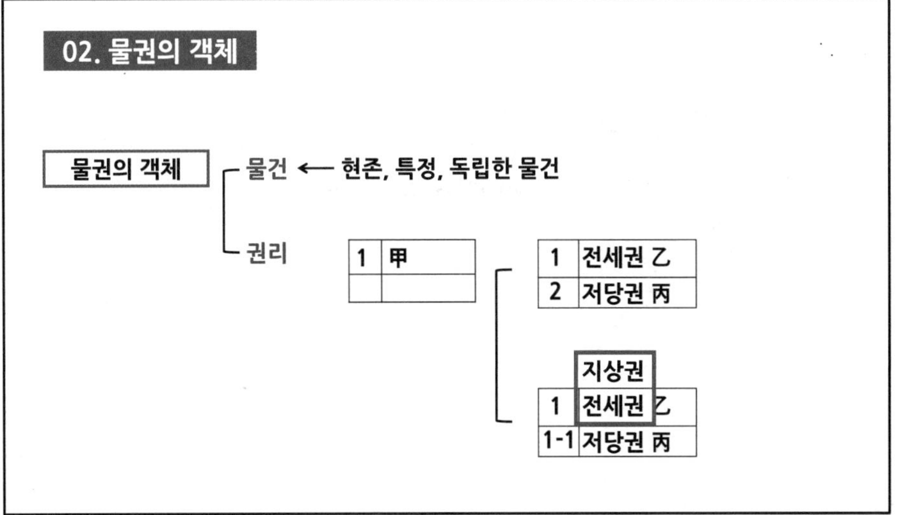

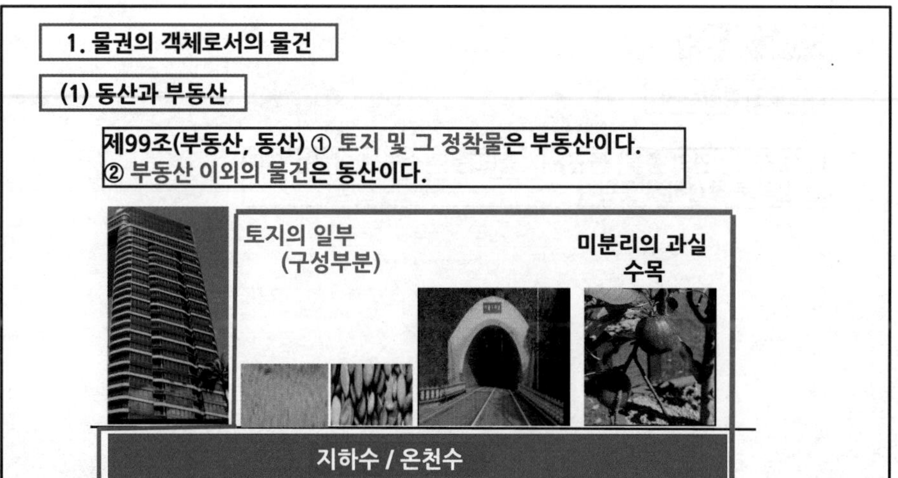

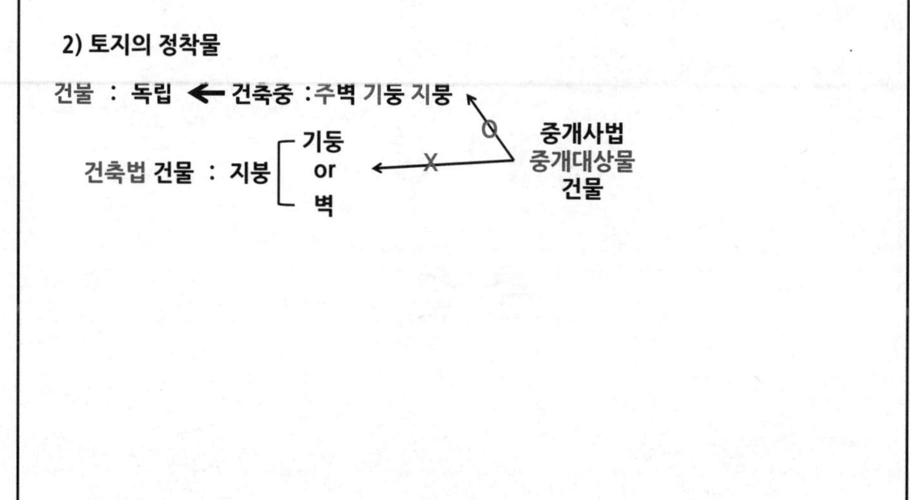

2) 토지의 정착물

수목 ┌ 원　칙 : 토지의 일부(구성부분)
├ 명인방법 : 독립한 물건 ➡ 소유권 O / 저당권 X
└ 입　목 : 독립한 물건 ➡ 소유권 O / 저당권 O
(보존등기)

2) 토지의 정착물

수목 ┌ 원　칙 : 토지의 일부(구성부분)
├ 명인방법 : 독립한 물건 ➡ 소유권 O / 저당권 X
└ 입　목 : 독립한 물건 ➡ 소유권 O / 저당권 O
(보존등기)

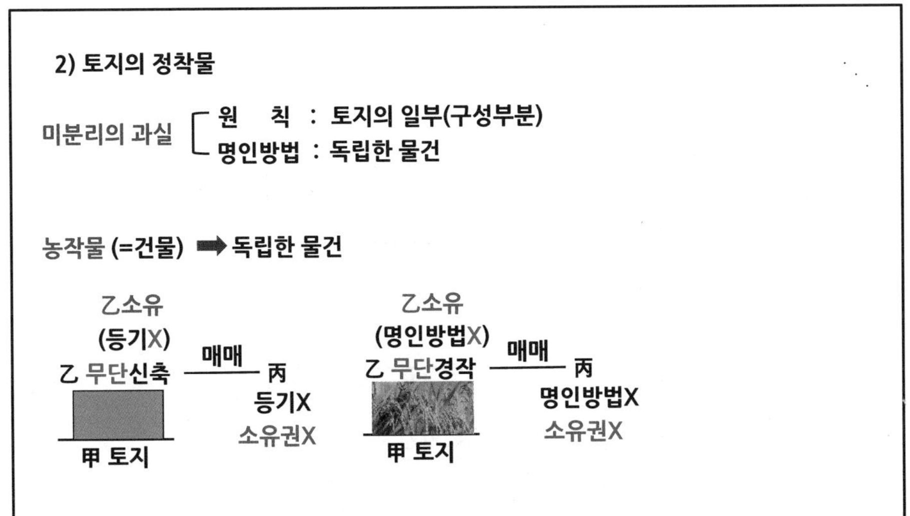
2) 토지의 정착물
미분리의 과실
원 칙 : 토지의 일부(구성부분)
명인방법 : 독립한 물건
농작물 (=건물) ➡ 독립한 물건
乙소유
(등기X)
乙 무단신축
매매
丙
등기X
소유권X
甲 토지
乙소유
(명인방법X)
乙 무단경작
매매
丙
명인방법X
소유권X
甲 토지

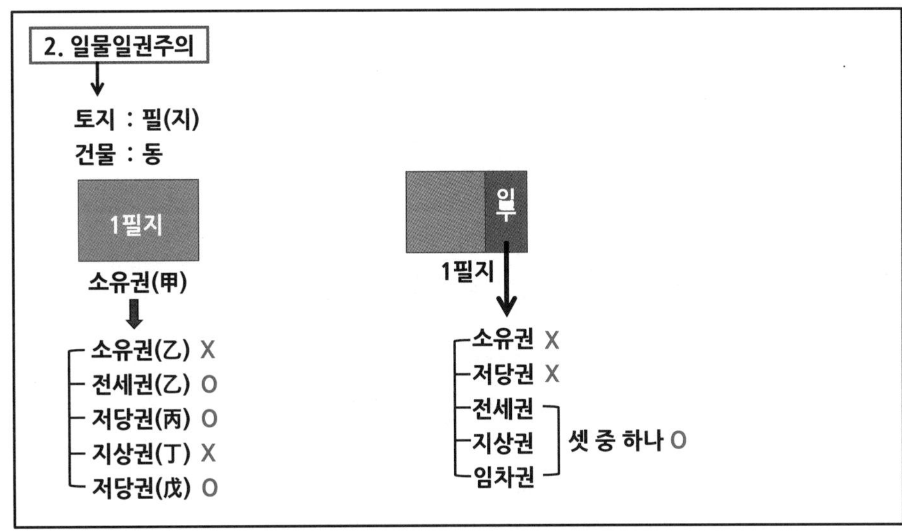
2. 일물일권주의
토지 : 필(지)
건물 : 동
1필지
소유권(甲)
소유권(乙) X
전세권(乙) O
저당권(丙) O
지상권(丁) X
저당권(戊) O
일부
1필지
소유권 X
저당권 X
전세권
지상권
임차권
셋 중 하나 O

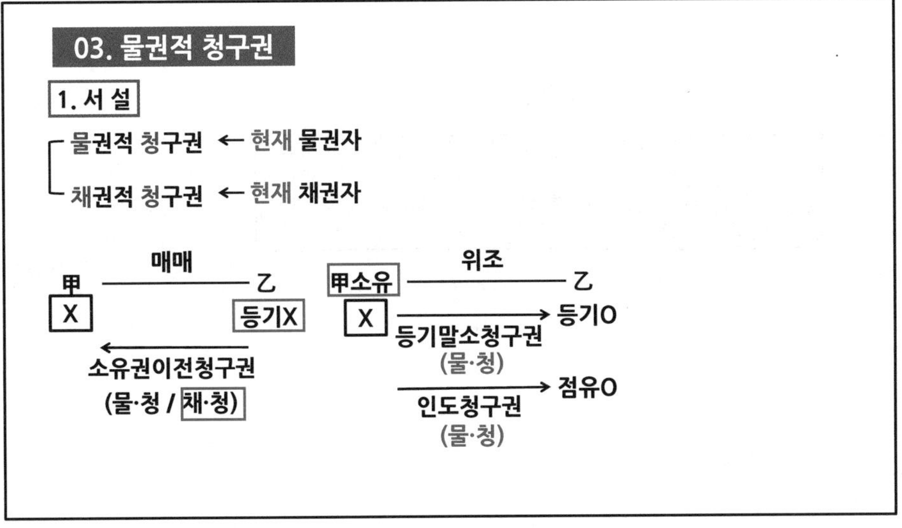
03. 물권적 청구권
1. 서 설
물권적 청구권 ← 현재 물권자
채권적 청구권 ← 현재 채권자
甲
X
매매
乙
등기X
소유권이전청구권
(물·청 / 채·청)
甲소유
X
위조
乙
등기O
등기말소청구권
(물·청)
점유O
인도청구권
(물·청)

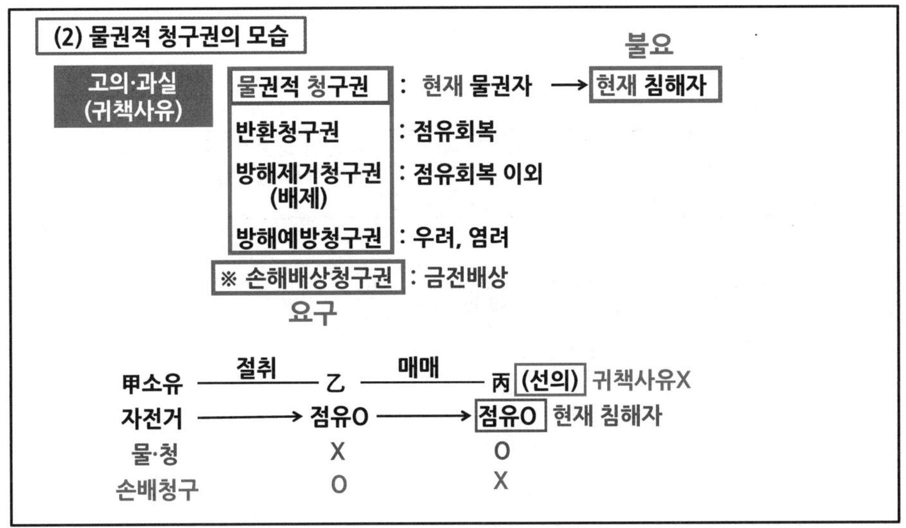
(2) 물권적 청구권의 모습
고의·과실
(귀책사유)
불요
물권적 청구권 : 현재 물권자 → 현재 침해자
반환청구권 : 점유회복
방해제거청구권 (배제) : 점유회복 이외
방해예방청구권 : 우려, 염려
※ 손해배상청구권 : 금전배상
요구
甲소유
절취
乙
매매
丙 (선의) 귀책사유X
자전거
점유O
점유O 현재 침해자
물·청
X
O
손배청구
O
X

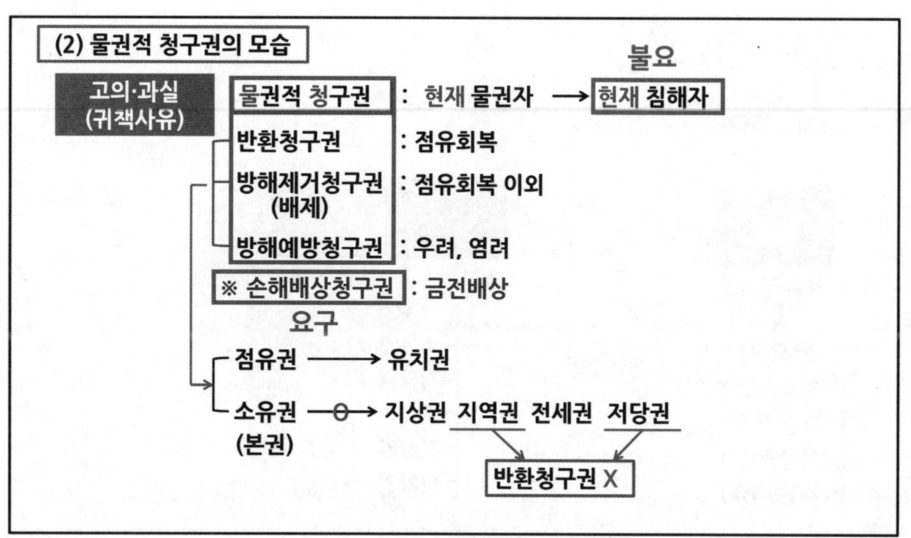

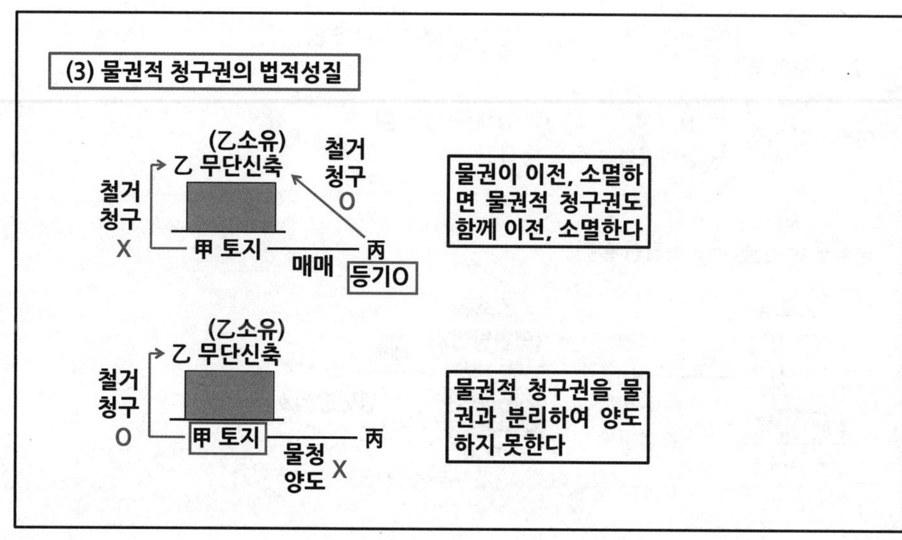

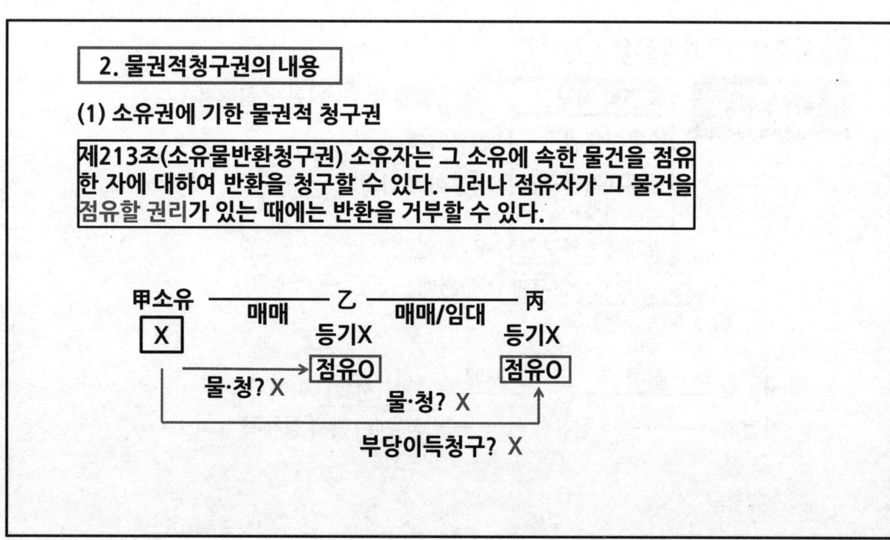

(1) 소유권에 기한 물권적 청구권

제214조(소유물방해제거, 방해예방청구권) 소유자는 소유권을 방해하는 자에 대하여 방해의 제거를 청구할 수 있고 소유권을 방해할 염려 있는 행위를 하는 자에 대하여 그 예방이나 손해배상의 담보를 청구할 수 있다.

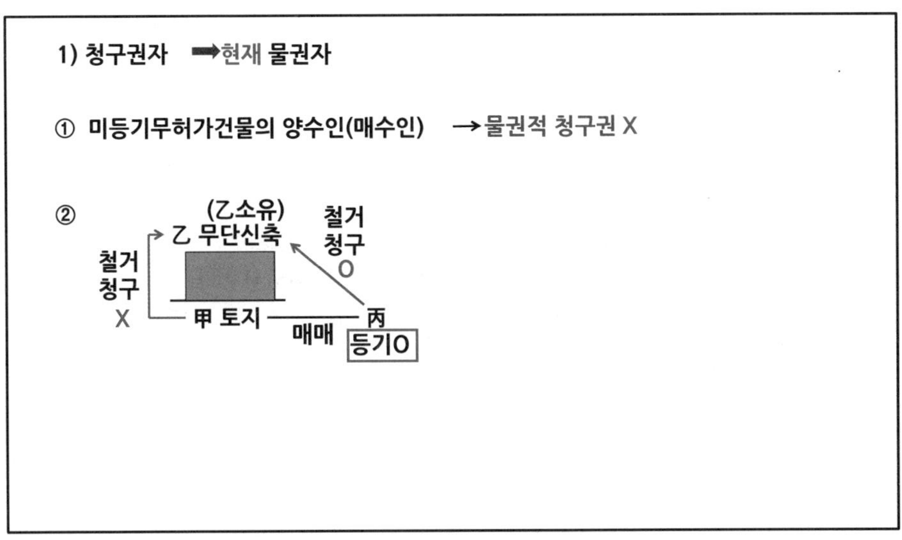
1) 청구권자 ➡현재 물권자
① 미등기무허가건물의 양수인(매수인) ⟶물권적 청구권 X
②
(乙소유)
乙 무단신축
철거
청구
O
철거
청구
X
甲 토지
매매
丙
등기O

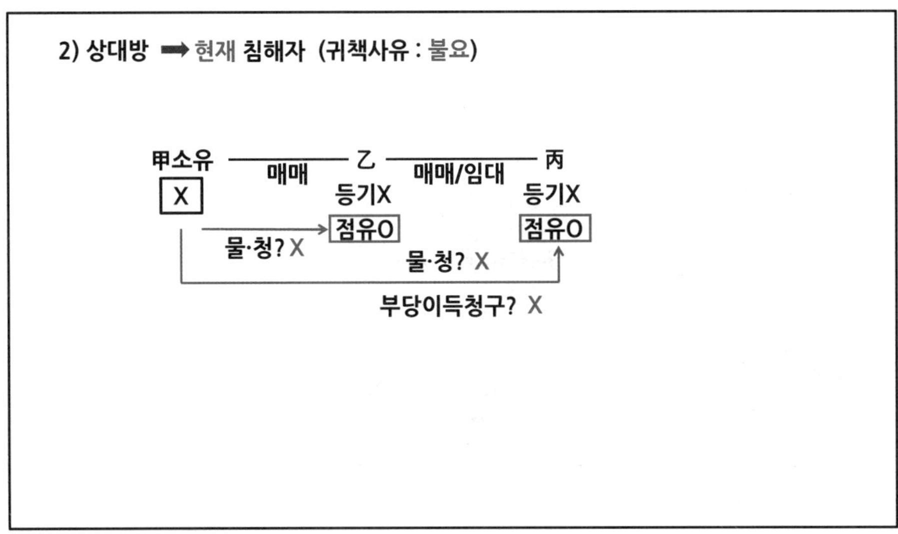
2) 상대방 ➡ 현재 침해자 (귀책사유 : 불요)
甲소유
X
매매
乙
등기X
점유O
매매/임대
丙
등기X
점유O
물·청? X
물·청? X
부당이득청구? X

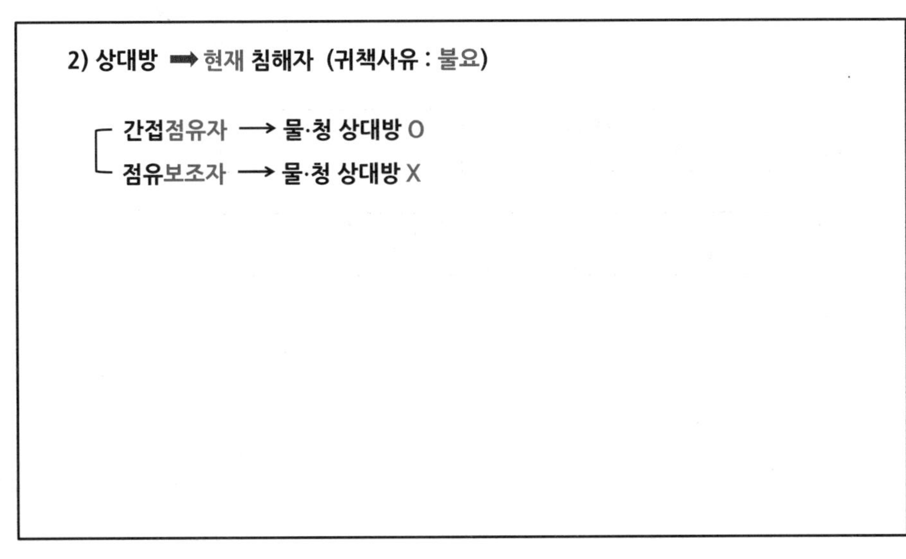
2) 상대방 ➡ 현재 침해자 (귀책사유 : 불요)
간접점유자 ⟶ 물·청 상대방 O
점유보조자 ⟶ 물·청 상대방 X

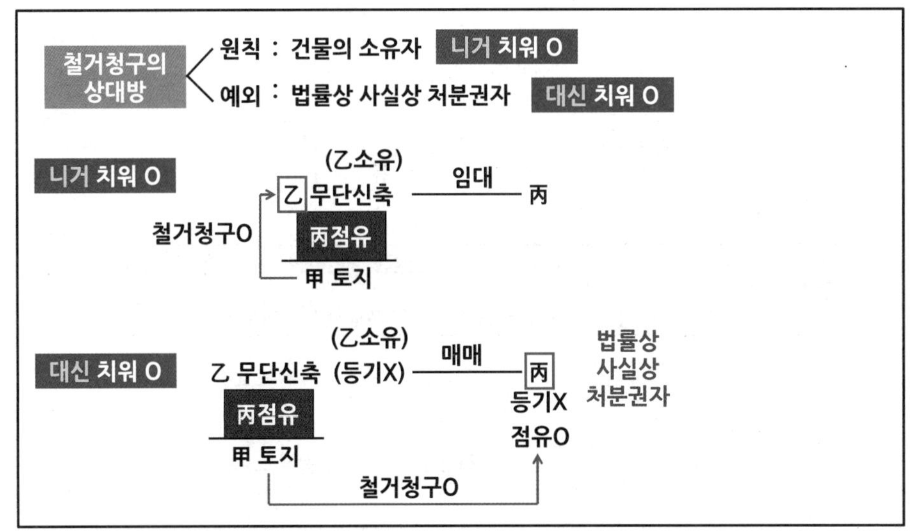
철거청구의 상대방
원칙 : 건물의 소유자 니거 치워 O
예외 : 법률상 사실상 처분권자 대신 치워 O
니거 치워 O
(乙소유)
乙 무단신축
임대
丙
철거청구O
丙점유
甲 토지
대신 치워 O
(乙소유)
乙 무단신축 (등기X)
매매
丙
등기X
점유O
법률상
사실상
처분권자
丙점유
甲 토지
철거청구O

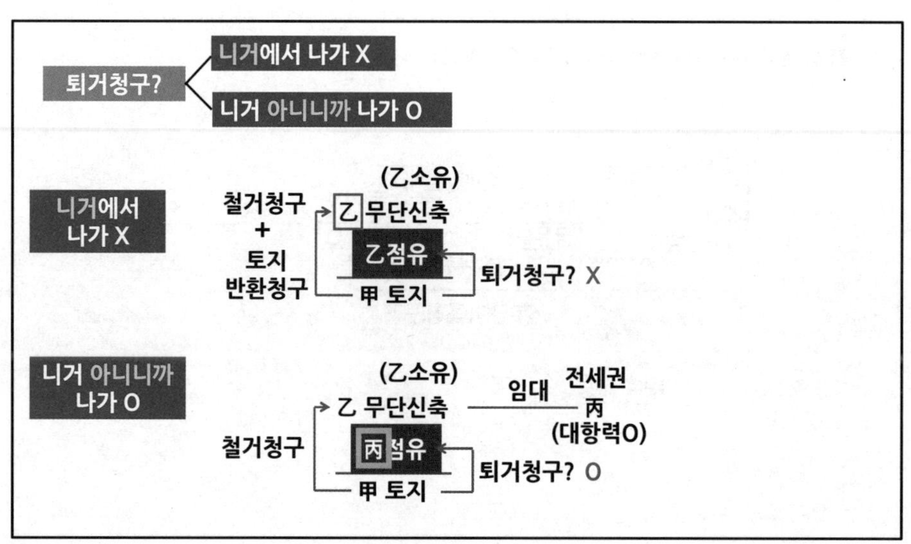

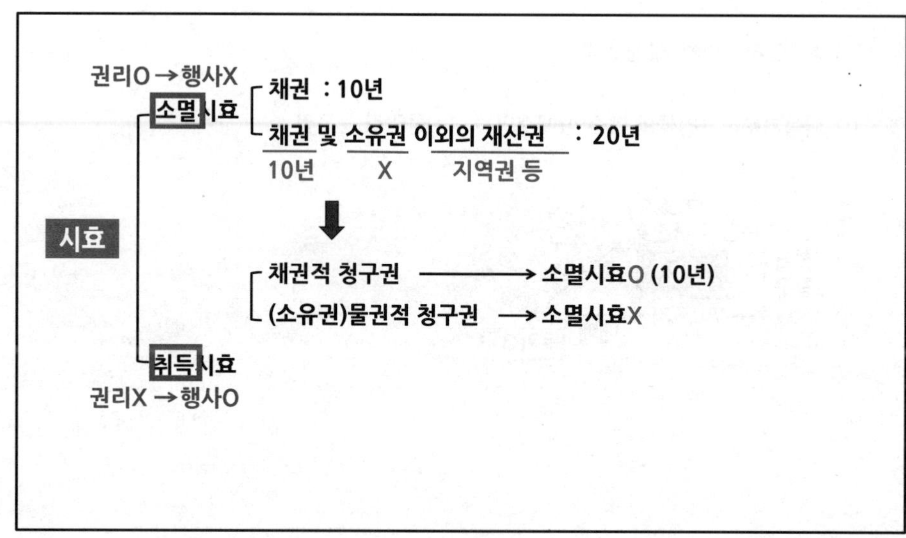

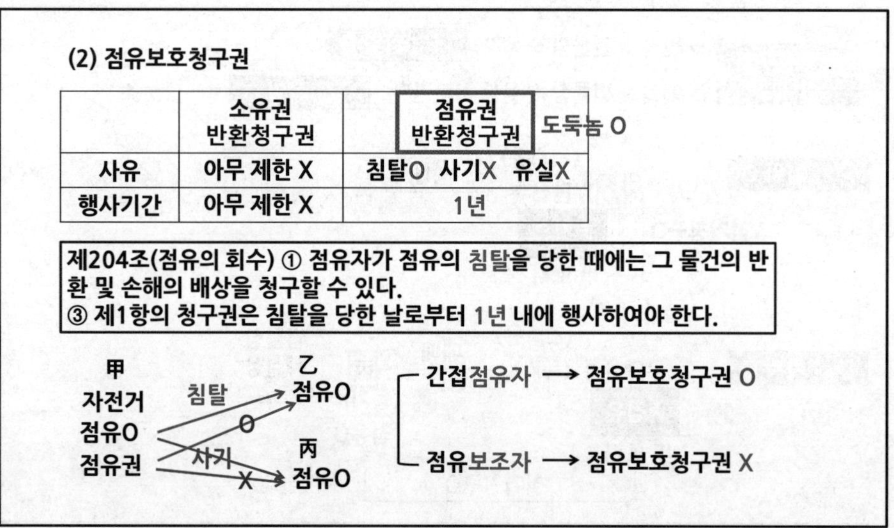

(2) 점유보호청구권

	소유권 반환청구권	점유권 반환청구권
사유	아무 제한 X	침탈O 사기X 유실X
행사기간	아무 제한 X	1년

제204조(점유의 회수) ① 점유자가 점유의 침탈을 당한 때에는 그 물건의 반환 및 손해의 배상을 청구할 수 있다.
③ 제1항의 청구권은 침탈을 당한 날로부터 1년 내에 행사하여야 한다.

제205조(점유의 보유) ①점유자가 점유의 방해를 받은 때에는 그 방해의 제거 및 손해의 배상을 청구할 수 있다.

제206조(점유의 보전) ①점유자가 점유의 방해를 받을 염려가 있는 때에는 그 방해의 예방 또는 손해배상의 담보를 청구할 수 있다.

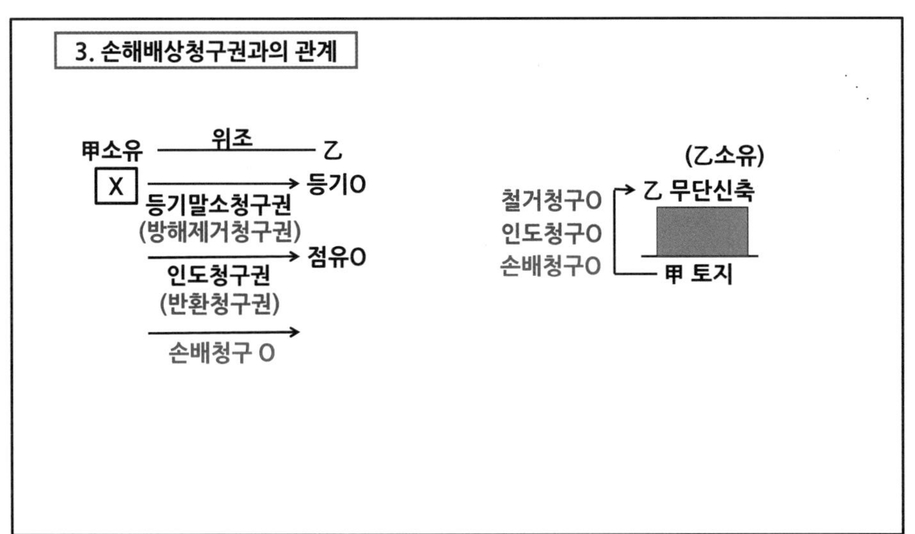
3. 손해배상청구권과의 관계
甲소유
위조
乙
X
등기O
등기말소청구권
(방해제거청구권)
점유O
인도청구권
(반환청구권)
손배청구 O
(乙소유)
철거청구O
乙 무단신축
인도청구O
손배청구O
甲 토지

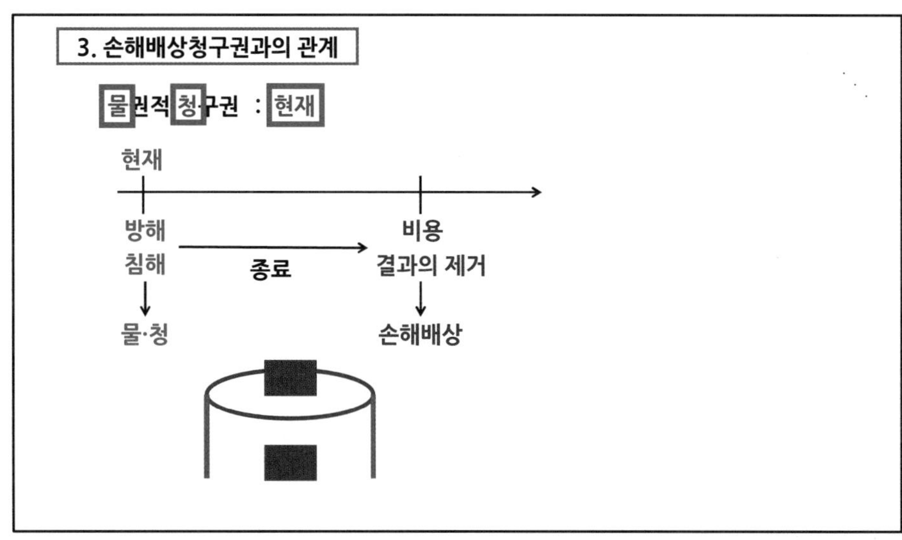
3. 손해배상청구권과의 관계
물권적 청구권 : 현재
현재
방해
침해
종료
비용
결과의 제거
물·청
손해배상

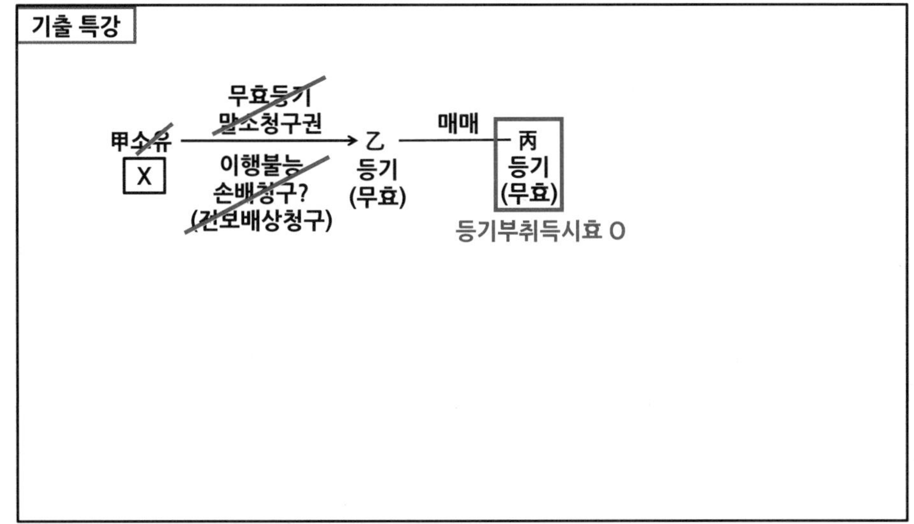
기출 특강
무효등기
말소청구권
甲소유
X
이행불능
손배청구?
(전보배상청구)
乙
등기
(무효)
매매
丙
등기
(무효)
등기부취득시효 O

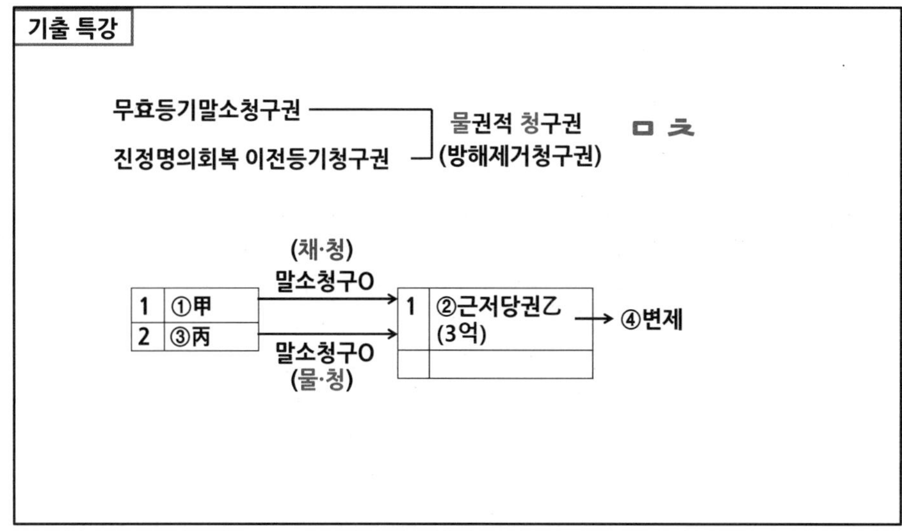
기출 특강
무효등기말소청구권
진정명의회복 이전등기청구권
물권적 청구권
(방해제거청구권)
ㅁ ㅊ
(채·청)
말소청구O
1 ①甲
2 ③丙
말소청구O
(물·청)
1 ②근저당권乙
(3억)
④변제

제 2 장

물권의 변동

01. 공시의 원칙과 공신의 원칙

공시의 원칙
- 부동산 ⟶ 등기
- 동산 ⟶ 점유(인도)
- 식물 ⟶ 명인방법

공신의 원칙
- 부동산 ⟶ 등기의 공신력 부정
- 동산 ⟶ 점유의 공신력 인정

03. 부동산물권의 변동

1. 부동산물권의 변동과 등기

제186조(부동산물권변동의 효력) 부동산에 관한 법률행위로 인한 물권의 득실변경은 등기하여야 그 효력이 생긴다.

제245조(점유로 인한 부동산소유권의 취득기간)
① 20년간 소유의 의사로 평온, 공연하게 부동산을 점유하는 자는 등기함으로써 그 소유권을 취득한다.

제187조(등기를 요하지 아니하는 부동산물권취득) 상속, 공용징수, 판결, 경매 기타 법률의 규정에 의한 부동산에 관한 물권의 취득은 등기를 요하지 아니한다. 그러나 등기를 하지 아니하면 이를 처분하지 못한다.

(1) 등기를 필요로 하는 부동산물권변동

1. 법률행위로 인한 물권변동 (제186조)
   - 매매, 교환, 증여 등
   - 제한물권의 설정(취득), 이전
   - 공유물의 협의(합의)분할
   - 공유물분할의 소에서 조정이 성립
   - 이행판결
   - 물권의 포기 (공유지분, 합유지분의 포기)
2. 점유취득시효완성으로 인한 물권취득 (제245조)

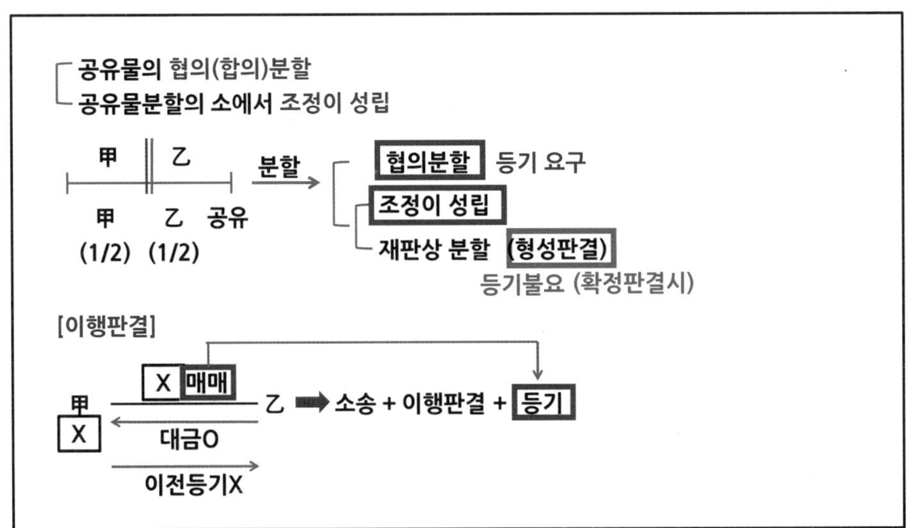
공유물의 협의(합의)분할
공유물분할의 소에서 조정이 성립
甲 乙
분할
협의분할 등기 요구
조정이 성립
재판상 분할 (형성판결)
등기불요 (확정판결시)
甲 乙 공유
(1/2) (1/2)
[이행판결]
X 매매
甲
X
乙 ➡ 소송 + 이행판결 + 등기
대금O
이전등기X

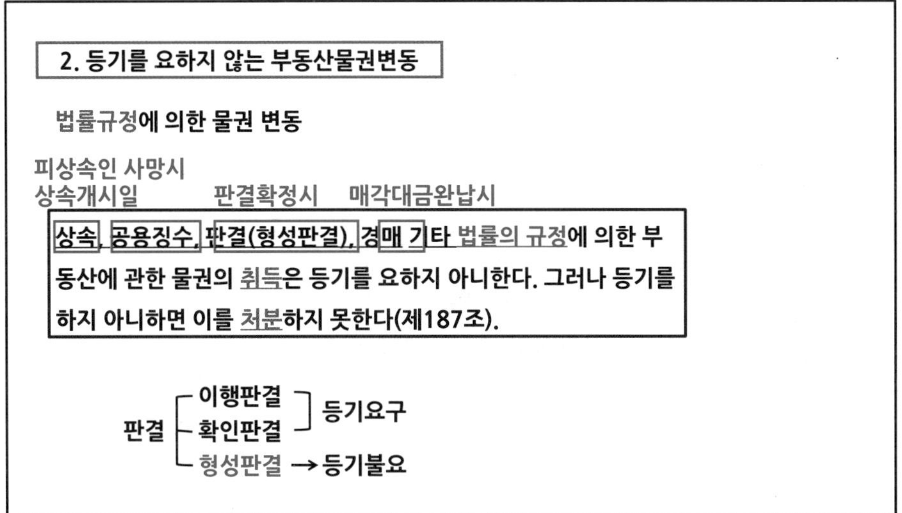
2. 등기를 요하지 않는 부동산물권변동
법률규정에 의한 물권 변동
피상속인 사망시
상속개시일
판결확정시
매각대금완납시
상속, 공용징수, 판결(형성판결), 경매 기타 법률의 규정에 의한 부동산에 관한 물권의 취득은 등기를 요하지 아니한다. 그러나 등기를 하지 아니하면 이를 처분하지 못한다(제187조).
판결
이행판결
확인판결
등기요구
형성판결 → 등기불요

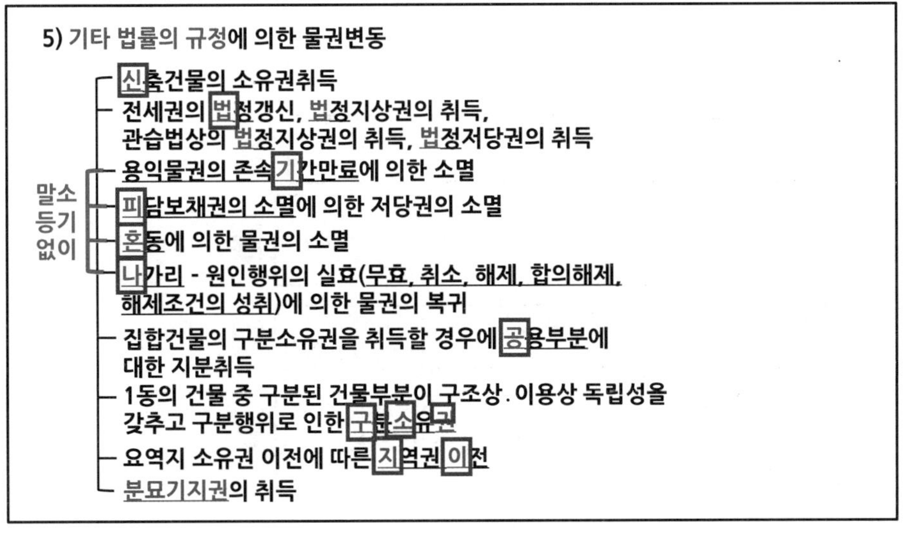
5) 기타 법률의 규정에 의한 물권변동
신축건물의 소유권취득
전세권의 법정갱신, 법정지상권의 취득,
관습법상의 법정지상권의 취득, 법정저당권의 취득
말소
등기
없이
용익물권의 존속기간만료에 의한 소멸
피담보채권의 소멸에 의한 저당권의 소멸
혼동에 의한 물권의 소멸
나가리 - 원인행위의 실효(무효, 취소, 해제, 합의해제,
해제조건의 성취)에 의한 물권의 복귀
집합건물의 구분소유권을 취득할 경우에 공용부분에
대한 지분취득
1동의 건물 중 구분된 건물부분이 구조상. 이용상 독립성을
갖추고 구분행위로 인한 구분소유권
요역지 소유권 이전에 따른 지역권 이전
분묘기지권의 취득

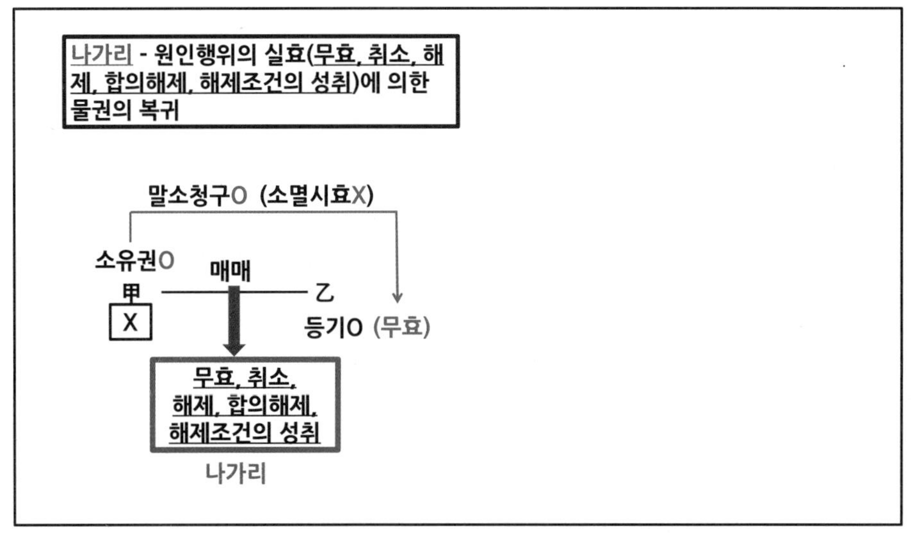
나가리 - 원인행위의 실효(무효, 취소, 해제, 합의해제, 해제조건의 성취)에 의한 물권의 복귀
말소청구O (소멸시효X)
소유권O
매매
甲
X
乙
등기O (무효)
무효, 취소,
해제, 합의해제,
해제조건의 성취
나가리

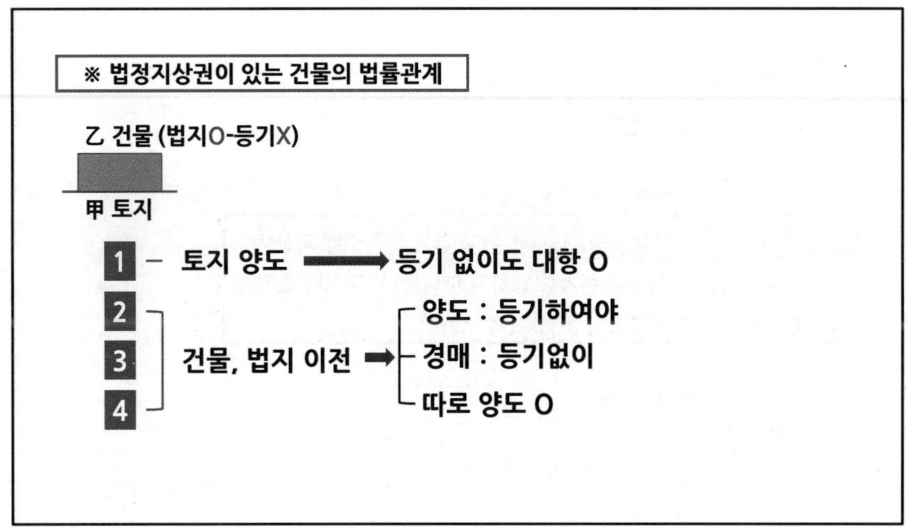
※ 법정지상권이 있는 건물의 법률관계
乙 건물 (법지O-등기X)
甲 토지
1 – 토지 양도 → 등기 없이도 대항 O
2
3
4
건물, 법지 이전 →
양도 : 등기하여야
경매 : 등기없이
따로 양도 O

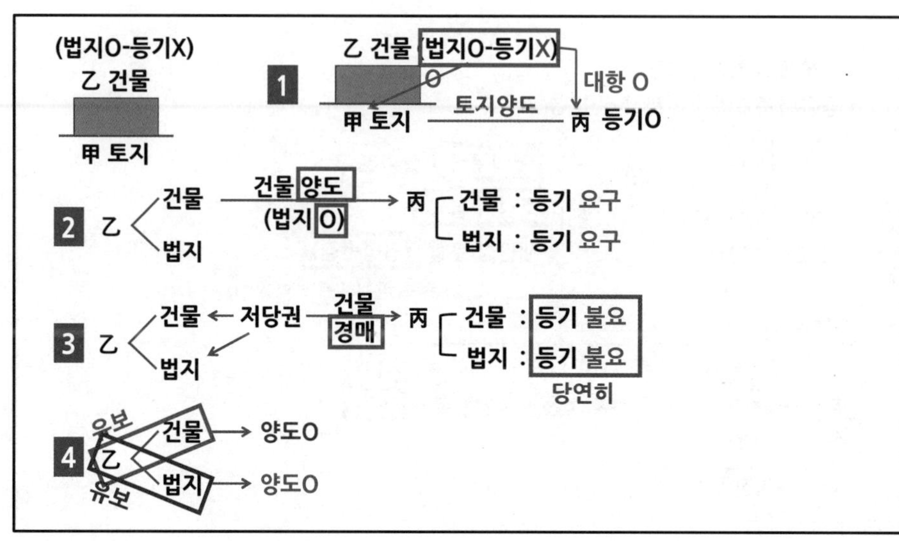
(법지O-등기X)
乙 건물
甲 토지
1
乙 건물 (법지O-등기X)
O
대항 O
甲 토지
토지양도
丙 등기O
2 乙
건물
법지
건물 양도
(법지 O)
丙
건물 : 등기 요구
법지 : 등기 요구
3 乙
건물
법지
저당권
건물
경매
丙
건물 : 등기 불요
법지 : 등기 불요
당연히
4 乙
유보
건물
법지
유보
양도O
양도O

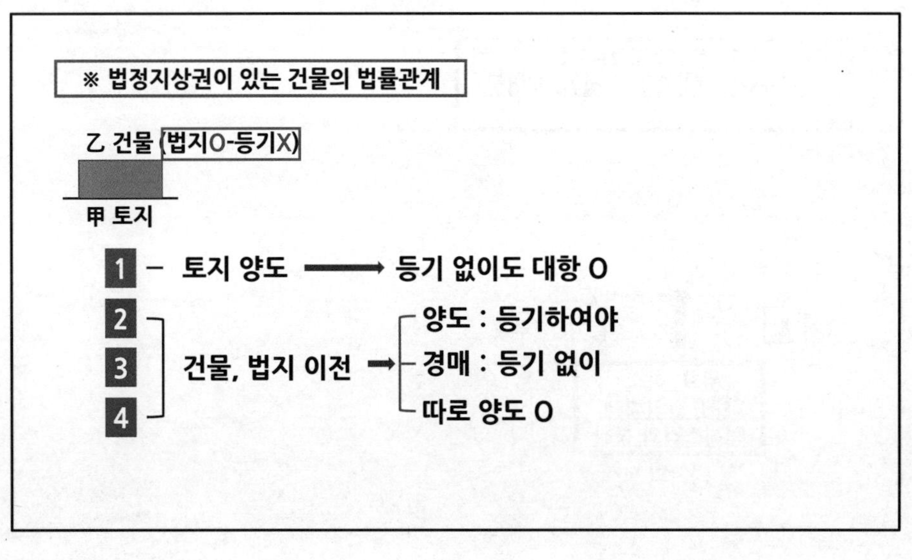
※ 법정지상권이 있는 건물의 법률관계
乙 건물 (법지O-등기X)
甲 토지
1 – 토지 양도 → 등기 없이도 대항 O
2
3
4
건물, 법지 이전 →
양도 : 등기하여야
경매 : 등기 없이
따로 양도 O

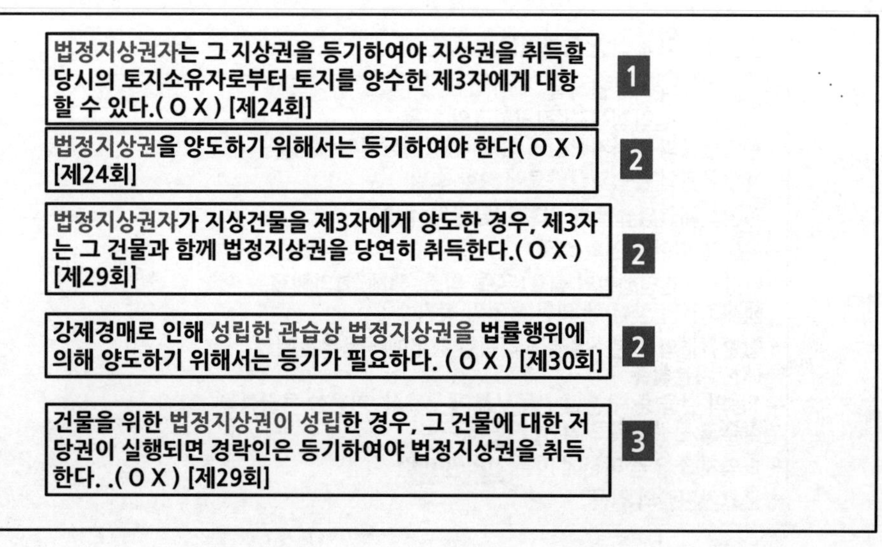
법정지상권자는 그 지상권을 등기하여야 지상권을 취득할 당시의 토지소유자로부터 토지를 양수한 제3자에게 대항할 수 있다.(O X) [제24회]
1
법정지상권을 양도하기 위해서는 등기하여야 한다(O X) [제24회]
2
법정지상권자가 지상건물을 제3자에게 양도한 경우, 제3자는 그 건물과 함께 법정지상권을 당연히 취득한다.(O X) [제29회]
2
강제경매로 인해 성립한 관습상 법정지상권을 법률행위에 의해 양도하기 위해서는 등기가 필요하다. (O X) [제30회]
2
건물을 위한 법정지상권이 성립한 경우, 그 건물에 대한 저당권이 실행되면 경락인은 등기하여야 법정지상권을 취득한다. .(O X) [제29회]
3

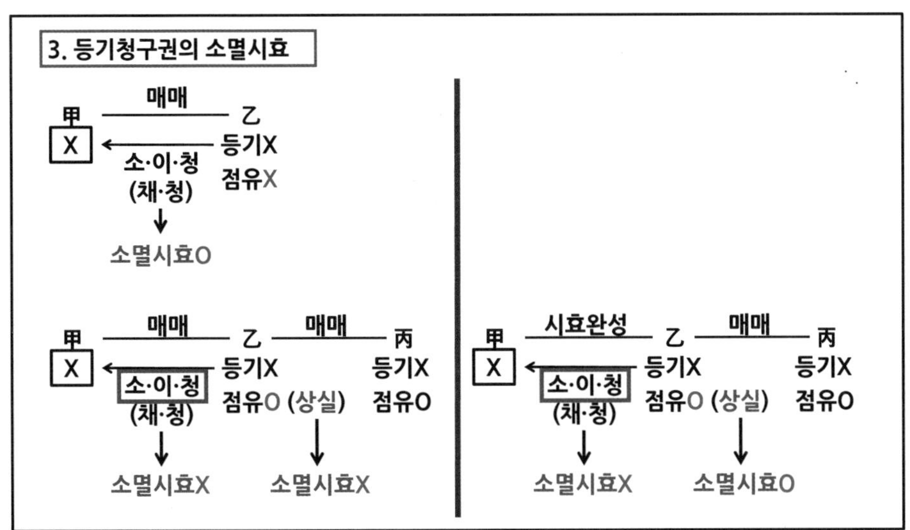
3. 등기청구권의 소멸시효
매매
甲
乙
X
등기X
소·이·청
(채·청)
점유X
소멸시효O
甲
매매
乙
매매
丙
X
등기X
등기X
소·이·청
(채·청)
점유O (상실)
점유O
소멸시효X
소멸시효X
甲
시효완성
乙
매매
丙
X
등기X
등기X
소·이·청
(채·청)
점유O (상실)
점유O
소멸시효X
소멸시효O

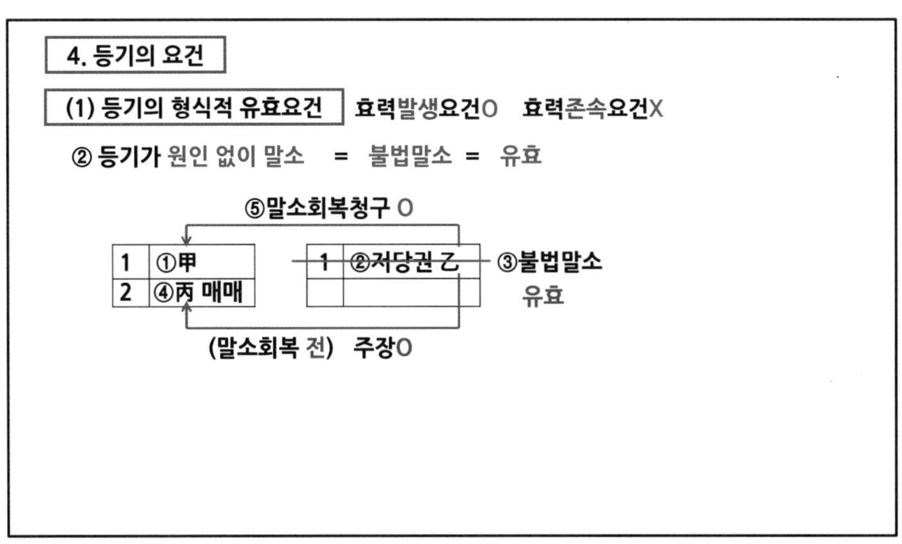
4. 등기의 요건
(1) 등기의 형식적 유효요건
효력발생요건O 효력존속요건X
② 등기가 원인 없이 말소 = 불법말소 = 유효
⑤말소회복청구 O
1 ①甲
2 ④丙 매매
1 ②저당권 乙
③불법말소
유효
(말소회복 전) 주장O

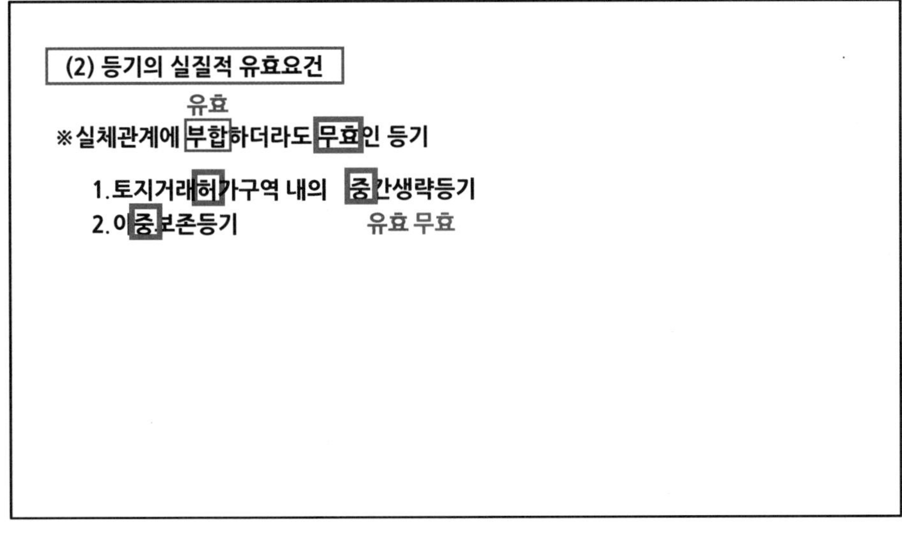
(2) 등기의 실질적 유효요건
유효
※실체관계에 부합하더라도 무효인 등기
1. 토지거래허가구역 내의 중간생략등기
2. 이중보존등기
유효 무효

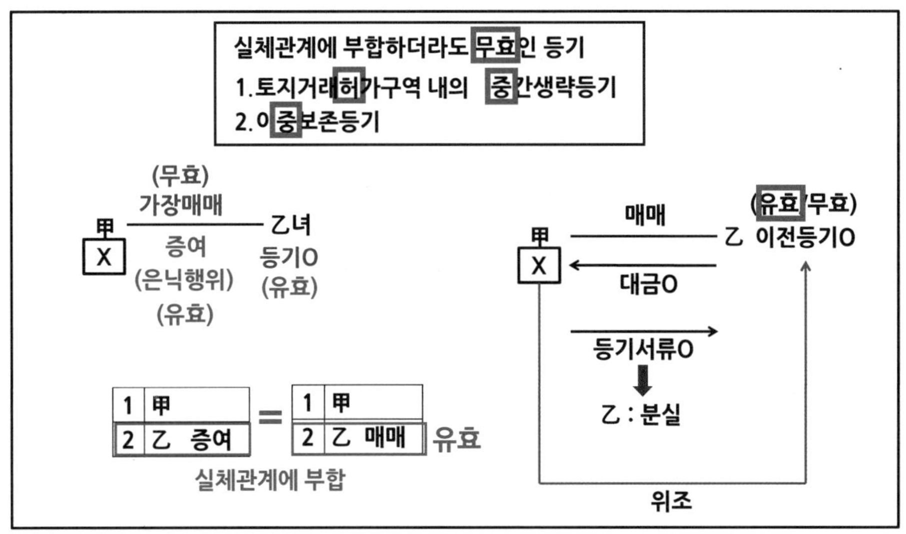
실체관계에 부합하더라도 무효인 등기
1. 토지거래허가구역 내의 중간생략등기
2. 이중보존등기
(무효)
가장매매
甲
X
乙녀
증여
(은닉행위)
(유효)
등기O
(유효)
1 甲
2 乙 증여
=
1 甲
2 乙 매매
유효
실체관계에 부합
매매
甲
X
乙 이전등기O
(유효/무효)
대금O
등기서류O
乙 : 분실
위조

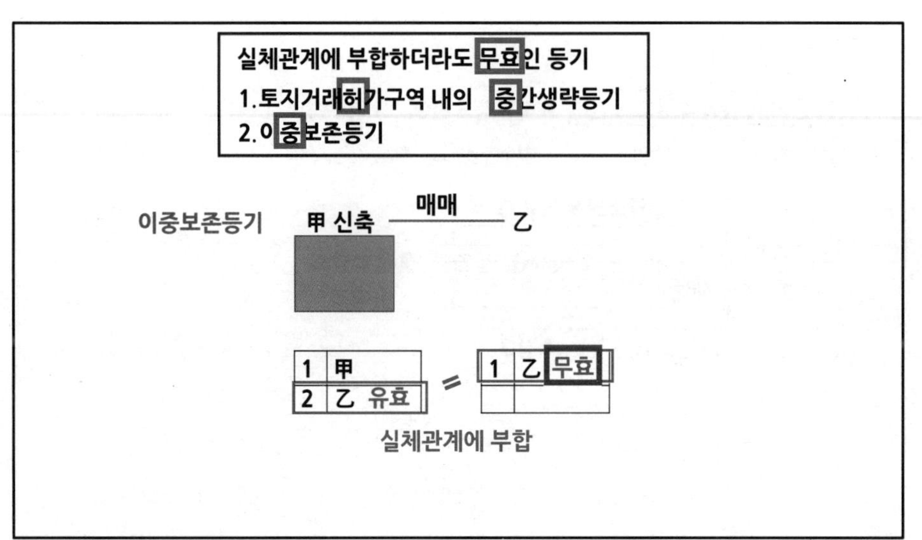

실체관계에 부합하더라도 무효인 등기
1. 토지거래허가구역 내의 중간생략등기
2. 이중보존등기
이중보존등기
甲 신축
매매
乙
1 甲
2 乙 유효
=
1 乙 무효
실체관계에 부합

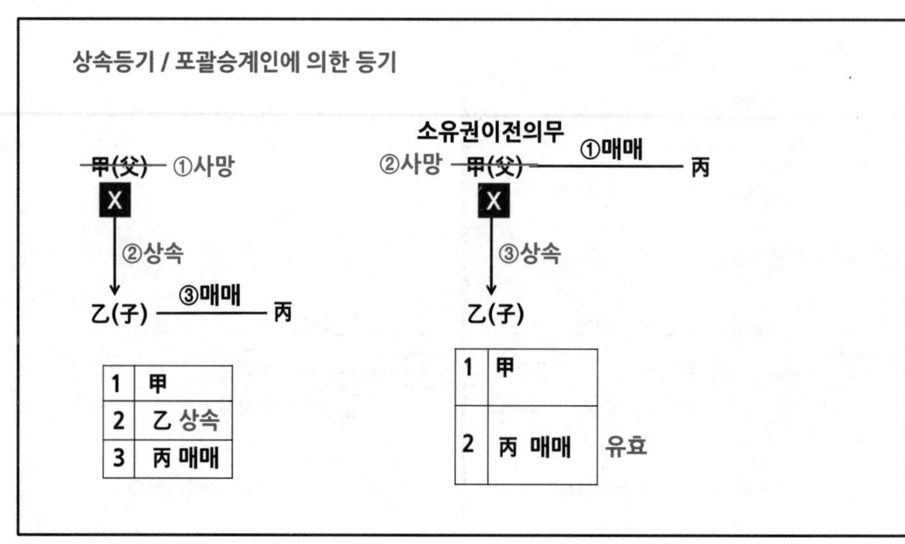

상속등기 / 포괄승계인에 의한 등기
甲(父) ①사망
X
②상속
乙(子)
③매매
丙
1 甲
2 乙 상속
3 丙 매매
소유권이전의무
②사망 甲(父)
①매매
丙
X
③상속
乙(子)
1 甲
2 丙 매매
유효

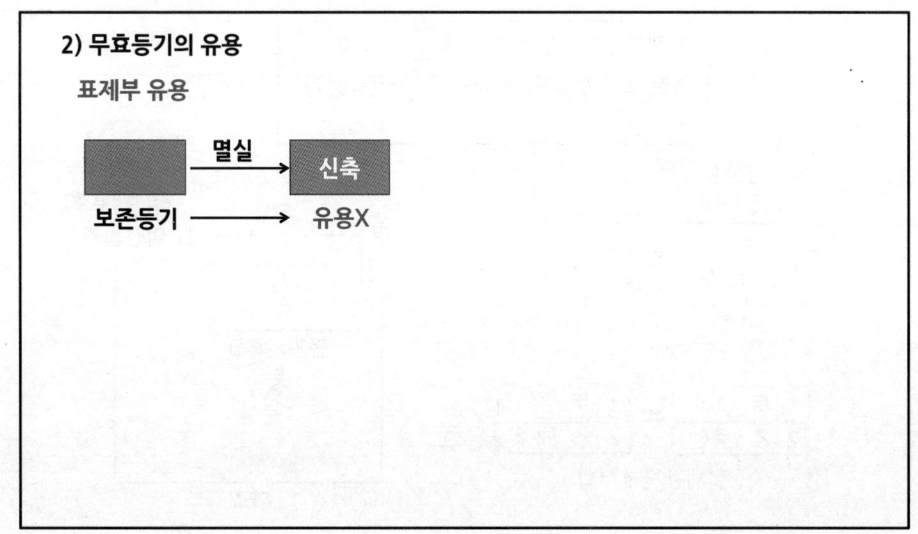

2) 무효등기의 유용
표제부 유용
멸실
신축
보존등기
유용X

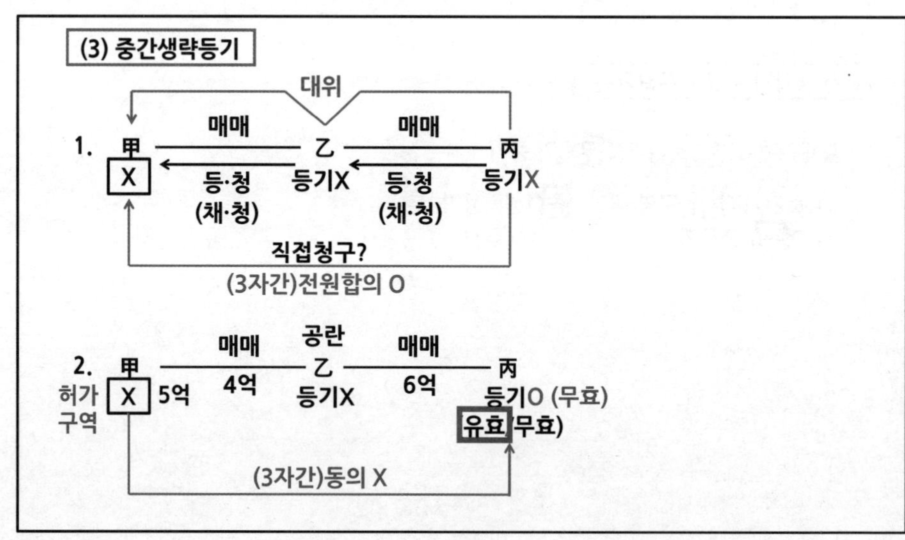

(3) 중간생략등기
대위
1. 甲
X
매매
乙
매매
丙
등·청
(채·청)
등기X
등·청
(채·청)
등기X
직접청구?
(3자간)전원합의 O
2. 甲
허가
구역
X
5억
매매
4억
공란
乙
등기X
매매
6억
丙
등기O (무효)
유효 무효)
(3자간)동의 X

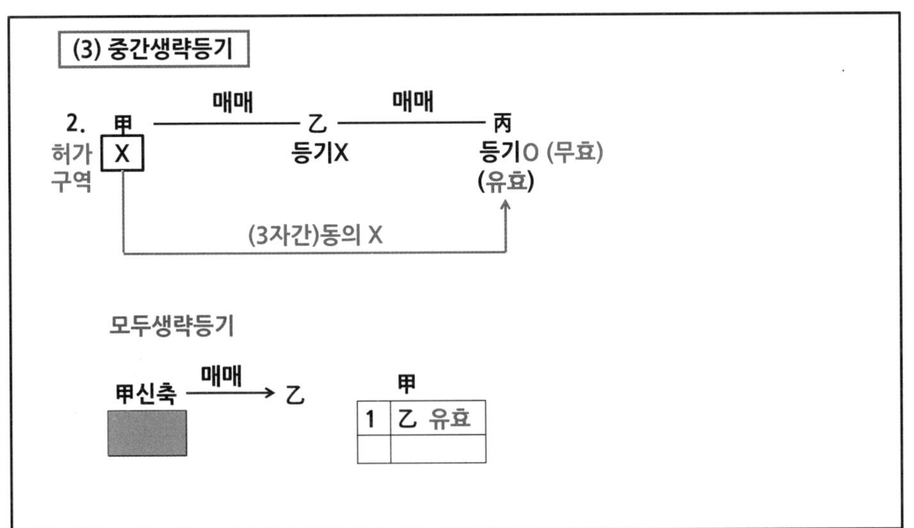
(3) 중간생략등기
2. 甲 매매 乙 매매 丙
허가 구역 X
등기X
등기O (무효)
(유효)
(3자간)동의 X
모두생략등기
甲신축 매매 乙
甲
1 乙 유효

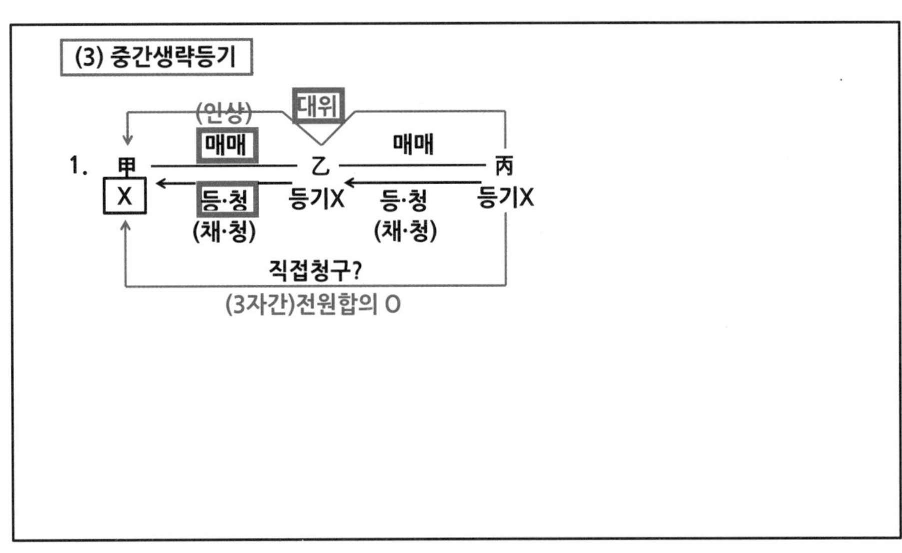
(3) 중간생략등기
(인상)
대위
1. 甲 매매 乙 매매 丙
X
등·청 (채·청)
등기X
등·청 (채·청)
등기X
직접청구?
(3자간)전원합의 O

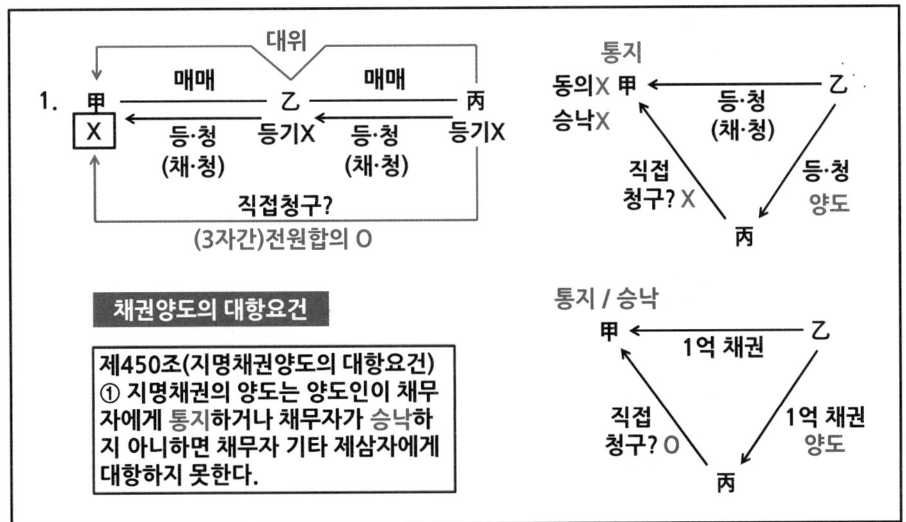
대위
1. 甲 매매 乙 매매 丙
X
등·청 (채·청)
등기X
등·청 (채·청)
등기X
직접청구?
(3자간)전원합의 O
통지
동의X 甲
승낙X
등·청 (채·청)
乙
직접 청구? X
등·청 양도
丙
채권양도의 대항요건
제450조(지명채권양도의 대항요건)
① 지명채권의 양도는 양도인이 채무자에게 통지하거나 채무자가 승낙하지 아니하면 채무자 기타 제삼자에게 대항하지 못한다.
통지 / 승낙
甲 1억 채권 乙
직접 청구? O
1억 채권 양도
丙

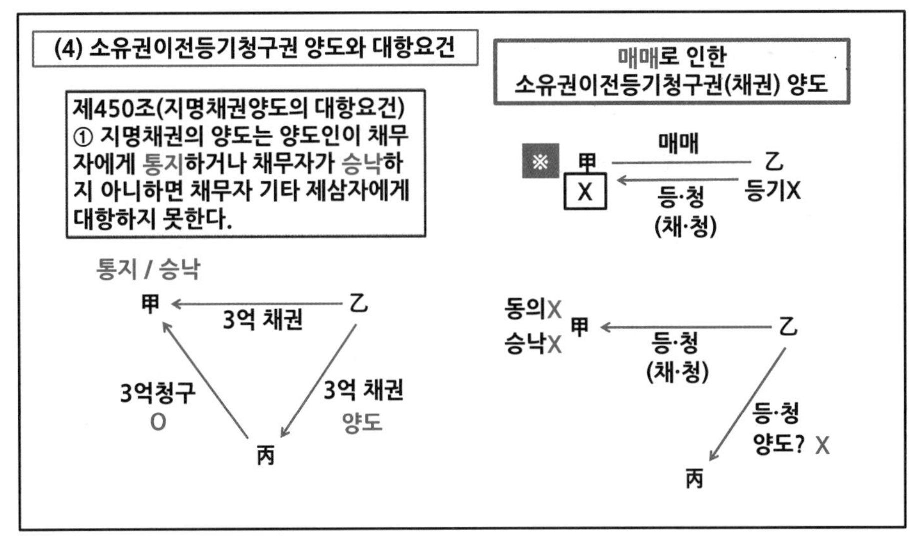
(4) 소유권이전등기청구권 양도와 대항요건
매매로 인한 소유권이전등기청구권(채권) 양도
제450조(지명채권양도의 대항요건)
① 지명채권의 양도는 양도인이 채무자에게 통지하거나 채무자가 승낙하지 아니하면 채무자 기타 제삼자에게 대항하지 못한다.
※ 甲 매매 乙
X
등·청 (채·청)
등기X
통지 / 승낙
甲 3억 채권 乙
3억청구 O
3억 채권 양도
丙
동의X 甲
승낙X
등·청 (채·청)
乙
등·청 양도? X
丙

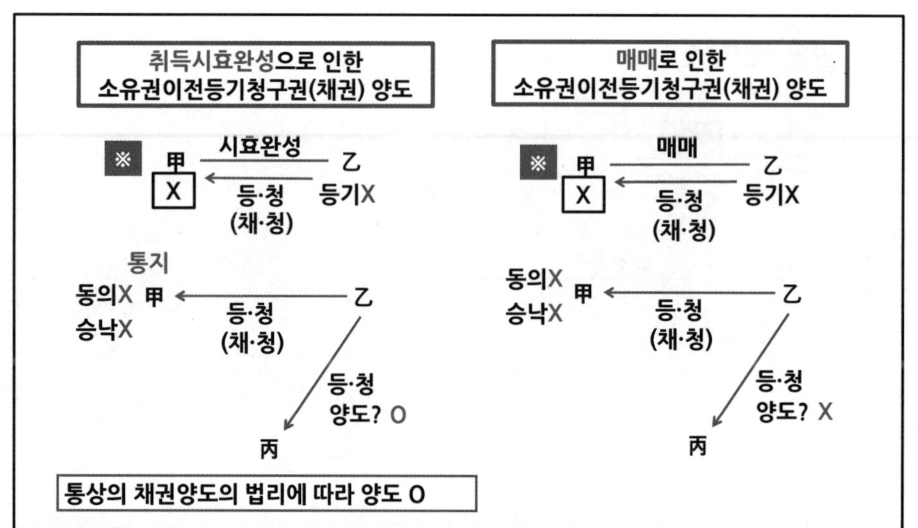
취득시효완성으로 인한
소유권이전등기청구권(채권) 양도
※ 甲 시효완성 乙
X 등·청 (채·청) 등기X
통지
동의X 승낙X 甲 등·청 (채·청) 乙
등·청
양도? O
丙
통상의 채권양도의 법리에 따라 양도 O
매매로 인한
소유권이전등기청구권(채권) 양도
※ 甲 매매 乙
X 등·청 (채·청) 등기X
동의X 승낙X 甲 등·청 (채·청) 乙
등·청
양도? X
丙

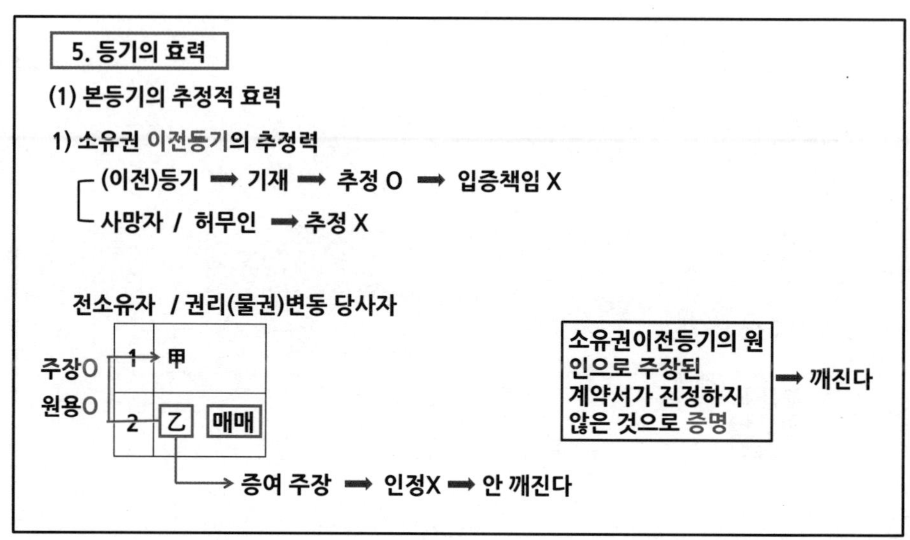
5. 등기의 효력
(1) 본등기의 추정적 효력
1) 소유권 이전등기의 추정력
(이전)등기 ➡ 기재 ➡ 추정 O ➡ 입증책임 X
사망자 / 허무인 ➡ 추정 X
전소유자 / 권리(물권)변동 당사자
주장O
원용O
1 甲
2 乙 매매
소유권이전등기의 원인으로 주장된 계약서가 진정하지 않은 것으로 증명
➡ 깨진다
증여 주장 ➡ 인정X ➡ 안 깨진다

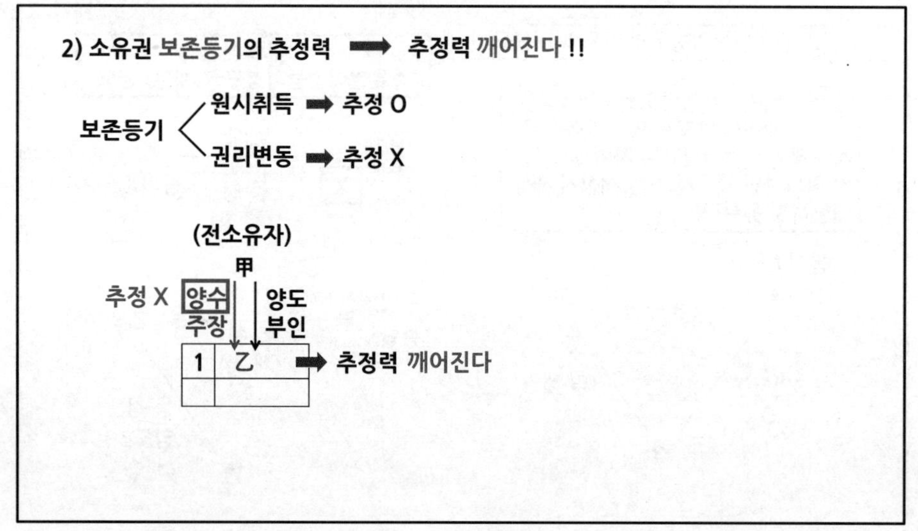
2) 소유권 보존등기의 추정력 ➡ 추정력 깨어진다 !!
보존등기
원시취득 ➡ 추정 O
권리변동 ➡ 추정 X
(전소유자)
甲
추정 X 양수 주장
양도 부인
1 乙 ➡ 추정력 깨어진다

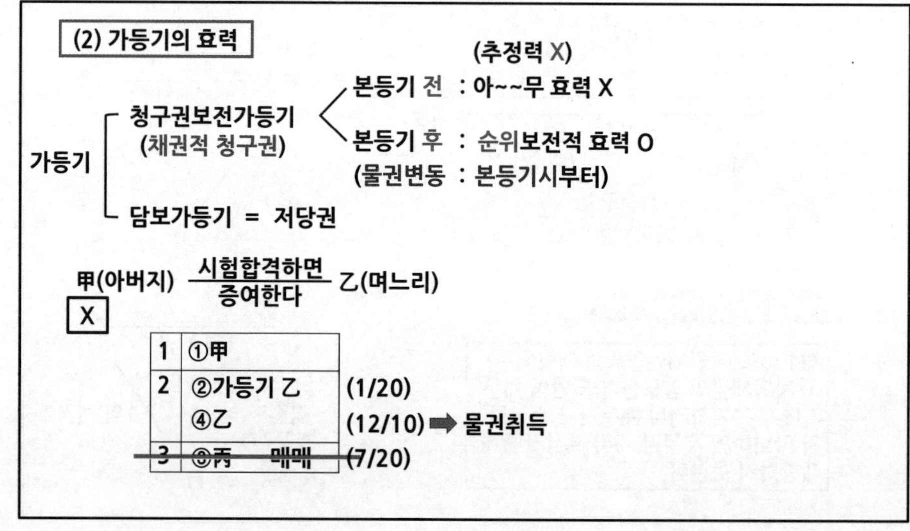
(2) 가등기의 효력
가등기
청구권보전가등기 (채권적 청구권)
(추정력 X)
본등기 전 : 아~~무 효력 X
본등기 후 : 순위보전적 효력 O
(물권변동 : 본등기시부터)
담보가등기 = 저당권
甲(아버지) 시험합격하면 증여한다 乙(며느리)
X
1 ①甲
2 ②가등기 乙 (1/20)
④乙 (12/10) ➡ 물권취득
3 ③丙 매매 (7/20)

청구권보전가등기
(채권적 청구권)

- 본등기 전 : 아~~무 효력 X
- 본등기 후 : 순위보전적 효력 O
- (물권변동 : 본등기시부터)

가등기에는 추정력이 인정되지 않는다. 즉, 소유권이전청구권 보전을 위한 가등기가 있다 하여, 소유권이전등기를 청구할 어떤 법률관계가 있다고 추정되지 아니한다.

가등기상 권리의 이전등기도 가등기의 부기등기의 형식으로 마칠 수 있다.

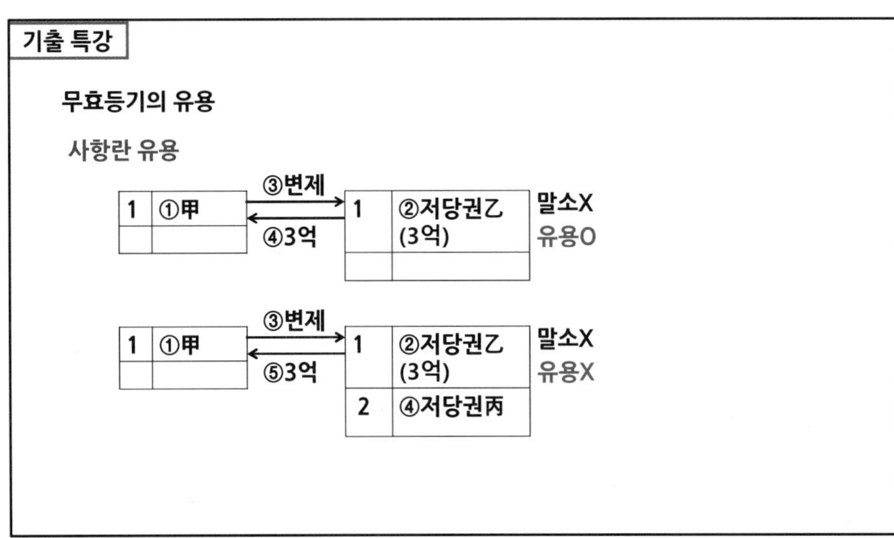

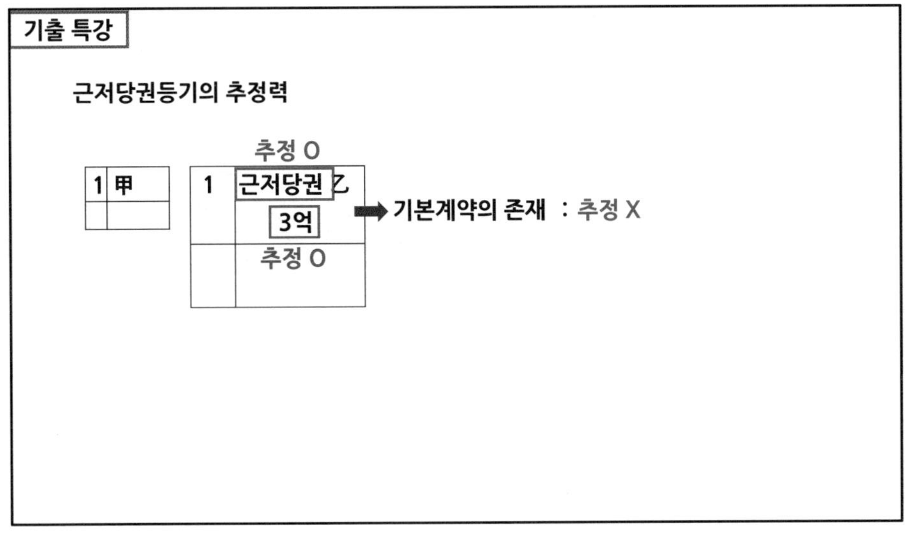

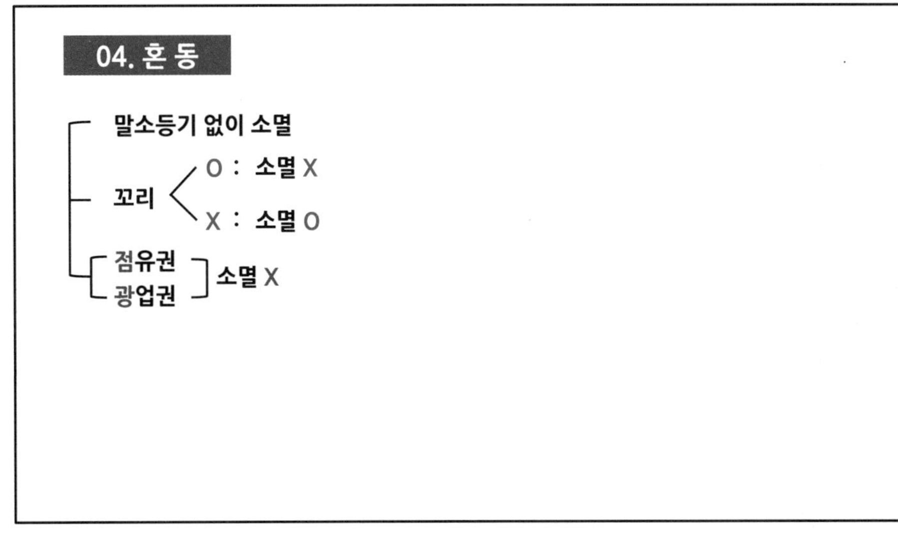

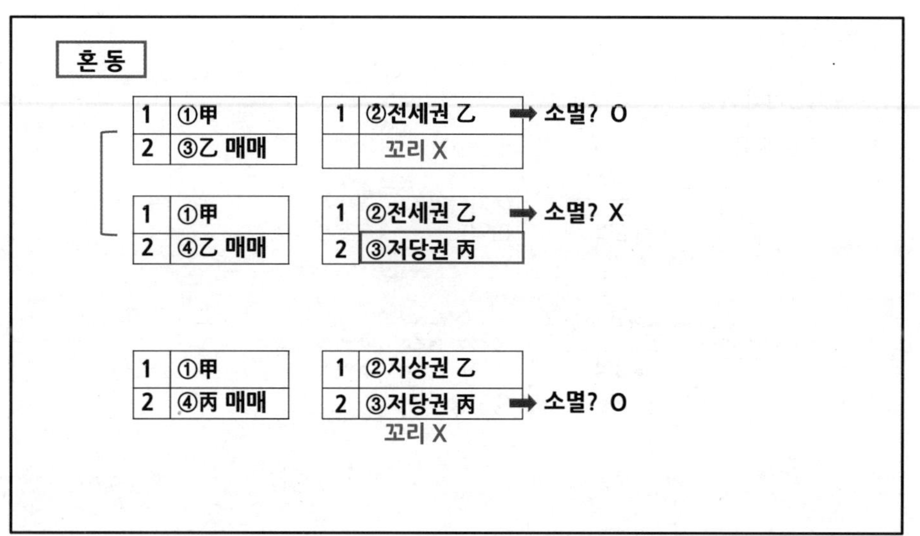
혼 동
1 ①甲
2 ③乙 매매
1 ②전세권 乙 ➡ 소멸? O
꼬리 X
1 ①甲
2 ④乙 매매
1 ②전세권 乙 ➡ 소멸? X
2 ③저당권 丙
1 ①甲
2 ④丙 매매
1 ②지상권 乙
2 ③저당권 丙 ➡ 소멸? O
꼬리 X

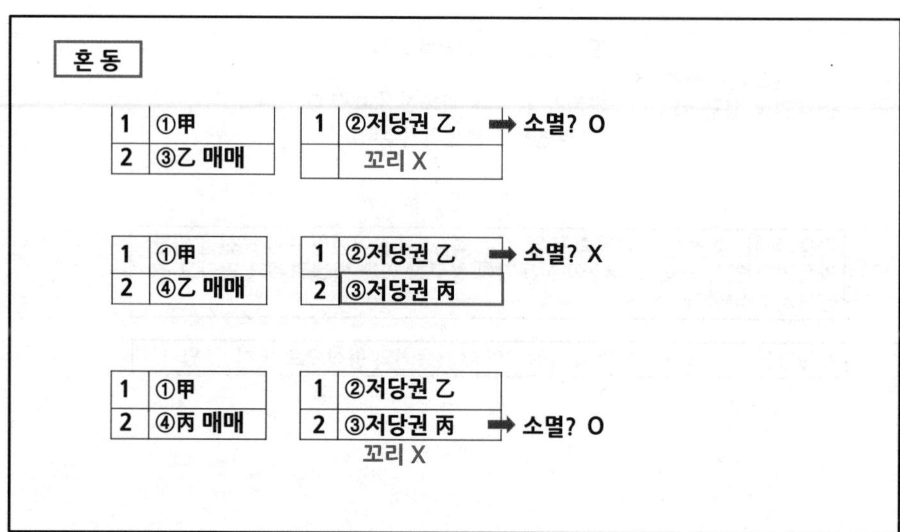
혼 동
1 ①甲
2 ③乙 매매
1 ②저당권 乙 ➡ 소멸? O
꼬리 X
1 ①甲
2 ④乙 매매
1 ②저당권 乙 ➡ 소멸? X
2 ③저당권 丙
1 ①甲
2 ④丙 매매
1 ②저당권 乙
2 ③저당권 丙 ➡ 소멸? O
꼬리 X

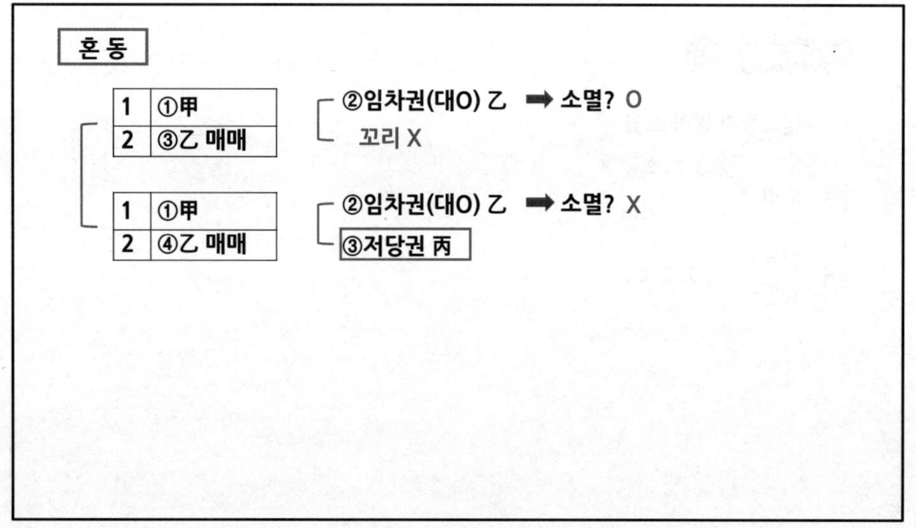
혼 동
1 ①甲
2 ③乙 매매
②임차권(대O) 乙 ➡ 소멸? O
꼬리 X
1 ①甲
2 ④乙 매매
②임차권(대O) 乙 ➡ 소멸? X
③저당권 丙

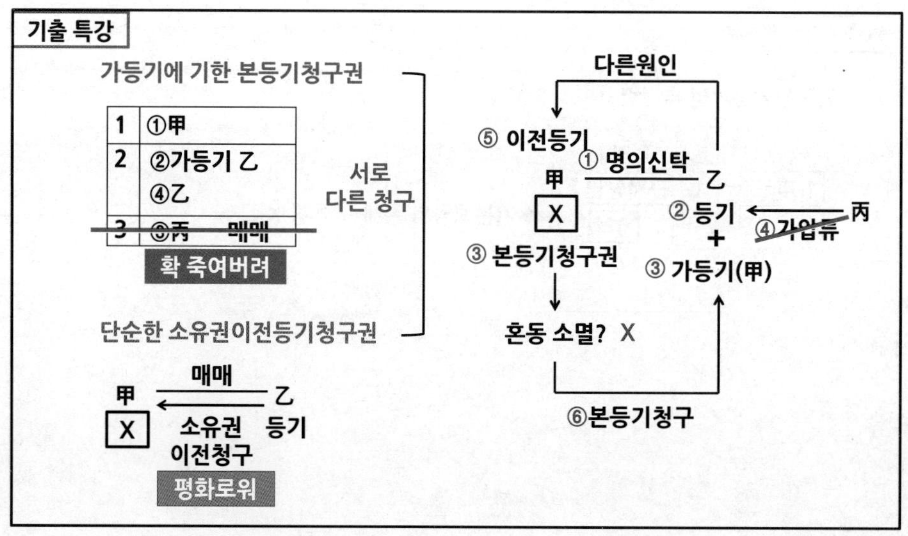
기출 특강
가등기에 기한 본등기청구권
1 ①甲
2 ②가등기 乙
④乙
3 ③丙 매매
확 죽여버려
서로
다른 청구
단순한 소유권이전등기청구권
甲
매매
乙
X
소유권
이전청구
등기
평화로워
다른원인
⑤ 이전등기
① 명의신탁
甲
乙
X
② 등기
④가압류
丙
+
③ 본등기청구권
③ 가등기(甲)
혼동 소멸? X
⑥본등기청구

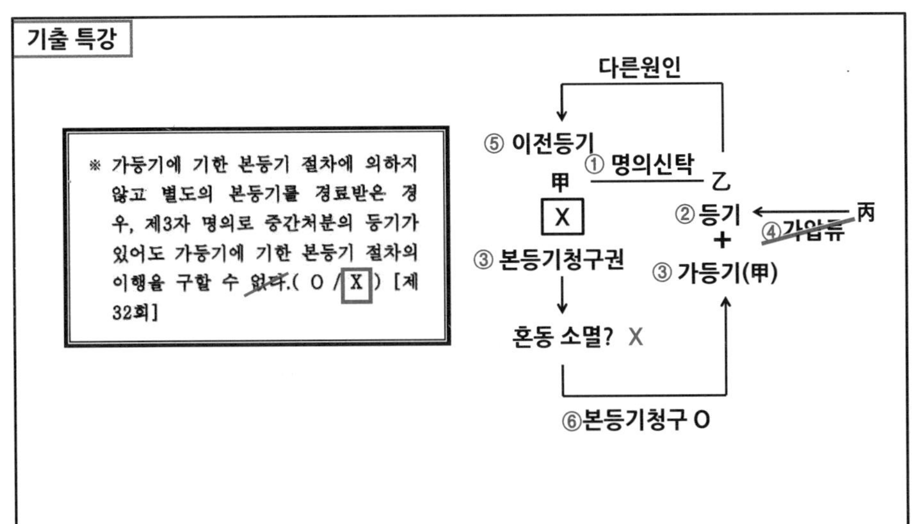
기출 특강
※ 가등기에 기한 본등기 절차에 의하지 않고 별도의 본등기를 경료받은 경우, 제3자 명의로 중간처분의 등기가 있어도 가등기에 기한 본등기 절차의 이행을 구할 수 없다.(O / X) [제32회]
다른원인
⑤ 이전등기
① 명의신탁
甲
乙
X
②등기
④가압류
丙
+
③ 본등기청구권
③ 가등기(甲)
혼동 소멸? X
⑥본등기청구 O

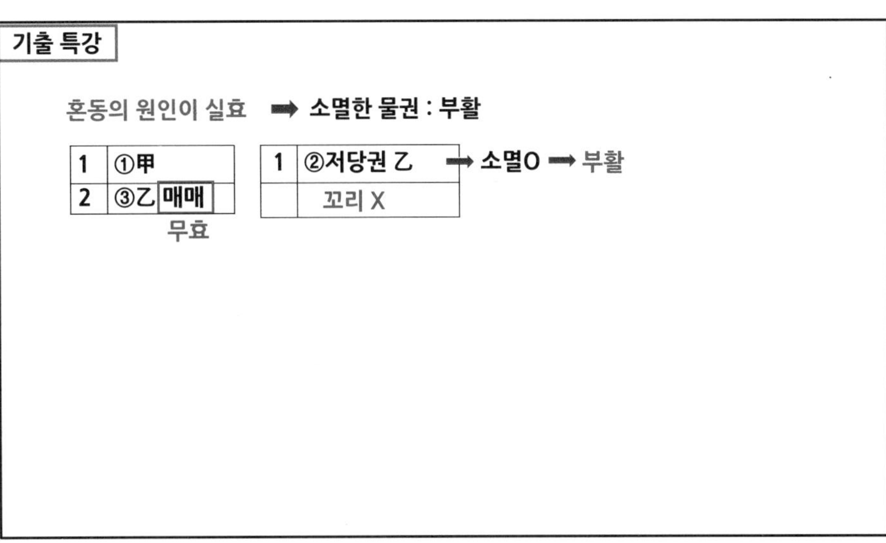
기출 특강
혼동의 원인이 실효 ➡ 소멸한 물권 : 부활
1 ①甲
2 ③乙 매매
무효
1 ②저당권 乙
꼬리 X
➡ 소멸O ➡ 부활

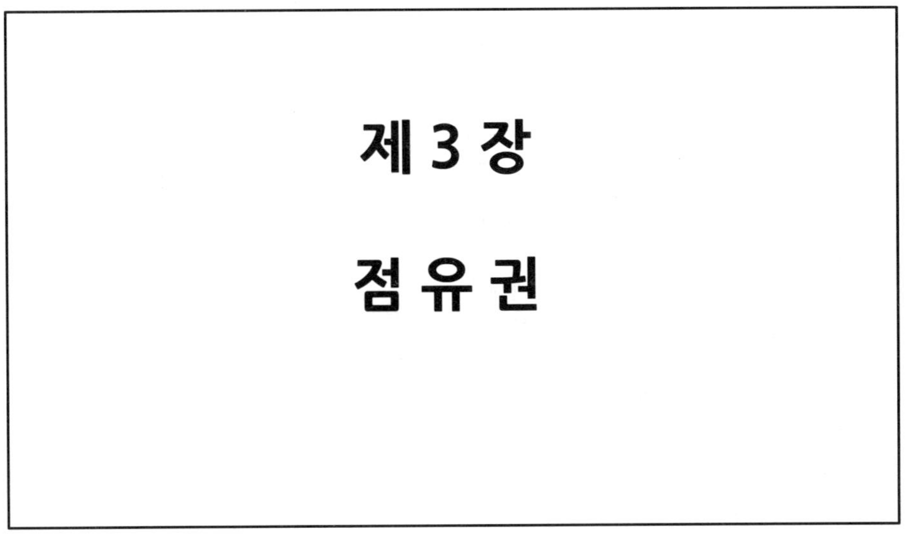
제 3 장
점 유 권

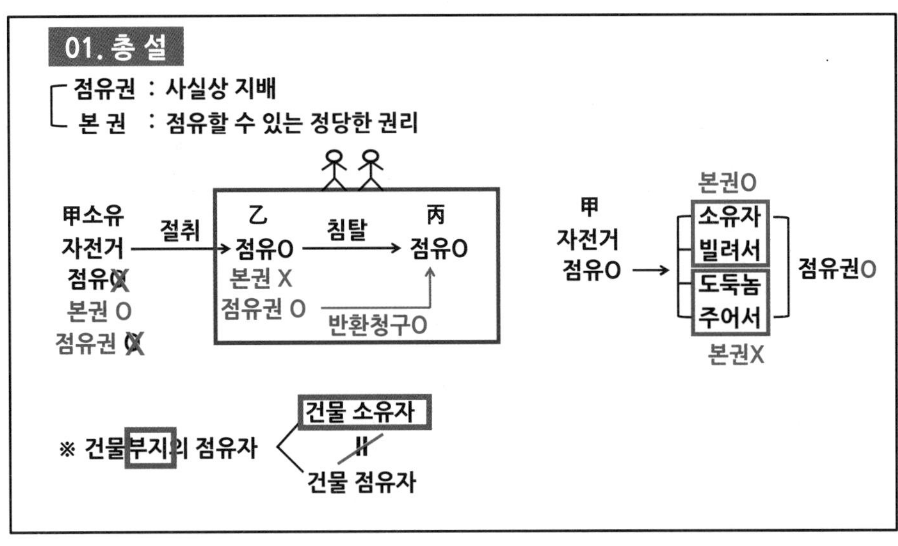
01. 총 설
점유권 : 사실상 지배
본 권 : 점유할 수 있는 정당한 권리
甲소유
자전거
점유X
본권 O
점유권 X
절취
乙
점유O
본권 X
점유권 O
침탈
丙
점유O
반환청구O
甲
자전거
점유O
본권O
소유자
빌려서
도둑놈
주어서
본권X
점유권O
※ 건물부지의 점유자
건물 소유자
건물 점유자

제192조(점유권의 취득과 소멸) ① 물건을 사실상 지배하는 자는 점유권이 있다.
② 점유자가 물건에 대한 사실상의 지배를 상실한 때에는 점유권이 소멸한다. 그러나 제204조의 규정에 의하여 점유를 회수한 때에는 그러하지 아니하다.

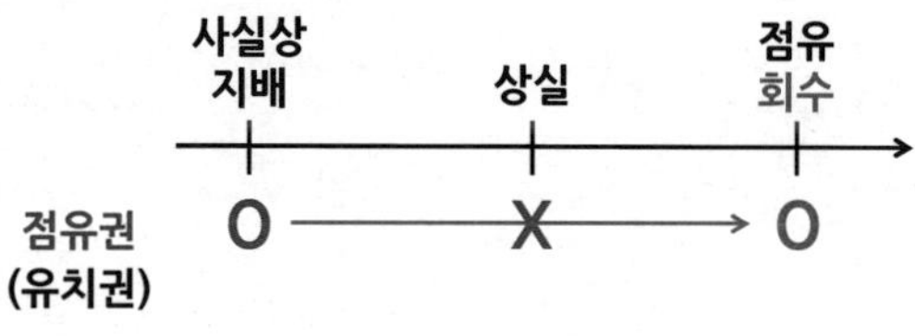

02. 점유권

1. 점유의 관념화

사실상 지배 O → 점유권 O : 원 칙

사실상 지배 O → 점유권 X : 점유보조자

사실상 지배 X → 점유권 O : 간접점유자

(1) 점유보조자

제195조(점유보조자) 가사상, 영업상 기타 유사한 관계에 의하여 타인의 지시를 받어 물건에 대한 사실상의 지배를 하는 때에는 그 타인만을 점유자로 한다.

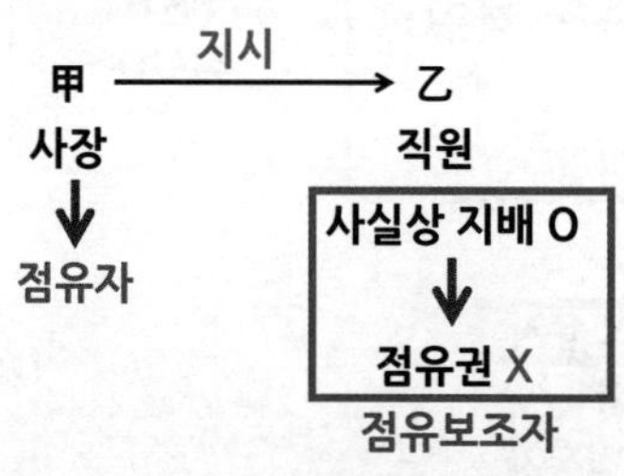

(2) 간접점유

제194조(간접점유) 지상권, 전세권, 질권, 사용대차, 임대차, 임치 기타의 관계로 타인으로 하여금 물건을 점유하게 한 자는 간접으로 점유권이 있다.

반환청구권
(중첩적)
임대차
甲
X
사실상 지배 X
간접점유
임대차
지상권
전세권
임치
점유매개관계
乙
점유
직접점유
丙
점유

상속인의 점유

제193조(상속으로 인한 점유권의 이전) 점유권은 상속인에 이전한다.

甲(父) —상속 / 점유권 이전— 乙(子)

X 자주 ⟶ 자주
Y 타주 ⟶ 타주

2. 점유의 종류와 효력

(1) 자주점유와 타주점유

제245조(점유로 인한 부동산소유권의 취득기간)
① 20년간 소유의 의사로 평온, 공연하게 부동산을 점유하는 자는 등기함으로써 그 소유권을 취득한다.

자주점유 : 소유의 의사 O
타주점유 : 소유의 의사 X
구별
1.원칙 : 외형적 객관적 판단 (내심의 의사X)
2.불분명 : 자주 추정

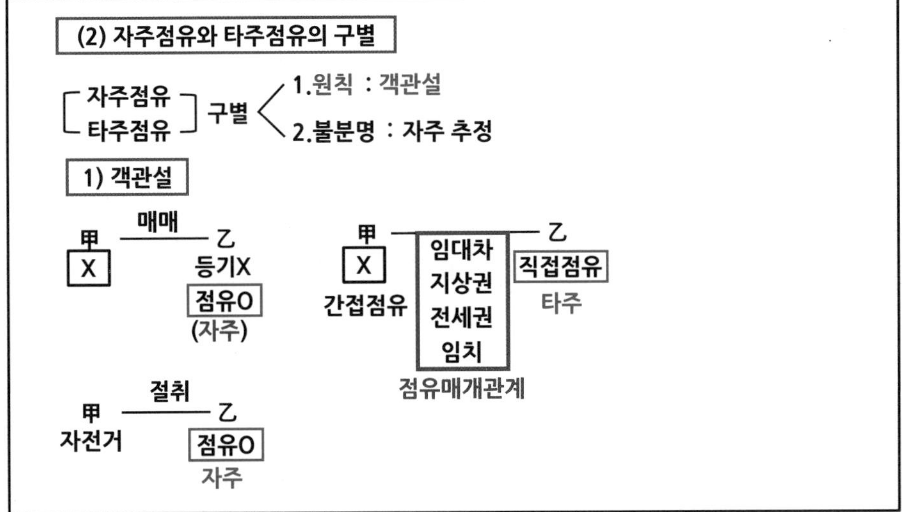

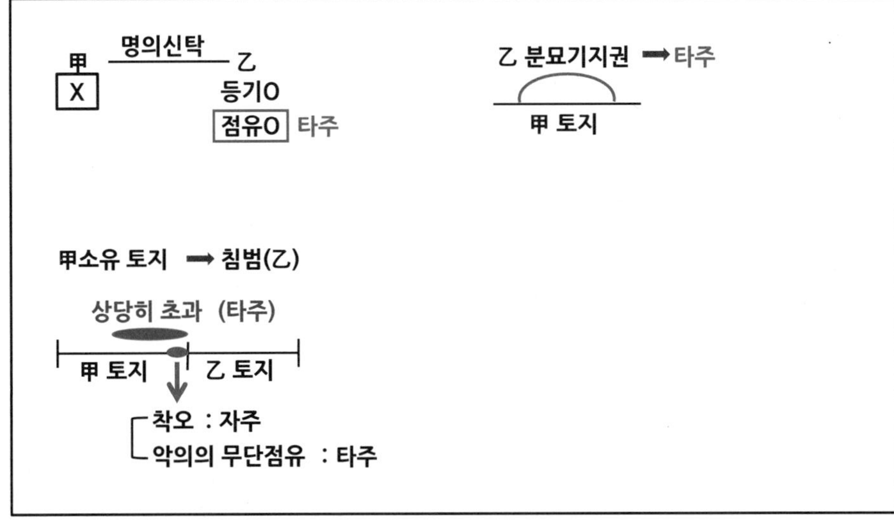

(2) 자주점유와 타주점유의 구별

자주점유, 타주점유 구별
- 1.원칙 : 객관설
- 2.불분명 : 자주 추정

2) 자주점유의 추정

제197조(점유의 태양) ① 점유자는 소유의 의사로 선의, 평온 및 공연하게 (과실 없이 X) 점유한 것으로 추정한다.

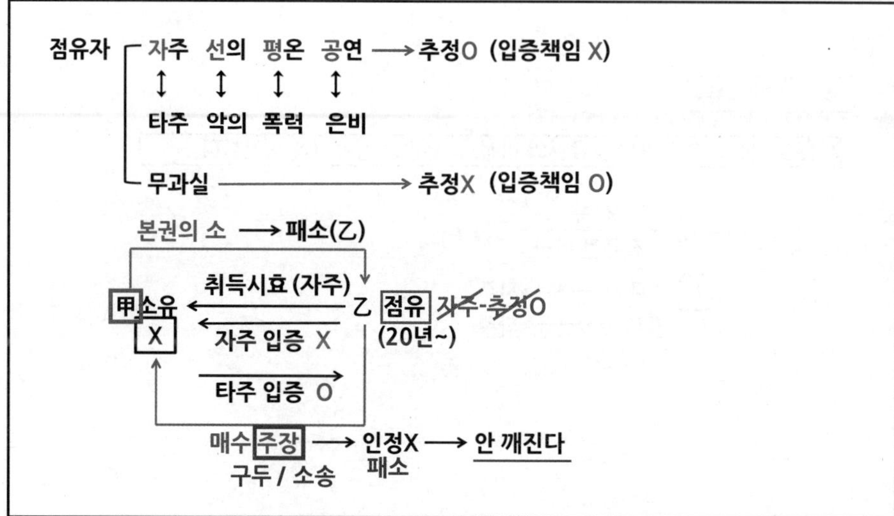

제197조(점유의 태양) ② 선의의 점유자라도 본권에 관한 소에 패소한 때에는 그 소가 제기된 때로부터 악의의 점유자로 본다

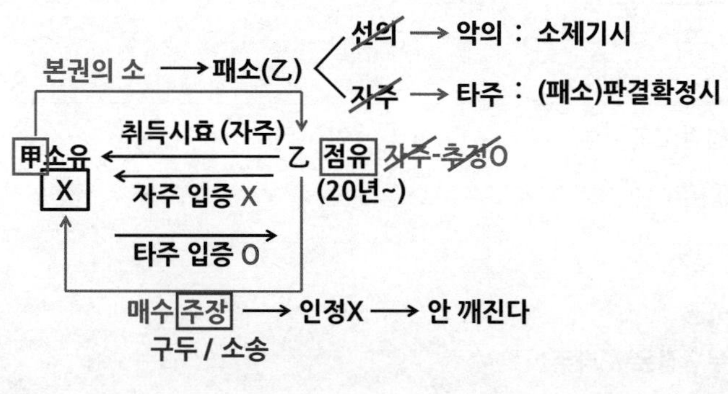

甲 토지 | 乙 토지

- 착오 : 자주
- 악의의 무단점유 입증 : 자주추정 X

(3) 점유권의 승계의 효과

제245조① 20년간 소유의 의사로 평온, 공연하게 부동산을 점유하는 자는 등기함으로써 그 소유권을 취득한다.

점유자의 승계인 ┌ 분리 ┐ 선택
　　　　　　　　└ 병합 ┘
하자 승계

甲
토지

A점유	B점유	乙점유
10년	7년	10년
타주	자주	자주

취득시효

제199조(점유의 승계의 주장과 그 효과) ① 점유자의 승계인은 자기의 점유만을 주장하거나 자기의 점유와 전점유자의 점유를 아울러 주장할 수 있다.
② 전점유자의 점유를 아울러 주장하는 경우에는 그 하자도 계승한다.

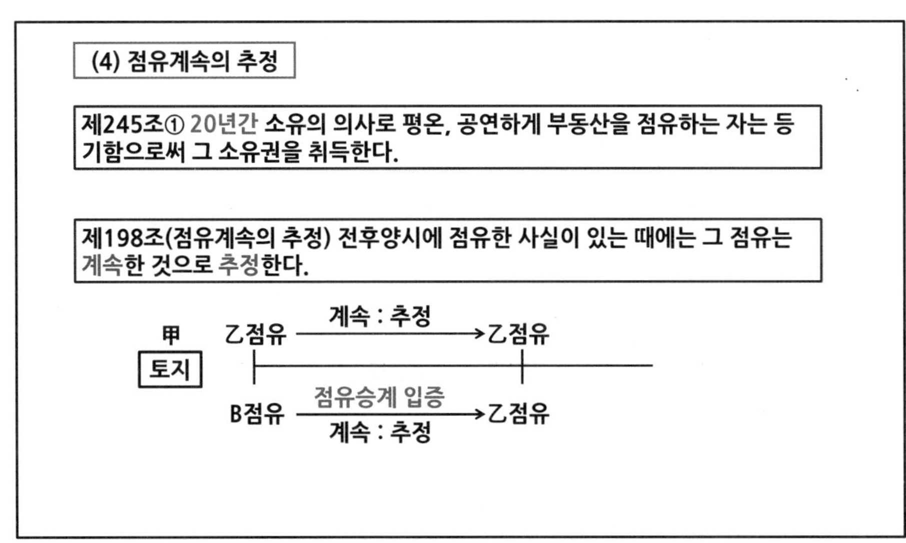

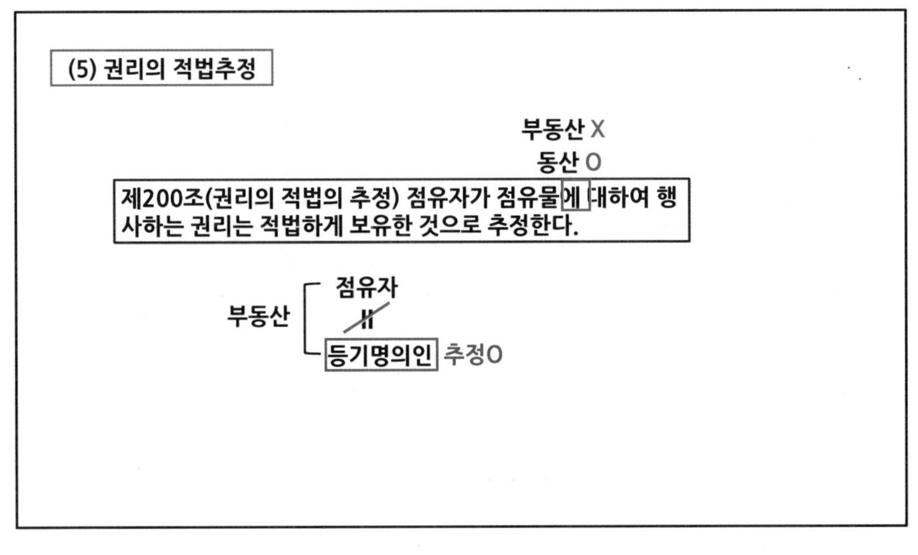

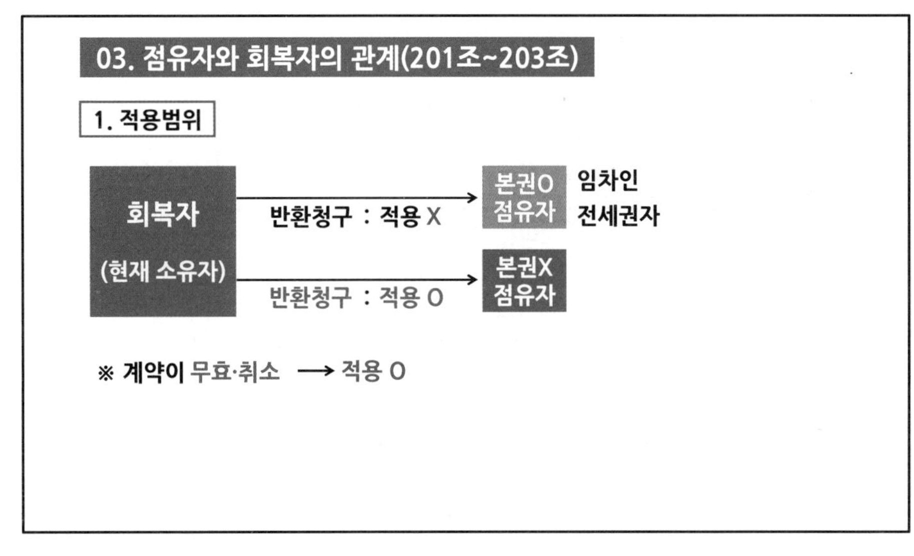

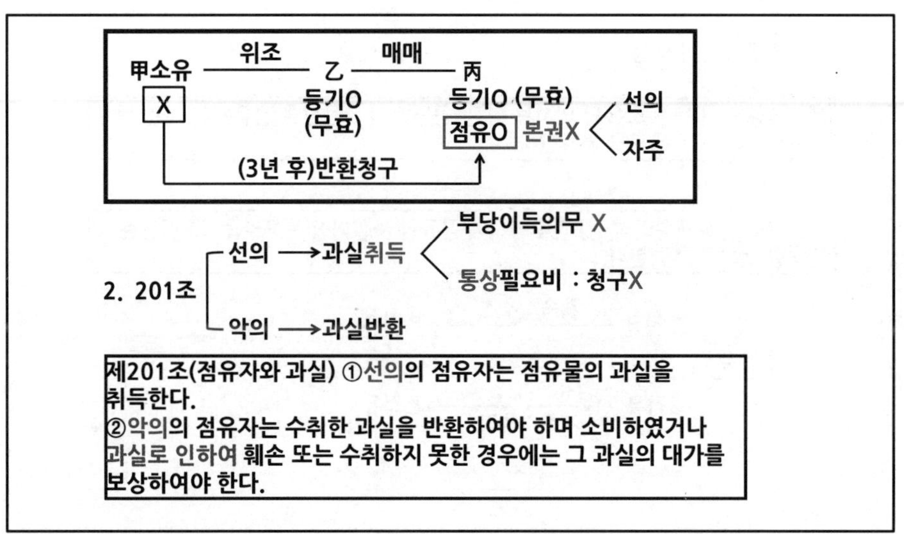

제201조(점유자와 과실) ①선의의 점유자는 점유물의 과실을 취득한다.
②악의의 점유자는 수취한 과실을 반환하여야 하며 소비하였거나 과실로 인하여 훼손 또는 수취하지 못한 경우에는 그 과실의 대가를 보상하여야 한다.

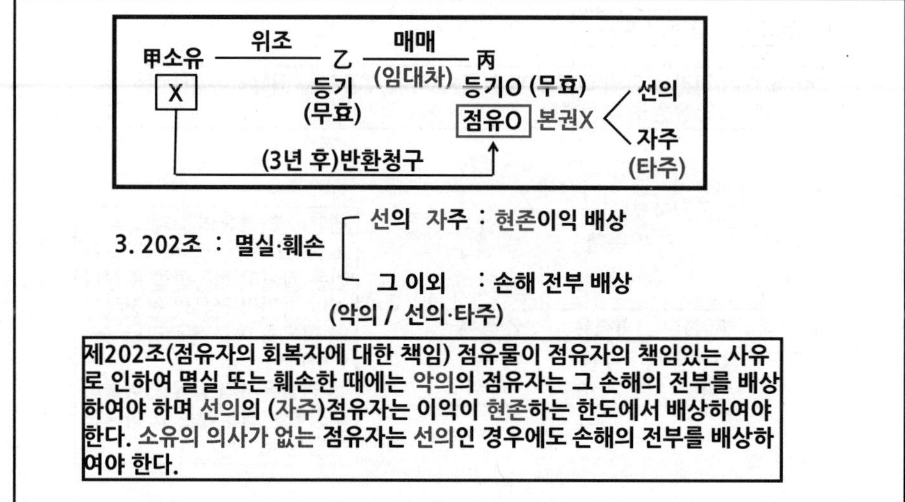

제202조(점유자의 회복자에 대한 책임) 점유물이 점유자의 책임있는 사유로 인하여 멸실 또는 훼손한 때에는 악의의 점유자는 그 손해의 전부를 배상하여야 하며 선의의 (자주)점유자는 이익이 현존하는 한도에서 배상하여야 한다. 소유의 의사가 없는 점유자는 선의인 경우에도 손해의 전부를 배상하여야 한다.

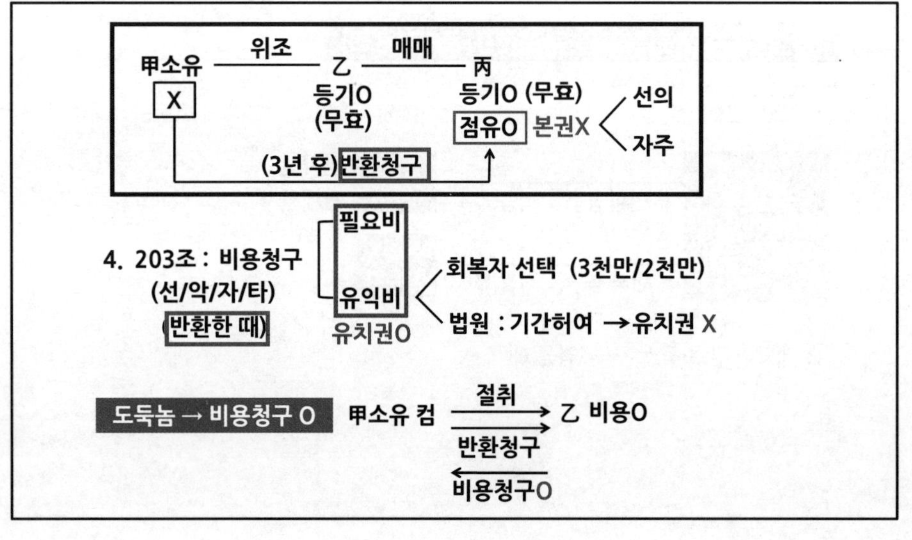

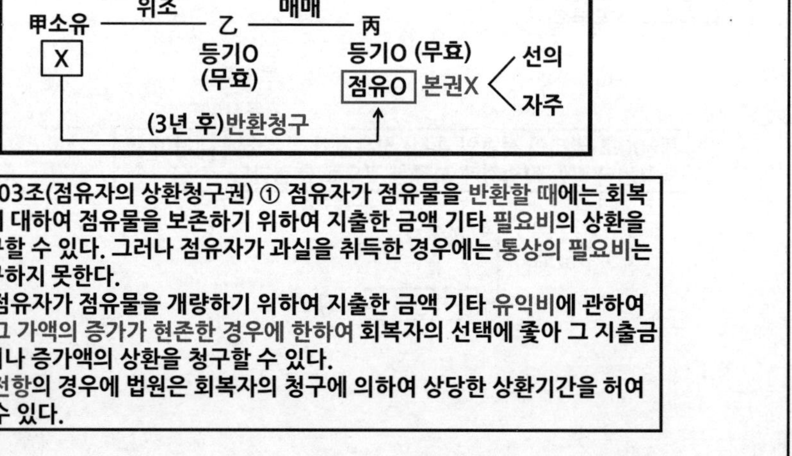

제203조(점유자의 상환청구권) ① 점유자가 점유물을 반환할 때에는 회복자에 대하여 점유물을 보존하기 위하여 지출한 금액 기타 필요비의 상환을 청구할 수 있다. 그러나 점유자가 과실을 취득한 경우에는 통상의 필요비는 청구하지 못한다.
② 점유자가 점유물을 개량하기 위하여 지출한 금액 기타 유익비에 관하여는 그 가액의 증가가 현존한 경우에 한하여 회복자의 선택에 좇아 그 지출금액이나 증가액의 상환을 청구할 수 있다.
③ 전항의 경우에 법원은 회복자의 청구에 의하여 상당한 상환기간을 허여할 수 있다.

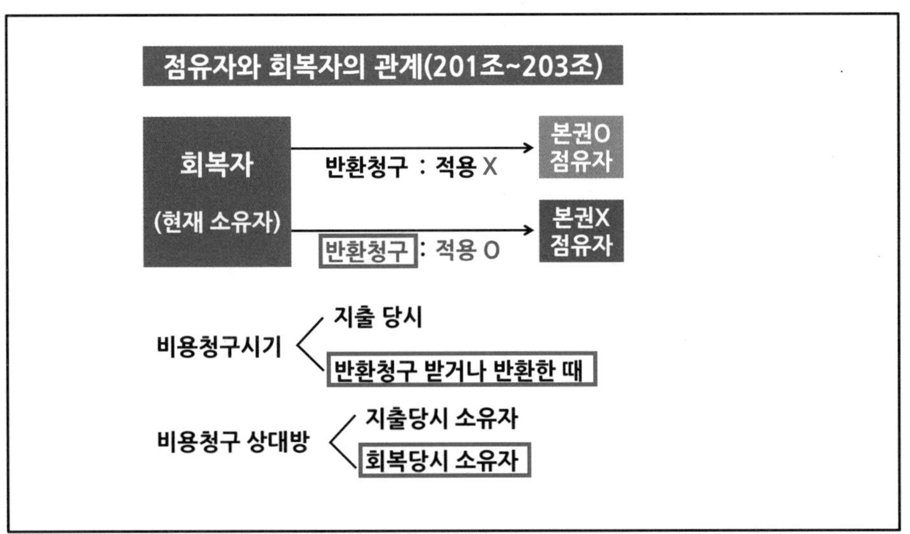
점유자와 회복자의 관계(201조~203조)
회복자
(현재 소유자)
반환청구 : 적용 X
본권O 점유자
반환청구 : 적용 O
본권X 점유자
비용청구시기
지출 당시
반환청구 받거나 반환한 때
비용청구 상대방
지출당시 소유자
회복당시 소유자

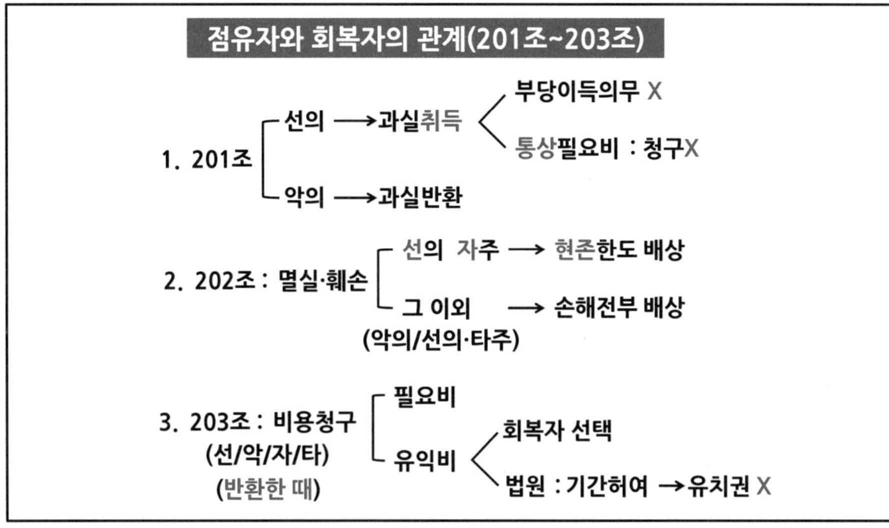
점유자와 회복자의 관계(201조~203조)
1. 201조
선의 →과실취득
부당이득의무 X
통상필요비 : 청구X
악의 →과실반환
2. 202조 : 멸실·훼손
선의 자주 → 현존한도 배상
그 이외 → 손해전부 배상
(악의/선의·타주)
3. 203조 : 비용청구
(선/악/자/타)
(반환한 때)
필요비
유익비
회복자 선택
법원 : 기간허여 →유치권 X

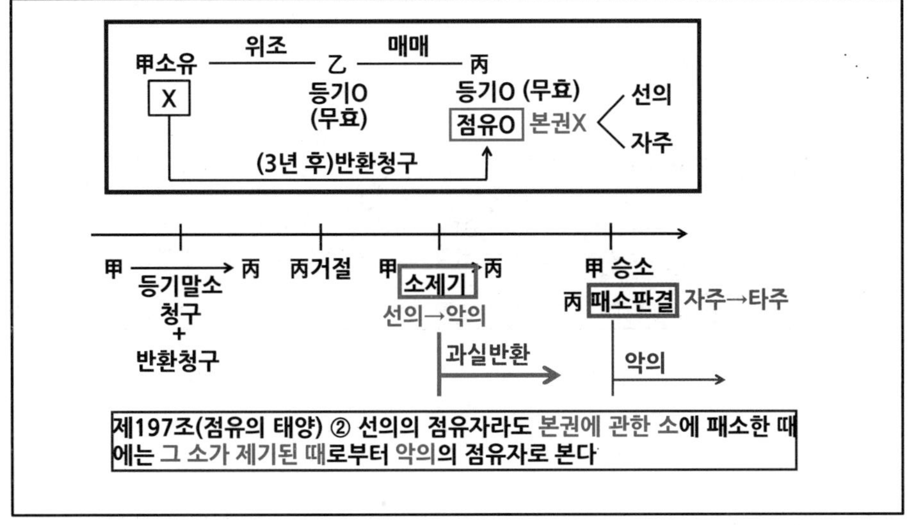
甲소유
X
위조
乙
등기O
(무효)
매매
丙
등기O (무효)
점유O 본권X
선의
자주
(3년 후)반환청구
甲 → 丙
등기말소
청구
+
반환청구
丙거절
甲 소제기 丙
선의→악의
과실반환
甲 승소
丙 패소판결 자주→타주
악의
제197조(점유의 태양) ② 선의의 점유자라도 본권에 관한 소에 패소한 때에는 그 소가 제기된 때로부터 악의의 점유자로 본다

제 4 장

소 유 권

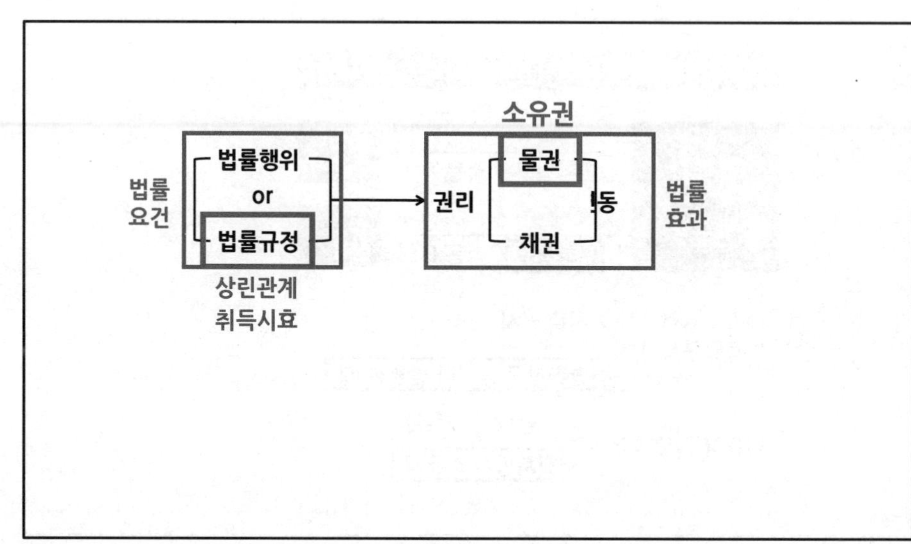

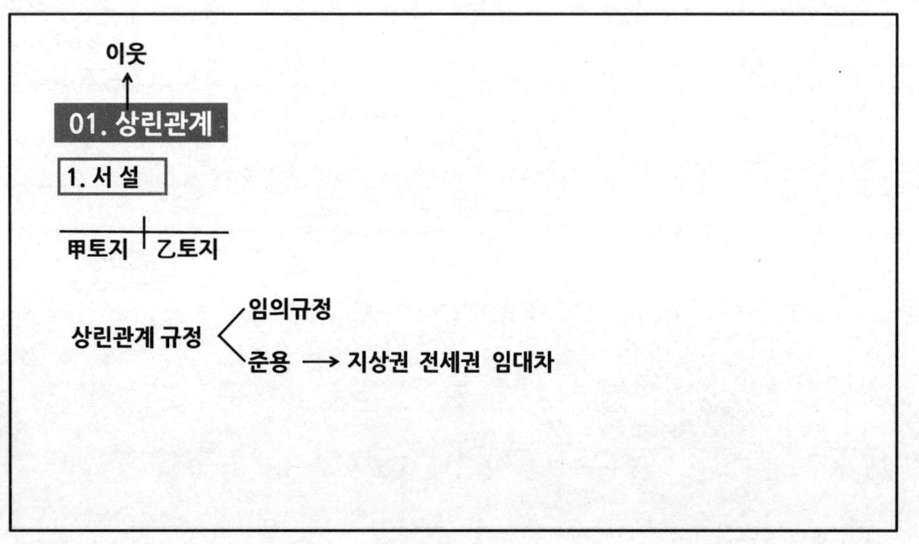

2. 주위토지통행권

(1) 유상 주위토지통행권

제219조(주위토지통행권) ① 어느 토지와 공로 사이에 그 토지의 용도에 필요한 통로가 없는 경우에 그 토지소유자는 주위의 토지를 통행 또는 통로로 하지 아니하면 공로에 출입할 수 없거나 과다한 비용을 요하는 때에는 그 주위의 토지를 통행할 수 있고 필요한 경우에는 통로를 개설할 수 있다. 그러나 이로 인한 손해가 가장 적은 장소와 방법을 선택하여야 한다.
② 전항의 통행권자는 통행지소유자의 손해를 보상하여야 한다.

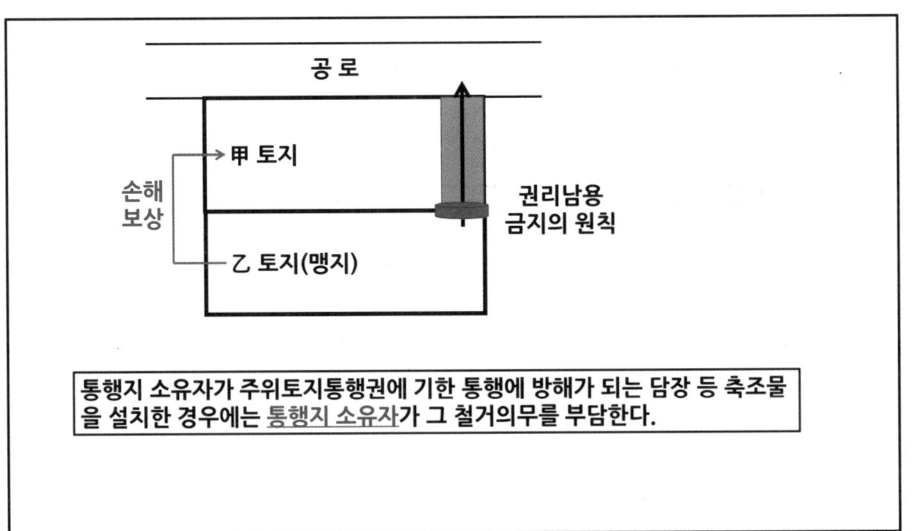

기존 통로가 있더라도 당해 토지의 이용에 부적합하여 실제로 통로로서의 충분한 기능을 하지 못하는 경우에도 인정된다.

이미 그 소유 토지의 용도에 필요한 통로가 있는 경우에는 그 통로를 사용하는 것보다 더 편리하다는 이유만으로 다른 장소로 통행할 권리를 인정할 수 없다.

일단 주위토지통행권이 발생하였다고 하더라도 나중에 그 토지에 접하는 공로가 개설됨으로써 주위토지통행권을 인정할 필요성이 없어진 때에는 그 통행권은 소멸한다.

주위토지통행권이 인정되는 때에도 그 통로개설이나 유지비용을 주위토지통행권자가 부담하여야 한다.

주위토지통행권은 현재의 토지의 용법에 따른 이용의 범위에서 인정되는 것이지, 더 나아가 앞으로의 이용 상황까지를 미리 대비하여 통행로를 정할 것은 아니다.

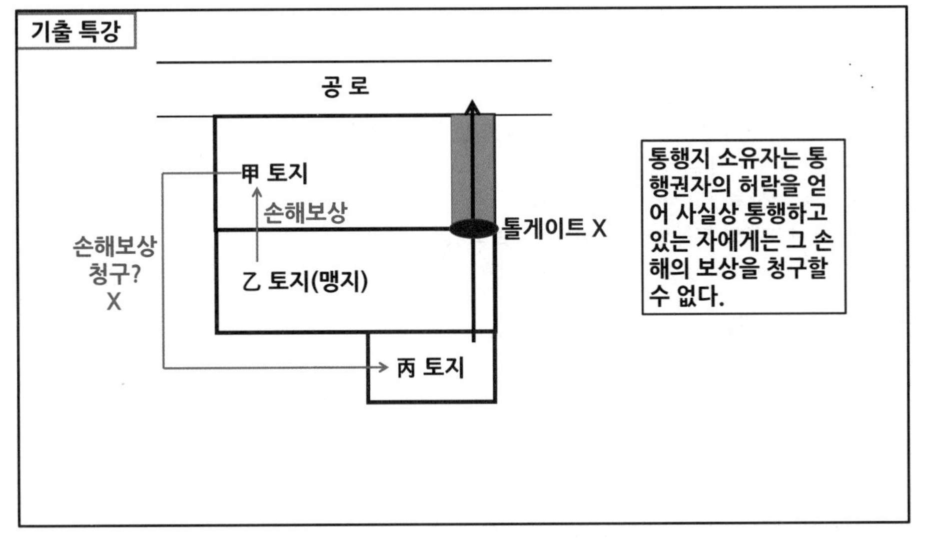

(2) 무상 주위토지통행권

제220조(분할, 일부양도와 주위통행권) ① 분할로 인하여 공로에 통하지 못하는 토지가 있는 때에는 그 토지소유자는 공로에 출입하기 위하여 다른 분할자의 토지를 통행할 수 있다. 이 경우에는 보상의 의무가 없다.
② 전항의 규정은 토지소유자가 그 토지의 일부를 양도한 경우에 준용한다.

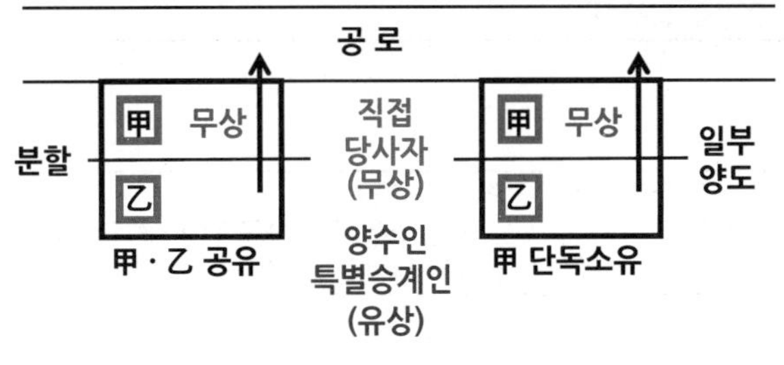

기출 특강

제237조(경계표, 담의 설치권) ① 인접하여 토지를 소유한 자는 공동비용으로 통상의 경계표나 담을 설치할 수 있다.
② 전항의 비용은 쌍방이 절반하여 부담한다.
그러나 측량비용은 토지의 면적에 비례하여 부담한다.

甲토지 乙토지

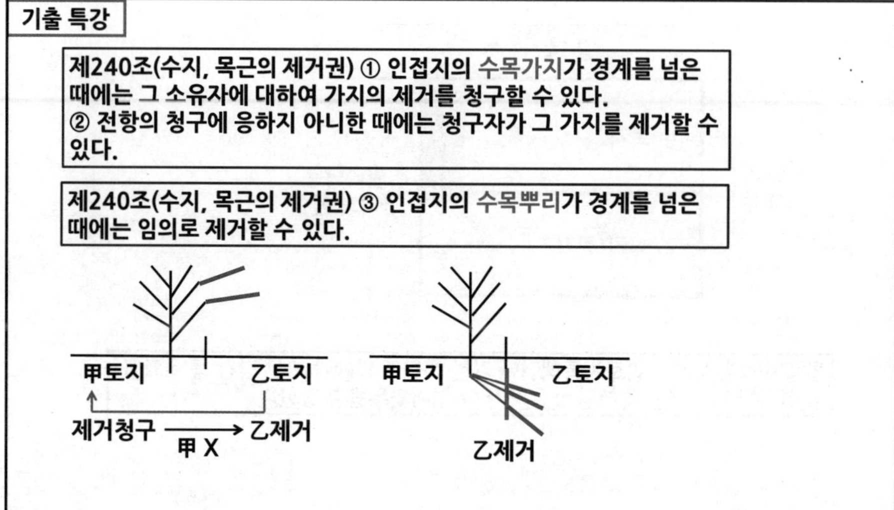

02. 소유권의 취득

1. 취득시효

점유취득시효

제245조(점유로 인한 부동산소유권의 취득기간)
① 20년간 소유의 의사로 평온, 공연하게 부동산을 점유하는 자는 등기함으로써 그 소유권을 취득한다.

선의X 무과실X

등기부취득시효

제245조(점유로 인한 부동산소유권의 취득기간)
② 부동산의 소유자로 등기한 자가 10년간 소유의 의사로 평온, 공연하게 선의이며 과실 없이 그 부동산을 점유한 때에는 소유권을 취득한다.

(1) 취득시효 대상

취득시효 대상 O

- 소유권, 지상권, 계속되고 표현된 지역권, 분묘기지권
- 1필의 토지의 일부
- 국유재산 중 일반재산(잡종재산)
- 자기 소유의 부동산 / 성명불상자의 부동산

취득시효 대상 X

- 점유를 수반하지 않는 권리인 저당권
- 국유재산 중 행정재산
- 집합건물의 공용부분

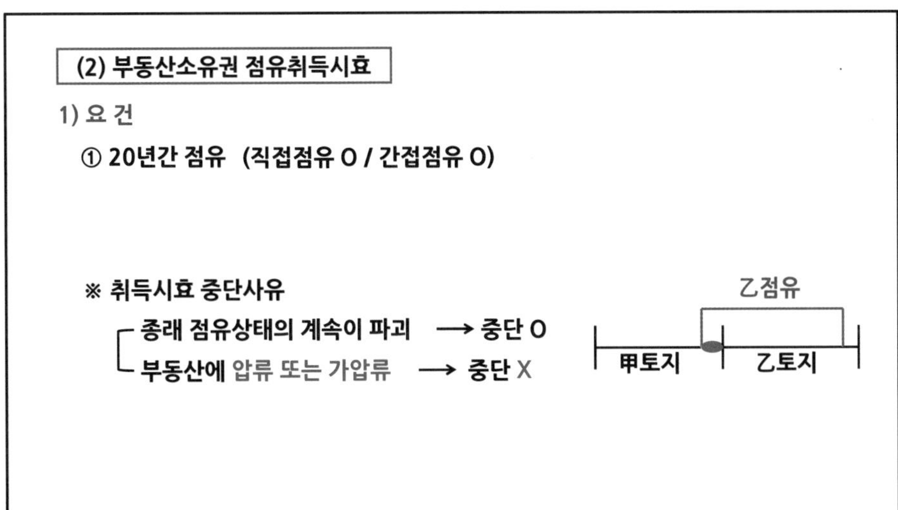
(2) 부동산소유권 점유취득시효
1) 요 건
① 20년간 점유 (직접점유 O / 간접점유 O)
※ 취득시효 중단사유
종래 점유상태의 계속이 파괴 → 중단 O
부동산에 압류 또는 가압류 → 중단 X
乙점유
甲토지
乙토지

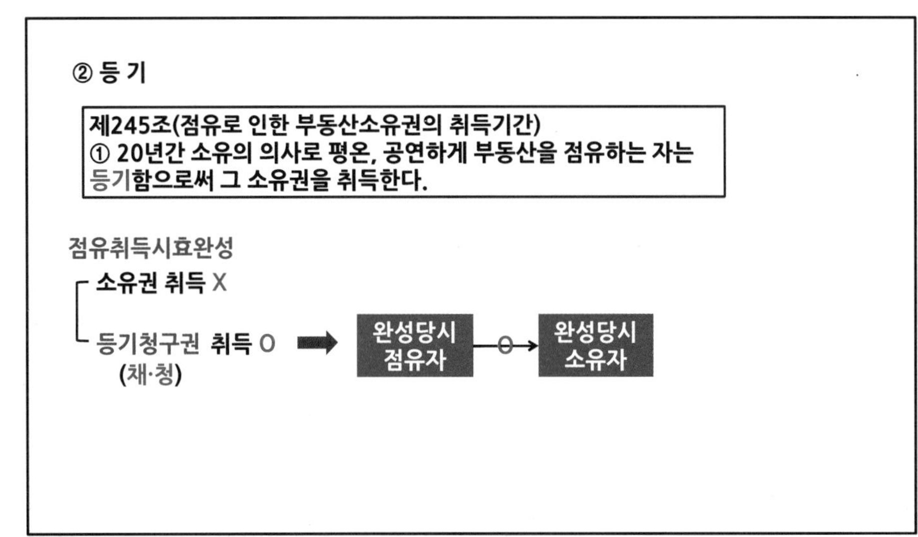
② 등 기
제245조(점유로 인한 부동산소유권의 취득기간)
① 20년간 소유의 의사로 평온, 공연하게 부동산을 점유하는 자는 등기함으로써 그 소유권을 취득한다.
점유취득시효완성
소유권 취득 X
등기청구권 취득 O
(채·청)
완성당시 점유자
완성당시 소유자

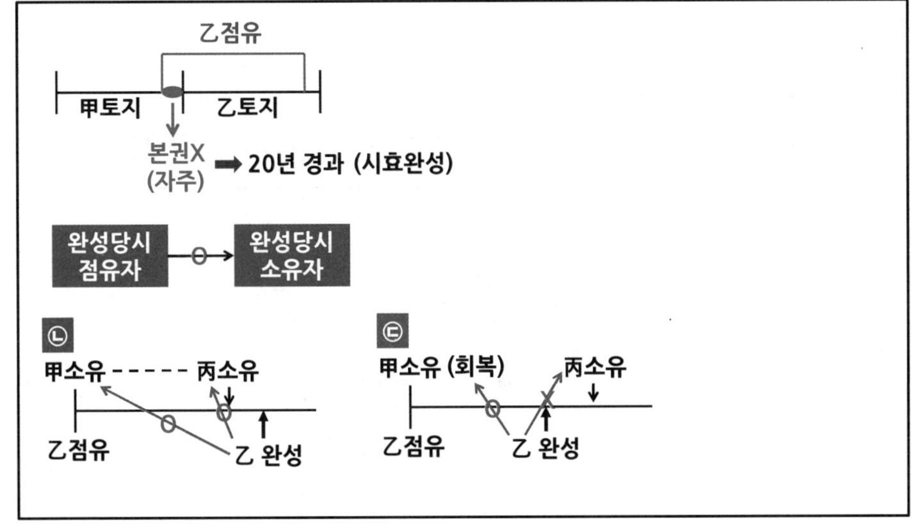
乙점유
甲토지
乙토지
본권X
(자주)
20년 경과 (시효완성)
완성당시 점유자
완성당시 소유자
ⓛ
甲소유
丙소유
乙점유
乙 완성
ⓒ
甲소유 (회복)
丙소유
乙점유
乙 완성

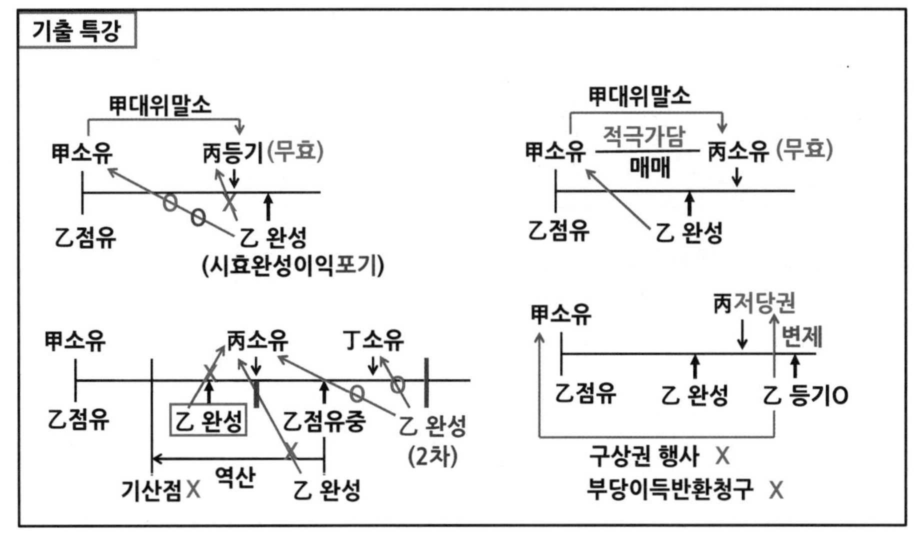
기출 특강
甲대위말소
甲소유
丙등기(무효)
乙점유
乙 완성
(시효완성이익포기)
甲대위말소
甲소유
적극가담
매매
丙소유 (무효)
乙점유
乙 완성
甲소유
丙소유
丁소유
乙점유
乙 완성
乙점유중
乙 완성
(2차)
기산점X
역산
乙 완성
甲소유
丙저당권
변제
乙점유
乙 완성
乙 등기O
구상권 행사 X
부당이득반환청구 X

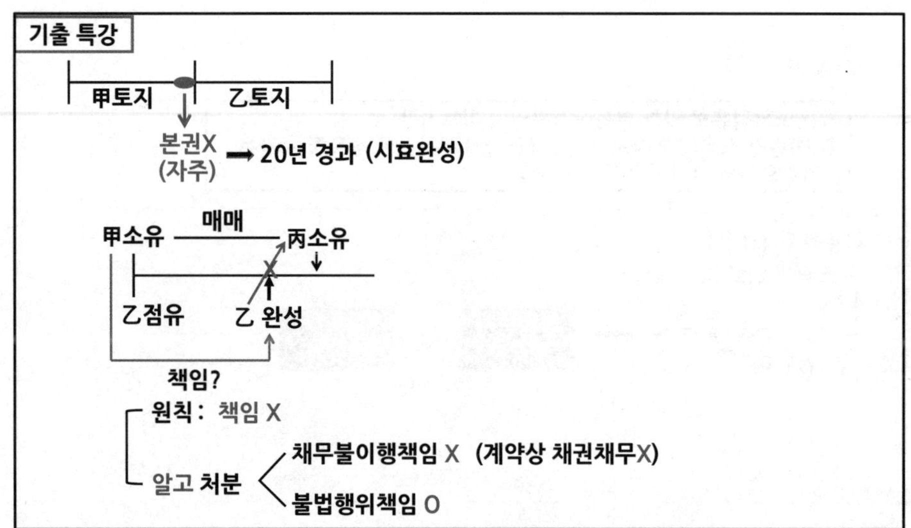
기출 특강
甲토지
乙토지
본권X
(자주)
20년 경과 (시효완성)
甲소유
매매
丙소유
乙점유
乙 완성
책임?
원칙 : 책임 X
알고 처분
채무불이행책임 X (계약상 채권채무X)
불법행위책임 O

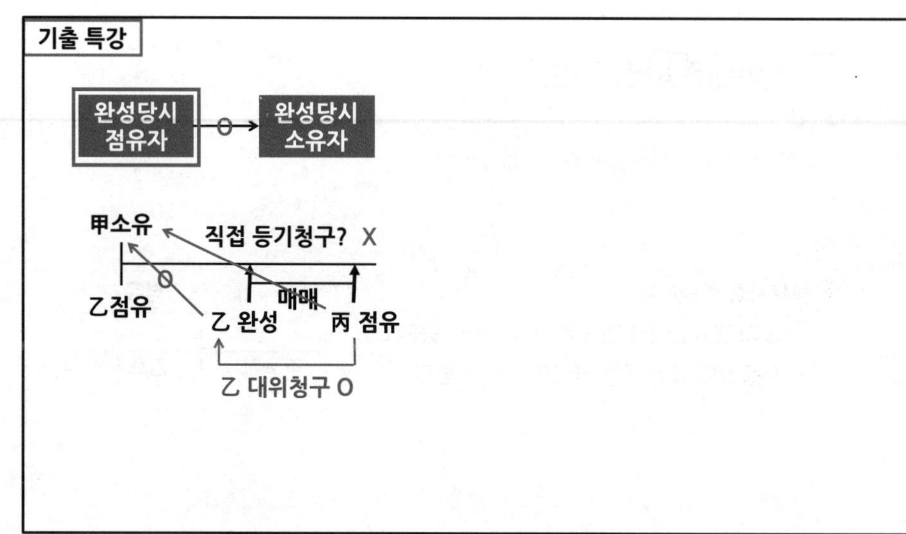
기출 특강
완성당시 점유자
O
완성당시 소유자
甲소유
직접 등기청구? X
O
매매
乙점유
乙 완성
丙 점유
乙 대위청구 O

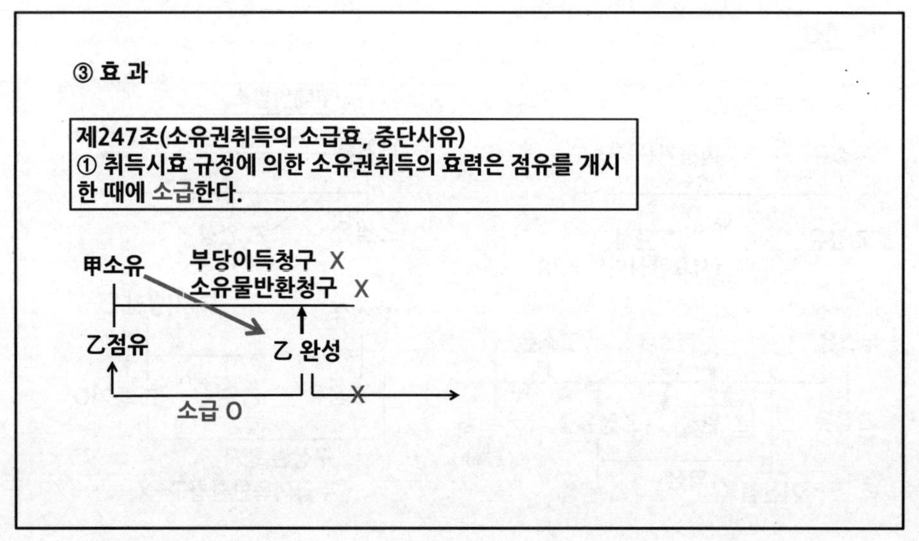
③ 효 과
제247조(소유권취득의 소급효, 중단사유)
① 취득시효 규정에 의한 소유권취득의 효력은 점유를 개시한 때에 소급한다.
甲소유
부당이득청구 X
소유물반환청구 X
乙점유
乙 완성
소급 O
X

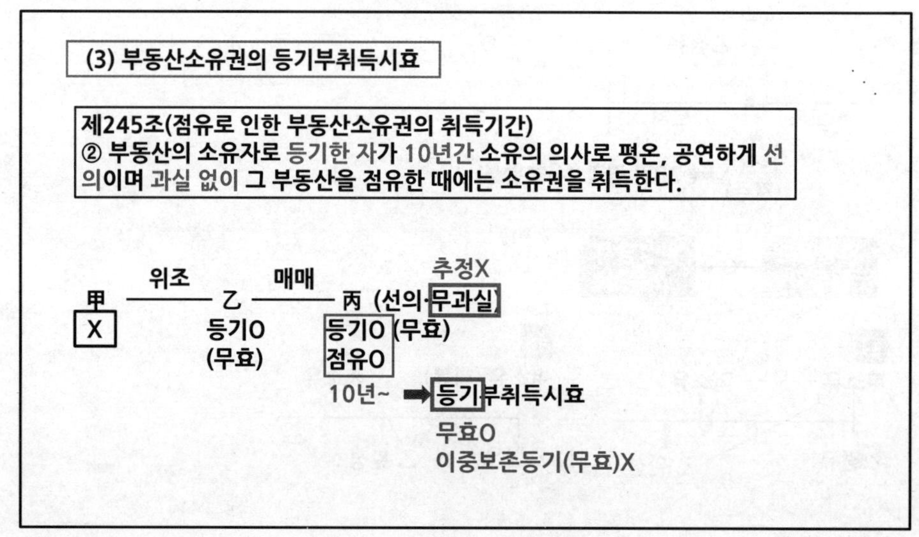
(3) 부동산소유권의 등기부취득시효
제245조(점유로 인한 부동산소유권의 취득기간)
② 부동산의 소유자로 등기한 자가 10년간 소유의 의사로 평온, 공연하게 선의이며 과실 없이 그 부동산을 점유한 때에는 소유권을 취득한다.
위조
매매
추정X
甲
X
乙
등기O
(무효)
丙 (선의·무과실)
등기O (무효)
점유O
10년~
등기부취득시효
무효O
이중보존등기(무효)X

2. 기타 소유권 취득

제252조(무주물의 귀속) ①무주의 동산을 소유의 의사로 점유한 자는 그 소유권을 취득한다.
②무주의 부동산은 국유로 한다.

제256조(부동산에의 부합) 부동산의 소유자는 그 부동산에 부합한 물건의 소유권을 취득한다.
그러나 타인의 권원에 의하여 부속된 것은 그러하지 아니하다.

제261조(첨부로 인한 구상권) 전5조의 경우에 손해를 받은 자는 부당이득에 관한 규정에 의하여 보상을 청구할 수 있다.

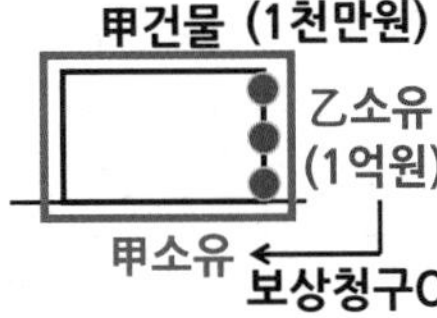

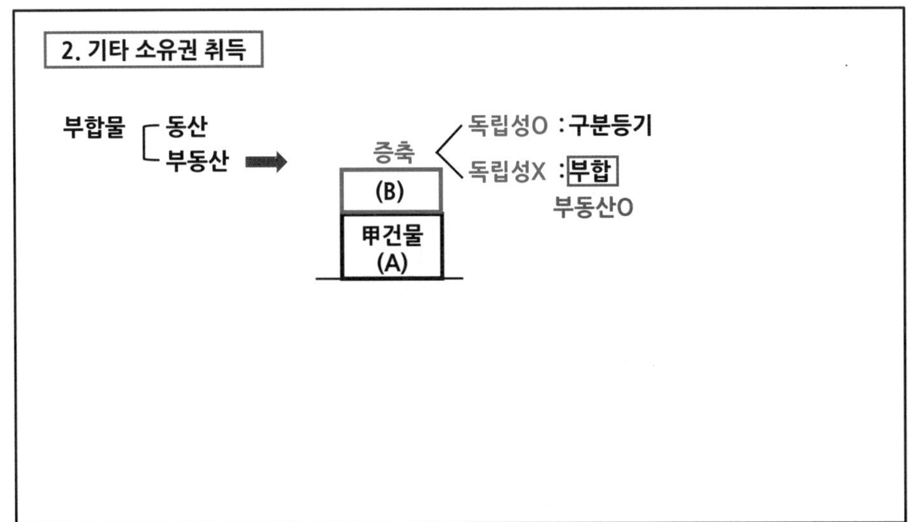

2. 기타 소유권 취득

수목의 부합

① 입목 / 명인방법 갖춘 수목 → 토지와 독립된 물건 / 토지에 부합 X

② 타인토지에 수목 식재 → 권원 유무

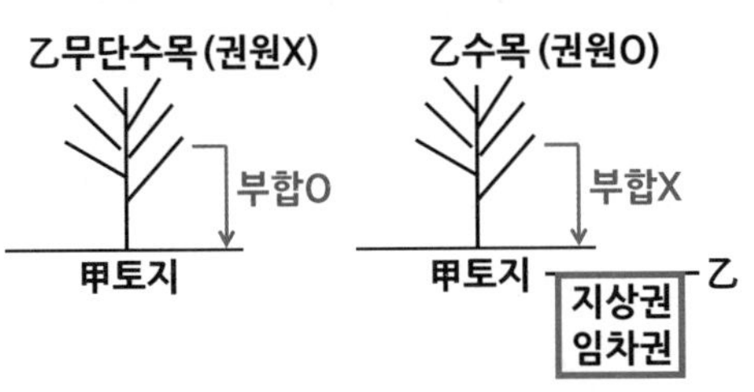

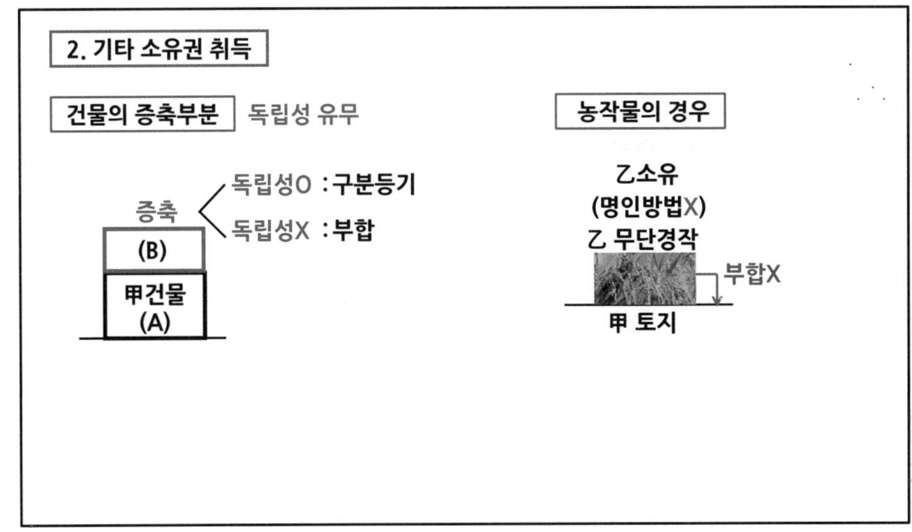

03. 공동소유

지분O [1. 공 유
　　　 2. 합 유 → 조합체 (동업)

지분X – 3. 총 유 → 비법인사단 : 종중 교회 마을부락 친목회 등
(법인아닌 사단)
(권리능력 없는 사단)

비법인사단
사람의 단체 : 등기X

人
- 자연인 : 출생 ~ 사망
- 법 인 : 설립등기 ~ 해산
  - 사단법인
    - 영리법인 → 상법
    - 비영리법인 → 민법
  - 재단법인 → 민법

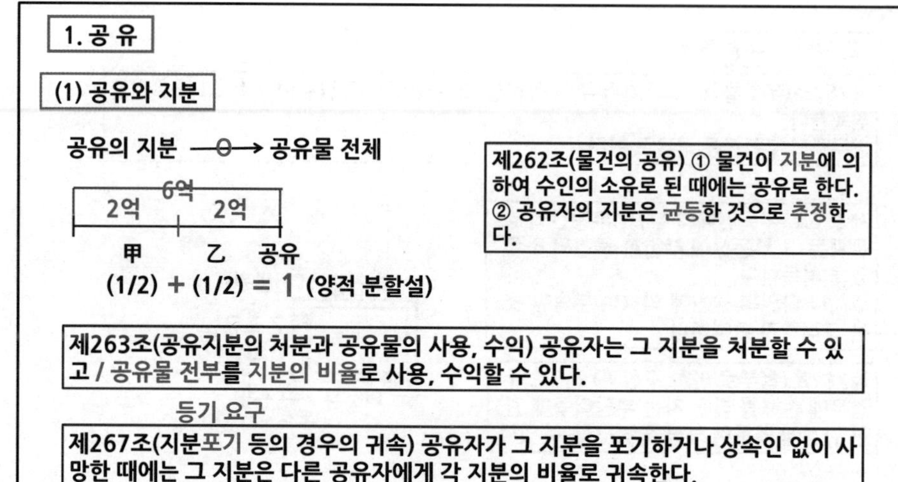

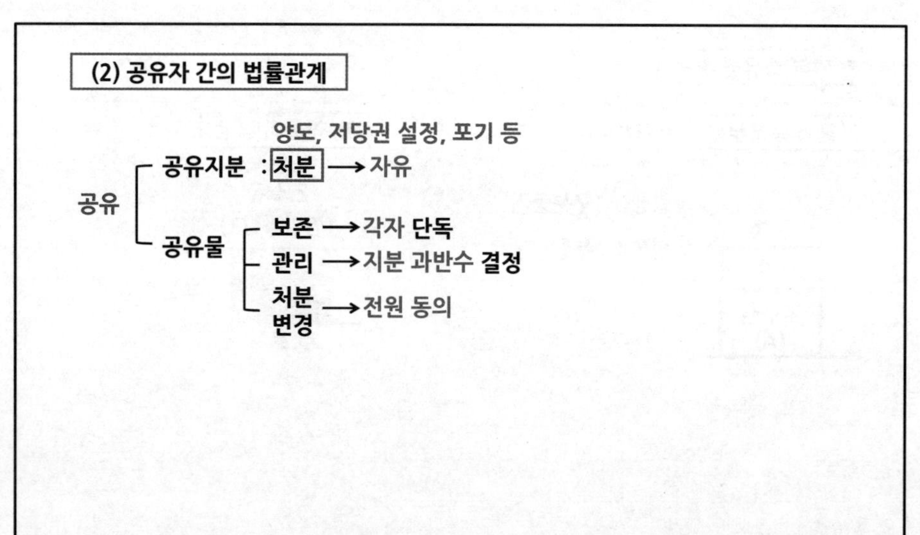

(2) 공유자 간의 법률관계

제264조(공유물의 처분, 변경) 공유자는 다른 공유자의 동의 없이 공유물을 처분하거나 변경하지 못한다.

제265조(공유물의 관리, 보존) 공유물의 관리에 관한 사항은 공유자의 지분의 과반수로써 결정한다. 그러나 보존행위는 각자가 할 수 있다.

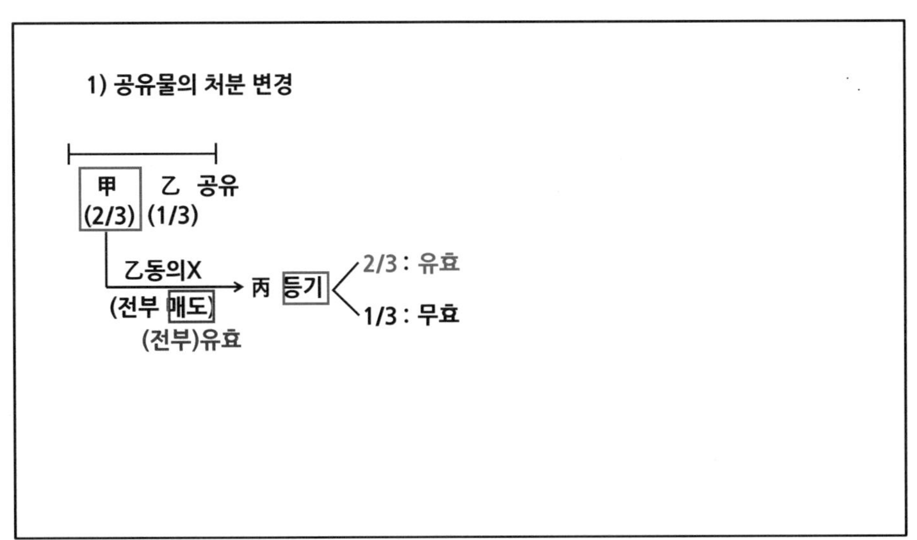

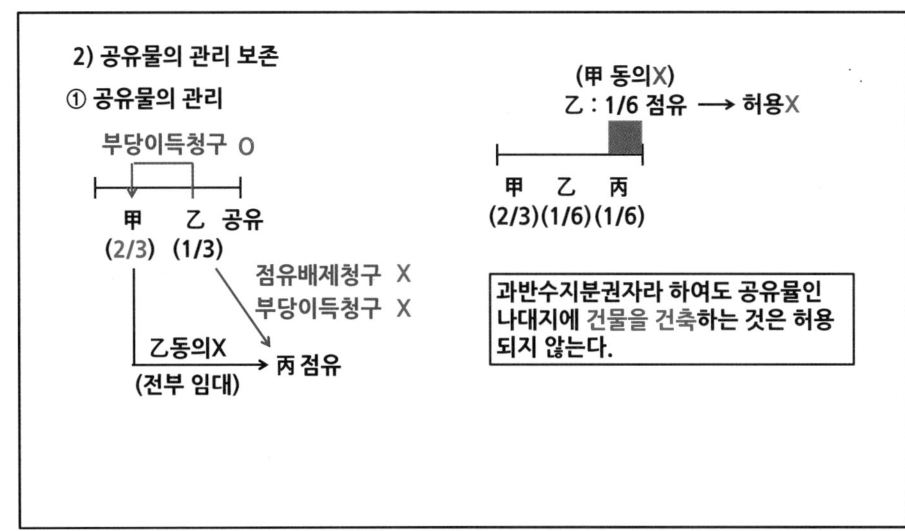

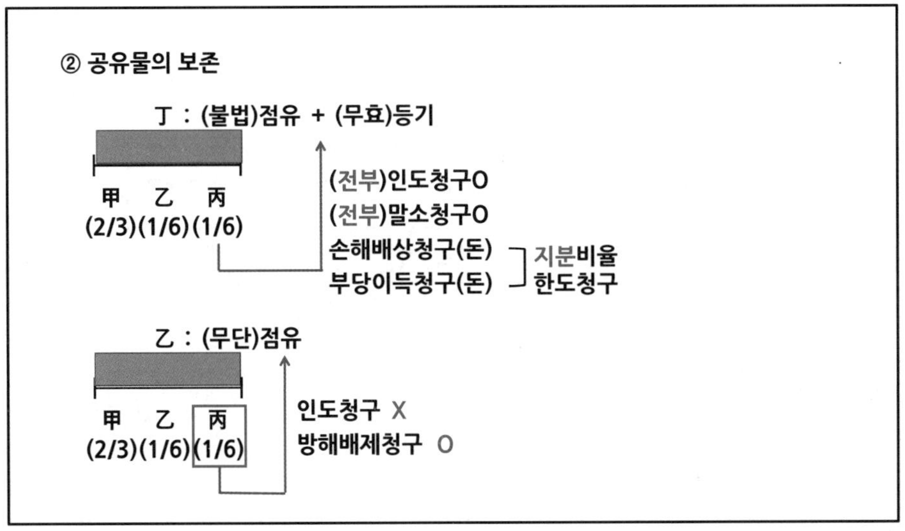

(3) 공유물의 분할

1) 공유물분할의 자유

제268조(공유물의 분할청구) ①공유자는 공유물의 분할을 청구할 수 있다. 그러나 5년 내의 기간으로 분할하지 아니할 것을 약정할 수 있다.

2) 분할의 방법 : 언제나 전원참여

제269조(분할의 방법) ①분할의 방법에 관하여 협의가 성립되지 아니한 때에는 공유자는 법원에 그 분할을 청구할 수 있다.
②현물로 분할할 수 없거나 분할로 인하여 현저히 그 가액이 감손될 염려가 있는 때에는 법원은 물건의 경매를 명할 수 있다.

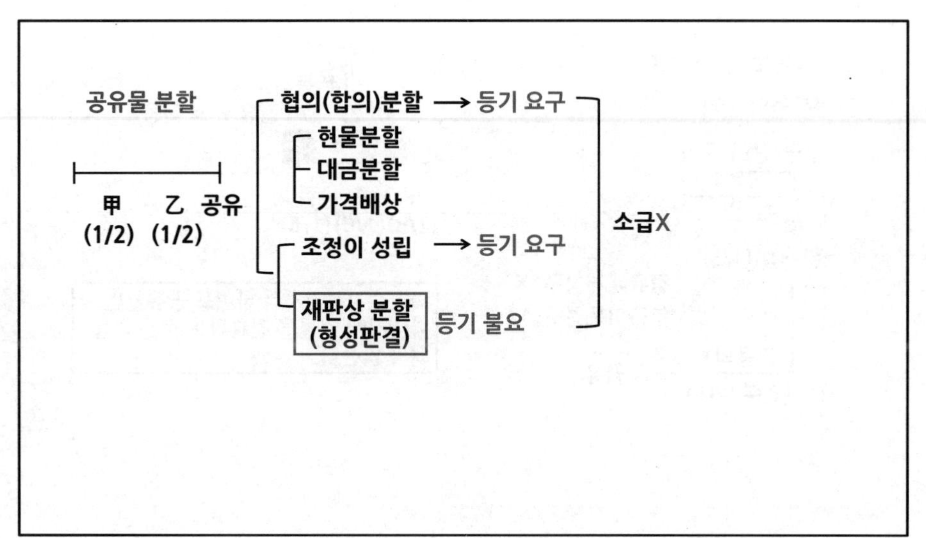

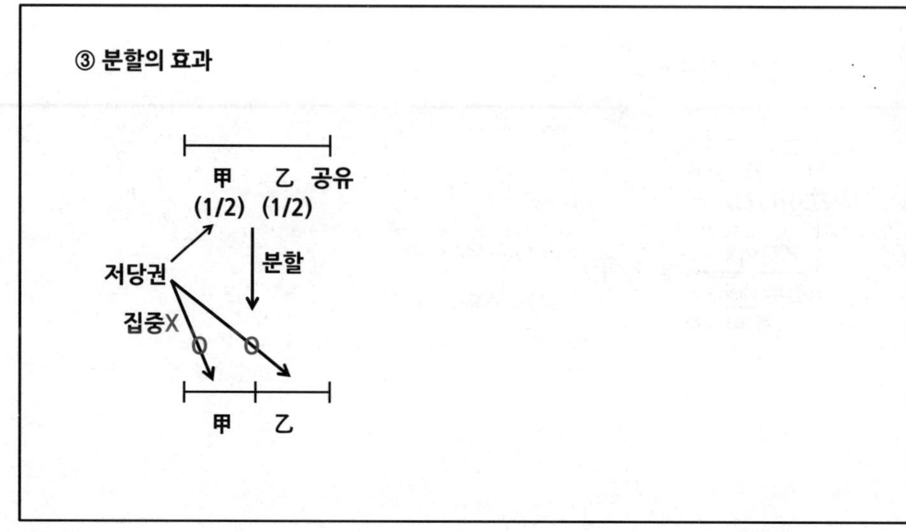

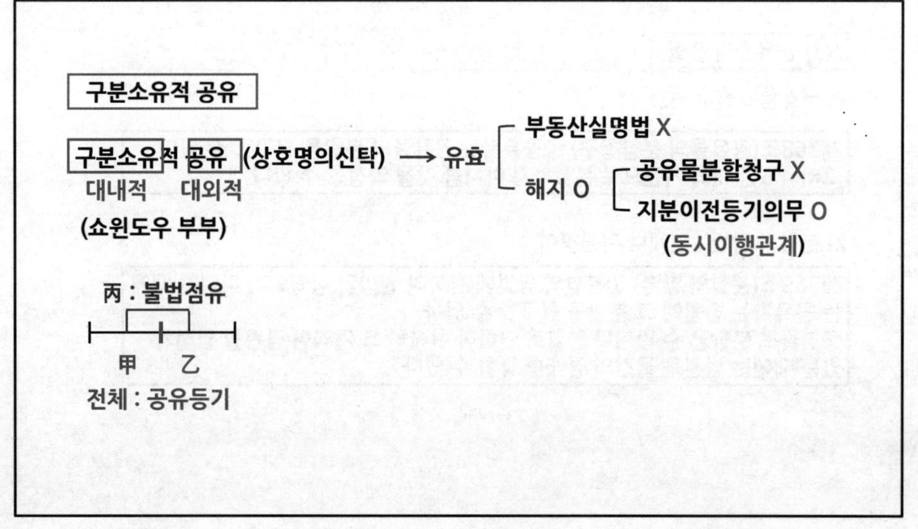

2. 합 유 → 조합 (동업)

제271조(물건의 합유) ①법률의 규정 또는 계약에 의하여 수인이 조합체로서 물건을 소유하는 때에는 합유로 한다. 합유자의 권리는 합유물 전부에 미친다.

제273조(합유지분의 처분과 합유물의 분할금지) ①합유자는 전원의 동의없이 합유물에 대한 지분을 처분하지 못한다.
②합유자는 합유물의 분할을 청구하지 못한다.

	공 유	합 유
지분 처분	자유	전원 동의
분할 청구	자유	X
지위 승계	O	X

제272조(합유물의 처분, 변경과 보존) 합유물을 처분 또는 변경함에는 합유자 전원의 동의가 있어야 한다. 그러나 보존행위는 각자가 할 수 있다.

식당
甲 (1/2) — 지분 처분 / 지위 승계 → 丙
乙 (1/2)

3. 총 유 → 비법인사단
(종중 교회 마을부락 친목회 등)

제275조(물건의 총유) ①법인이 아닌 사단의 사원이 집합체로서 물건을 소유할 때에는 총유로 한다.

제276조(총유물의 관리, 처분과 사용, 수익) ①총유물의 관리 및 처분은 사원총회의 결의에 의한다.
②각 사원은 정관 기타의 규약에 좇아 총유물을 사용, 수익할 수 있다.

총 유
지분X
- 보존 → 사원총회의 결의
- 관리 → 사원총회의 결의
- 처분 → 사원총회의 결의

종중이 중개업자에게 중개수수료를 지급하기로 하는 약정
- 단순한 채무부담행위 O
- 총유물의 관리 처분 X

기출 특강

제276조(총유물의 관리, 처분과 사용, 수익) ①총유물의 관리 및 처분은 사원총회의 결의에 의한다.

총유재산의 소송
- 비법인 사단 명의로 사원총회의 결의 거쳐 수행 O
- 구성원 전원이 당사자가 되어 필수적 공동소송 O
- 사단의 구성원X : 대표자X 사원총회결의 통과X

제276조(총유물의 관리, 처분과 사용, 수익) ②각 사원은 정관 기타의 규약에 좇아 총유물을 사용, 수익할 수 있다.

제277조(총유물에 관한 권리의무의 득상) 총유물에 관한 사원의 권리의무는 사원의 지위를 취득상실함으로써 취득상실된다.

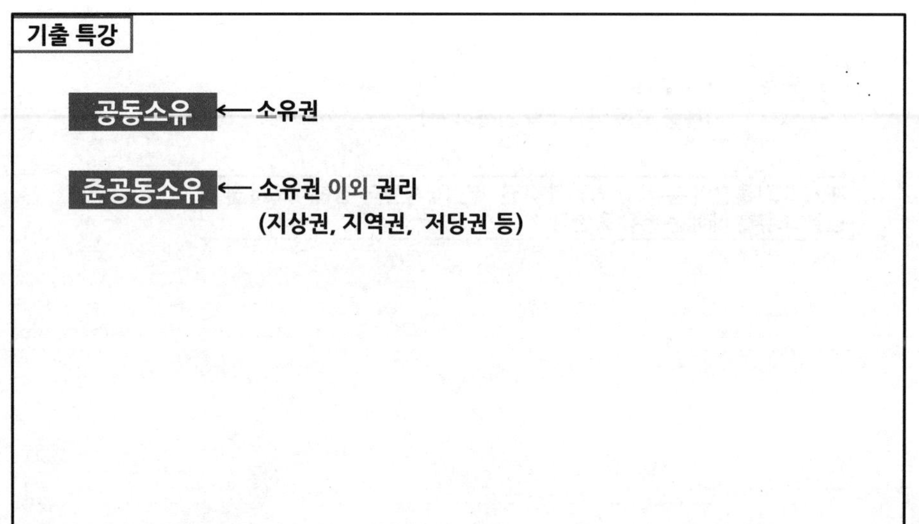
기출 특강
공동소유 ← 소유권
준공동소유 ← 소유권 이외 권리
(지상권, 지역권, 저당권 등)

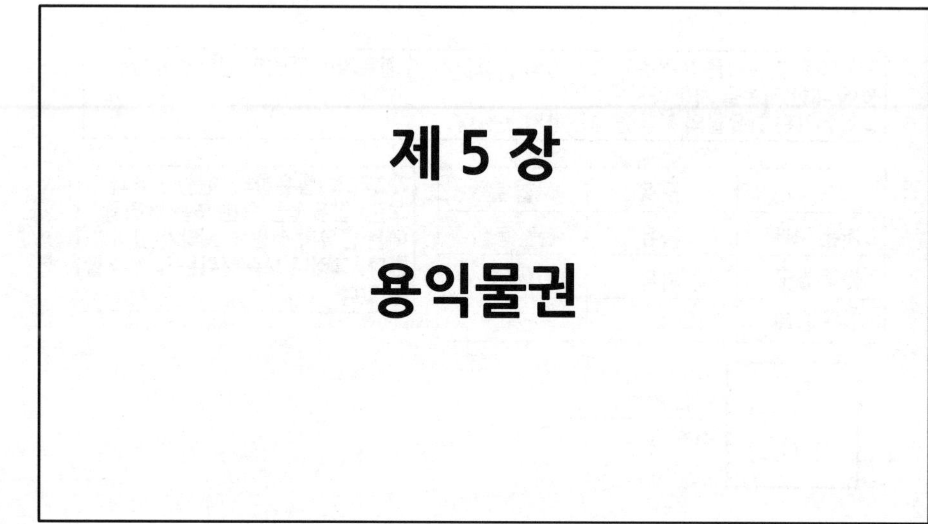
제 5 장
용익물권

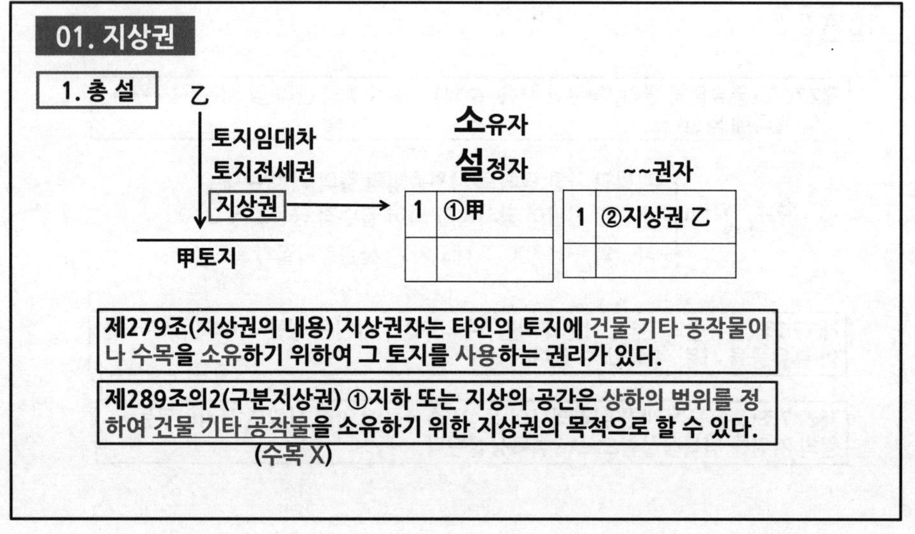
01. 지상권
1. 총 설
乙
토지임대차
토지전세권
지상권
甲토지
소유자
설정자
~~권자
1 ①甲
1 ②지상권 乙
제279조(지상권의 내용) 지상권자는 타인의 토지에 건물 기타 공작물이나 수목을 소유하기 위하여 그 토지를 사용하는 권리가 있다.
제289조의2(구분지상권) ①지하 또는 지상의 공간은 상하의 범위를 정하여 건물 기타 공작물을 소유하기 위한 지상권의 목적으로 할 수 있다.
(수목 X)

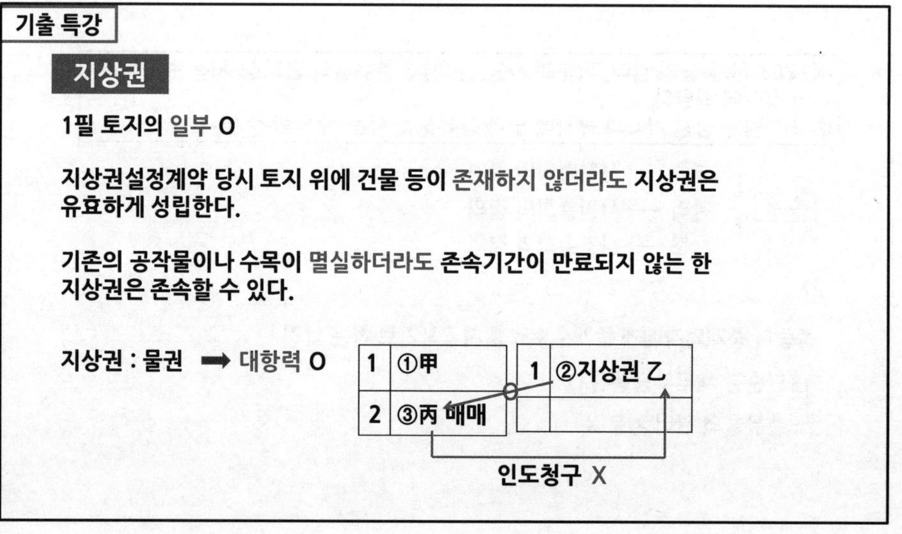
기출 특강
지상권
1필 토지의 일부 O
지상권설정계약 당시 토지 위에 건물 등이 존재하지 않더라도 지상권은 유효하게 성립한다.
기존의 공작물이나 수목이 멸실하더라도 존속기간이 만료되지 않는 한 지상권은 존속할 수 있다.
지상권 : 물권 ➡ 대항력 O
1 ①甲
2 ③丙 매매
1 ②지상권 乙
인도청구 X

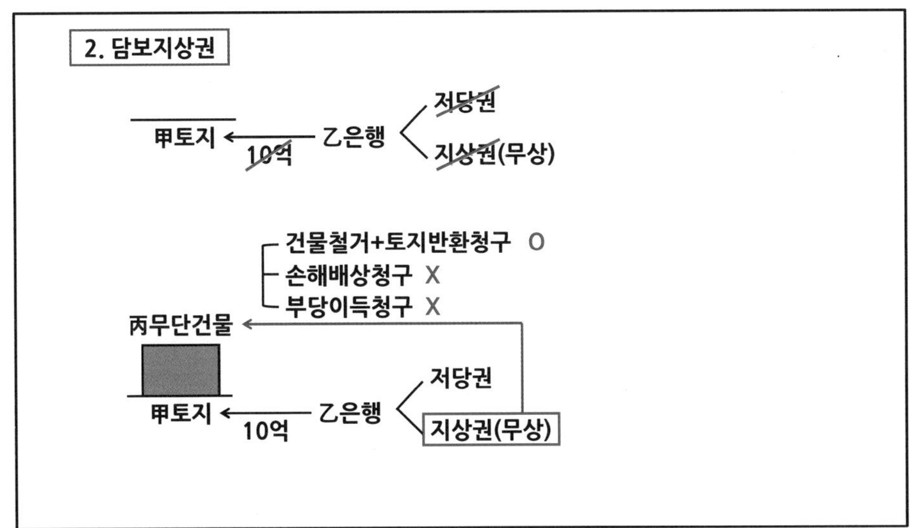
2. 담보지상권
甲토지
10억
乙은행
저당권
지상권(무상)
건물철거+토지반환청구 O
손해배상청구 X
부당이득청구 X
丙무단건물
甲토지
10억
乙은행
저당권
지상권(무상)

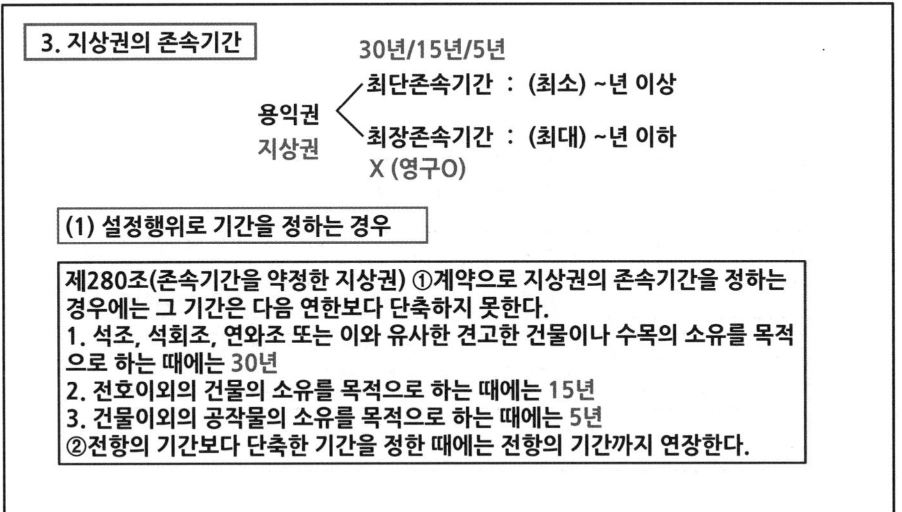
3. 지상권의 존속기간
30년/15년/5년
용익권
지상권
최단존속기간 : (최소) ~년 이상
최장존속기간 : (최대) ~년 이하
X (영구O)
(1) 설정행위로 기간을 정하는 경우
제280조(존속기간을 약정한 지상권) ①계약으로 지상권의 존속기간을 정하는 경우에는 그 기간은 다음 연한보다 단축하지 못한다.
1. 석조, 석회조, 연와조 또는 이와 유사한 견고한 건물이나 수목의 소유를 목적으로 하는 때에는 30년
2. 전호이외의 건물의 소유를 목적으로 하는 때에는 15년
3. 건물이외의 공작물의 소유를 목적으로 하는 때에는 5년
②전항의 기간보다 단축한 기간을 정한 때에는 전항의 기간까지 연장한다.

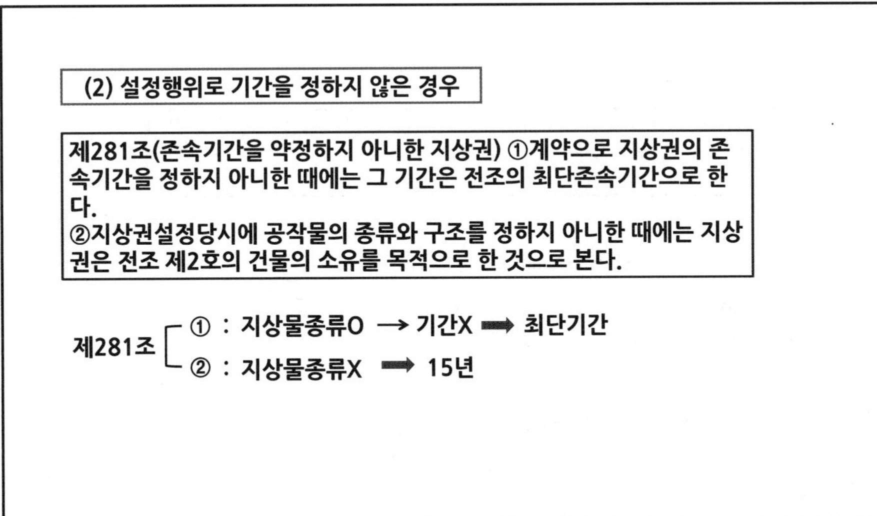
(2) 설정행위로 기간을 정하지 않은 경우
제281조(존속기간을 약정하지 아니한 지상권) ①계약으로 지상권의 존속기간을 정하지 아니한 때에는 그 기간은 전조의 최단존속기간으로 한다.
②지상권설정당시에 공작물의 종류와 구조를 정하지 아니한 때에는 지상권은 전조 제2호의 건물의 소유를 목적으로 한 것으로 본다.
제281조
① : 지상물종류O → 기간X ➡ 최단기간
② : 지상물종류X ➡ 15년

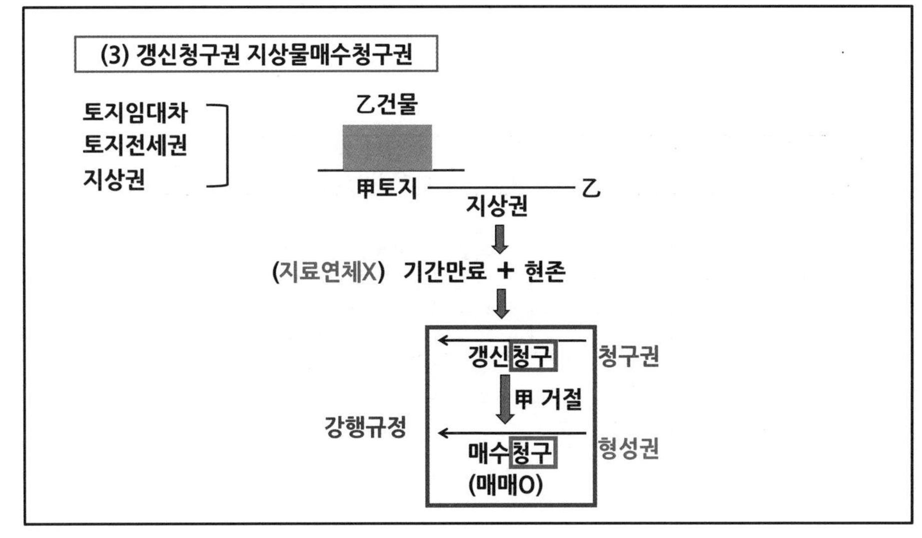
(3) 갱신청구권 지상물매수청구권
토지임대차
토지전세권
지상권
乙건물
甲토지
지상권
乙
(지료연체X) 기간만료 + 현존
갱신청구
청구권
甲 거절
강행규정
매수청구
(매매O)
형성권

4. 지상권의 효력

(1) 지상권의 처분

- 지상권 : 양도 자유 / 양도 금지 약정 : 무효
- 전세권 : 양도 자유 / 양도 금지 약정 : 유효

제306조(전세권의 양도, 임대 등) 전세권자는 전세권을 타인에게 양도 또는 담보로 제공할 수 있고 그 존속기간내에서 그 목적물을 타인에게 전전세 또는 임대할 수 있다. 그러나 설정행위로 이를 금지한 때에는 그러하지 아니하다.

제282조(지상권의 양도, 임대) 지상권자는 타인에게 그 권리를 양도하거나 그 권리의 존속기간 내에서 그 토지를 임대할 수 있다.

지상권의 양도성은 절대적으로 보장되므로 소유자(지상권 설정자)의 의사에 반하여도 자유롭게 양도할 수 있다.

(2) 지료지급의무

1) 지 료

지상권 : 유상 / 무상 → 지료지급이 성립요소 X

2) 지료체납의 효과

제287조(지상권소멸청구권) 지상권자가 2년 이상의 지료를 지급하지 아니한 때에는 지상권설정자는 지상권의 소멸을 청구할 수 있다.

③1년 연체

1	①甲
2	④丙 매매

1	②지상권 乙

⑤1년 연체

⑥소멸청구 X

지료지급연체가 토지소유권 양도 전후에 걸쳐 이루어진 경우~~ 양수인에게 2년이 되지 않는다면 소멸청구할 수 없다.

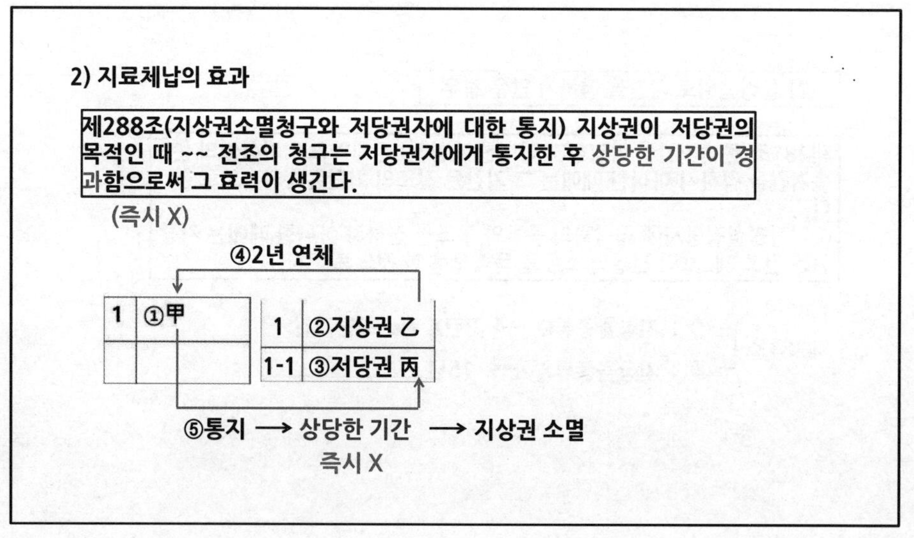

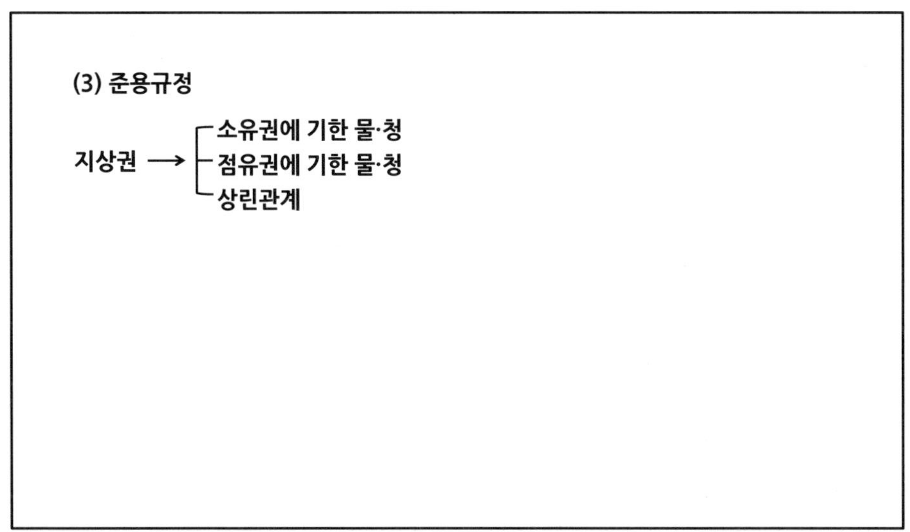
(3) 준용규정
지상권
소유권에 기한 물·청
점유권에 기한 물·청
상린관계

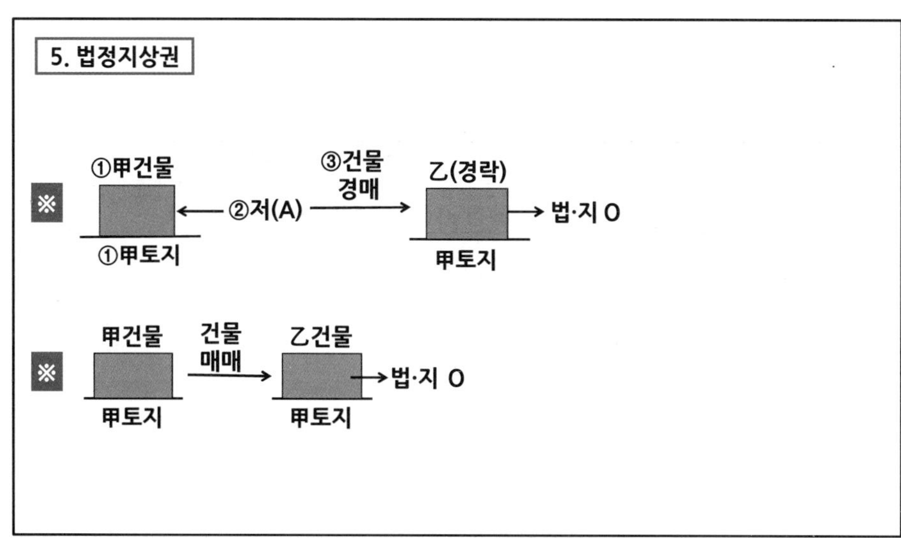
5. 법정지상권
※
①甲건물
①甲토지
②저(A)
③건물 경매
乙(경락)
甲토지
법·지 O
※
甲건물
甲토지
건물 매매
乙건물
甲토지
법·지 O

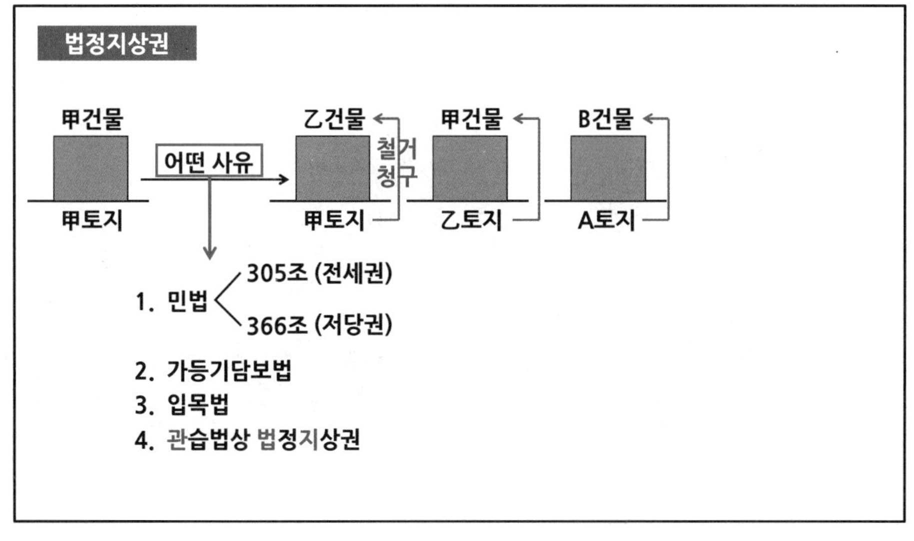
법정지상권
甲건물
甲토지
어떤 사유
乙건물
甲토지
철거 청구
甲건물
乙토지
B건물
A토지
1. 민법
305조 (전세권)
366조 (저당권)
2. 가등기담보법
3. 입목법
4. 관습법상 법정지상권

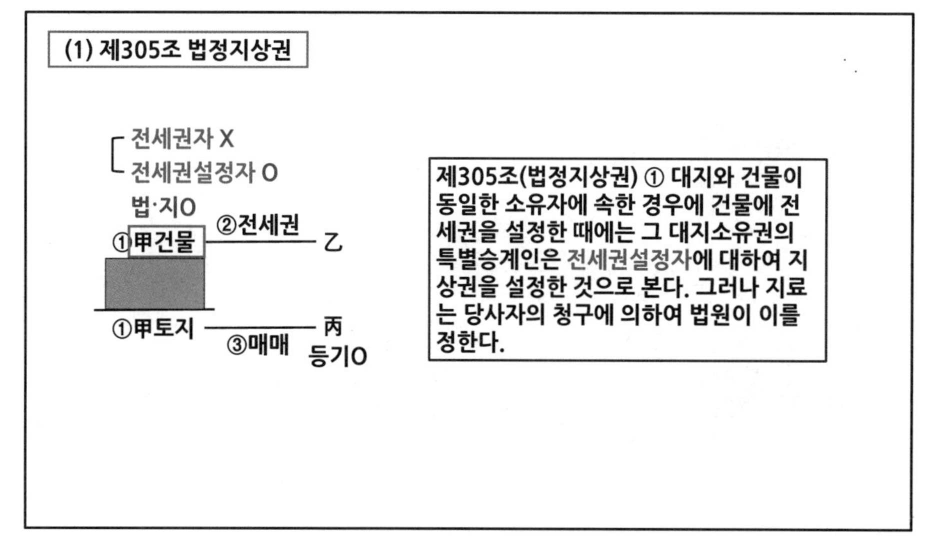
(1) 제305조 법정지상권
전세권자 X
전세권설정자 O
법·지O
①甲건물
②전세권
乙
①甲토지
③매매
丙
등기O
제305조(법정지상권) ① 대지와 건물이 동일한 소유자에 속한 경우에 건물에 전세권을 설정한 때에는 그 대지소유권의 특별승계인은 전세권설정자에 대하여 지상권을 설정한 것으로 본다. 그러나 지료는 당사자의 청구에 의하여 법원이 이를 정한다.

(2) 제366조 법정지상권

(임의경매)

제366조(법정지상권) 저당물의 경매로 인하여 토지와 그 지상건물이 다른 소유자에 속한 경우에는 토지소유자는 건물소유자에 대하여 지상권을 설정한 것으로 본다. 그러나 지료는 당사자의 청구에 의하여 법원이 이를 정한다.

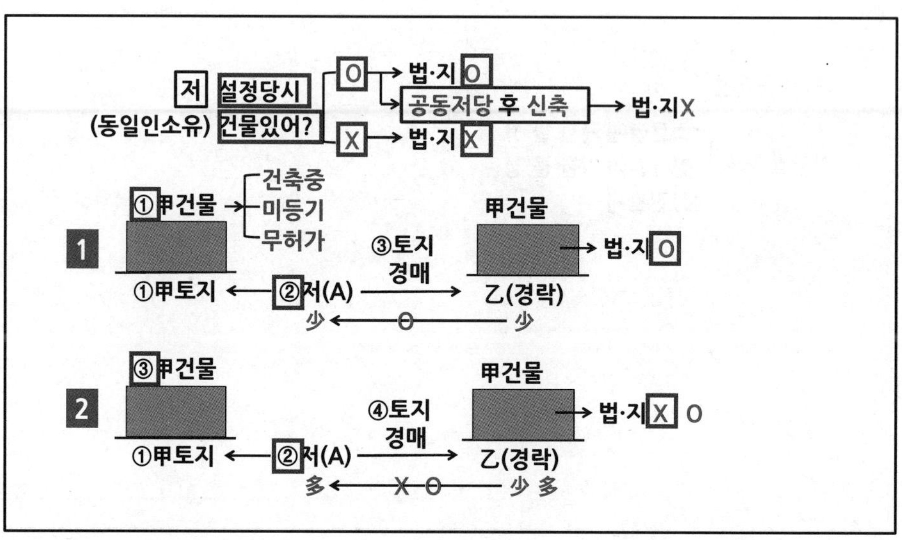

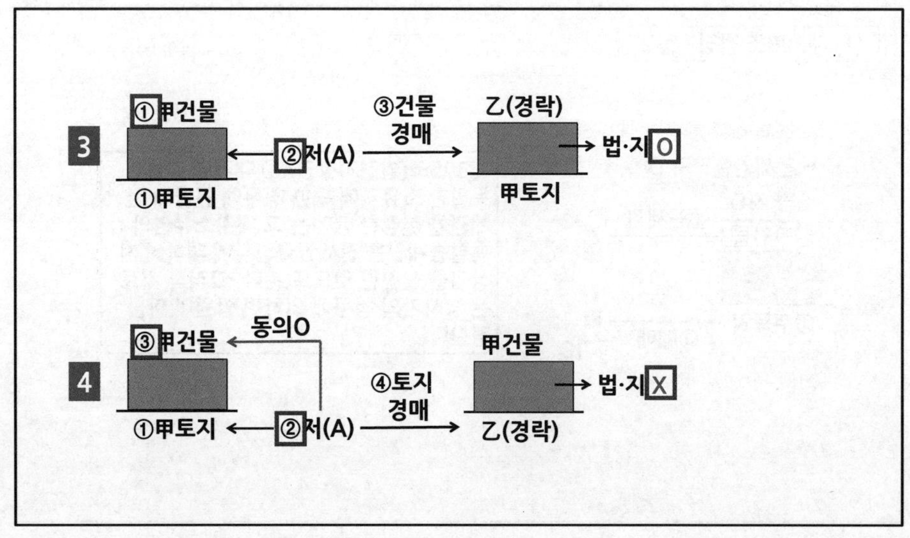

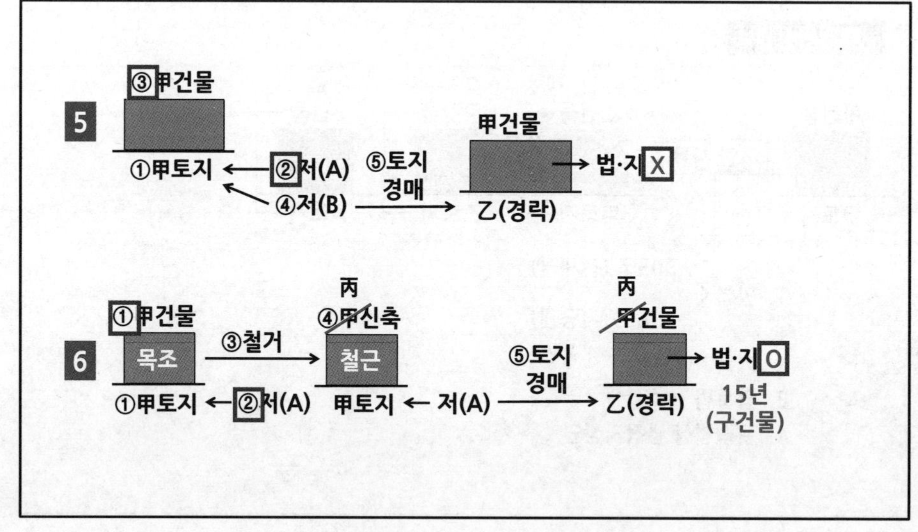

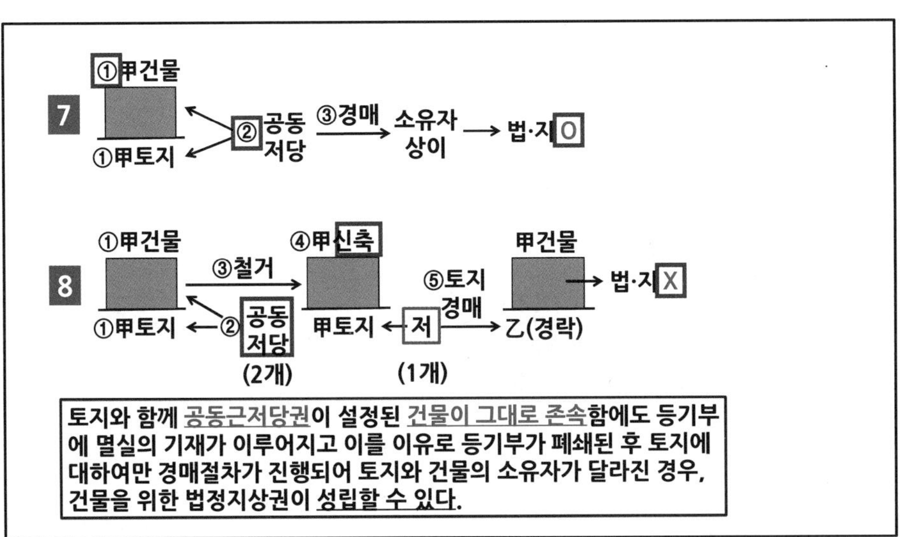

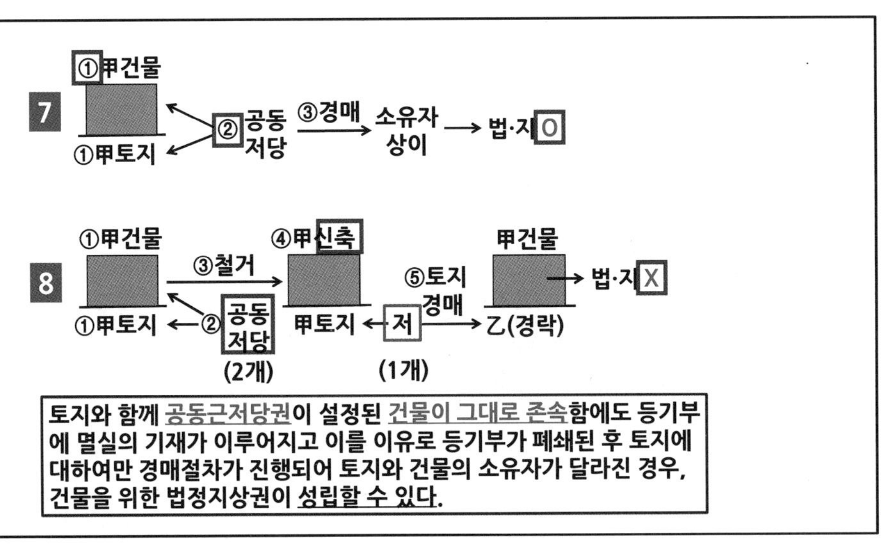

토지와 함께 공동근저당권이 설정된 건물이 그대로 존속함에도 등기부에 멸실의 기재가 이루어지고 이를 이유로 등기부가 폐쇄된 후 토지에 대하여만 경매절차가 진행되어 토지와 건물의 소유자가 달라진 경우, 건물을 위한 법정지상권이 성립할 수 있다.

2) 법정지상권의 내용

법정지상권은 원칙적으로 일반지상권과 다를 바 없으므로 지상권에 관한 민법규정이 준용된다.

법정지상권

甲건물

甲토지

어떤 사유 → 소유자 상이

1. 민법
   - 305조 (전세권)
   - 366조 (저당권) : 임의경매
2. 가등기담보법
3. 입목법
4. 관습법상 법정지상권 : 매매 증여 공매 강제경매 등
   환지 X 환매 X

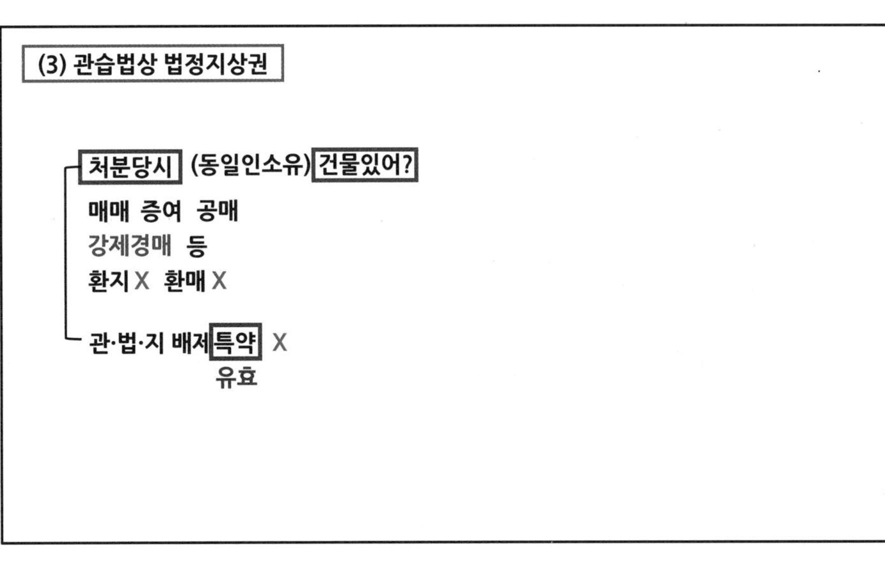

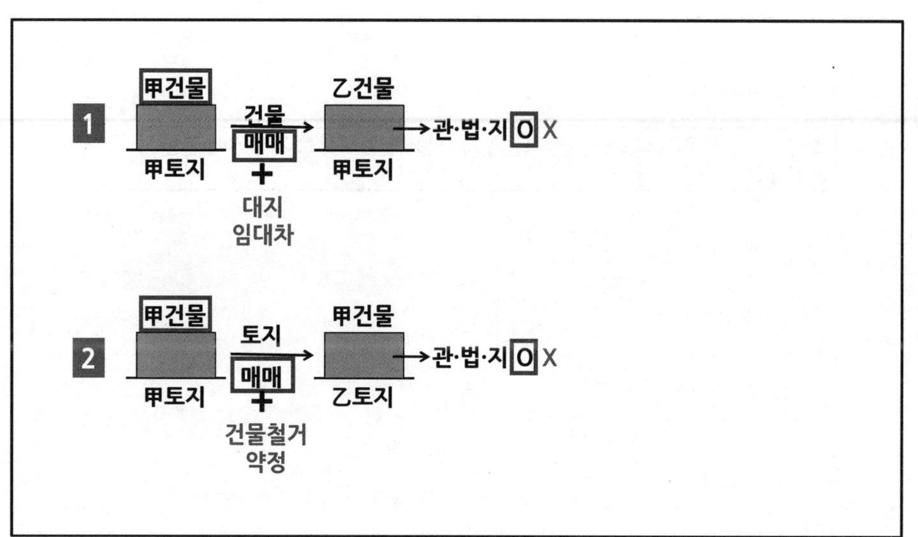
1
甲건물
건물
매매
+
대지
임대차
乙건물
甲토지
甲토지
→관·법·지 O X
2
甲건물
토지
매매
+
건물철거
약정
甲건물
甲토지
乙토지
→관·법·지 O X

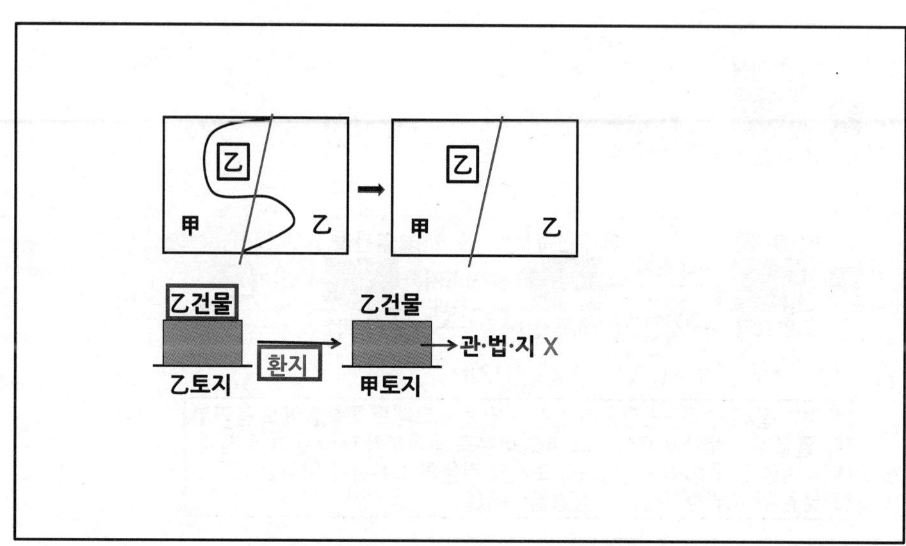
乙
甲
乙
乙
甲
乙
乙건물
乙토지
환지
乙건물
甲토지
→관·법·지 X

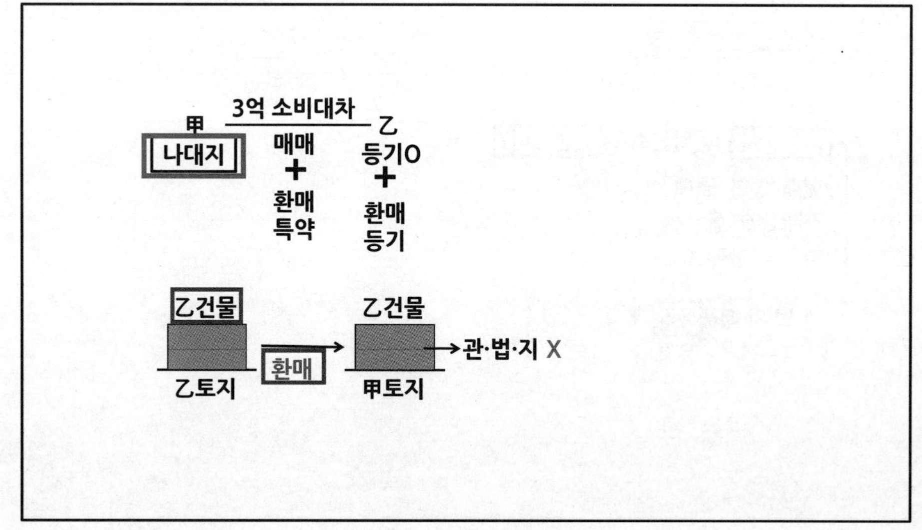
甲
3억 소비대차
乙
나대지
매매
+
환매
특약
등기O
+
환매
등기
乙건물
乙토지
환매
乙건물
甲토지
→관·법·지 X

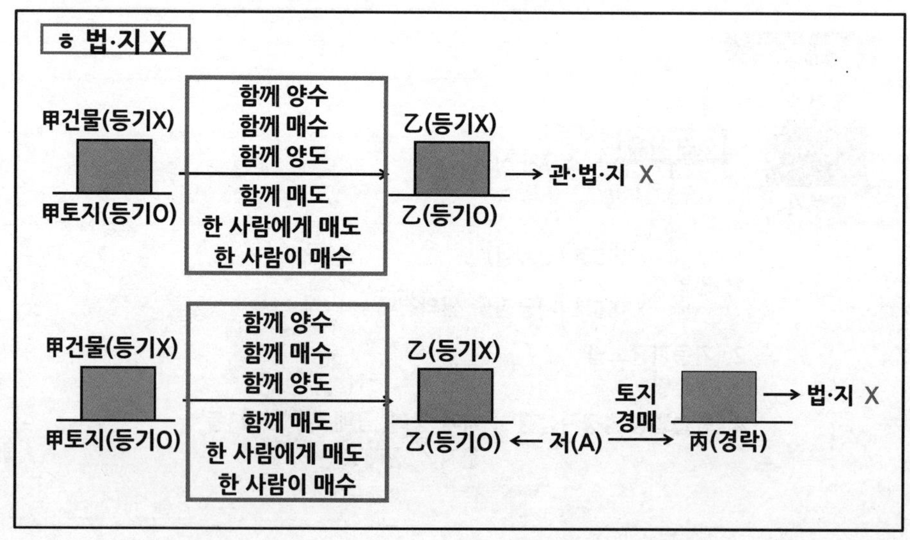
ㅎ 법·지 X
甲건물(등기X)
甲토지(등기O)
함께 양수
함께 매수
함께 양도
함께 매도
한 사람에게 매도
한 사람이 매수
乙(등기X)
乙(등기O)
→ 관·법·지 X
甲건물(등기X)
甲토지(등기O)
함께 양수
함께 매수
함께 양도
함께 매도
한 사람에게 매도
한 사람이 매수
乙(등기X)
乙(등기O) ← 저(A)
토지
경매
丙(경락)
→ 법·지 X

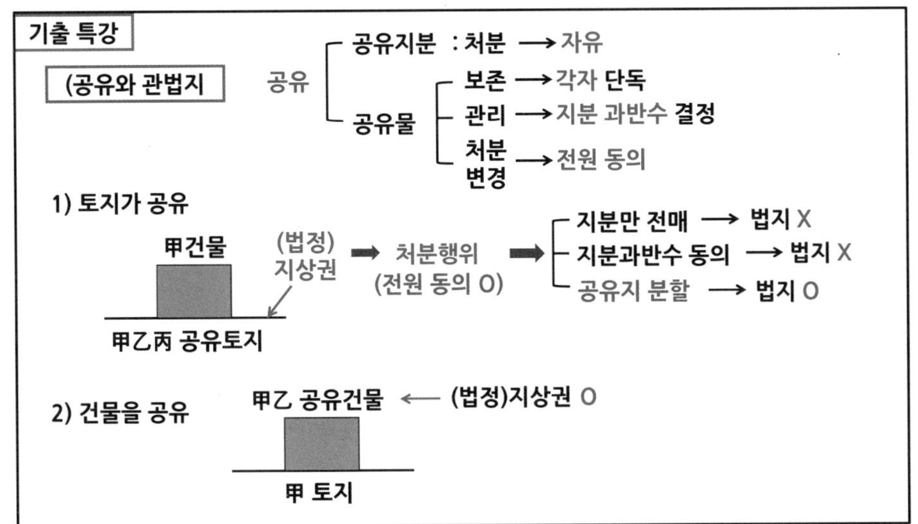

기출 특강

토지의 공유자 중의 1인이 공유토지 위에 건물을 소유하고 있다가 토지지분만을 전매함으로써 단순히 토지공유자의 1인에 대하여 관습상의 법정지상권이 성립된 것으로 볼 사유가 발생하였다고 하더라도 위와 같은 경우에 있어서는 당해 토지에 관하여 건물의 소유를 위한 관습상의 법정지상권이 성립될 수 없다.

토지공유자의 한 사람이 다른 공유자의 지분 과반수의 동의를 얻어 건물을 건축한 후 토지와 건물의 소유자가 달라진 경우 관습법상의 법정지상권이 성립하지 않는다.

공유지상에 공유자의 1인 또는 수인 소유의 건물이 있을 경우 위 공유지의 분할로 그 대지와 지상건물이 소유자를 달리하게 될 때에는 다른 특별한 사정이 없는 한 건물소유자는 그 건물 부지 상에 그 건물을 위하여 관습상의 법정지상권을 취득한다.

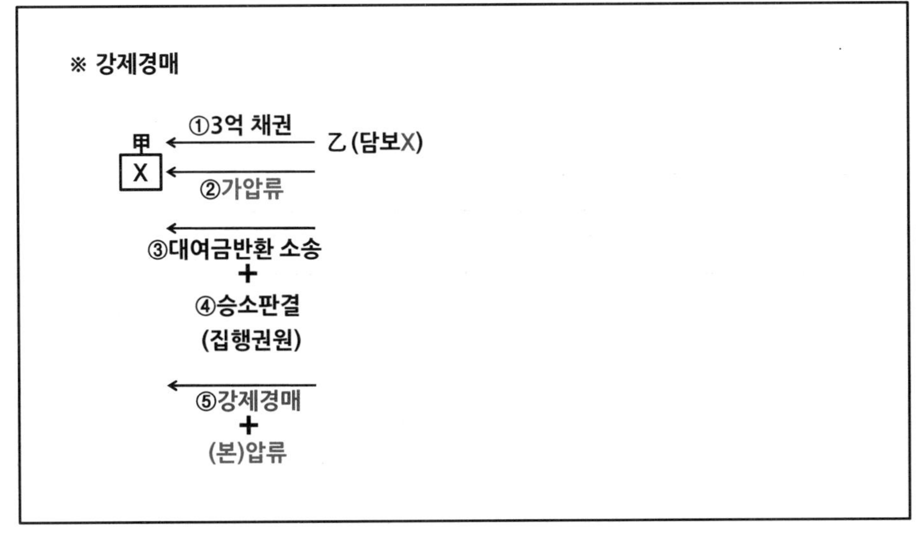

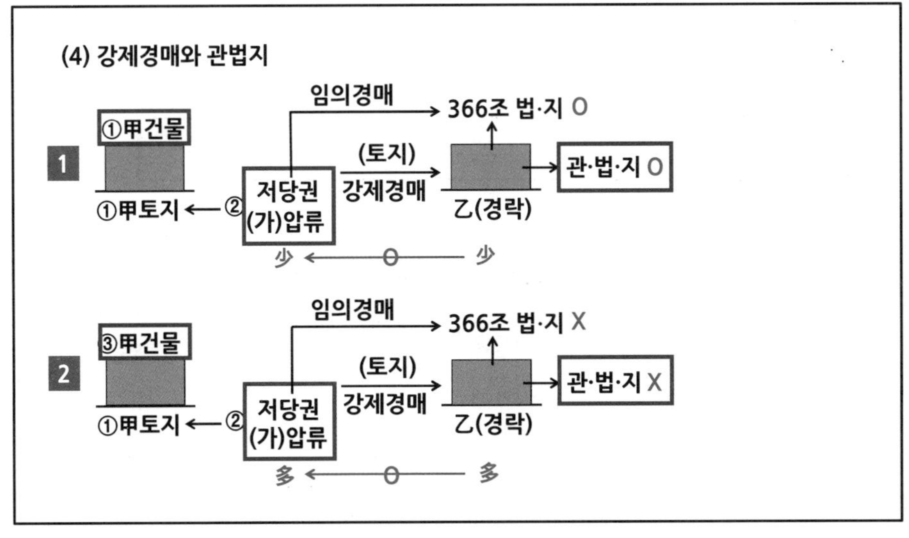

토지 또는 그 지상 건물의 소유권이 강제경매로 인하여 그 절차상의 매수인에게 이전되는 경우에는 그 매수인이 소유권을 취득하는 매각대금의 완납 시가 아니라 강제경매개시결정으로 압류의 효력이 발생하는 때를 기준으로 토지와 지상 건물이 동일인에게 속하였는지에 따라 관습상 법정지상권의 성립 여부를 가려야 하고

강제경매의 목적이 된 토지 또는 그 지상 건물에 대하여 강제경매개시결정 이전에 가압류가 되어 있다가 그 가압류가 강제경매개시결정으로 인하여 본압류로 이행되어 경매절차가 진행된 경우에는 애초 가압류의 효력이 발생한 때를 기준으로 토지와 그 지상 건물이 동일인에 속하였는지에 따라 관습상 법정지상권의 성립 여부를 판단하여야 한다.

나아가 강제경매의 목적이 된 토지 또는 그 지상 건물에 관하여 강제경매를 위한 압류나 그 압류에 선행한 가압류가 있기 이전에 저당권이 설정되어 있다가 그 후 강제경매로 인해 그 저당권이 소멸하는 경우에는, 그 저당권 설정 당시를 기준으로 토지와 그 지상 건물이 동일인에게 속하였는지에 따라 관습상 법정지상권의 성립 여부를 판단하여야 한다.

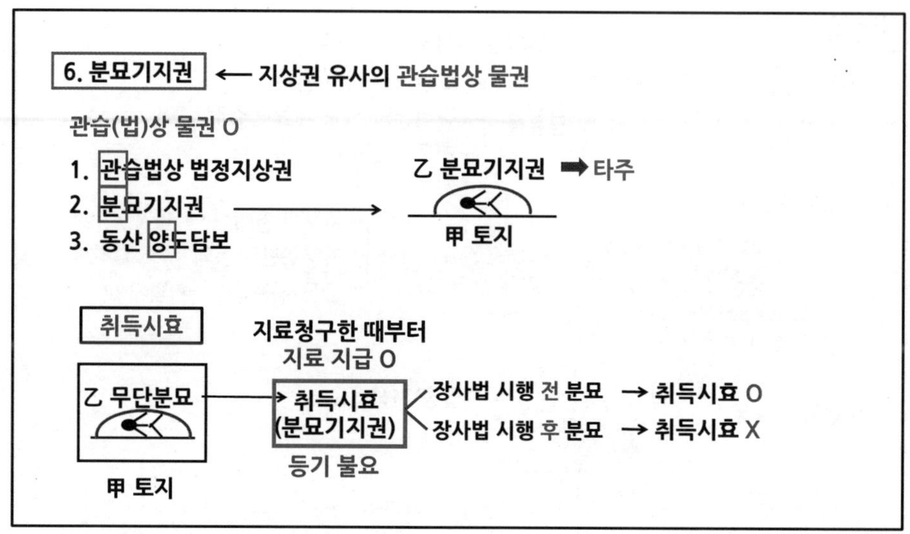

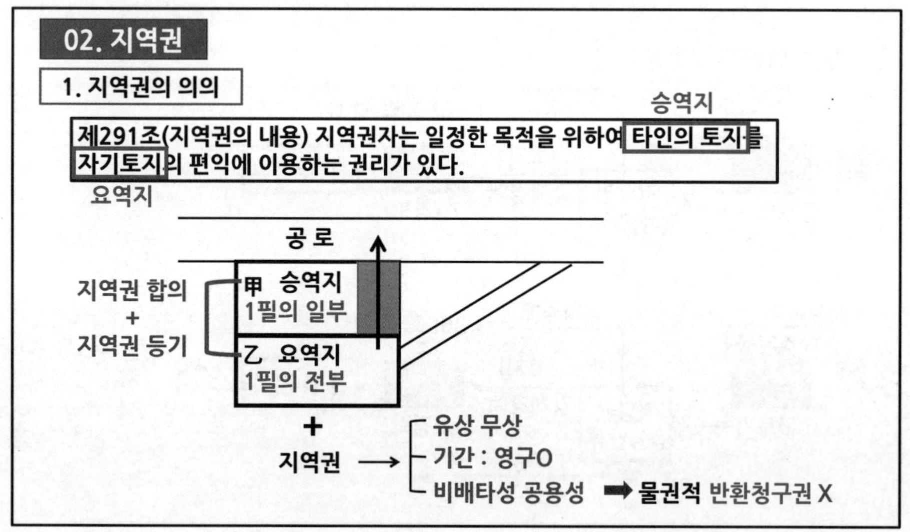

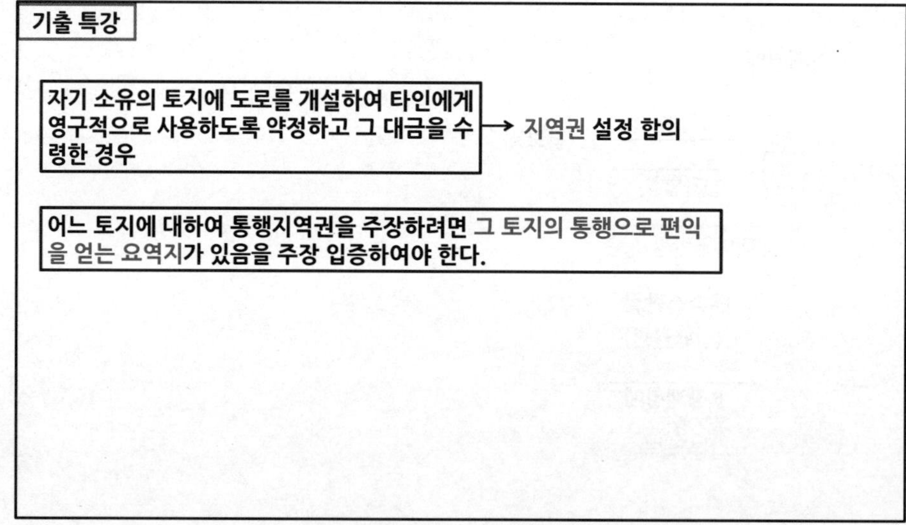

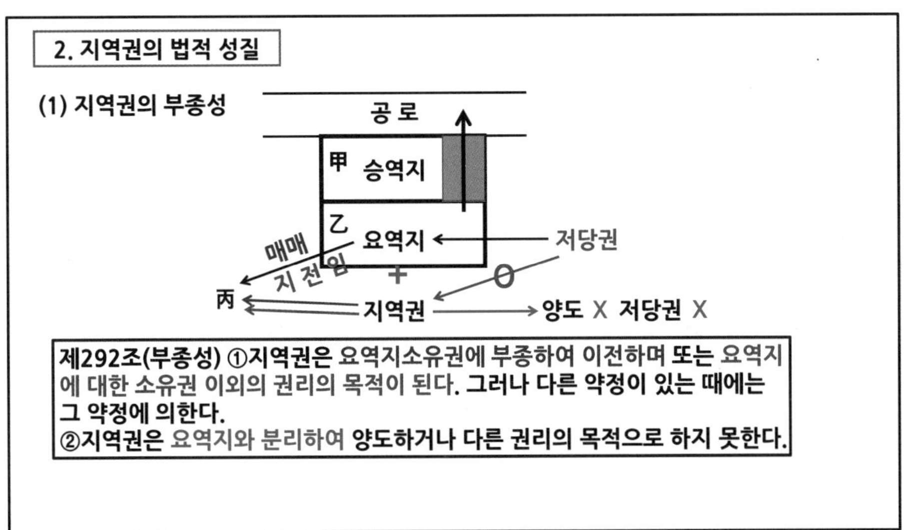
2. 지역권의 법적 성질
(1) 지역권의 부종성
공 로
甲 승역지
乙 요역지
저당권
매매
지 전 입
丙
지역권
양도 X 저당권 X
제292조(부종성) ①지역권은 요역지소유권에 부종하여 이전하며 또는 요역지에 대한 소유권 이외의 권리의 목적이 된다. 그러나 다른 약정이 있는 때에는 그 약정에 의한다.
②지역권은 요역지와 분리하여 양도하거나 다른 권리의 목적으로 하지 못한다.

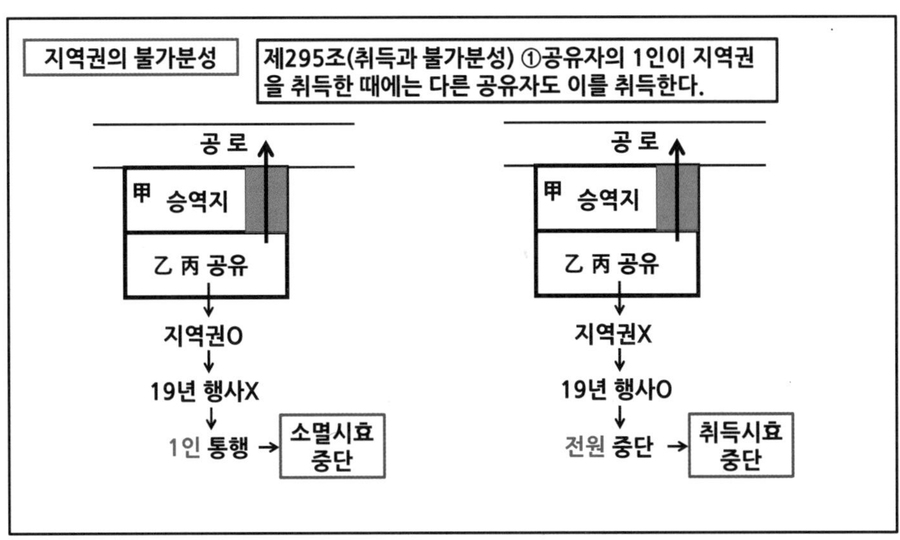
지역권의 불가분성
제295조(취득과 불가분성) ①공유자의 1인이 지역권을 취득한 때에는 다른 공유자도 이를 취득한다.
공 로
甲 승역지
乙 丙 공유
지역권O
19년 행사X
1인 통행
소멸시효 중단
공 로
甲 승역지
乙 丙 공유
지역권X
19년 행사O
전원 중단
취득시효 중단

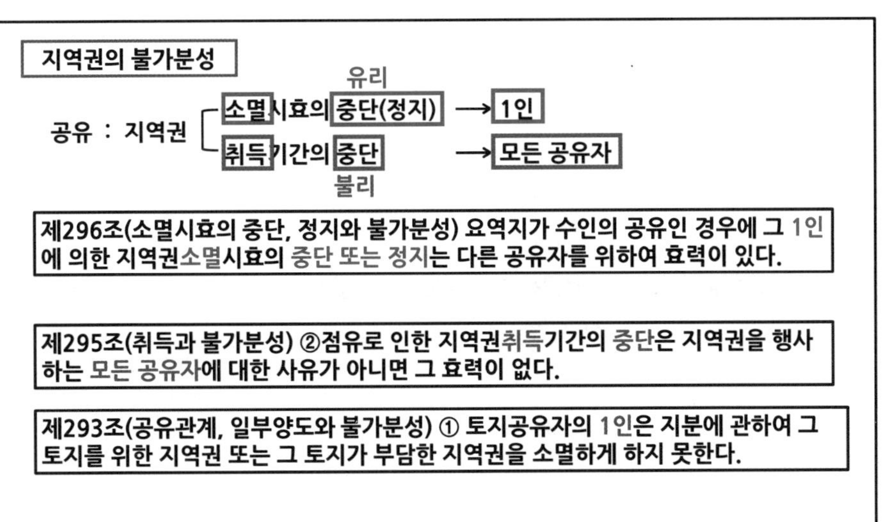
지역권의 불가분성
공유 : 지역권
유리
소멸시효의 중단(정지)
1인
취득기간의 중단
모든 공유자
불리
제296조(소멸시효의 중단, 정지와 불가분성) 요역지가 수인의 공유인 경우에 그 1인에 의한 지역권소멸시효의 중단 또는 정지는 다른 공유자를 위하여 효력이 있다.
제295조(취득과 불가분성) ②점유로 인한 지역권취득기간의 중단은 지역권을 행사하는 모든 공유자에 대한 사유가 아니면 그 효력이 없다.
제293조(공유관계, 일부양도와 불가분성) ① 토지공유자의 1인은 지분에 관하여 그 토지를 위한 지역권 또는 그 토지가 부담한 지역권을 소멸하게 하지 못한다.

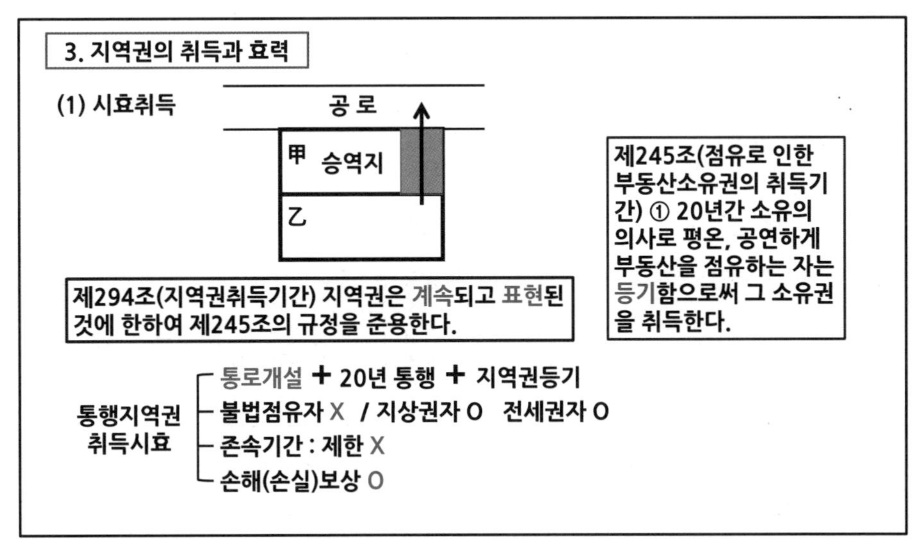
3. 지역권의 취득과 효력
(1) 시효취득
공 로
甲 승역지
乙
제245조(점유로 인한 부동산소유권의 취득기간) ① 20년간 소유의 의사로 평온, 공연하게 부동산을 점유하는 자는 등기함으로써 그 소유권을 취득한다.
제294조(지역권취득기간) 지역권은 계속되고 표현된 것에 한하여 제245조의 규정을 준용한다.
통행지역권 취득시효
통로개설 + 20년 통행 + 지역권등기
불법점유자 X / 지상권자 O 전세권자 O
존속기간 : 제한 X
손해(손실)보상 O

03. 전 세 권

1. 총 설

전세권 ≠ 전세(임대차)

제303조(전세권의 내용) ①전세권자는 전세금을 지급하고 타인의 부동산을 점유하여 그 부동산의 용도에 좇아 사용 · 수익하며, 그 부동산 전부에 대하여 후순위권리자 기타 채권자보다 전세금의 우선변제를 받을 권리가 있다

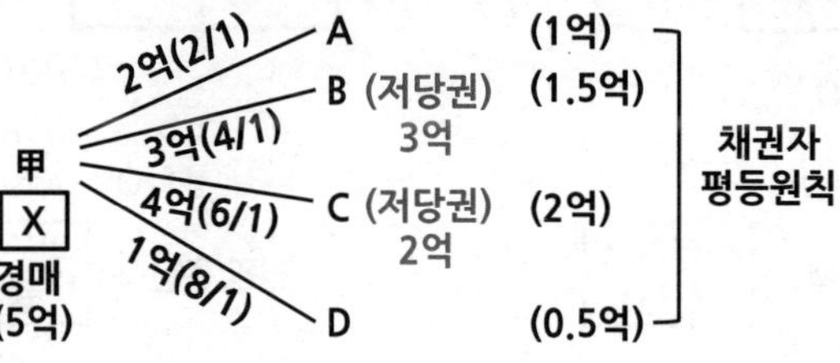

2. 전세권 취득과 존속기간

(1) 전세권의 취득

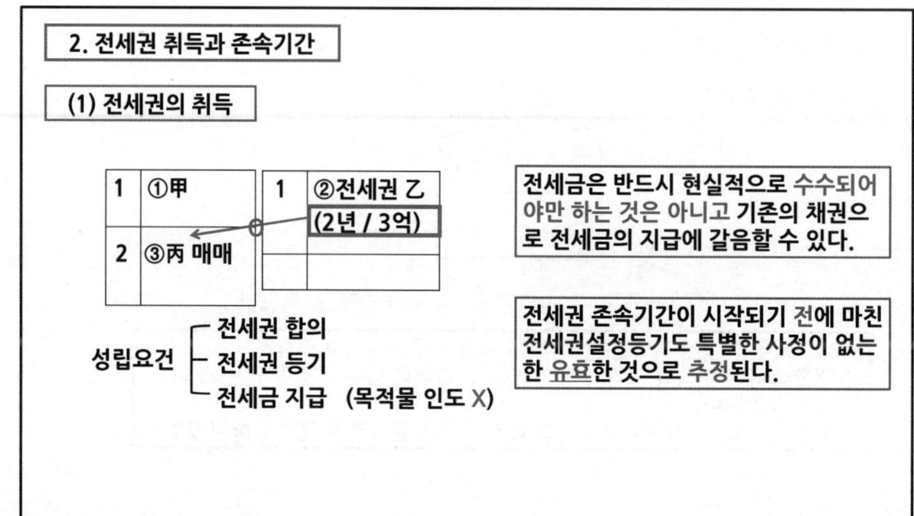

전세금은 반드시 현실적으로 수수되어야만 하는 것은 아니고 기존의 채권으로 전세금의 지급에 갈음할 수 있다.

전세권 존속기간이 시작되기 전에 마친 전세권설정등기도 특별한 사정이 없는 한 유효한 것으로 추정된다.

(2) 전세권의 존속기간

제312조(전세권의 존속기간) ①전세권의 존속기간은 10년을 넘지 못한다. 당사자의 약정기간이 10년을 넘는 때에는 이를 10년으로 단축한다.
②건물에 대한 전세권의 존속기간을 1년 미만으로 정한 때에는 이를 1년으로 한다.
③전세권의 설정은 이를 갱신할 수 있다. 그 기간은 갱신한 날로부터 10년을 넘지 못한다.
④건물의 전세권설정자가 전세권의 존속기간 만료 전 6월부터 1월까지 사이에 전세권자에 대하여 갱신거절의 통지 또는 조건을 변경하지 아니하면 갱신하지 아니한다는 뜻의 통지를 하지 아니한 경우에는 그 기간이 만료된 때에 전전세권과 동일한 조건으로 다시 전세권을 설정한 것으로 본다. 이 경우 전세권의 존속기간은 그 정함이 없는 것으로 본다.

제313조(전세권의 소멸통고) 전세권의 존속기간을 약정하지 아니한 때에는 각 당사자는 언제든지 상대방에 대하여 전세권의 소멸을 통고할 수 있고 상대방이 이 통고를 받은 날로부터 6월이 경과하면 전세권은 소멸한다.

(2) 전세권의 존속기간

1 (토지/건물) 최장기간제한 : 10년   전 장

2 토지 전세권 X / 건물 전세권 O
- 최단기간제한 : 1년
- 법정갱신 : 기간X → 6개월 (등기없이)

3. 전세권의 효력

① 건물전세권의 효력

제304조(건물의 전세권, 지상권, 임차권에 대한 효력) ①타인의 토지에 있는 건물에 전세권을 설정한 때에는 전세권의 효력은 그 건물의 소유를 목적으로 한 지상권 또는 임차권에 미친다.

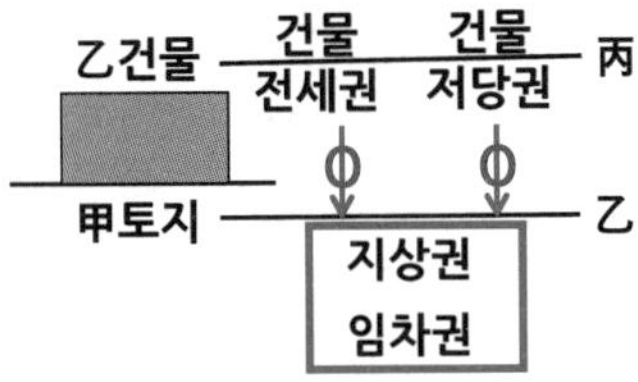

② 전세권자의 유지수선의무

지상권자 ┐ 유지수선의무O ➡ 필요비 X
전세권자 ┘

제309조(전세권자의 유지, 수선의무) 전세권자는 목적물의 현상을 유지하고 그 통상의 관리에 필요한 수선을 하여야 한다.

③ 물권적 청구권과 상린관계

전세권 → ┌ 소유권에 기한 물·청
├ 점유권에 기한 물·청
└ 상린관계

(2) 전세권의 처분

제306조(전세권의 양도, 임대 등) 전세권자는 전세권을 타인에게 양도 또는 담보로 제공할 수 있고 그 존속기간내에서 그 목적물을 타인에게 전전세 또는 임대할 수 있다. 그러나 설정행위로 이를 금지한 때에는 그러하지 아니하다.

┌ 지상권 : 양도 자유 / 양도 금지 약정 : 무효
└ 전세권 : 양도 자유 / 양도 금지 약정 : 유효

4. 전세권의 소멸

① 전세권의 소멸과 동시이행

제317조(전세권의 소멸과 동시이행) 전세권이 소멸한 때에는 전세권설정자는 전세권자로부터 그 목적물의 인도 및 전세권설정등기의 말소등기에 필요한 서류의 교부를 받는 동시에 전세금을 반환하여야 한다.

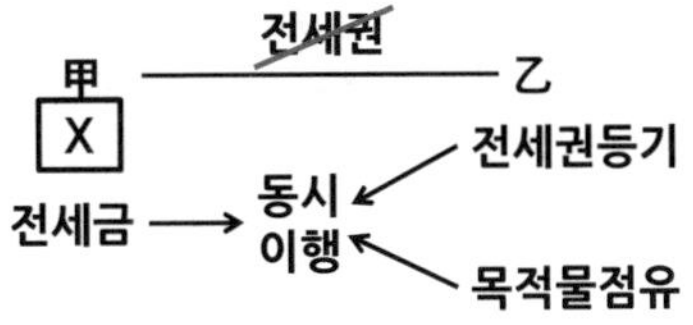

③ 전세권의 경매청구권과 우선변제권

제318조(전세권자의 경매청구권) 전세권설정자가 전세금의 반환을 지체한 때에는 전세권자는 민사집행법의 정한 바에 의하여 전세권의 목적물의 경매를 청구할 수 있다.

건물 일부의 전세권자 : 전부 < 경매신청권 X / 우선변제권 O

甲소유

전세권 乙

제 6 장

담 보 물 권

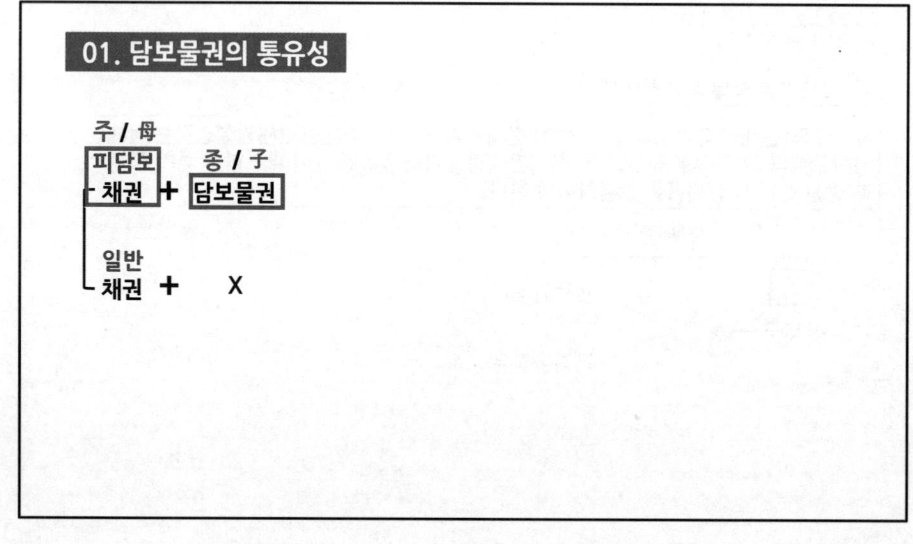

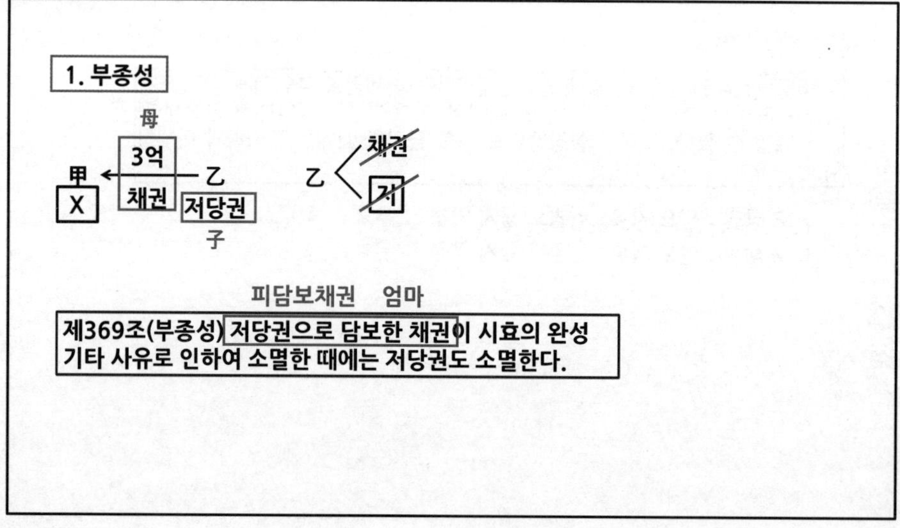

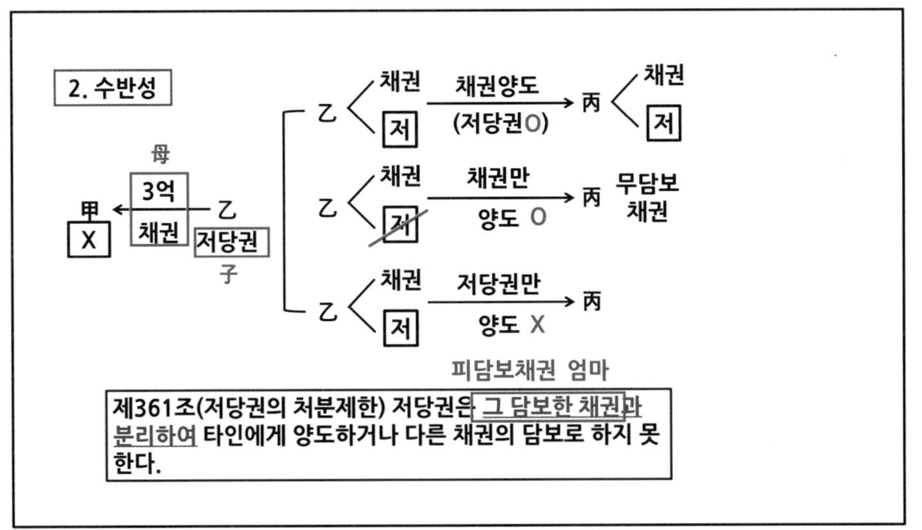
2. 수반성
母
3억
甲
X
채권
乙
저당권
子
乙
채권
저
채권양도
(저당권O)
丙
채권
저
乙
채권
저
채권만
양도 O
丙
무담보
채권
乙
채권
저
저당권만
양도 X
丙
피담보채권 엄마
제361조(저당권의 처분제한) 저당권은 그 담보한 채권과 분리하여 타인에게 양도하거나 다른 채권의 담보로 하지 못한다.

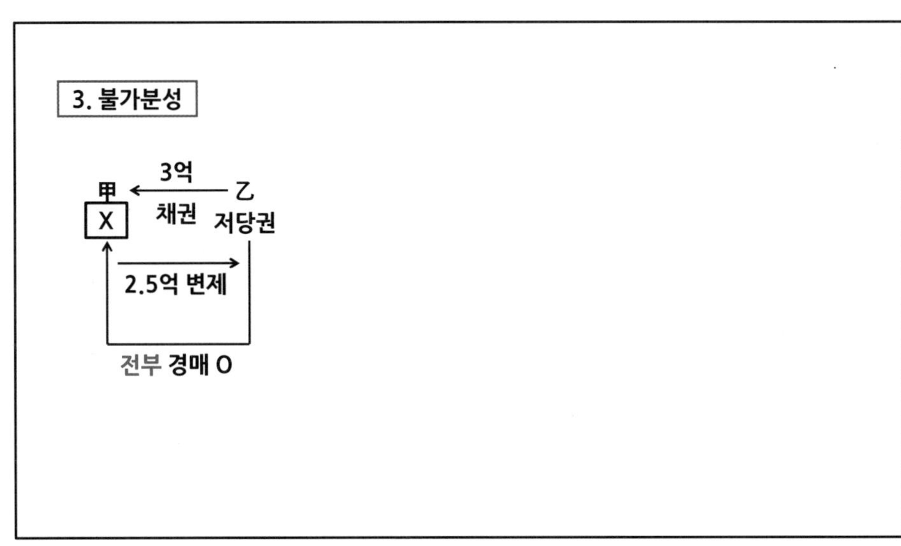
3. 불가분성
3억
甲
X
채권
乙
저당권
2.5억 변제
전부 경매 O

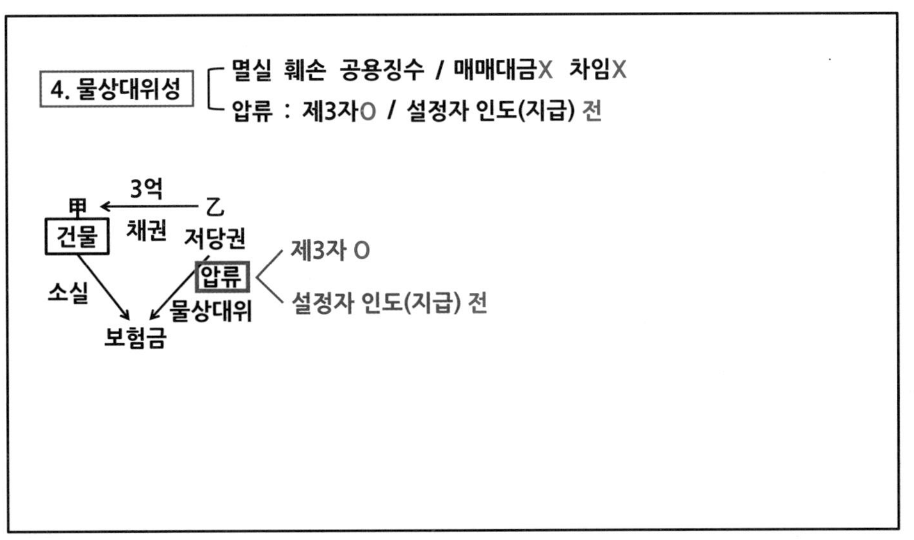
4. 물상대위성
멸실 훼손 공용징수 / 매매대금X 차임X
압류 : 제3자O / 설정자 인도(지급) 전
3억
甲
건물
채권
乙
저당권
압류
제3자 O
설정자 인도(지급) 전
소실
물상대위
보험금

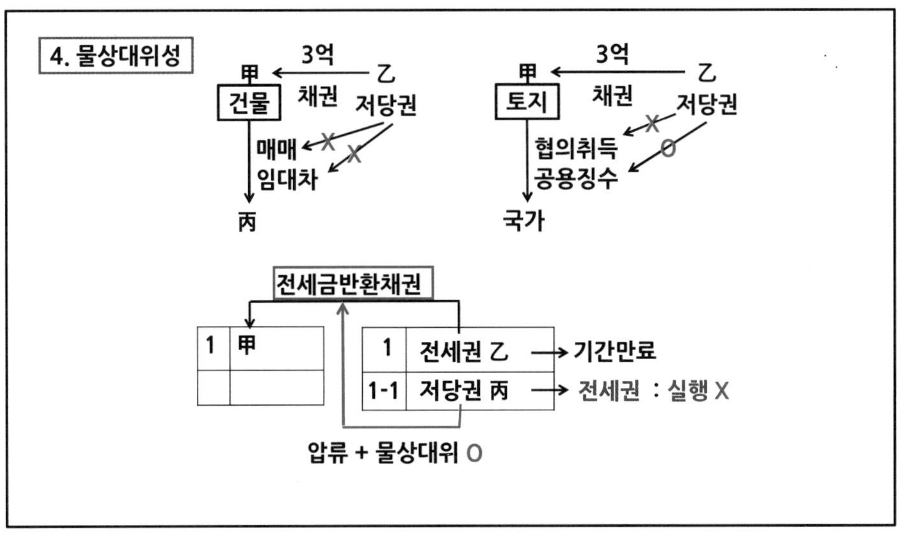
4. 물상대위성
3억
甲
건물
채권
乙
저당권
매매
임대차
丙
3억
甲
토지
채권
乙
저당권
협의취득
공용징수
국가
전세금반환채권
1
甲
1
전세권 乙
기간만료
1-1
저당권 丙
전세권 : 실행 X
압류 + 물상대위 O

02. 유 치 권

1. 유치권의 의의와 성질

견련성

제320조(유치권의 내용) ①타인의 물건 또는 유가증권을 점유한 자는 그 물건이나 유가증권에 관하여 생긴 채권이 변제기에 있는 경우에는 변제를 받을 때까지 그 물건 또는 유가증권을 유치할 권리가 있다.

점유 / 인도거절

②전항의 규정은 그 점유가 불법행위로 인한 경우에 적용하지 아니한다.

불법점유자 : 비용 지출 < 비용상환청구권 O / 유치권 X

견련성

제320조(유치권의 내용) ①타인의 물건 또는 유가증권을 점유한 자는 그 물건이나 유가증권에 관하여 생긴 채권이 변제기에 있는 경우에는 변제를 받을 때까지 그 물건 또는 유가증권을 유치할 권리가 있다.

점유 / 인도거절

②전항의 규정은 그 점유가 불법행위로 인한 경우에 적용하지 아니한다.

(1) 채권과 목적물과의 견련관계

甲 —세탁— 乙세탁소
의류 / 유치권 배제특약 (유효) / 의류 (세탁비) ↓ 유치권

甲 —수리— 乙카센터
차 / 유치권 배제특약 (유효) / 차 (수리비) ↓ 유치권

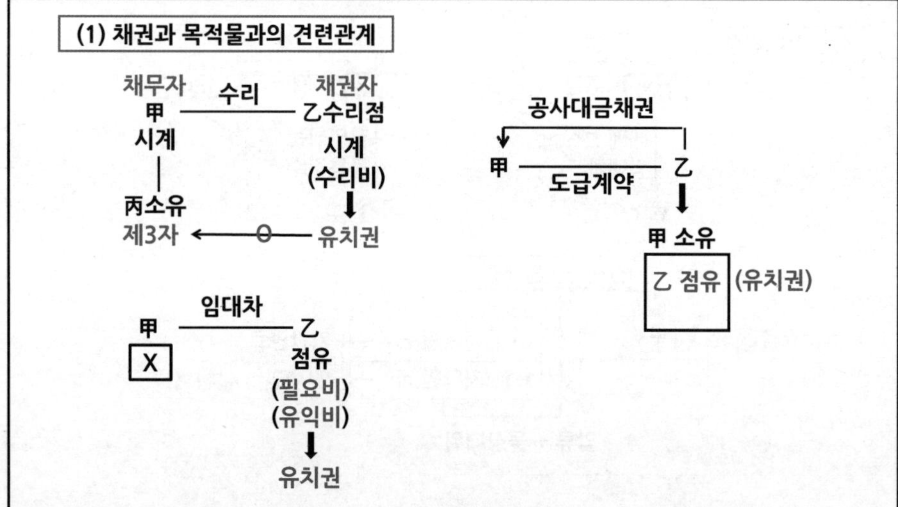

(1) 채권과 목적물과의 견련관계

※ 유치권 행사 X (견련관계 X / 유치권의 피담보채권 X)

- 보증금반환채권
- 권리금반환채권
- 복
- 지상물매수청구권
- 부속물매수청구권
- 매매대금 (외상대금, 건축자재대금 등)
- 명의신탁

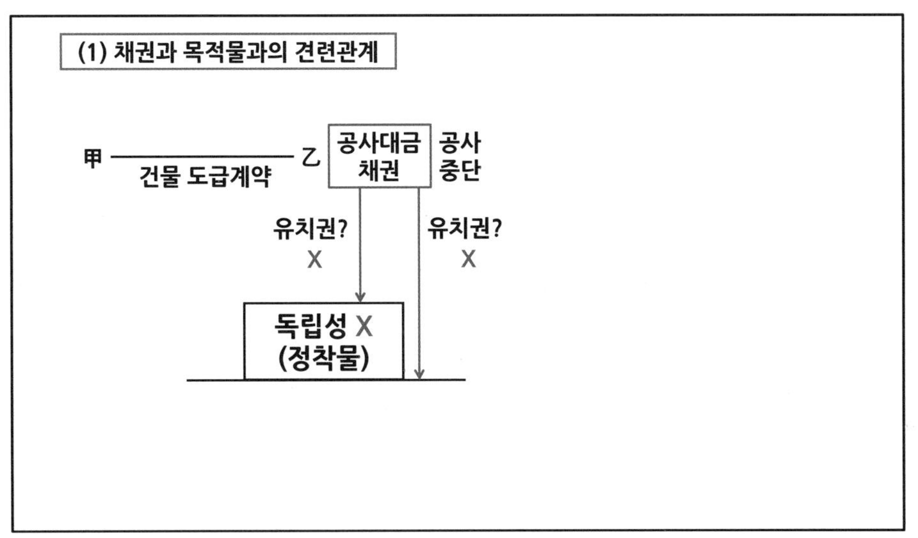
(1) 채권과 목적물과의 견련관계
甲
건물 도급계약
乙
공사대금
채권
공사
중단
유치권?
X
유치권?
X
독립성 X
(정착물)

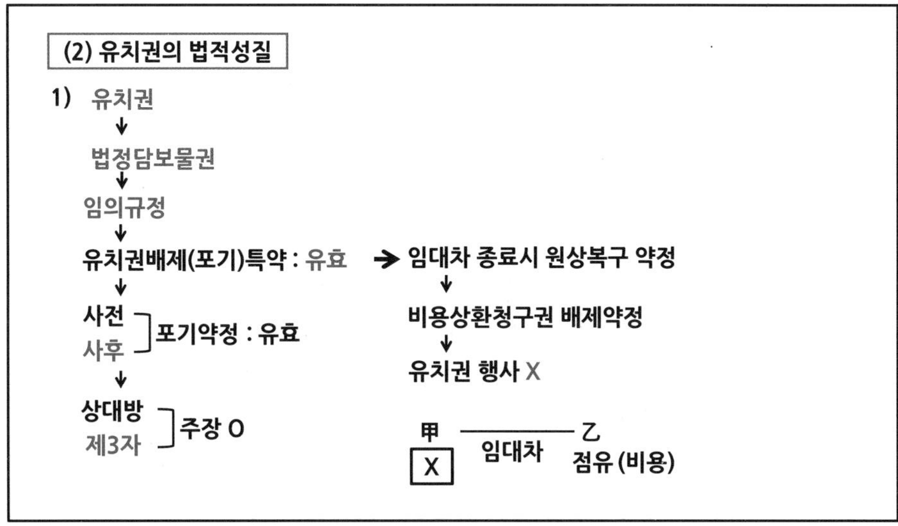
(2) 유치권의 법적성질
1) 유치권
법정담보물권
임의규정
유치권배제(포기)특약 : 유효
임대차 종료시 원상복구 약정
비용상환청구권 배제약정
유치권 행사 X
사전
사후
포기약정 : 유효
상대방
제3자
주장 O
甲
X
임대차
乙
점유 (비용)

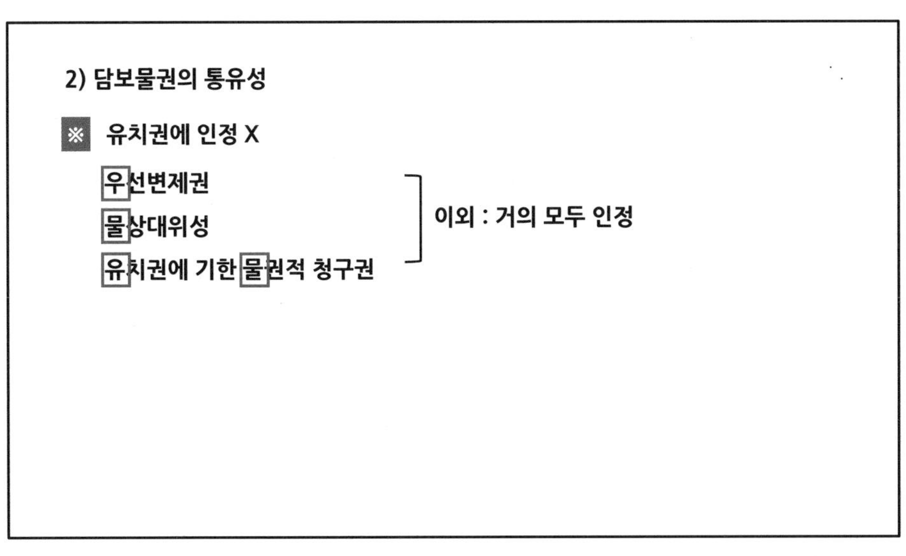
2) 담보물권의 통유성
※ 유치권에 인정 X
우선변제권
물상대위성
유치권에 기한 물권적 청구권
이외 : 거의 모두 인정

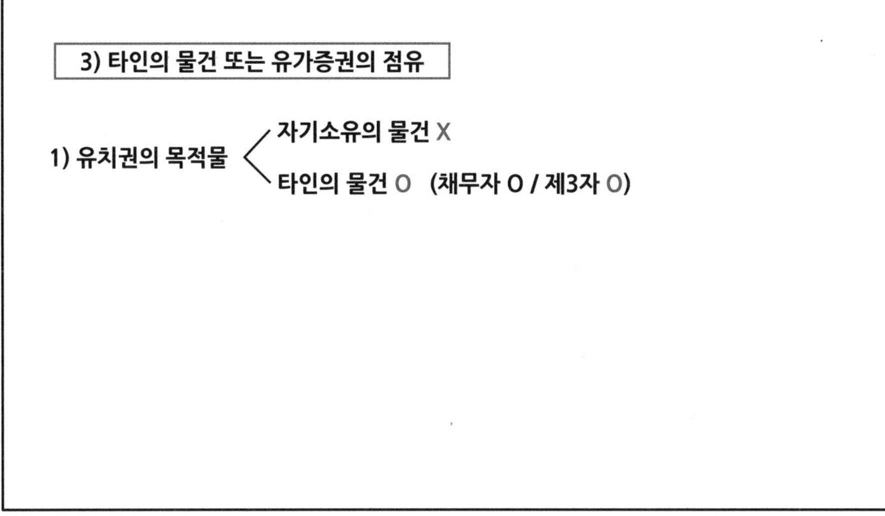
3) 타인의 물건 또는 유가증권의 점유
1) 유치권의 목적물
자기소유의 물건 X
타인의 물건 O (채무자 O / 제3자 O)

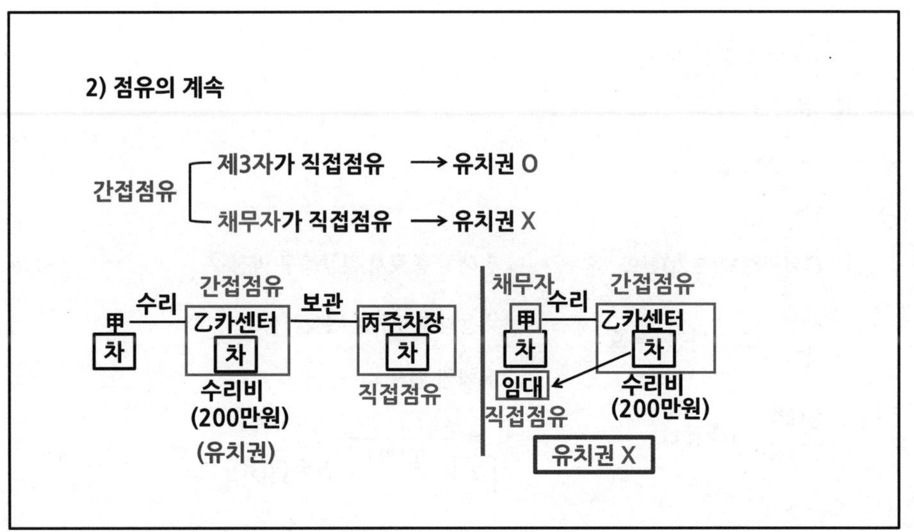

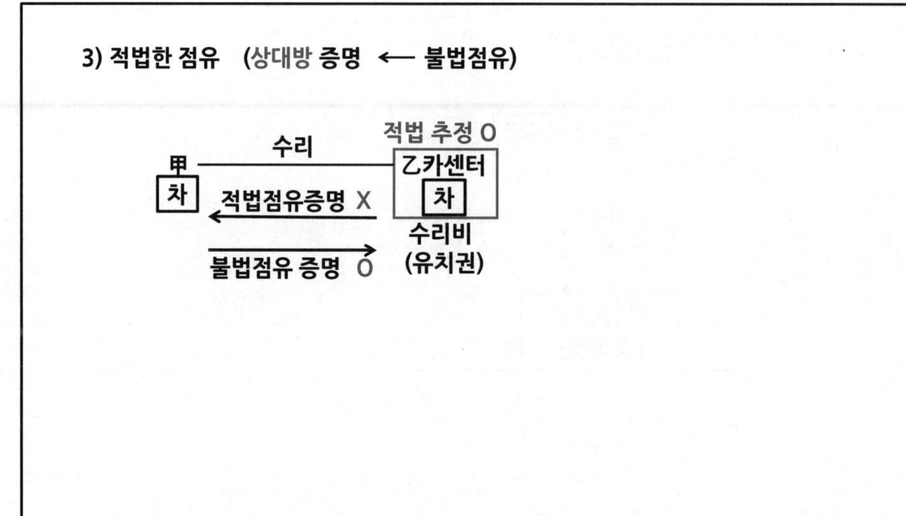

(4) 변제기의 도래

유익비 : 법원 기간 허여 → 유치권 X
(유예)

3. 유치권의 효력

(1) 유치권자의 권리

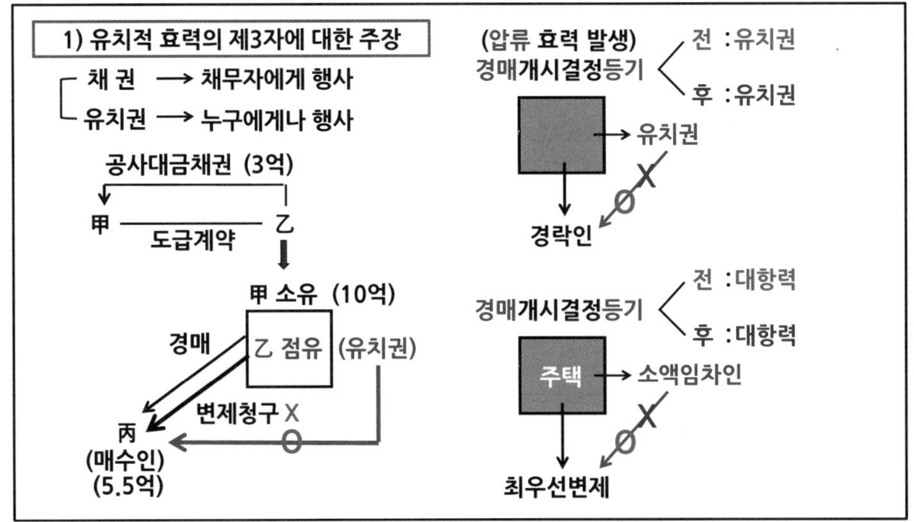

채무자 소유의 건물 등 부동산에 강제경매개시결정의 기입등기가 경료되어 압류의 효력이 발생한 이후에 유치권을 취득하게 한 경우, 유치권을 내세워 그 부동산에 관한 경매절차의 매수인에게 대항할 수 없다.

마찬가지로 수급인이 경매개시결정의 기입등기가 마쳐지기 전에 채무자에게서 건물의 점유를 이전받았다 하더라도 경매개시결정의 기입등기가 마쳐져 압류의 효력이 발생한 후에 공사를 완공하여 공사대금채권을 취득함으로써 그때 비로소 유치권이 성립한 경우에는, 수급인은 유치권을 내세워 경매절차의 매수인에게 대항할 수 없다.

반면 경매개시결정등기가 되기 전(경매로 인한 압류의 효력이 발생하기 전)에 이미 그 부동산에 관하여 유치권을 취득한 사람은 그 취득에 앞서 저당권설정등기나 가압류등기 또는 체납처분압류등기가 먼저 되어 있다 하더라도 경매절차의 매수인에게 자기의 유치권으로 대항할 수 있다.

2) 경매권O, 간이변제충당권O

제322조(경매, 간이변제충당) ① 유치권자는 채권의 변제를 받기 위하여 유치물을 경매할 수 있다.
② 정당한 이유 있는 때에는 유치권자는 감정인의 평가에 의하여 유치물로 직접 변제에 충당할 것을 법원에 청구할 수 있다. 이 경우에는 유치권자는 미리 채무자에게 통지하여야 한다.

3) 과실수취권O

제323조(과실수취권) ① 유치권자는 유치물의 과실을 수취하여 다른 채권보다 먼저 그 채권의 변제에 충당할 수 있다. 그러나 과실이 금전이 아닌 때에는 경매하여야 한다.

(2) 유치권자의 의무

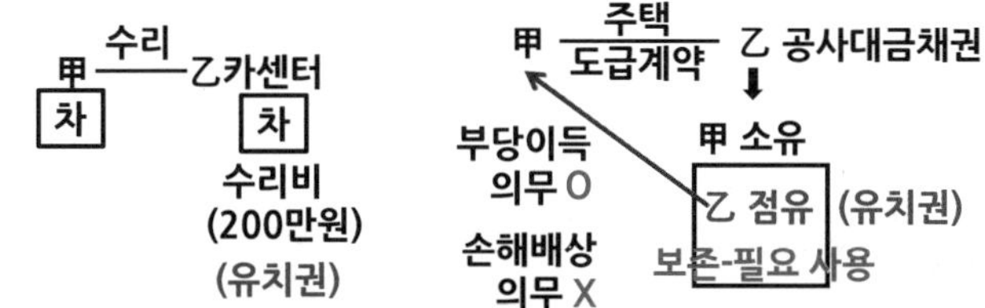

제324조(유치권자의 선관의무) ① 유치권자는 선량한 관리자의 주의로 유치물을 점유하여야 한다.
② 유치권자는 채무자의 승낙 없이 유치물의 사용, 대여 또는 담보제공을 하지 못한다. 그러나 유치물의 보존에 필요한 사용은 그러하지 아니하다.
③ 유치권자가 전2항의 규정에 위반한 때에는 채무자는 유치권의 소멸을 청구할 수 있다.

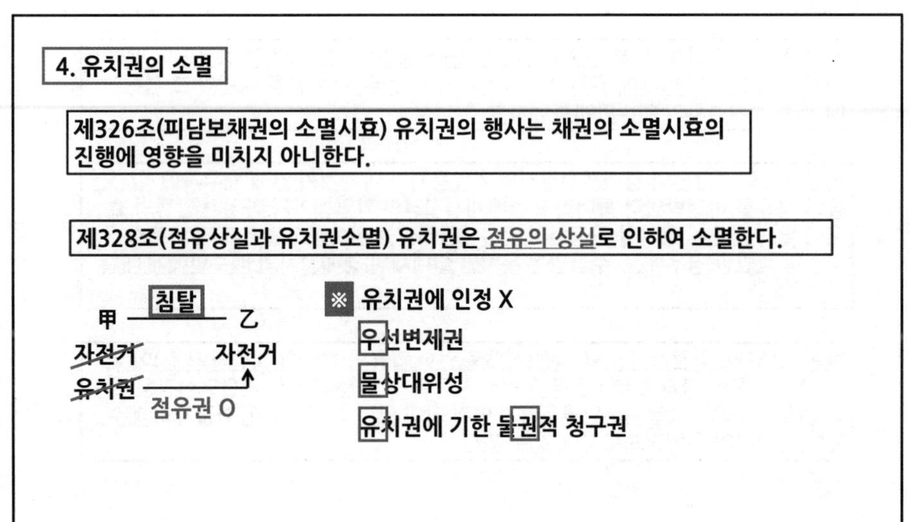
4. 유치권의 소멸
제326조(피담보채권의 소멸시효) 유치권의 행사는 채권의 소멸시효의 진행에 영향을 미치지 아니한다.
제328조(점유상실과 유치권소멸) 유치권은 점유의 상실로 인하여 소멸한다.
침탈
甲
乙
자전거
유치권
자전거
점유권 O
※ 유치권에 인정 X
우선변제권
물상대위성
유치권에 기한 물권적 청구권

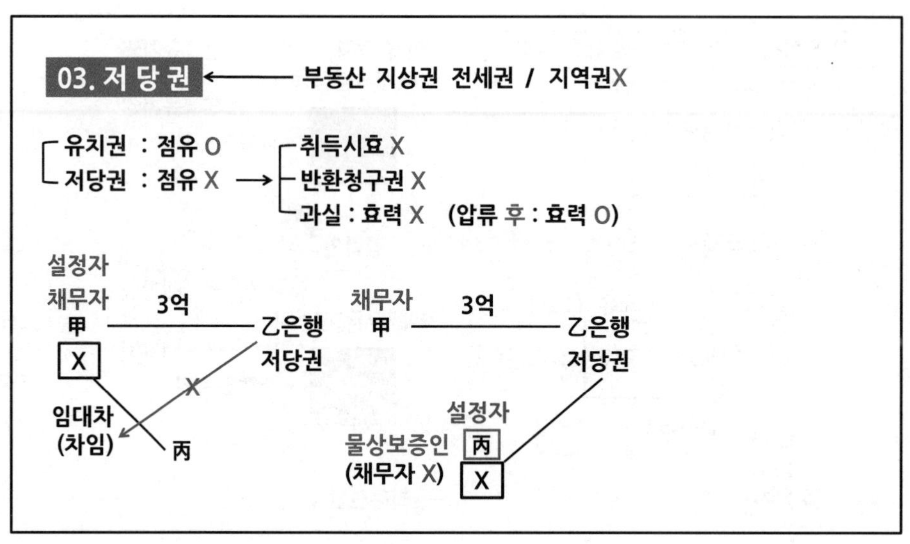
03. 저 당 권
부동산 지상권 전세권 / 지역권X
유치권 : 점유 O
저당권 : 점유 X
취득시효 X
반환청구권 X
과실 : 효력 X (압류 후 : 효력 O)
설정자
채무자
甲
3억
乙은행
저당권
X
임대차
(차임)
丙
채무자
甲
3억
乙은행
저당권
설정자
물상보증인 丙
(채무자 X)
X

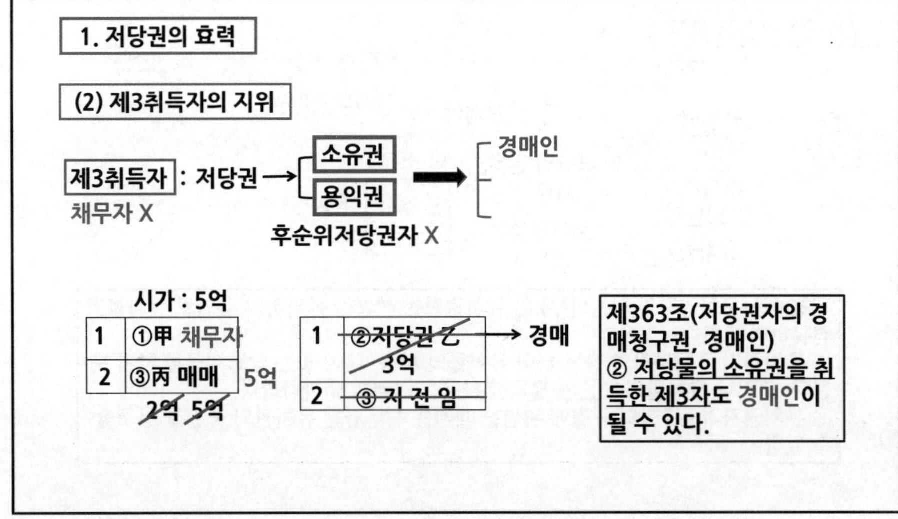
1. 저당권의 효력
(2) 제3취득자의 지위
제3취득자 : 저당권
채무자 X
소유권
용익권
후순위저당권자 X
경매인
시가 : 5억
1 ①甲 채무자
2 ③丙 매매
5억
2억 5억
1 ②저당권 乙 3억
2 ③ 자 전 임
경매
제363조(저당권자의 경매청구권, 경매인)
② 저당물의 소유권을 취득한 제3자도 경매인이 될 수 있다.

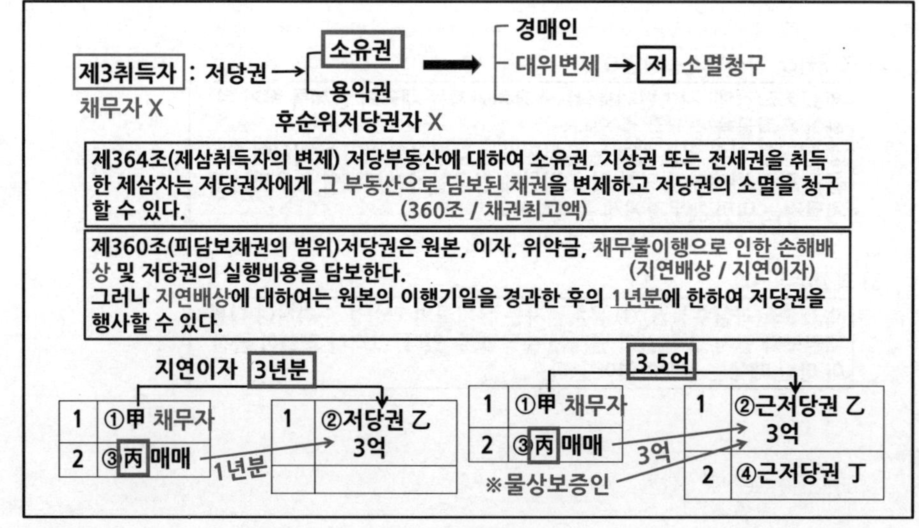
제3취득자 : 저당권
채무자 X
소유권
용익권
후순위저당권자 X
경매인
대위변제 → 저 소멸청구
제364조(제삼취득자의 변제) 저당부동산에 대하여 소유권, 지상권 또는 전세권을 취득한 제삼자는 저당권자에게 그 부동산으로 담보된 채권을 변제하고 저당권의 소멸을 청구할 수 있다. (360조 / 채권최고액)
제360조(피담보채권의 범위)저당권은 원본, 이자, 위약금, 채무불이행으로 인한 손해배상 및 저당권의 실행비용을 담보한다. (지연배상 / 지연이자)
그러나 지연배상에 대하여는 원본의 이행기일을 경과한 후의 1년분에 한하여 저당권을 행사할 수 있다.
지연이자 3년분
1 ①甲 채무자
2 ③丙 매매
1년분
1 ②저당권 乙 3억
3.5억
1 ①甲 채무자
2 ③丙 매매
3억
※물상보증인
1 ②근저당권 乙 3억
2 ④근저당권 丁

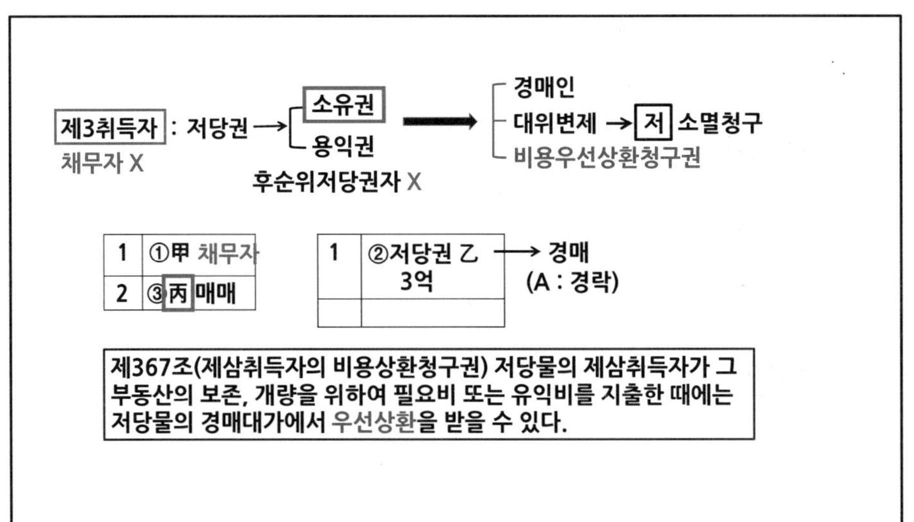

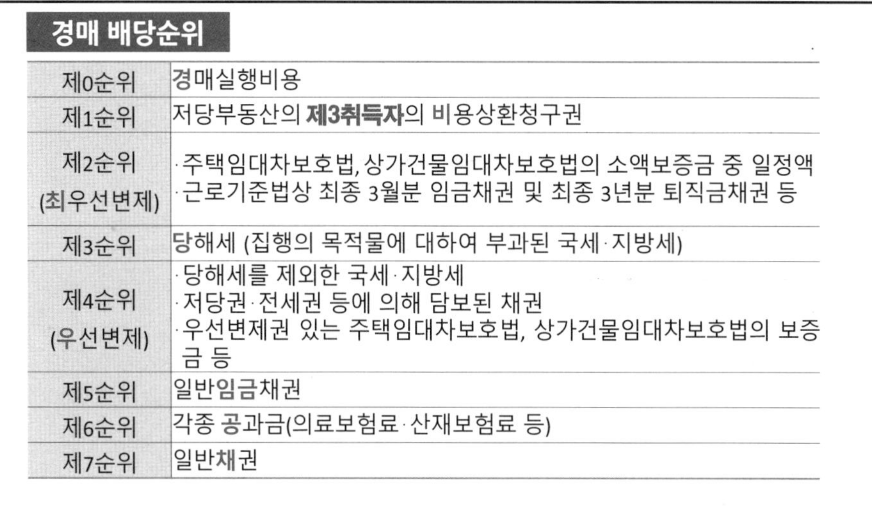

경매 배당순위

제0순위	경매실행비용
제1순위	저당부동산의 **제3취득자**의 비용상환청구권
제2순위 (최우선변제)	·주택임대차보호법, 상가건물임대차보호법의 소액보증금 중 일정액 ·근로기준법상 최종 3월분 임금채권 및 최종 3년분 퇴직금채권 등
제3순위	당해세 (집행의 목적물에 대하여 부과된 국세·지방세)
제4순위 (우선변제)	·당해세를 제외한 국세·지방세 ·저당권·전세권 등에 의해 담보된 채권 ·우선변제권 있는 주택임대차보호법, 상가건물임대차보호법의 보증금 등
제5순위	일반임금채권
제6순위	각종 공과금(의료보험료·산재보험료 등)
제7순위	일반채권

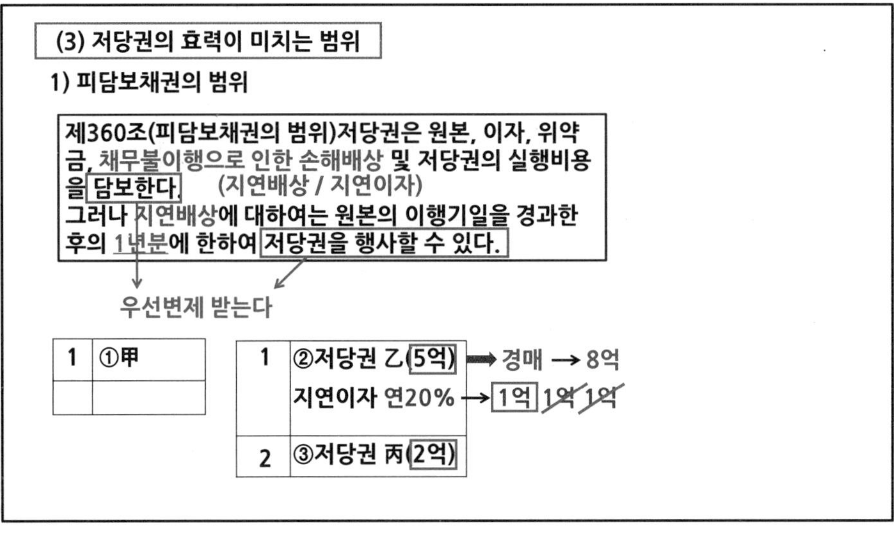

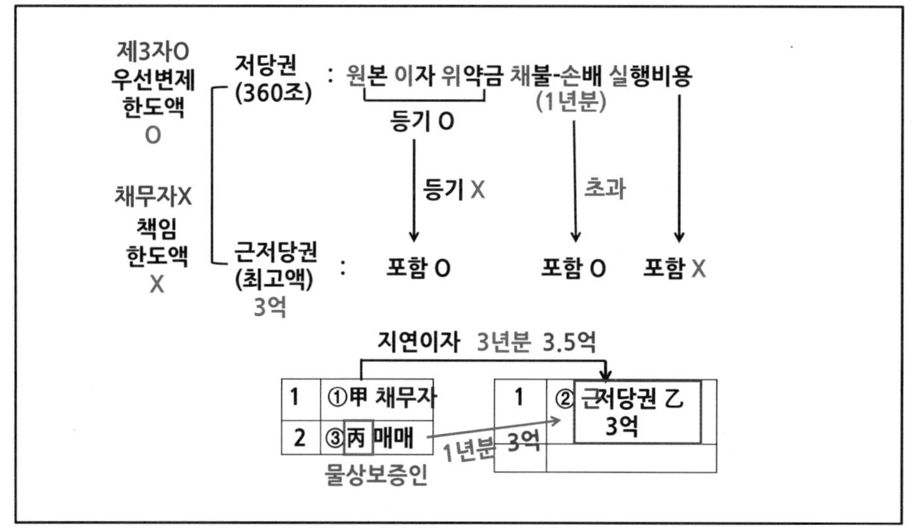

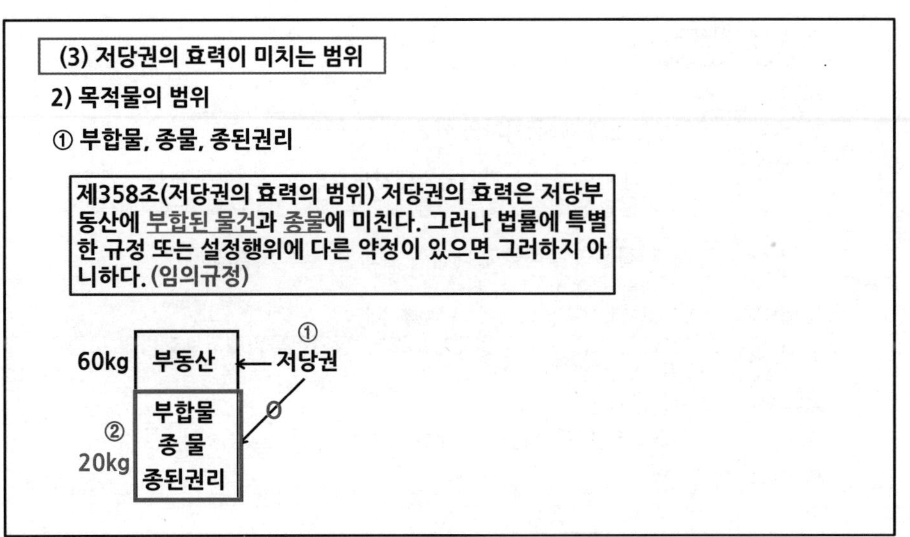
(3) 저당권의 효력이 미치는 범위
2) 목적물의 범위
① 부합물, 종물, 종된권리
제358조(저당권의 효력의 범위) 저당권의 효력은 저당부동산에 부합된 물건과 종물에 미친다. 그러나 법률에 특별한 규정 또는 설정행위에 다른 약정이 있으면 그러하지 아니하다. (임의규정)
60kg
부동산
①
저당권
②
20kg
부합물
종 물
종된권리

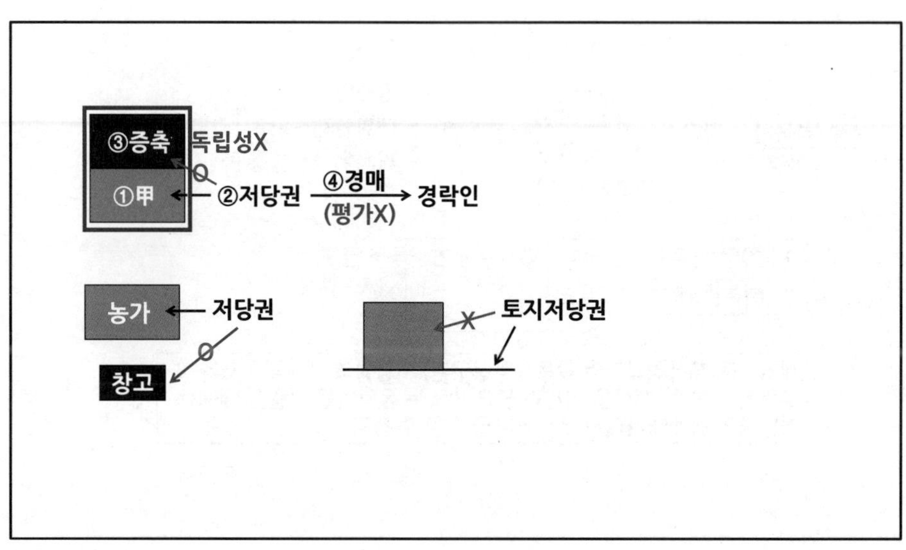
③증축
독립성X
①甲
②저당권
④경매
(평가X)
경락인
농가
저당권
창고
토지저당권

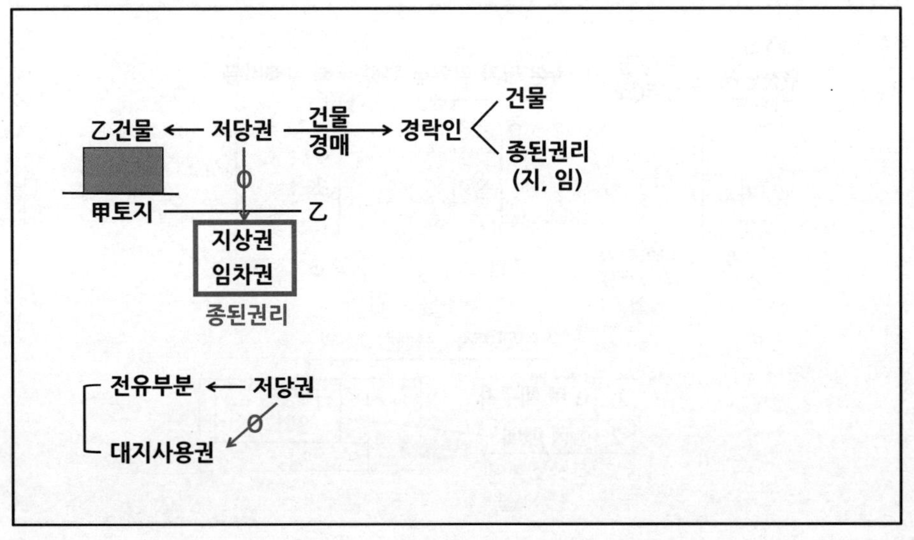
乙건물
저당권
건물
경매
경락인
건물
종된권리
(지, 임)
甲토지
乙
지상권
임차권
종된권리
전유부분
저당권
대지사용권

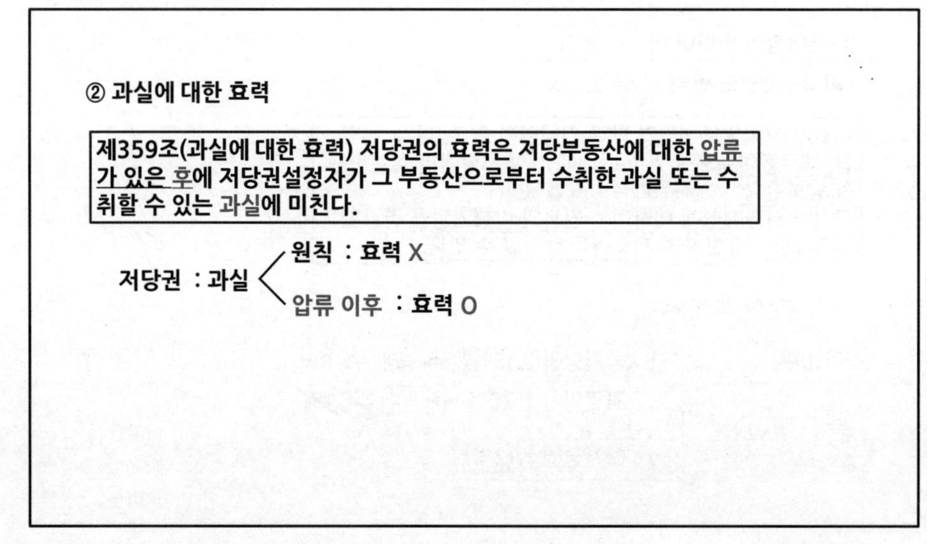
② 과실에 대한 효력
제359조(과실에 대한 효력) 저당권의 효력은 저당부동산에 대한 압류가 있은 후에 저당권설정자가 그 부동산으로부터 수취한 과실 또는 수취할 수 있는 과실에 미친다.
저당권 : 과실
원칙 : 효력 X
압류 이후 : 효력 O

(4) 일괄경매청구권

제365조(저당지상의 건물에 대한 경매청구권)
토지를 목적으로 저당권을 설정한 후 그 설정자가 그 토지에 건물을 축조한 때에는 / 법 · 지 X
저당권자는 토지와 함께 그 건물에 대하여도 경매를 청구할 수 있다. 그러나 그 건물의 경매대가에 대하여는 우선변제를 받을 권리가 없다.

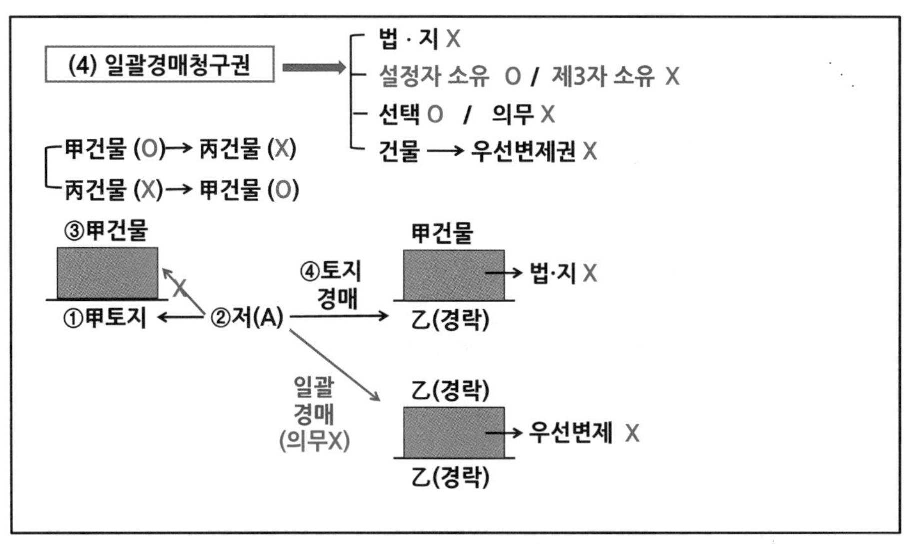

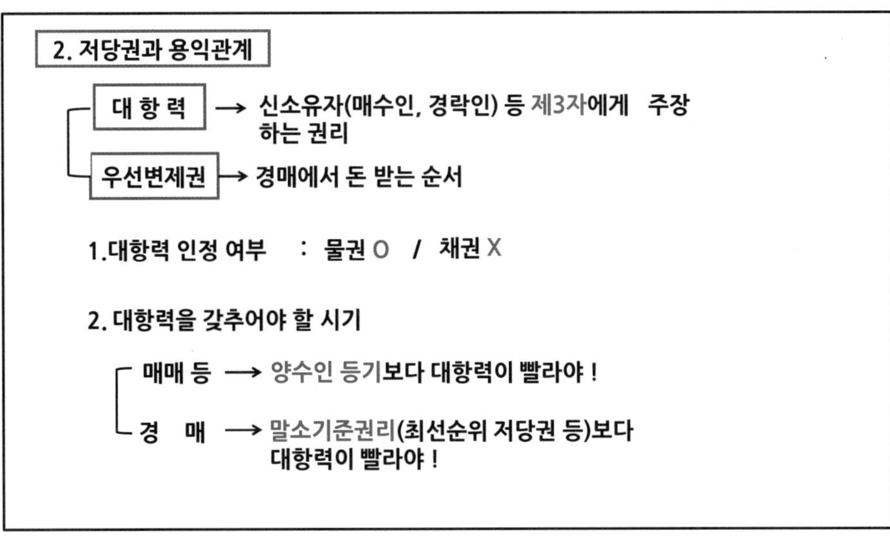

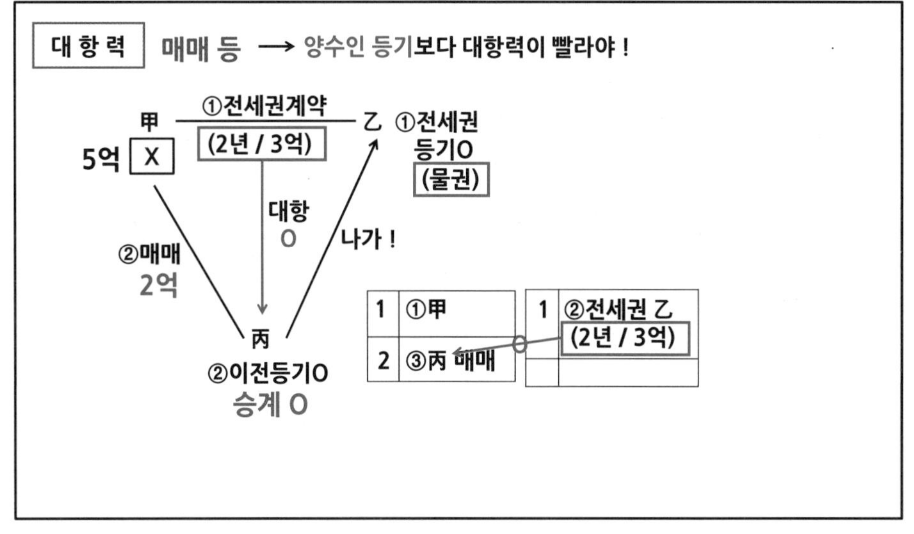

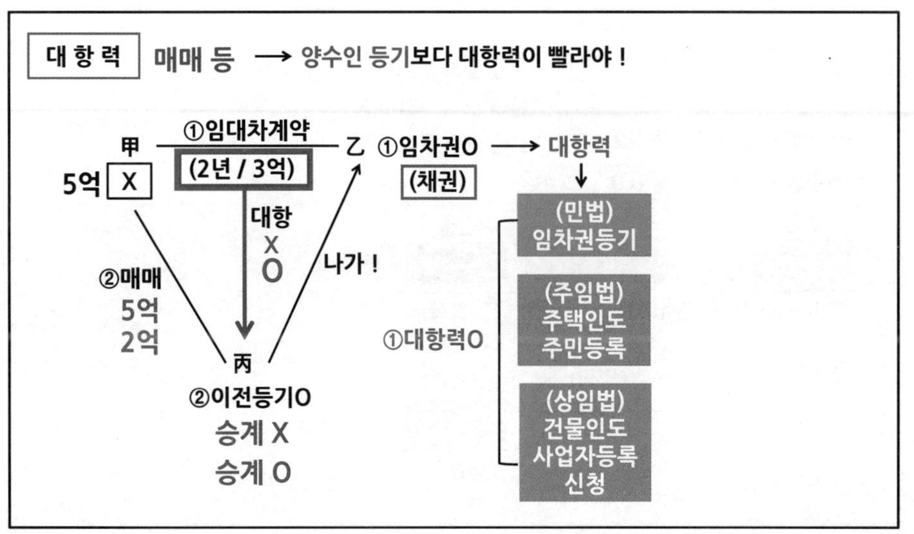
대 항 력
매매 등 → 양수인 등기보다 대항력이 빨라야 !
甲
5억 X
①임대차계약
(2년 / 3억)
乙 ①임차권O
(채권)
→ 대항력
(민법)
임차권등기
(주임법)
주택인도
주민등록
(상임법)
건물인도
사업자등록
신청
①대항력O
대항
X
O
나가 !
②매매
5억
2억
丙
②이전등기O
승계 X
승계 O

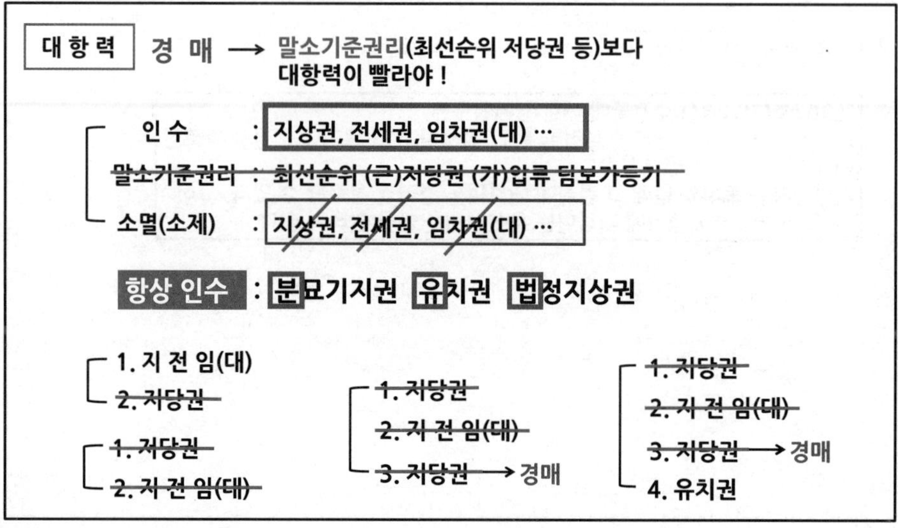
대 항 력
경 매 → 말소기준권리(최선순위 저당권 등)보다
대항력이 빨라야 !
인 수 : 지상권, 전세권, 임차권(대) …
말소기준권리 : 최선순위 (근)저당권 (가)압류 담보가등기
소멸(소제) : 지상권, 전세권, 임차권(대) …
항상 인수 : 분묘기지권 유치권 법정지상권
1. 지 전 임(대)
2. 저당권
1. 저당권
2. 지 전 임(대)
1. 저당권
2. 지 전 임(대)
3. 저당권 → 경매
1. 저당권
2. 지 전 임(대)
3. 저당권 → 경매
4. 유치권

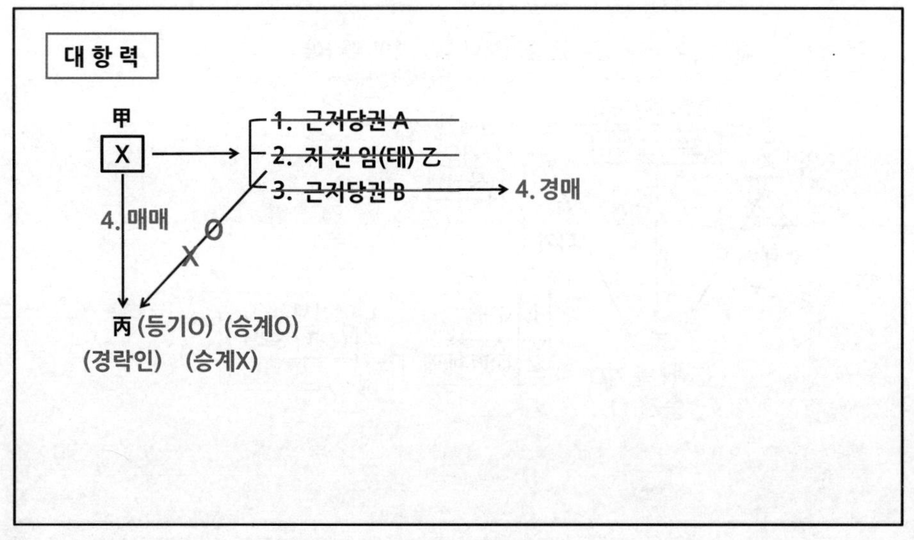
대 항 력
甲
X
1. 근저당권 A
2. 지 전 임(대) 乙
3. 근저당권 B → 4. 경매
4. 매매
O
X
丙 (등기O) (승계O)
(경락인) (승계X)

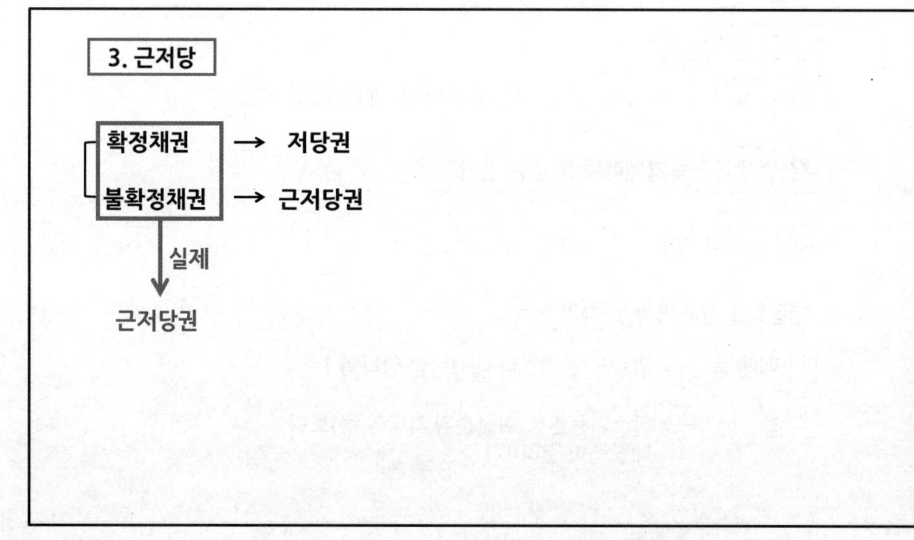
3. 근저당
확정채권 → 저당권
불확정채권 → 근저당권
실제
근저당권

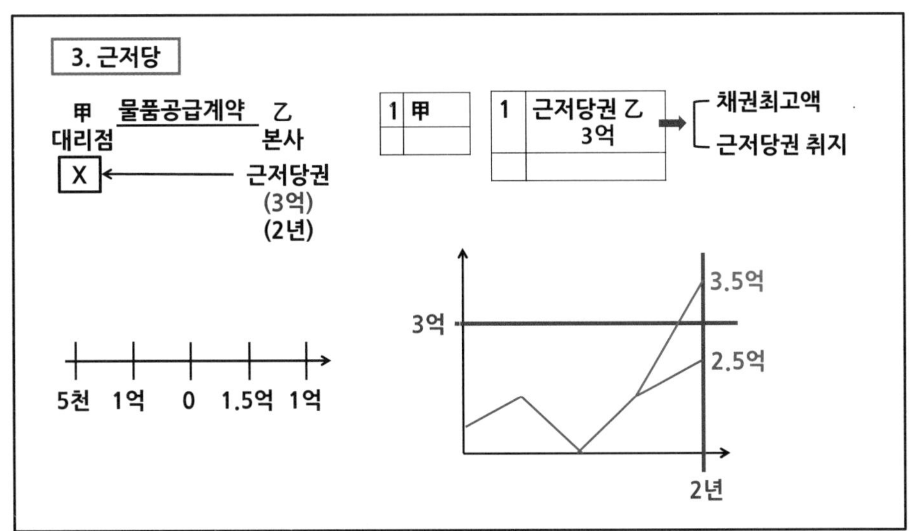
3. 근저당
甲
대리점
물품공급계약
乙
본사
X
근저당권
(3억)
(2년)
1 甲
1 근저당권 乙
3억
채권최고액
근저당권 취지
5천 1억 0 1.5억 1억
3억
3.5억
2.5억
2년

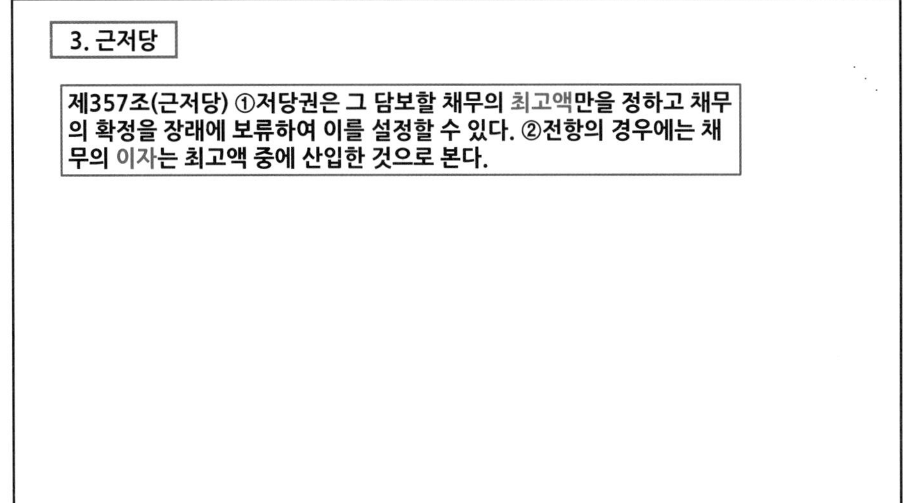
3. 근저당
제357조(근저당) ①저당권은 그 담보할 채무의 최고액만을 정하고 채무의 확정을 장래에 보류하여 이를 설정할 수 있다. ②전항의 경우에는 채무의 이자는 최고액 중에 산입한 것으로 본다.

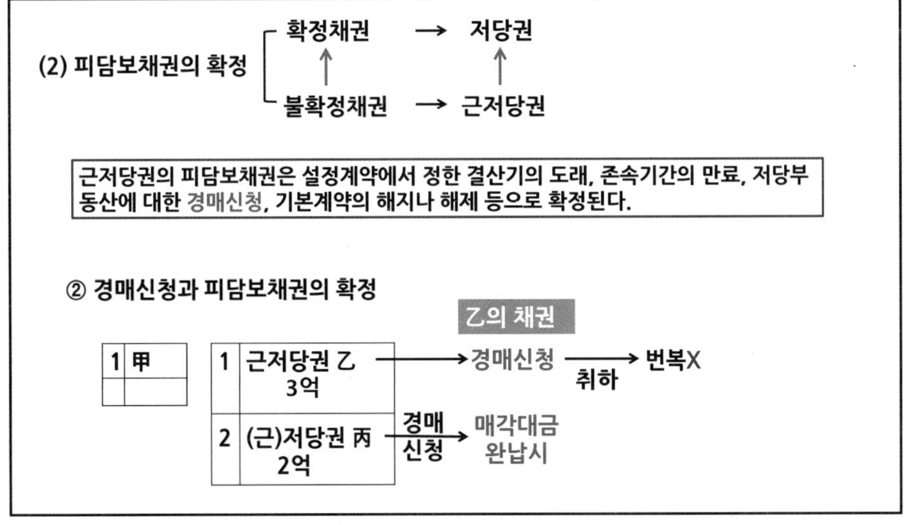
(2) 피담보채권의 확정
확정채권 → 저당권
불확정채권 → 근저당권
근저당권의 피담보채권은 설정계약에서 정한 결산기의 도래, 존속기간의 만료, 저당부동산에 대한 경매신청, 기본계약의 해지나 해제 등으로 확정된다.
② 경매신청과 피담보채권의 확정
乙의 채권
1 甲
1 근저당권 乙
3억
경매신청
취하
번복X
2 (근)저당권 丙
2억
경매
신청
매각대금
완납시

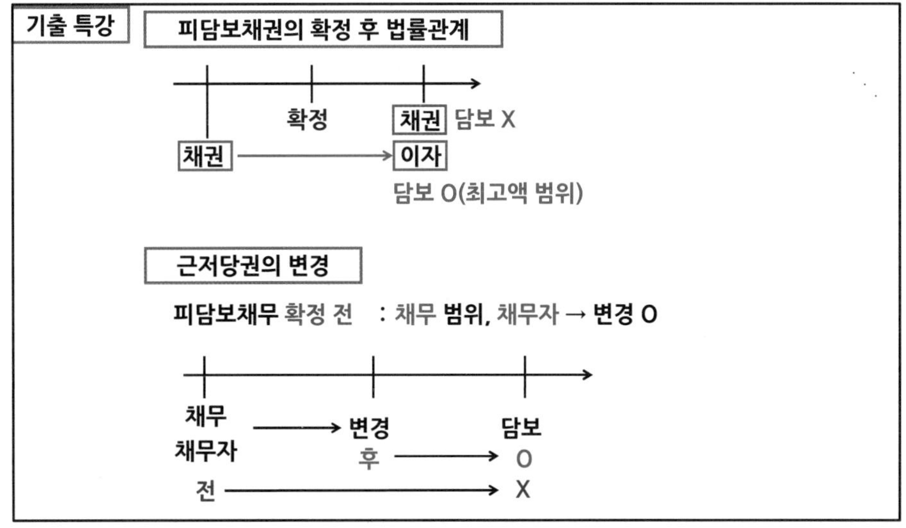
기출 특강
피담보채권의 확정 후 법률관계
확정
채권
담보 X
채권
이자
담보 O(최고액 범위)
근저당권의 변경
피담보채무 확정 전 : 채무 범위, 채무자 → 변경 O
채무
채무자
변경
후
전
담보
O
X

제 3 편

계 약 법

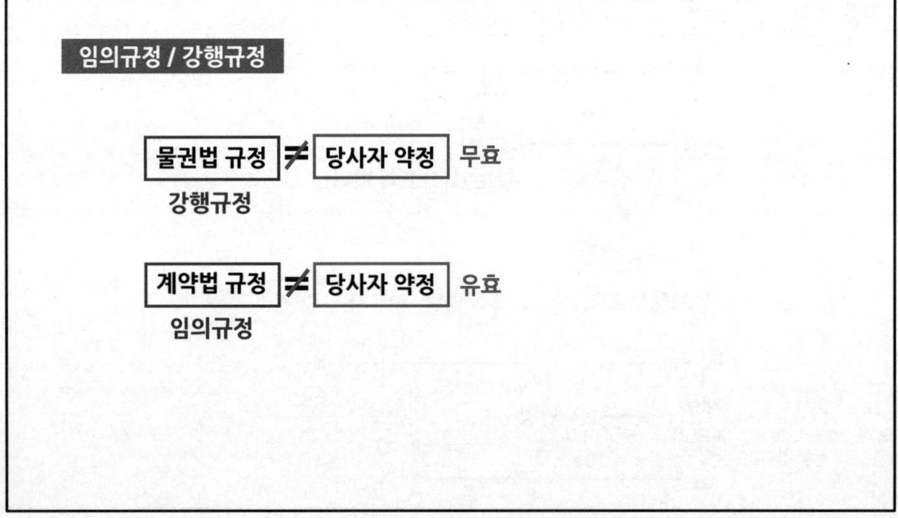

제 1 장

총 칙

01. 계약의 종류

전형계약 (유명계약) : 민법규정O (15종)
비전형계약 (무명계약) : 민법규정X

매매 교환 임대차 : 불요식 낙성 쌍무 유상
↕ ↕ ↕ ↕
요식 요물 편무 무상

(1) 쌍무계약과 편무계약

쌍무계약 ➡ 매매, 교환, 임대차, 도급계약 등
편무계약 ➡ 증여, 사용대차, 무상임치, 현상광고계약 등

쌍무계약
- 동시이행의 항변권
- 위험부담

(2) 유상계약과 무상계약

쌍무계약 —O→ 유상계약
유상계약 —X→ 쌍무계약
현상광고계약 < 유상계약 / 편무계약

※ 유상계약 ⟶ 매매규정 준용O

쌍무계약과 유상계약의 구별

경찰청 ⟶ 현상광고계약 : 탈옥수 신창원 소재 제보하면 현상금 주겠다 !

목포시 호프집 (제보) — 검거 — 도망 — 경찰청 현상금 지급X — 현상금 지급O (법원)

현상광고계약 성립
편무계약
유상계약

쌍무계약 —O→ 유상계약
유상계약 —X→ 쌍무계약
현상광고계약 < 유상계약 / 편무계약

(3) 낙성계약과 요물계약

- 낙성계약 ➡ 대부분의 계약
- 요물계약 ➡ 계약금계약, 현상광고계약 등

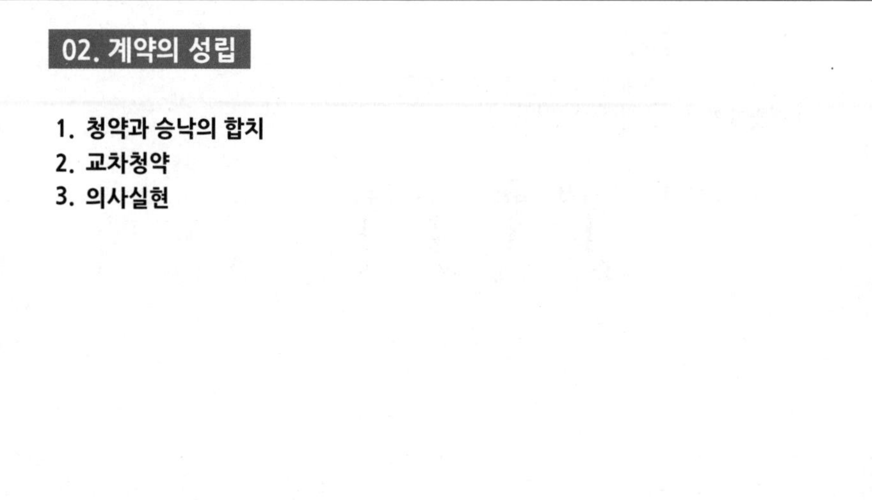

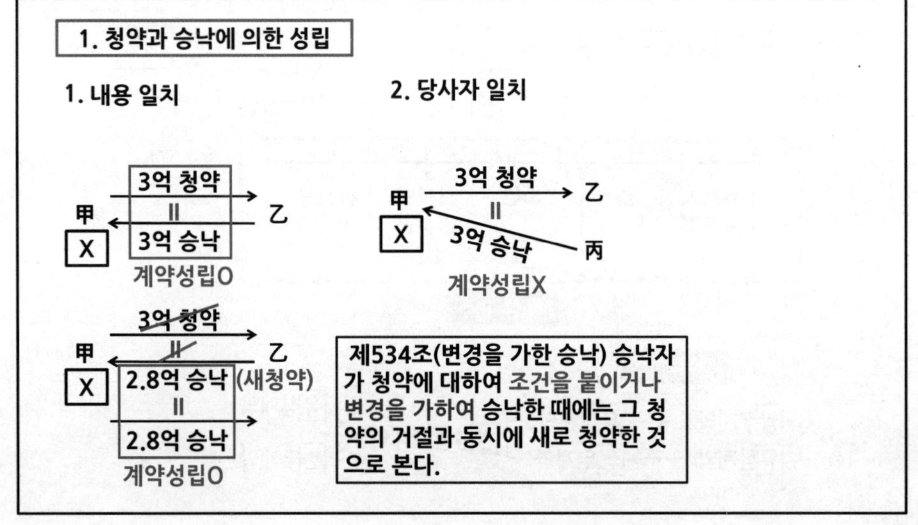

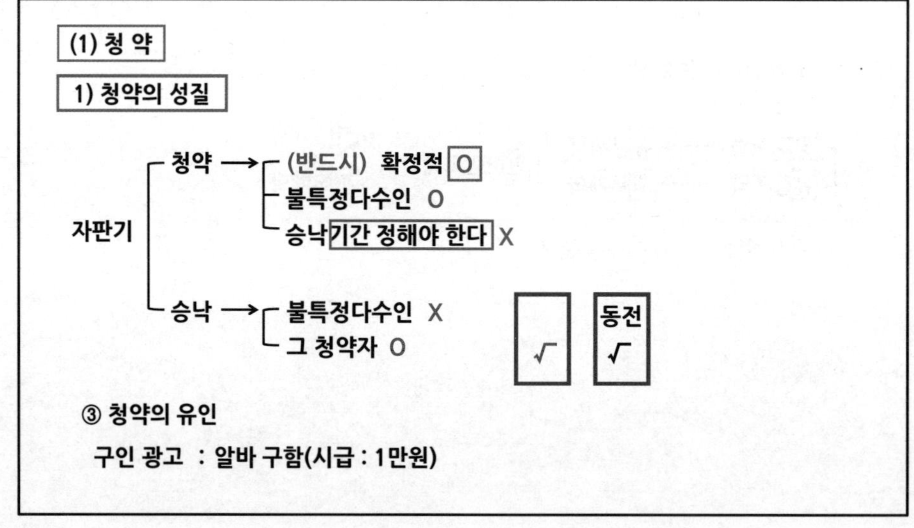

2) 청약의 효력발생시기

제111조(의사표시의 효력발생시기) ① 상대방이 있는 의사표시는 상대방에게 도달한 때에 그 효력이 생긴다.
② 의사표시자(청약자)가 그 통지를 발송한 후 사망하거나 제한능력자가 되어도 의사표시(청약)의 효력에 영향을 미치지 아니한다. (유효)

3) 청약의 구속력

제527조(계약의 청약의 구속력) 계약의 청약은 (도달 후에는) 이를 철회하지 못한다.

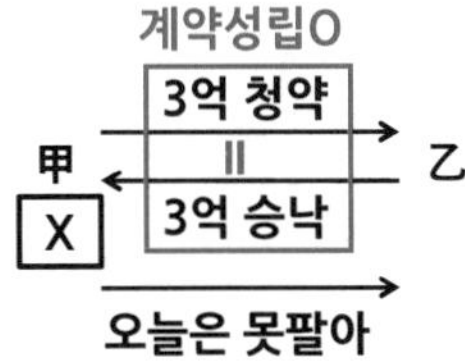

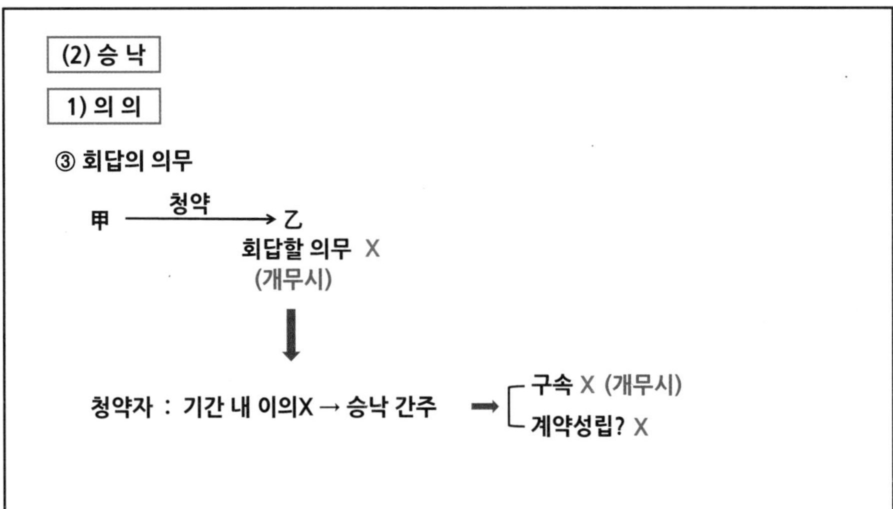

2) 계약의 성립시기

※ 발신주의 ➡ 무 최 발 / 격 승 발

제531조(격지자 간의 계약성립시기) 격지자 간의 계약은 승낙의 통지를 발송한 때에 성립한다.

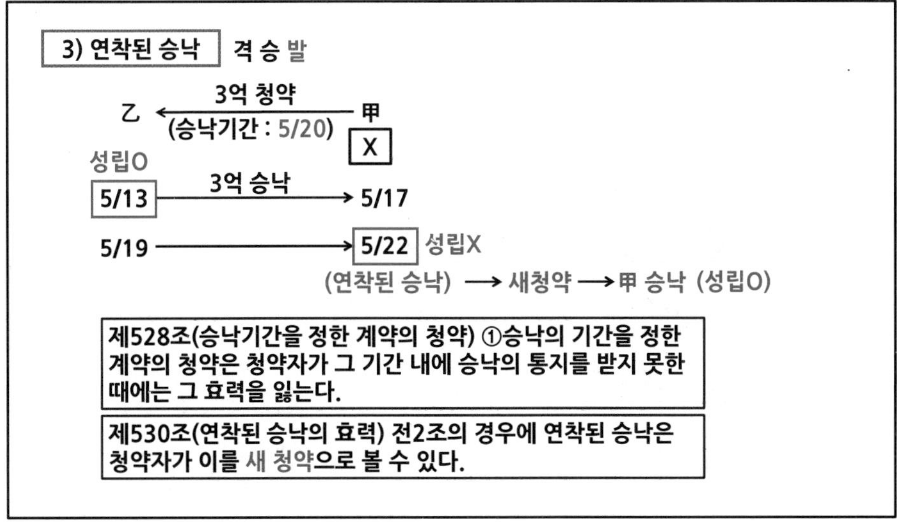

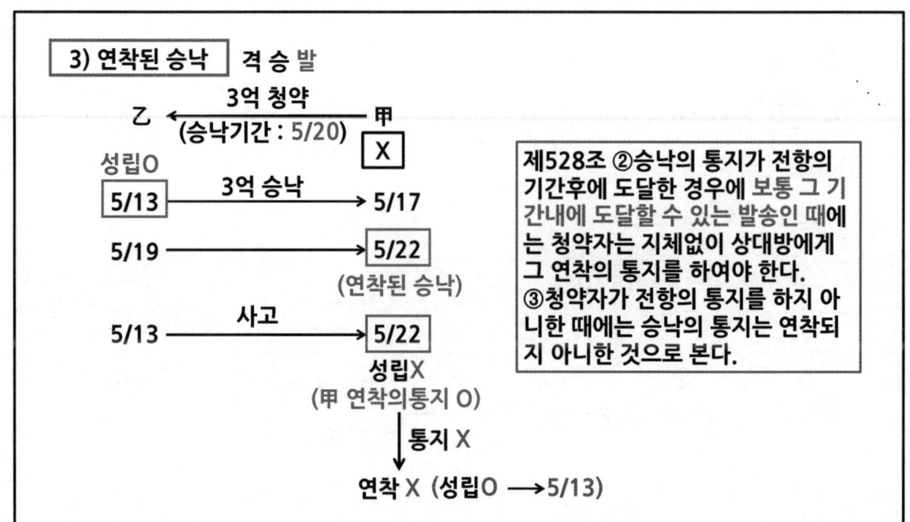
3) 연착된 승낙
격 승 발
3억 청약
乙
甲
(승낙기간 : 5/20)
X
성립O
3억 승낙
5/13
5/17
5/19
5/22
(연착된 승낙)
사고
5/13
5/22
성립X
(甲 연착의통지 O)
통지 X
연착 X (성립O ⟶5/13)
제528조 ②승낙의 통지가 전항의 기간후에 도달한 경우에 보통 그 기간내에 도달할 수 있는 발송인 때에는 청약자는 지체없이 상대방에게 그 연착의 통지를 하여야 한다.
③청약자가 전항의 통지를 하지 아니한 때에는 승낙의 통지는 연착되지 아니한 것으로 본다.

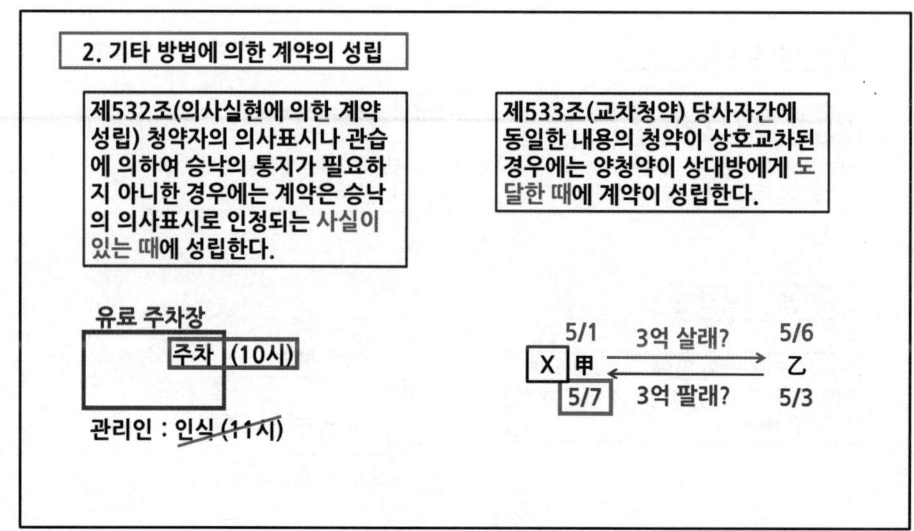
2. 기타 방법에 의한 계약의 성립
제532조(의사실현에 의한 계약성립) 청약자의 의사표시나 관습에 의하여 승낙의 통지가 필요하지 아니한 경우에는 계약은 승낙의 의사표시로 인정되는 사실이 있는 때에 성립한다.
제533조(교차청약) 당사자간에 동일한 내용의 청약이 상호교차된 경우에는 양청약이 상대방에게 도달한 때에 계약이 성립한다.
유료 주차장
주차
(10시)
관리인 : 인식 (11시)
5/1
3억 살래?
5/6
X
甲
乙
5/7
3억 팔래?
5/3

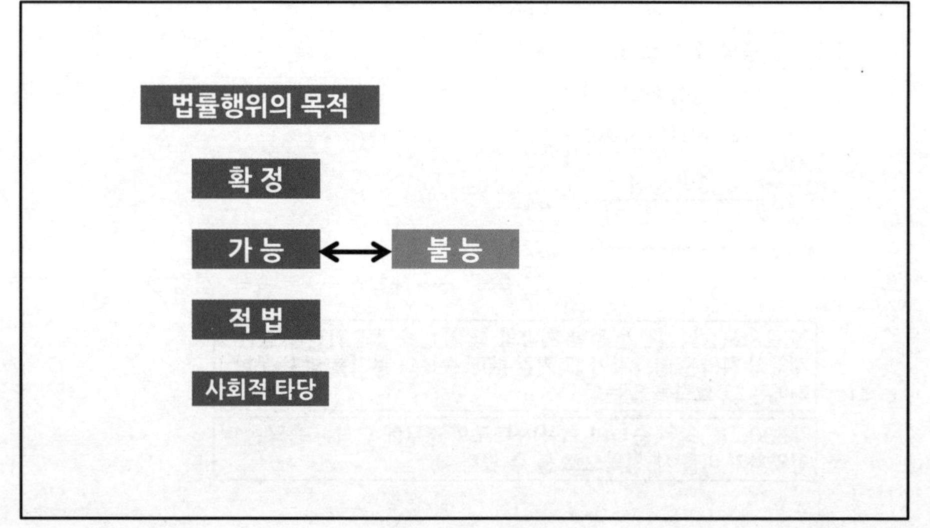
법률행위의 목적
확 정
가 능
불 능
적 법
사회적 타당

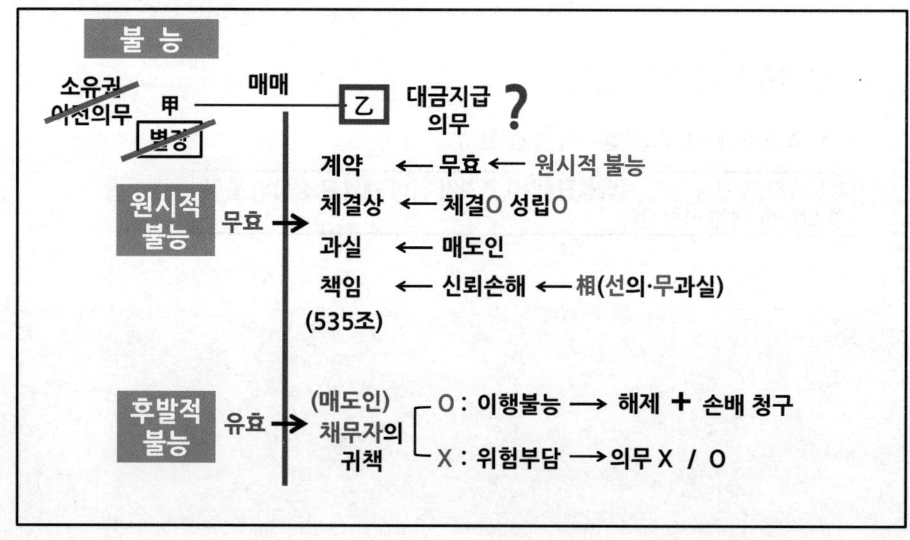
불 능
소유권 이전의무
甲
별장
매매
乙
대금지급 의무
?
원시적 불능
무효
계약 ⟵ 무효 ⟵ 원시적 불능
체결상 ⟵ 체결O 성립O
과실 ⟵ 매도인
책임 ⟵ 신뢰손해 ⟵ 相(선의·무과실)
(535조)
후발적 불능
유효
(매도인) 채무자의 귀책
O : 이행불능 ⟶ 해제 + 손배 청구
X : 위험부담 ⟶ 의무 X / O

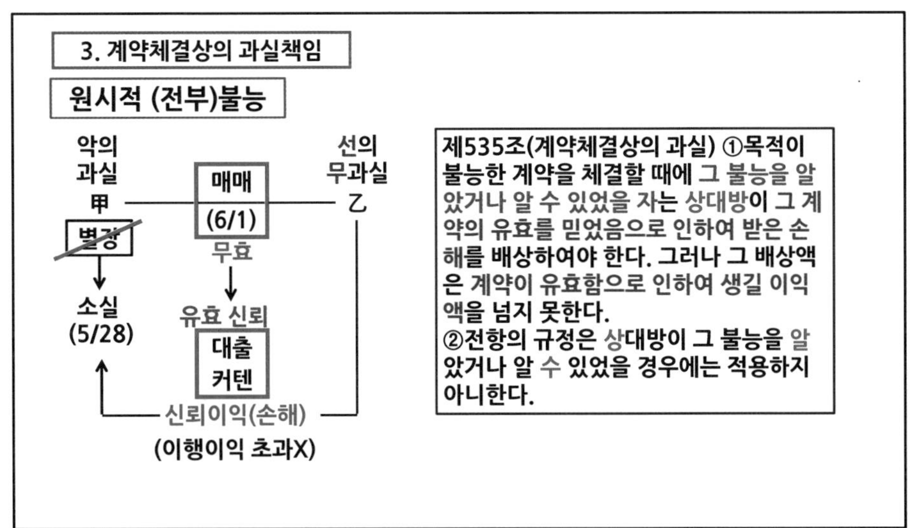
3. 계약체결상의 과실책임
원시적 (전부)불능
악의 과실
선의 무과실
甲
매매
(6/1)
乙
별장
무효
소실
(5/28)
유효 신뢰
대출
커텐
신뢰이익(손해)
(이행이익 초과X)
제535조(계약체결상의 과실) ①목적이 불능한 계약을 체결할 때에 그 불능을 알았거나 알 수 있었을 자는 상대방이 그 계약의 유효를 믿었음으로 인하여 받은 손해를 배상하여야 한다. 그러나 그 배상액은 계약이 유효함으로 인하여 생길 이익액을 넘지 못한다.
②전항의 규정은 상대방이 그 불능을 알았거나 알 수 있었을 경우에는 적용하지 아니한다.

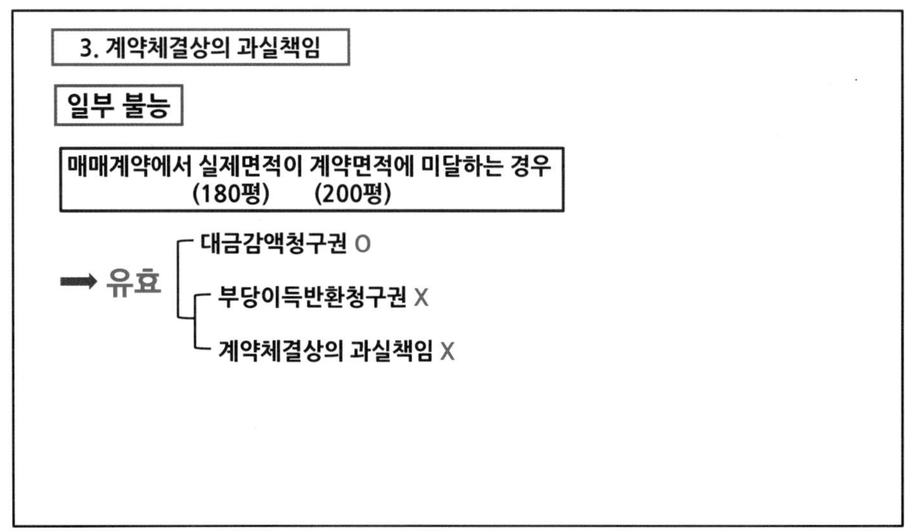
3. 계약체결상의 과실책임
일부 불능
매매계약에서 실제면적이 계약면적에 미달하는 경우
(180평) (200평)
→ 유효
대금감액청구권 O
부당이득반환청구권 X
계약체결상의 과실책임 X

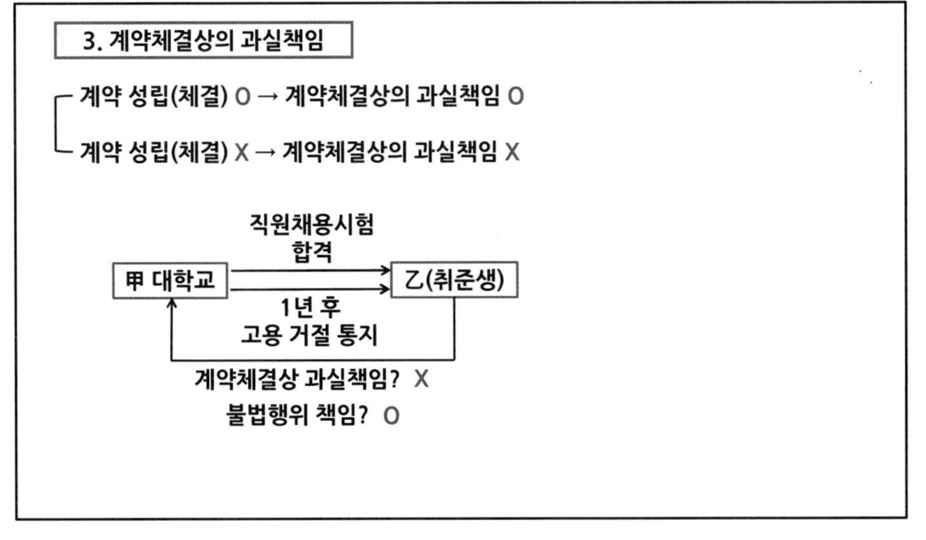
3. 계약체결상의 과실책임
계약 성립(체결) O → 계약체결상의 과실책임 O
계약 성립(체결) X → 계약체결상의 과실책임 X
직원채용시험
합격
甲 대학교
乙(취준생)
1년 후
고용 거절 통지
계약체결상 과실책임? X
불법행위 책임? O

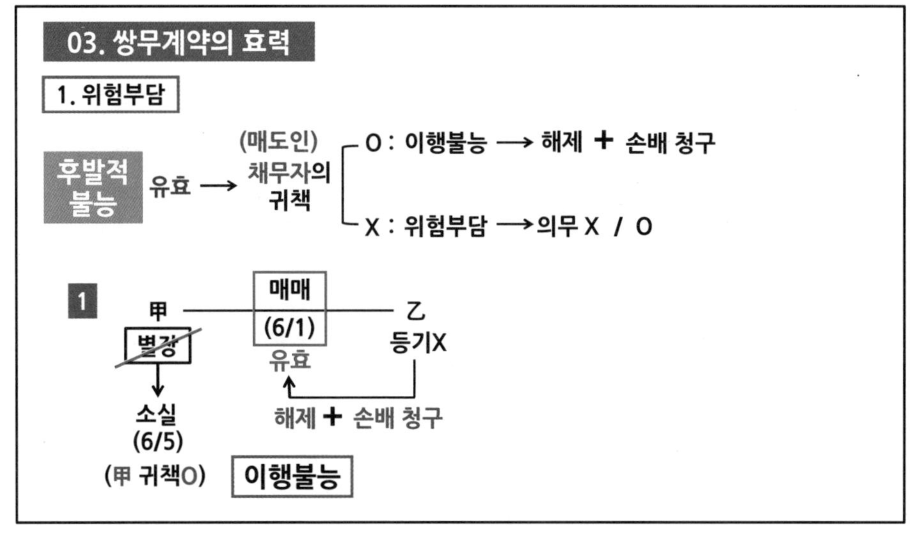
03. 쌍무계약의 효력
1. 위험부담
후발적 불능
유효 →
(매도인)
채무자의 귀책
O : 이행불능 → 해제 + 손배 청구
X : 위험부담 → 의무 X / O
1
甲
매매
(6/1)
乙
별장
등기X
유효
소실
(6/5)
(甲 귀책O)
해제 + 손배 청구
이행불능

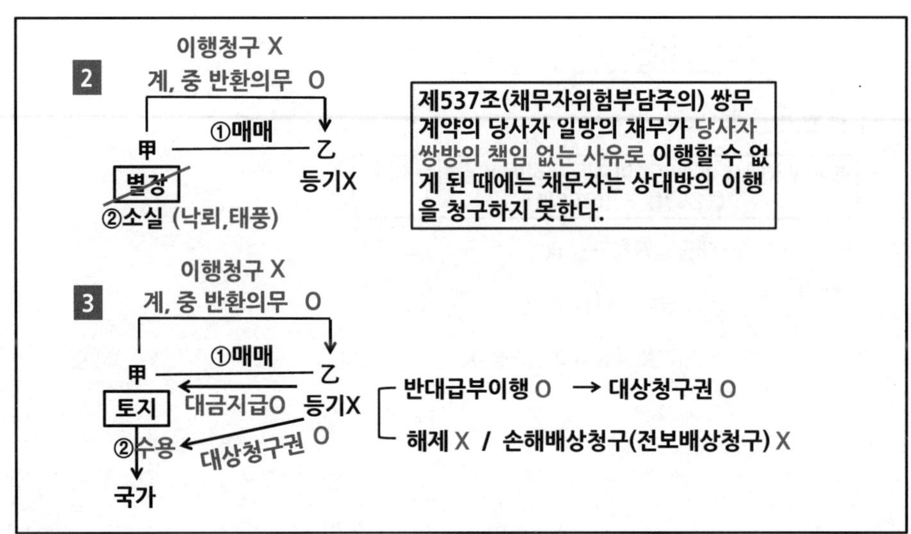

2
이행청구 X
계, 중 반환의무 O
①매매
甲
乙
별장
등기X
②소실 (낙뢰,태풍)
제537조(채무자위험부담주의) 쌍무계약의 당사자 일방의 채무가 당사자 쌍방의 책임 없는 사유로 이행할 수 없게 된 때에는 채무자는 상대방의 이행을 청구하지 못한다.
3
이행청구 X
계, 중 반환의무 O
①매매
甲
乙
토지
대금지급O
등기X
②수용
대상청구권 O
국가
반대급부이행 O → 대상청구권 O
해제 X / 손해배상청구(전보배상청구) X

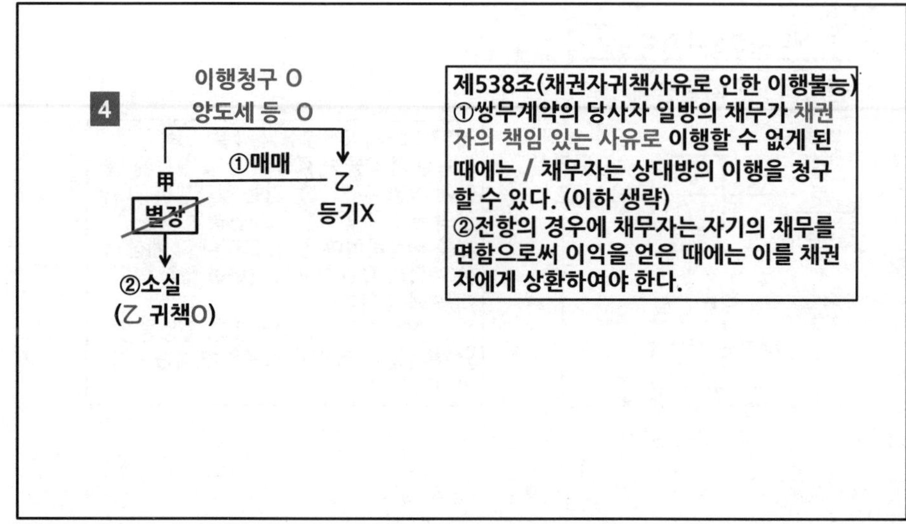

4
이행청구 O
양도세 등 O
①매매
甲
乙
별장
등기X
②소실
(乙 귀책O)
제538조(채권자귀책사유로 인한 이행불능)
①쌍무계약의 당사자 일방의 채무가 채권자의 책임 있는 사유로 이행할 수 없게 된 때에는 / 채무자는 상대방의 이행을 청구할 수 있다. (이하 생략)
②전항의 경우에 채무자는 자기의 채무를 면함으로써 이익을 얻은 때에는 이를 채권자에게 상환하여야 한다.

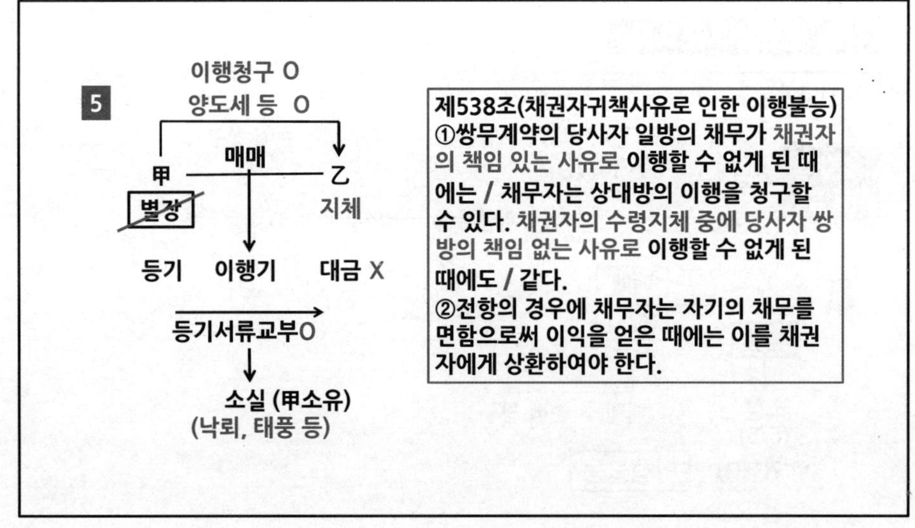

5
이행청구 O
양도세 등 O
매매
甲
乙
별장
지체
등기
이행기
대금 X
등기서류교부O
소실 (甲소유)
(낙뢰, 태풍 등)
제538조(채권자귀책사유로 인한 이행불능)
①쌍무계약의 당사자 일방의 채무가 채권자의 책임 있는 사유로 이행할 수 없게 된 때에는 / 채무자는 상대방의 이행을 청구할 수 있다. 채권자의 수령지체 중에 당사자 쌍방의 책임 없는 사유로 이행할 수 없게 된 때에도 / 같다.
②전항의 경우에 채무자는 자기의 채무를 면함으로써 이익을 얻은 때에는 이를 채권자에게 상환하여야 한다.

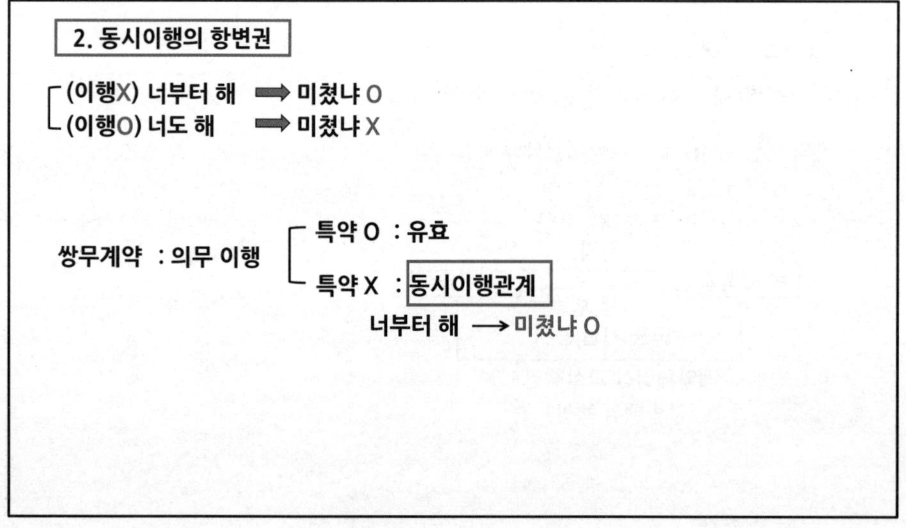

2. 동시이행의 항변권
(이행X) 너부터 해 ➡ 미쳤냐 O
(이행O) 너도 해 ➡ 미쳤냐 X
쌍무계약 : 의무 이행
특약 O : 유효
특약 X : 동시이행관계
너부터 해 → 미쳤냐 O

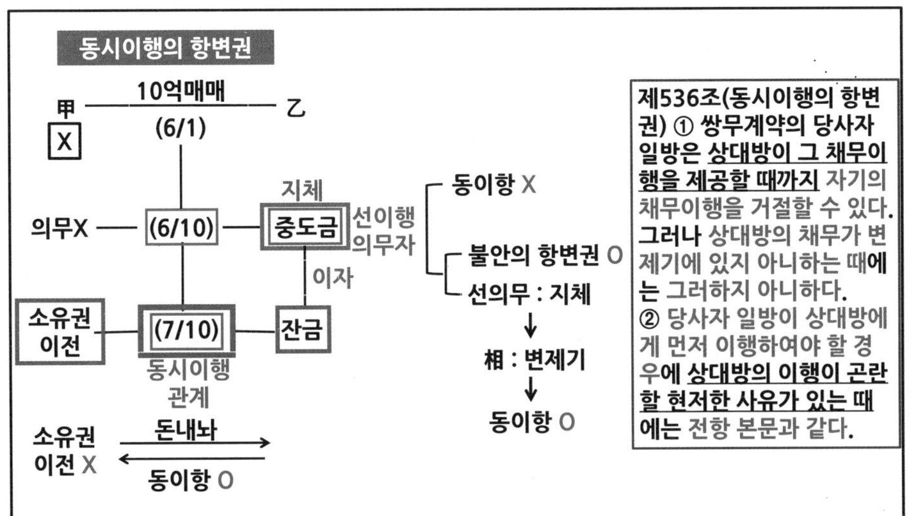

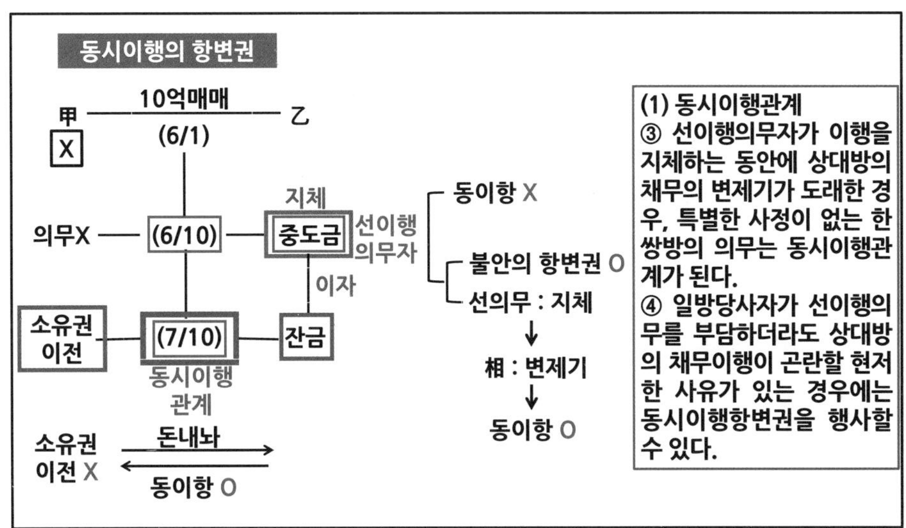

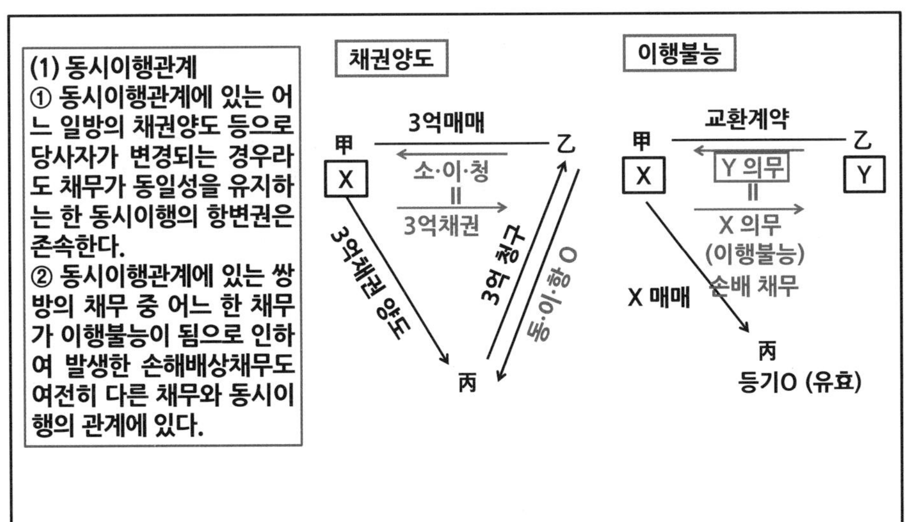

2. 동시이행의 항변권

(1) 동시이행관계에 있는 경우

계약이 무효 또는 취소 또는 해제된 경우에 각 당사자의 원상회복의무

구분소유적 공유관계가 해소되는 경우 쌍방의 지분이전등기의무

전세계약 종료시
(전세권설정자의 전세금반환의무)와
(전세권자의 전세목적물 인도 및 전세권설정등기 말소의무)

임대차 종료시 (임차인의 목적물반환의무)와 (임대인의 보증금반환의무)

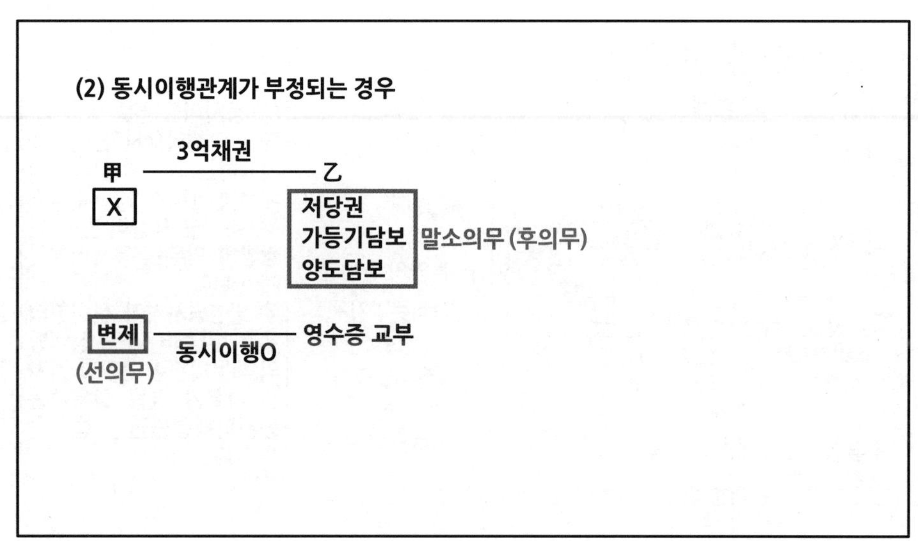
(2) 동시이행관계가 부정되는 경우
3억채권
甲
乙
X
저당권
가등기담보
양도담보
말소의무 (후의무)
변제
(선의무)
동시이행O
영수증 교부

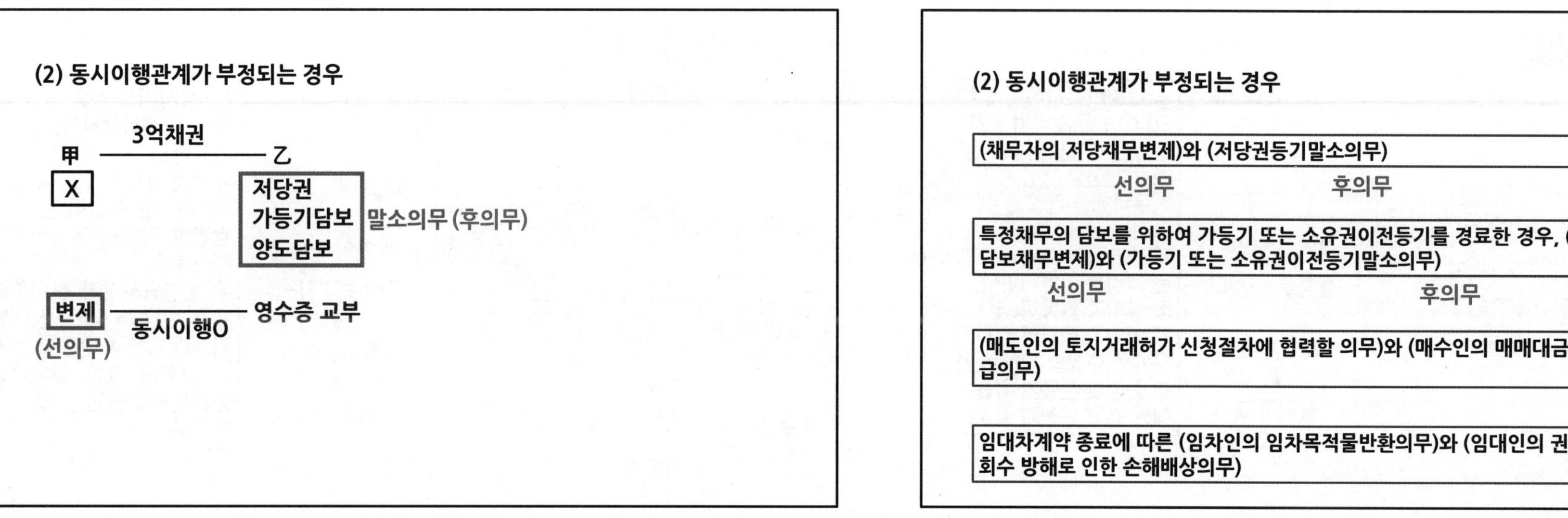
(2) 동시이행관계가 부정되는 경우
(채무자의 저당채무변제)와 (저당권등기말소의무)
선의무
후의무
특정채무의 담보를 위하여 가등기 또는 소유권이전등기를 경료한 경우, (피담보채무변제)와 (가등기 또는 소유권이전등기말소의무)
선의무
후의무
(매도인의 토지거래허가 신청절차에 협력할 의무)와 (매수인의 매매대금지급의무)
임대차계약 종료에 따른 (임차인의 임차목적물반환의무)와 (임대인의 권리금 회수 방해로 인한 손해배상의무)

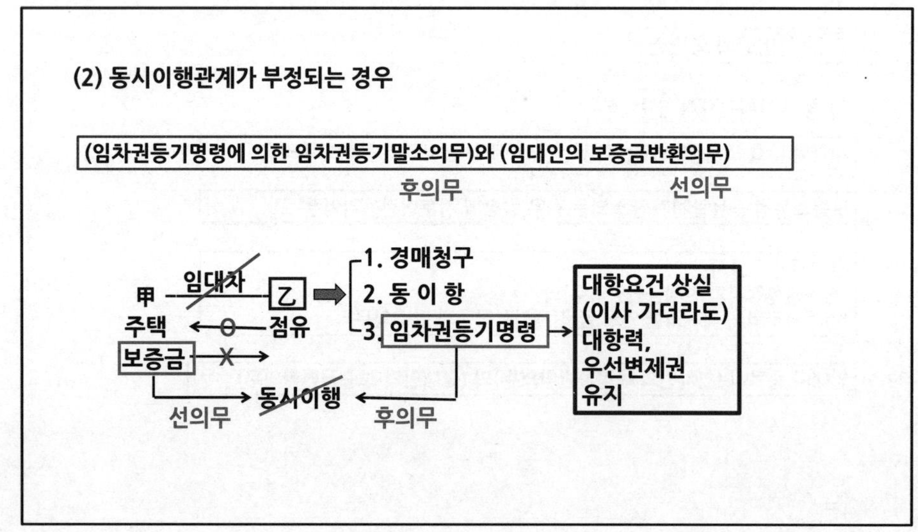
(2) 동시이행관계가 부정되는 경우
(임차권등기명령에 의한 임차권등기말소의무)와 (임대인의 보증금반환의무)
후의무
선의무
甲
임대차
乙
주택
O
점유
보증금
X
1. 경매청구
2. 동 이 항
3. 임차권등기명령
대항요건 상실
(이사 가더라도)
대항력,
우선변제권
유지
동시이행
선의무
후의무

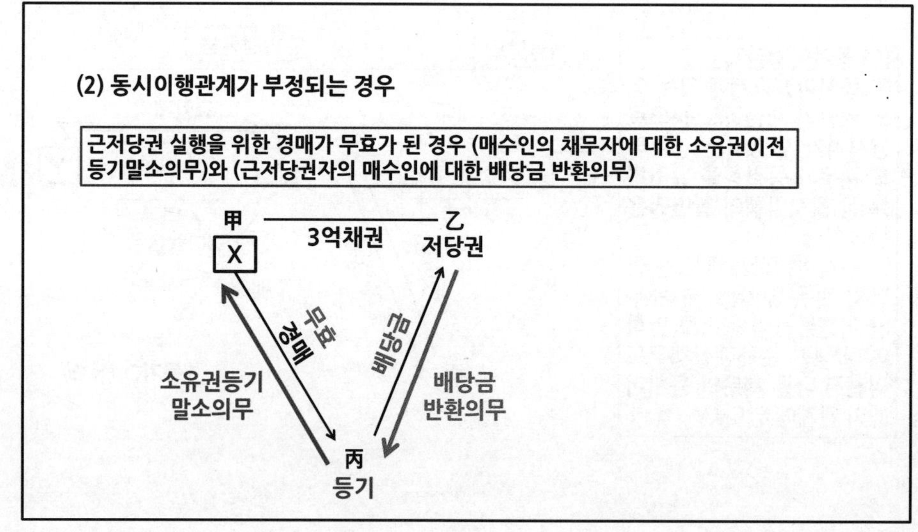
(2) 동시이행관계가 부정되는 경우
근저당권 실행을 위한 경매가 무효가 된 경우 (매수인의 채무자에 대한 소유권이전등기말소의무)와 (근저당권자의 매수인에 대한 배당금 반환의무)
甲
3억채권
乙
저당권
X
무효
경매
배당금
소유권등기
말소의무
배당금
반환의무
丙
등기

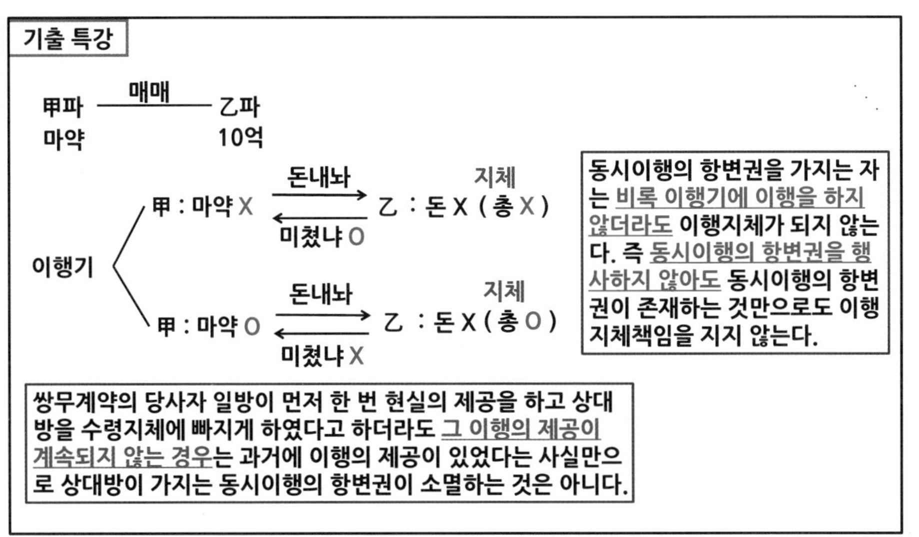
기출 특강
甲파 매매 乙파
마약 10억
이행기
甲 : 마약 X 돈내놔 乙 : 돈 X (총 X) 지체 미쳤냐 O
甲 : 마약 O 돈내놔 乙 : 돈 X (총 O) 지체 미쳤냐 X
동시이행의 항변권을 가지는 자는 비록 이행기에 이행을 하지 않더라도 이행지체가 되지 않는다. 즉 동시이행의 항변권을 행사하지 않아도 동시이행의 항변권이 존재하는 것만으로도 이행지체책임을 지지 않는다.
쌍무계약의 당사자 일방이 먼저 한 번 현실의 제공을 하고 상대방을 수령지체에 빠지게 하였다고 하더라도 그 이행의 제공이 계속되지 않는 경우는 과거에 이행의 제공이 있었다는 사실만으로 상대방이 가지는 동시이행의 항변권이 소멸하는 것은 아니다.

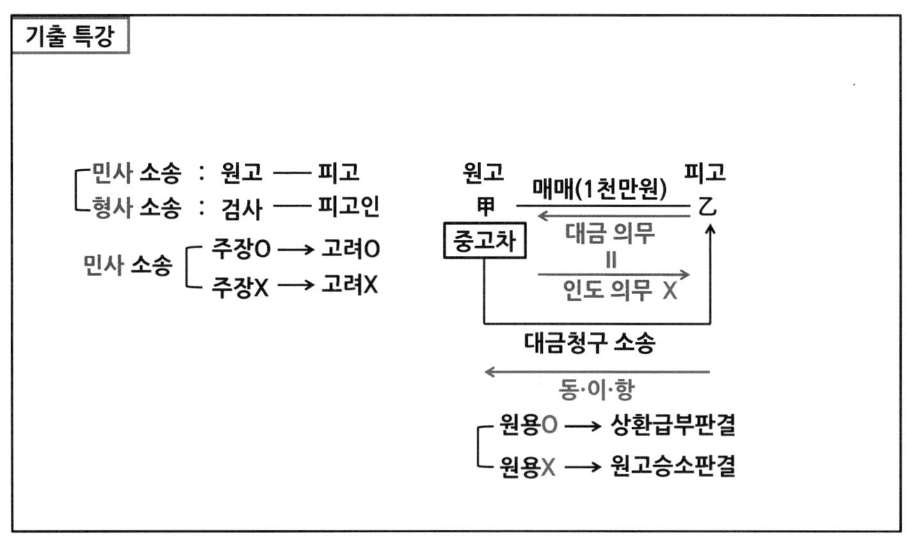
기출 특강
민사 소송 : 원고 — 피고
형사 소송 : 검사 — 피고인
민사 소송 주장O → 고려O
주장X → 고려X
원고 甲 중고차
피고 乙
매매(1천만원)
대금 의무
=
인도 의무 X
대금청구 소송
동·이·항
원용O → 상환급부판결
원용X → 원고승소판결

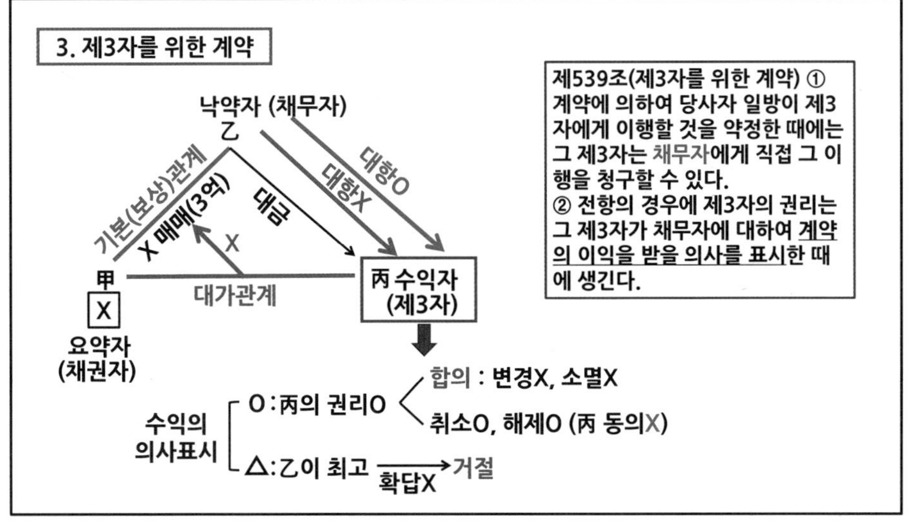
3. 제3자를 위한 계약
낙약자 (채무자) 乙
기본(보상)관계
X 매매(3억)
X
대금
대항X
대항O
甲 X 요약자 (채권자)
대가관계
丙 수익자 (제3자)
수익의 의사표시
O : 丙의 권리O
합의 : 변경X, 소멸X
취소O, 해제O (丙 동의X)
△ : 乙이 최고 확답X → 거절
제539조(제3자를 위한 계약) ① 계약에 의하여 당사자 일방이 제3자에게 이행할 것을 약정한 때에는 그 제3자는 채무자에게 직접 그 이행을 청구할 수 있다.
② 전항의 경우에 제3자의 권리는 그 제3자가 채무자에 대하여 계약의 이익을 받을 의사를 표시한 때에 생긴다.

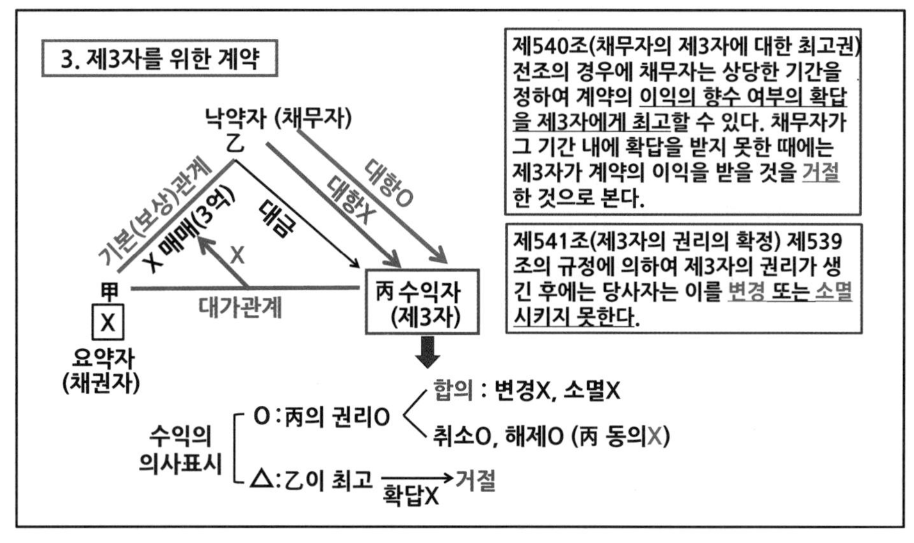
3. 제3자를 위한 계약
낙약자 (채무자) 乙
기본(보상)관계
X 매매(3억)
X
대금
대항X
대항O
甲 X 요약자 (채권자)
대가관계
丙 수익자 (제3자)
수익의 의사표시
O : 丙의 권리O
합의 : 변경X, 소멸X
취소O, 해제O (丙 동의X)
△ : 乙이 최고 확답X → 거절
제540조(채무자의 제3자에 대한 최고권) 전조의 경우에 채무자는 상당한 기간을 정하여 계약의 이익의 향수 여부의 확답을 제3자에게 최고할 수 있다. 채무자가 그 기간 내에 확답을 받지 못한 때에는 제3자가 계약의 이익을 받을 것을 거절한 것으로 본다.
제541조(제3자의 권리의 확정) 제539조의 규정에 의하여 제3자의 권리가 생긴 후에는 당사자는 이를 변경 또는 소멸시키지 못한다.

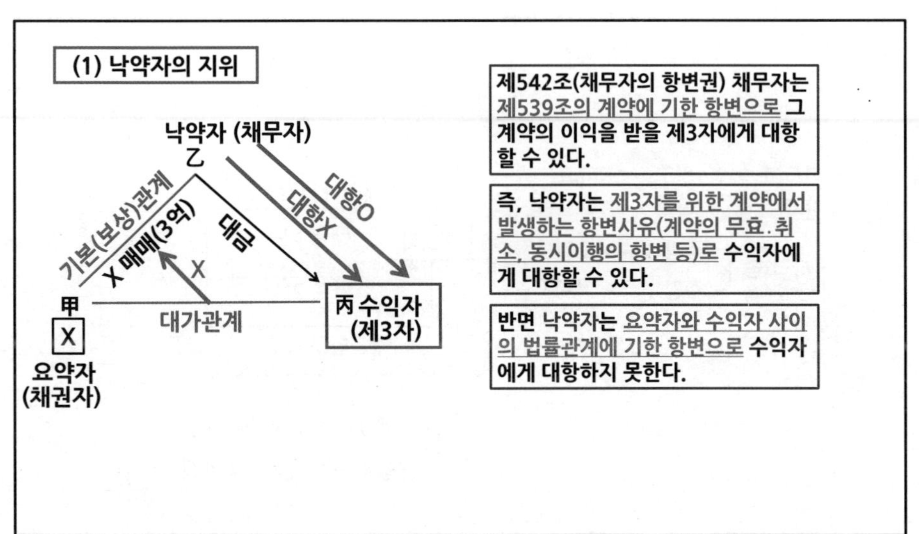

(1) 낙약자의 지위
낙약자 (채무자)
乙
기본(보상)관계
X 매매(3억)
대금
대항X
대항O
X
甲
X
요약자
(채권자)
대가관계
丙 수익자
(제3자)
제542조(채무자의 항변권) 채무자는 제539조의 계약에 기한 항변으로 그 계약의 이익을 받을 제3자에게 대항할 수 있다.
즉, 낙약자는 제3자를 위한 계약에서 발생하는 항변사유(계약의 무효. 취소, 동시이행의 항변 등)로 수익자에게 대항할 수 있다.
반면 낙약자는 요약자와 수익자 사이의 법률관계에 기한 항변으로 수익자에게 대항하지 못한다.

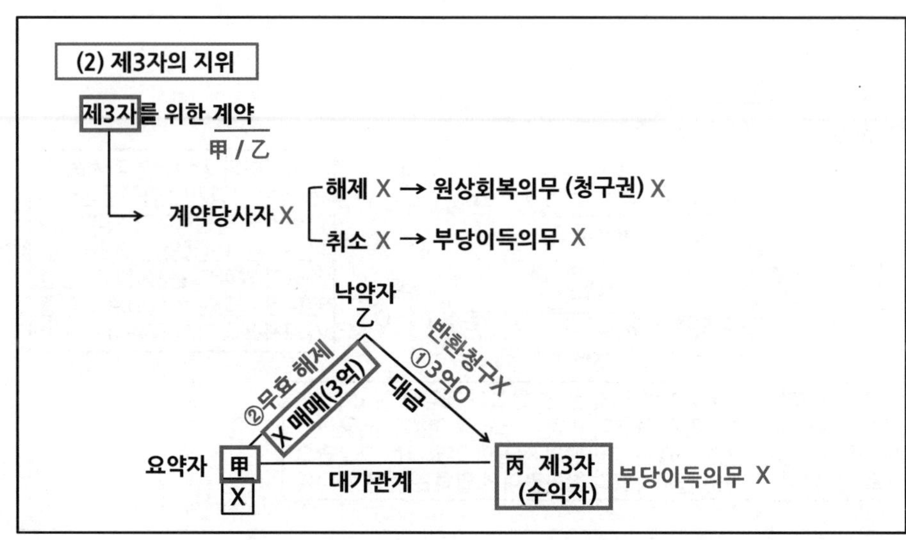

(2) 제3자의 지위
제3자를 위한 계약
甲 / 乙
계약당사자 X
해제 X → 원상회복의무 (청구권) X
취소 X → 부당이득의무 X
낙약자
乙
②무효 해제
X 매매(3억)
대금
반환청구X
①3억O
요약자
甲
X
대가관계
丙 제3자
(수익자)
부당이득의무 X

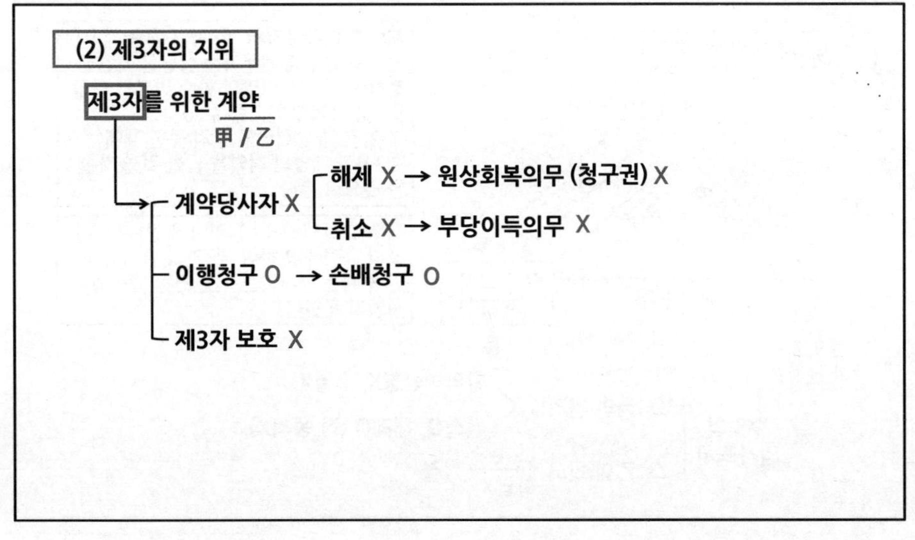

(2) 제3자의 지위
제3자를 위한 계약
甲 / 乙
계약당사자 X
해제 X → 원상회복의무 (청구권) X
취소 X → 부당이득의무 X
이행청구 O → 손배청구 O
제3자 보호 X

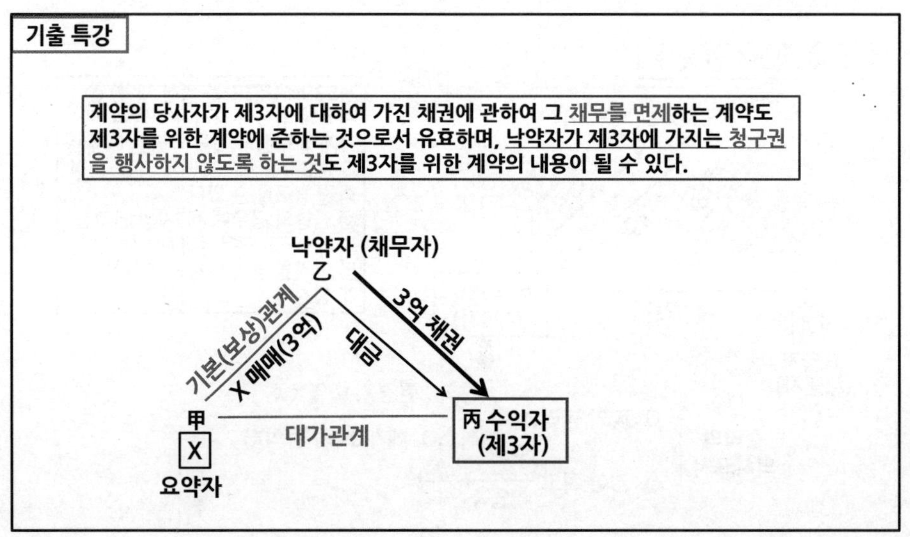

기출 특강
계약의 당사자가 제3자에 대하여 가진 채권에 관하여 그 채무를 면제하는 계약도 제3자를 위한 계약에 준하는 것으로서 유효하며, 낙약자가 제3자에 가지는 청구권을 행사하지 않도록 하는 것도 제3자를 위한 계약의 내용이 될 수 있다.
낙약자 (채무자)
乙
기본(보상)관계
X 매매(3억)
대금
3억 채권
甲
X
요약자
대가관계
丙 수익자
(제3자)

04. 계약의 해제와 해지

계약의 해제 · 해지
유효 소급효 장래효

1. 계약의 해제일반

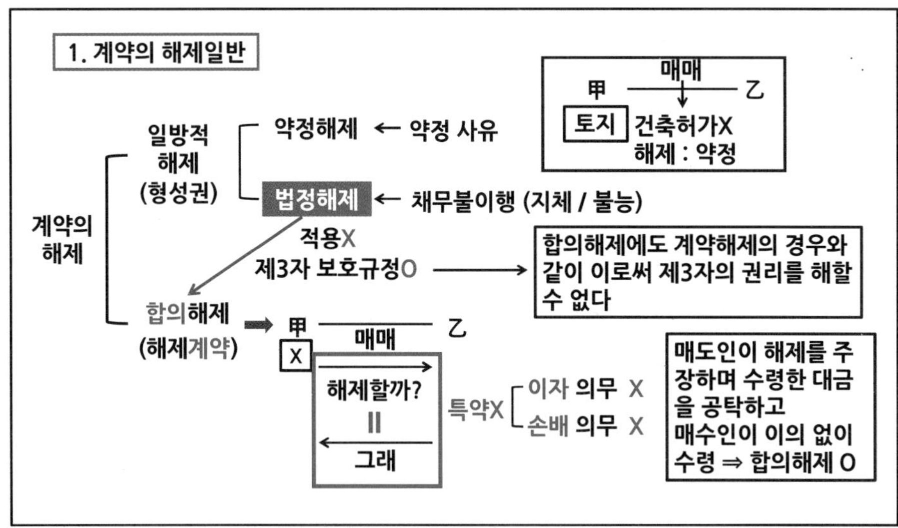

2. 법정해제권 발생

1) 이행지체

제544조(이행지체와 해제) 당사자 일방이 그 채무를 이행하지 아니하는 때에는 상대방은 상당한 기간을 정하여 그 이행을 최고하고 그 기간 내에 이행하지 아니한 때에는 계약을 해제할 수 있다. 그러나 채무자가 미리 이행하지 아니할 의사를 표시한 경우에는 최고를 요하지 아니한다.

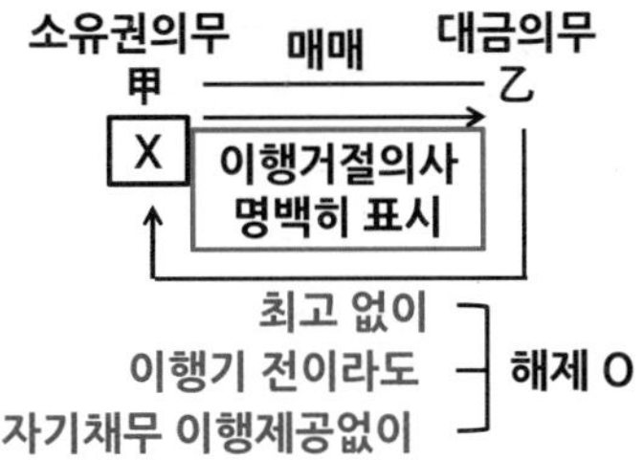

최고 없이
이행기 전이라도
자기채무 이행제공없이
해제 O

기출 특강

이행지체

제544조(이행지체와 해제) 당사자 일방이 그 채무를 이행하지 아니하는 때에는 상대방은 상당한 기간을 정하여 그 이행을 최고하고 그 기간 내에 이행하지 아니한 때에는 계약을 해제할 수 있다. 그러나 채무자가 미리 이행하지 아니할 의사를 표시한 경우에는 최고를 요하지 아니한다.

상당한 기간 정한 최고

A사건 : 상당한 기간(7일)

- 기간 정하지 않은
- 상당하지 않은 기간 정한

최고 (유효) → 상당기간 후 해제 O

1) 이행지체

제545조(정기행위와 해제) 계약의 성질 또는 당사자의 의사표시에 의하여 일정한 시일 또는 일정한 기간 내에 이행하지 아니하면 계약의 목적을 달성할 수 없을 경우에 / 당사자 일방이 그 시기에 이행하지 아니한 때에는 상대방은 전조의 최고를 하지 아니하고 계약을 해제할 수 있다.

결혼식 12시 : 화환 주문 —12시 : 이행X→ (최고X) 해제O

2) 이행불능

제546조(이행불능과 해제) 채무자의 책임 있는 사유로 이행이 불능하게 된 때에는 채권자는 계약을 해제할 수 있다.

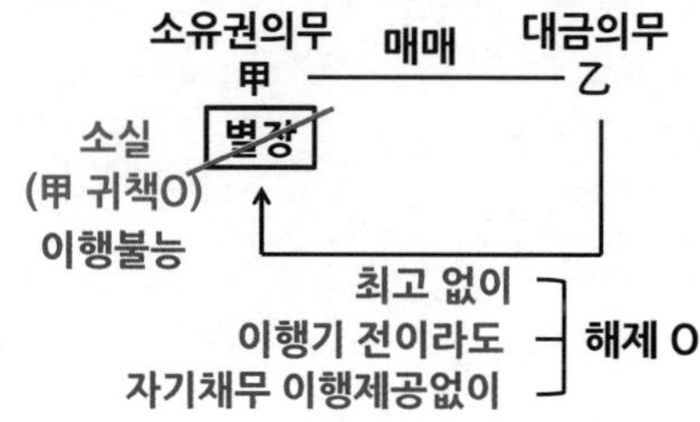

(2) 해제권의 불가분성

제547조(해지, 해제권의 불가분성) ①당사자의 일방 또는 쌍방이 수인인 경우에는 계약의 해지나 해제는 그 전원으로부터 또는 전원에 대하여 하여야 한다.

②전항의 경우에 해지나 해제의 권리가 당사자 1인에 대하여 소멸한 때에는 다른 당사자에 대하여도 소멸한다.

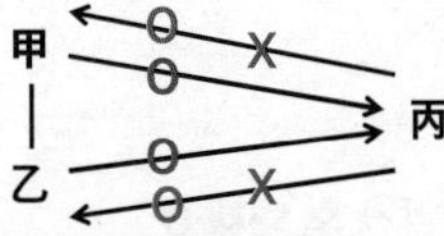

3. 해제권의 행사

제548조(해제의 효과, 원상회복의무) ①당사자 일방이 계약을 해제한 때에는 각 당사자는 그 상대방에 대하여 원상회복의 의무가 있다. 그러나 제삼자의 권리를 해하지 못한다.
(선의, 악의)

②전항의 경우에 반환할 금전에는 그 받은 날로부터 이자를 가하여야 한다.

제549조(원상회복의무와 동시이행) 제536조의 규정은 전조의 경우에 준용한다.

제551조(해지, 해제와 손해배상) 계약의 해지 또는 해제는 손해배상의 청구에 영향을 미치지 아니한다.

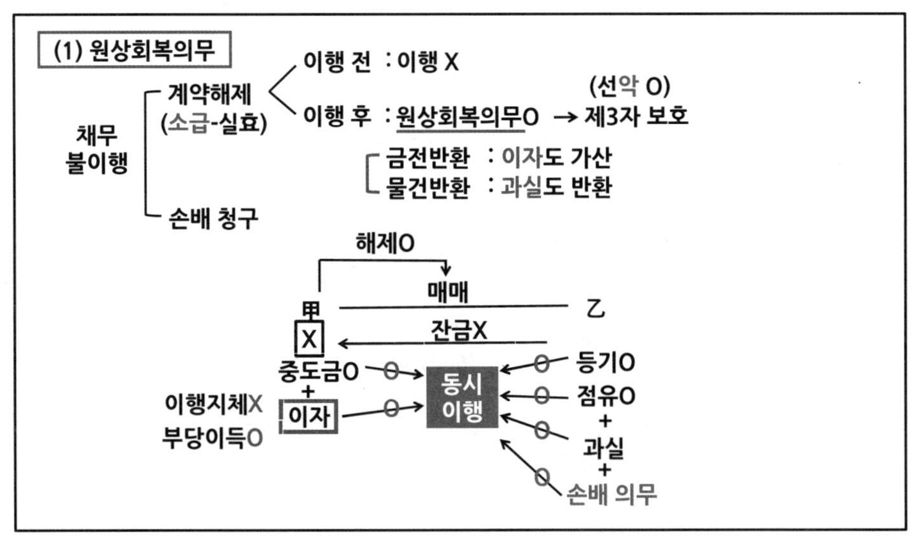
(1) 원상회복의무
채무 불이행
계약해제 (소급-실효)
이행 전 : 이행 X
이행 후 : 원상회복의무O → 제3자 보호
(선악 O)
금전반환 : 이자도 가산
물건반환 : 과실도 반환
손배 청구
해제O
甲
X
매매
乙
잔금X
중도금O
이자
동시 이행
등기O
점유O
과실
손배 의무
이행지체X
부당이득O

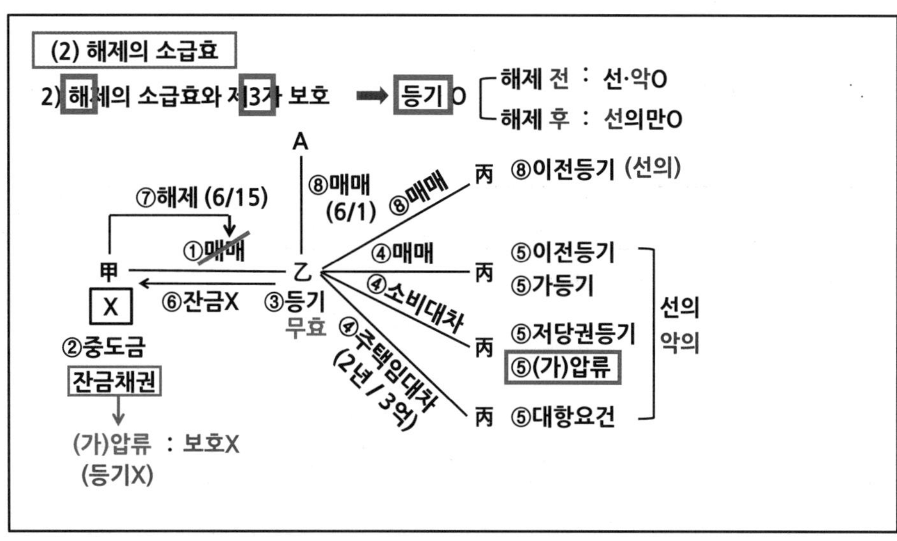
(2) 해제의 소급효
2) 해제의 소급효와 제3자 보호
등기 O
해제 전 : 선·악O
해제 후 : 선의만O
A
⑧매매 (6/1)
⑧매매
丙 ⑧이전등기 (선의)
⑦해제 (6/15)
①매매
甲
X
⑥잔금X
乙
③등기 무효
④매매
丙 ⑤이전등기
⑤가등기
④소비대차
丙 ⑤저당권등기
⑤(가)압류
④주택임대차 (2년 / 3억)
丙 ⑤대항요건
선의
악의
②중도금
잔금채권
(가)압류 : 보호X
(등기X)

4. 계약의 해지
➡ 장래효

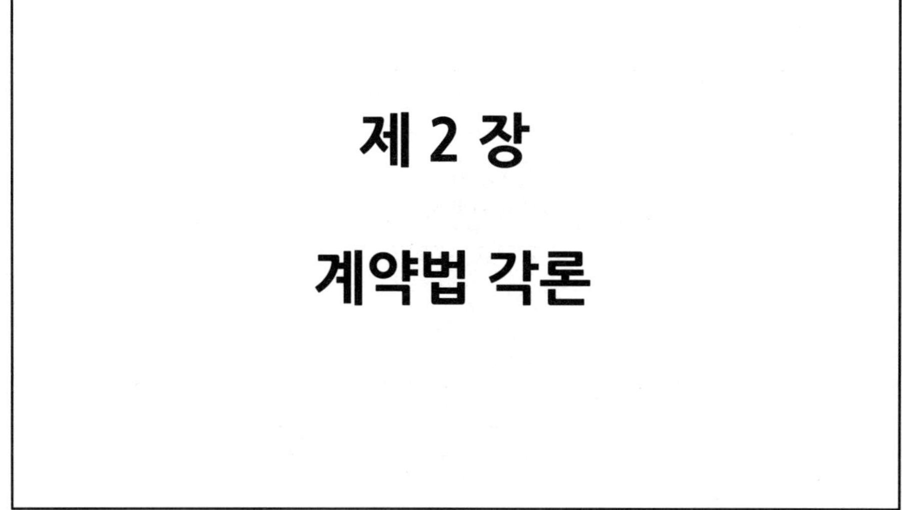
제 2 장
계약법 각론

01. 매 매

1. 서 설

제563조(매매의 의의) 매매는 당사자 일방이 재산권을 상대방에게 이전할 것을 약정하고 상대방이 그 대금을 지급할 것을 약정함으로써 그 효력이 생긴다.

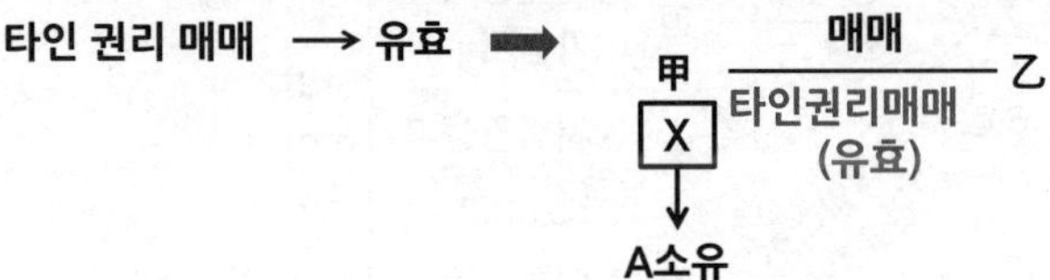

제567조(유상계약에의 준용) 본절의 규정은 매매 이외의 유상계약에 준용한다.

1. 서 설

제566조(매매계약의 비용의 부담) 매매계약에 관한 비용은 당사자 쌍방이 균분하여 부담한다.

제585조(동일기한의 추정) 매매의 당사자 일방에 대한 의무이행의 기한이 있는 때에는 상대방의 의무이행에 대하여도 동일한 기한이 있는 것으로 추정한다.

甲 ———— 乙
X 매매 대금의무
소유권의무 (기한X)
(6/15) (6/15)

제586조(대금지급장소) 매매의 목적물의 인도와 동시에 대금을 지급할 경우에는 그 인도장소에서 이를 지급하여야 한다.

2. 매매의 예약

제564조(매매의 일방예약) ① 매매의 일방예약은 상대방이 매매를 완결할 의사를 표시하는 때에 매매의 효력이 생긴다.

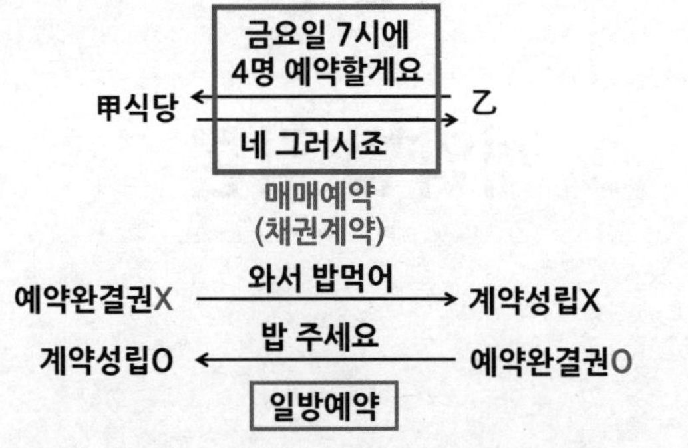

2. 매매의 예약

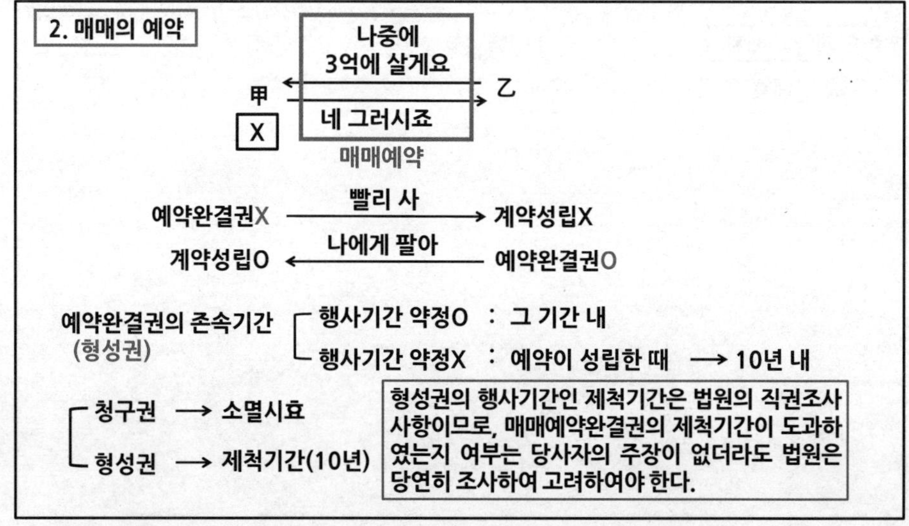

형성권의 행사기간인 제척기간은 법원의 직권조사 사항이므로, 매매예약완결권의 제척기간이 도과하였는지 여부는 당사자의 주장이 없더라도 법원은 당연히 조사하여 고려하여야 한다.

2. 계 약 금

제565조(해약금) ①매매의 당사자 일방이 계약 당시에 금전 기타 물건을 계약금, 보증금 등의 명목으로 상대방에게 교부한 때에는 당사자간에 다른 약정이 없는 한 당사자의 일방이 이행에 착수할 때까지 교부자는 이를 포기하고 수령자는 그 배액을 상환하여 매매계약을 해제할 수 있다.
②제551조의 규정(해제와 손해배상)은 전항의 경우에 이를 적용하지 아니한다.

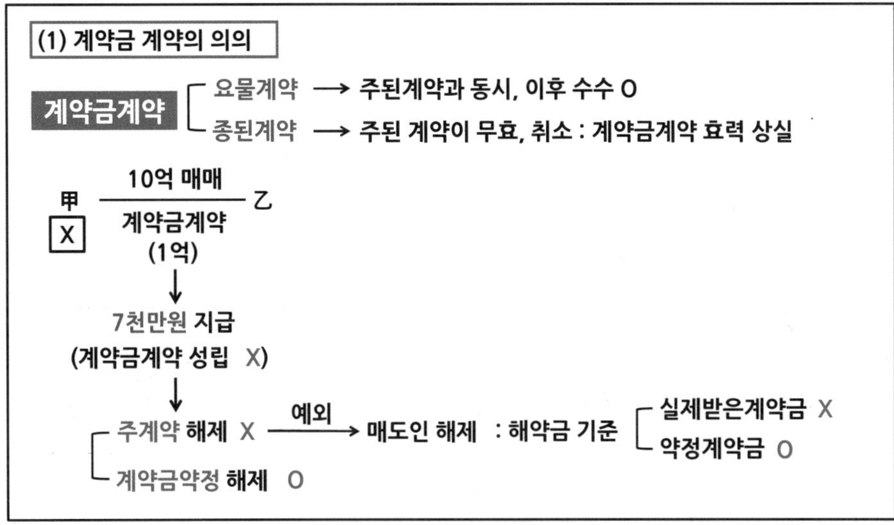

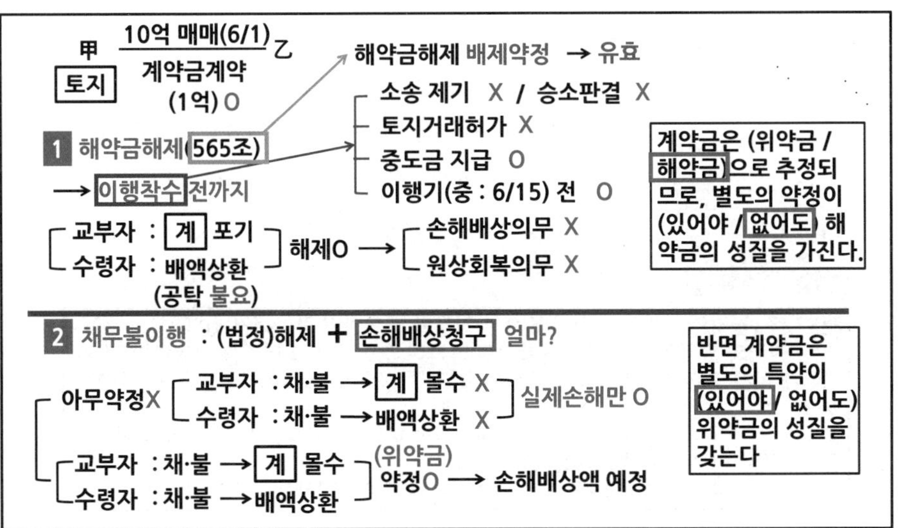

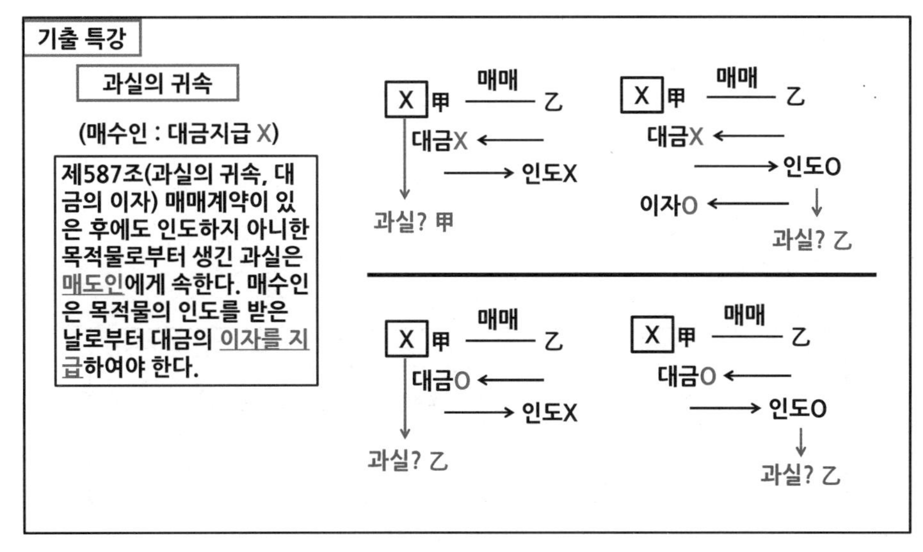

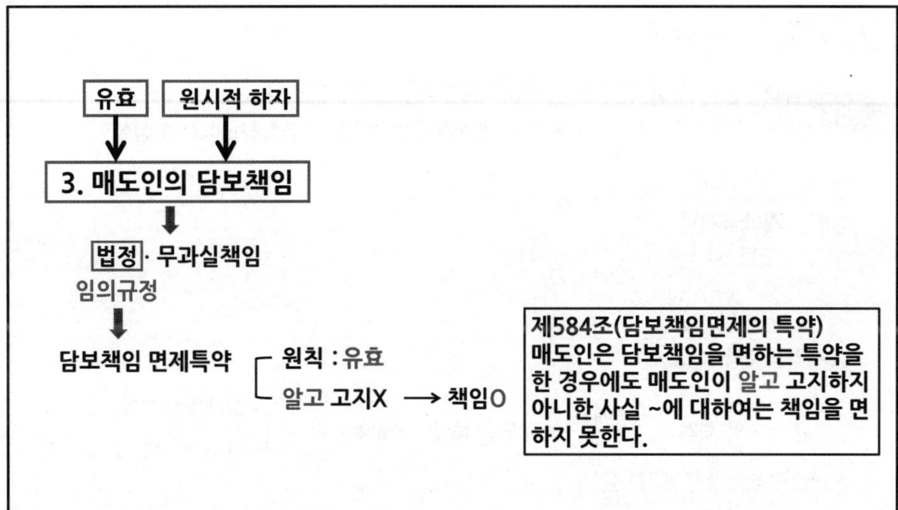

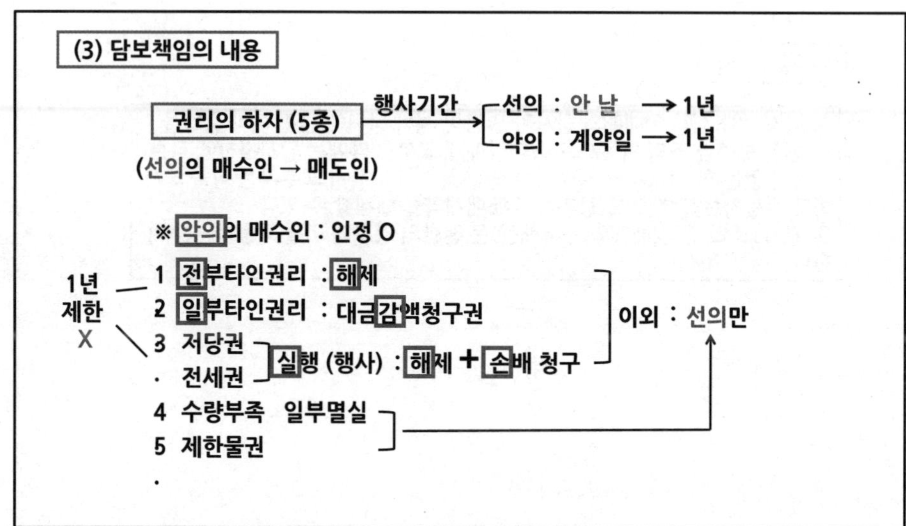

1) 권리의 하자에 대한 담보책임

① 권리의 전부가 타인에게 속하는 경우(전부타인권리매매)

(전부이전X)
매매
甲 X → A소유
타인권리매매
(유효)
乙
선의 : 해제 + 손배 청구
악의 : 해제

제569조(타인의 권리의 매매) 매매의 목적이 된 권리가 타인에게 속한 경우에는 / 매도인은 그 권리를 취득하여 매수인에게 이전하여야 한다.
제570조(동전-매도인의 담보책임) 전조의 경우에 매도인이 그 권리를 취득하여 매수인에게 이전할 수 없는 때에는 / 매수인은 계약을 해제할 수 있다. 그러나 매수인이 계약당시 그 권리가 매도인에게 속하지 아니함을 안 때에는 손해배상을 청구하지 못한다.

1) 권리의 하자에 대한 담보책임

② 권리의 일부가 타인에게 속하는 경우(일부타인권리매매)

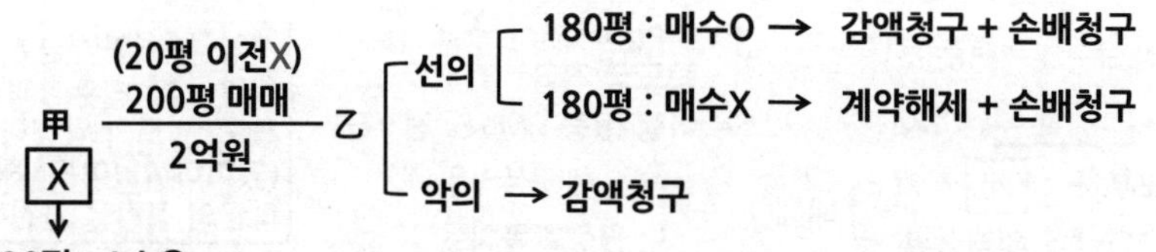

제572조(권리의 일부가 타인에게 속한 경우와 매도인의 담보책임) ① 매매의 목적이 된 권리의 일부가 타인에게 속함으로 인하여 매도인이 그 권리를 취득하여 매수인에게 이전할 수 없는 때에는 / 매수인은 그 부분의 비율로 대금의 감액을 청구할 수 있다.
② 전항의 경우에 잔존한 부분만이면 매수인이 이를 매수하지 아니하였을 때에는 선의의 매수인은 계약전부를 해제할 수 있다.
③ 선의의 매수인은 감액청구 또는 계약해제 외에 손해배상을 청구할 수 있다.

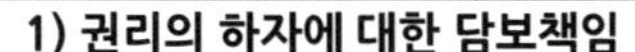

② 권리의 일부가 타인에게 속하는 경우(일부타인권리매매)

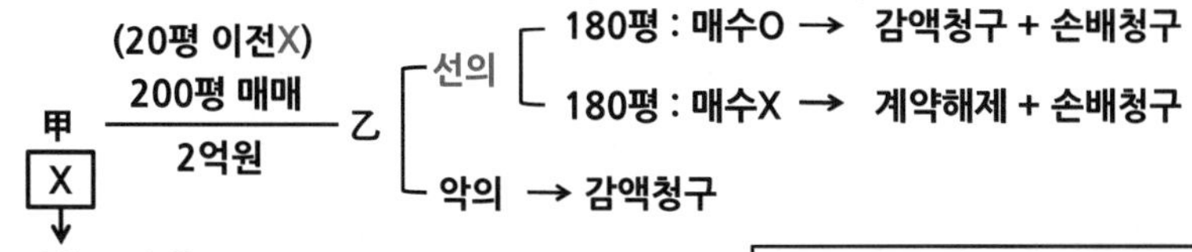

③ 수량부족 / 일부멸실 (제574조)

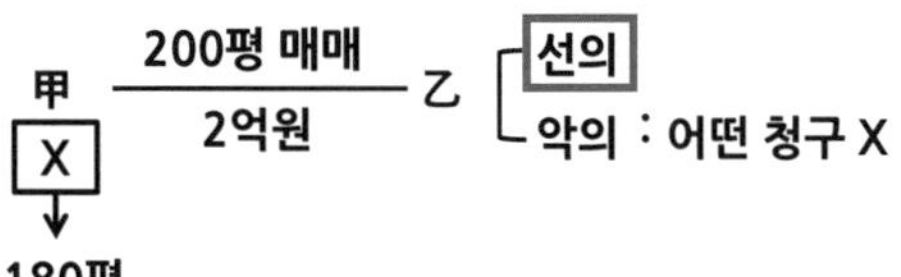

제574조(수량부족, 일부멸실의 경우와 매도인의 담보책임) 전2조의 규정은 수량을 지정한 매매의 목적물이 부족되는 경우와 매매목적물의 일부가 계약당시에 이미 멸실된 경우에 / 매수인이 그 부족 또는 멸실을 알지 못한 때에 준용한다.

1) 권리의 하자에 대한 담보책임

④ 제한물권 있는 경우(제575조)

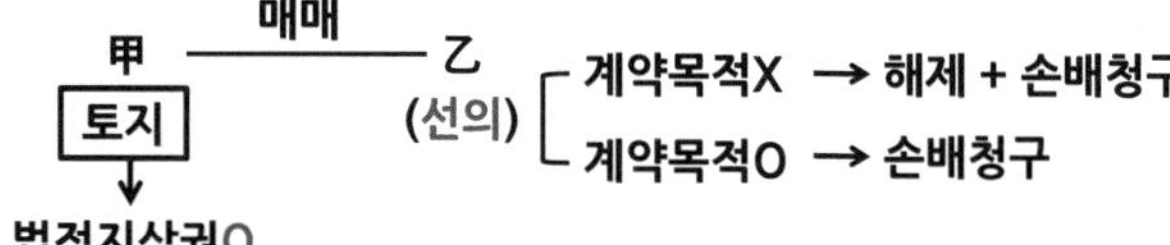

제575조(제한물권 있는 경우와 매도인의 담보책임) ① 매매의 목적물이 지상권, 지역권, 전세권, 질권 또는 유치권의 목적이 된 경우에 / 매수인이 이를 알지 못한 때에는 이로 인하여 계약의 목적을 달성할 수 없는 경우에 한하여 매수인은 계약을 해제할 수 있다. 기타의 경우에는 손해배상만을 청구할 수 있다.

1) 권리의 하자에 대한 담보책임

⑤ 저당권·전세권 행사(제576조)

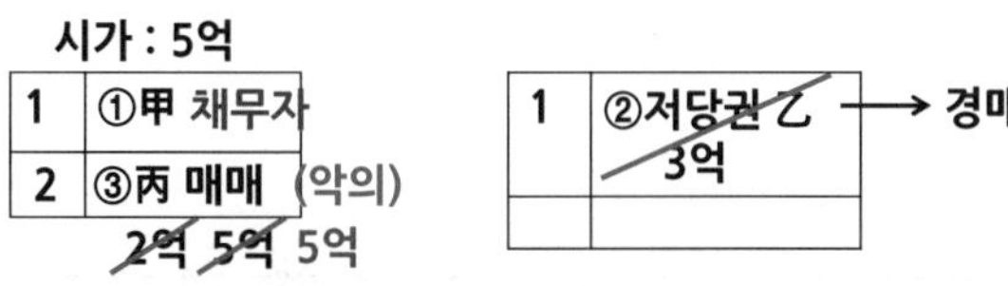

제576조(저당권, 전세권의 행사와 매도인의 담보책임) ① 매매의 목적이 된 부동산에 설정된 저당권 또는 전세권의 행사로 인하여 매수인이 그 소유권을 취득할 수 없거나 취득한 소유권을 잃은 때에는 매수인은 계약을 해제할 수 있다.
② 전항의 경우에 매수인의 출재로 그 소유권을 보존한 때에는 매도인에 대하여 그 상환을 청구할 수 있다.
③ 전2항의 경우에 매수인이 손해를 받은 때에는 그 배상을 청구할 수 있다.

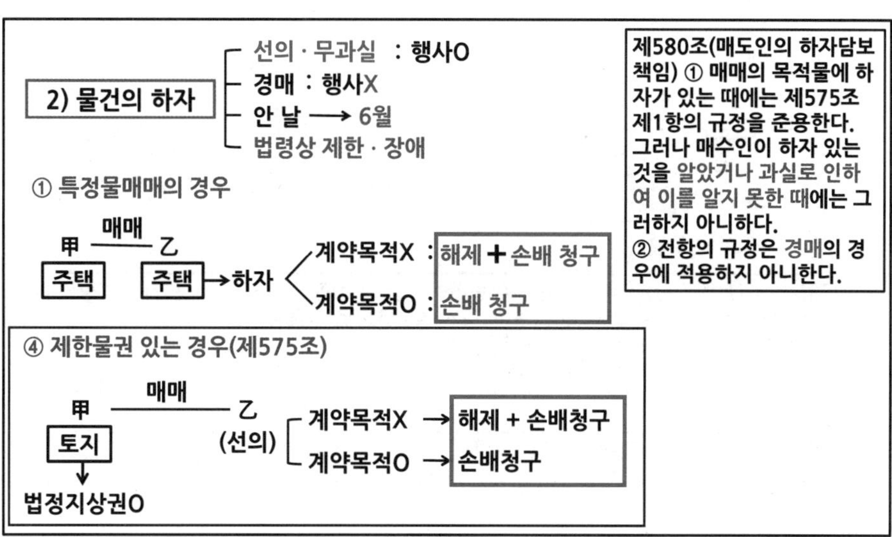

제580조(매도인의 하자담보책임) ① 매매의 목적물에 하자가 있는 때에는 제575조 제1항의 규정을 준용한다. 그러나 매수인이 하자 있는 것을 알았거나 과실로 인하여 이를 알지 못한 때에는 그러하지 아니하다.
② 전항의 규정은 경매의 경우에 적용하지 아니한다.

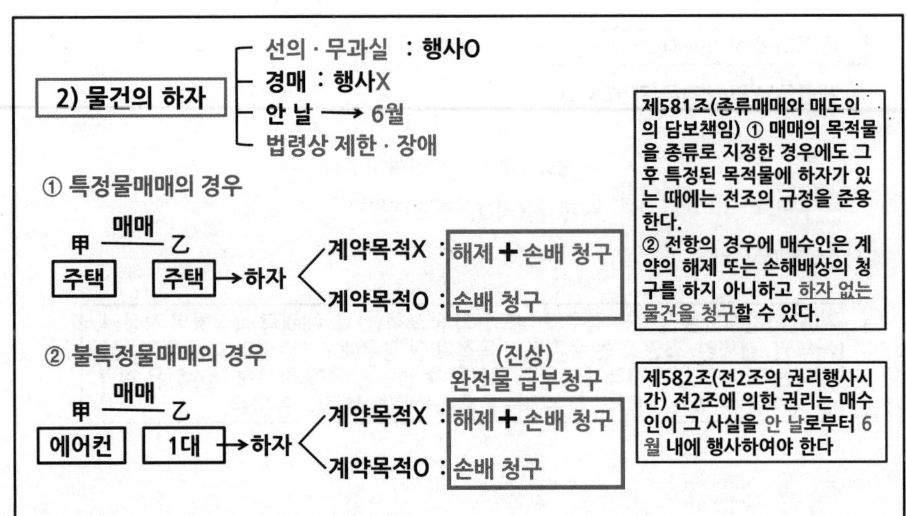

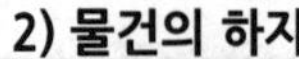

건축을 목적으로 매매된 토지에 대하여 건축허가를 받을 수 없어 건축이 불가능한 경우, 위와 같은 법률적 제한 내지 장애 역시 매매 목적물의 하자에 해당한다.
특정물의 경우에 하자의 존부는 매매계약 성립시를 기준으로 판단한다.

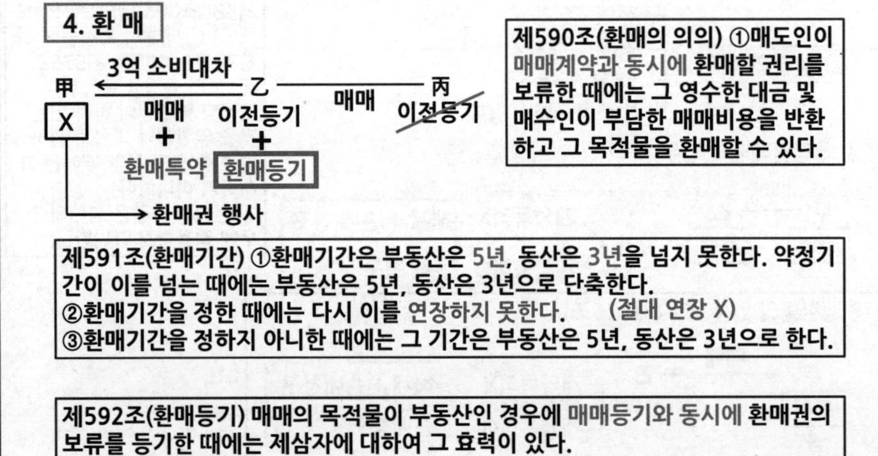

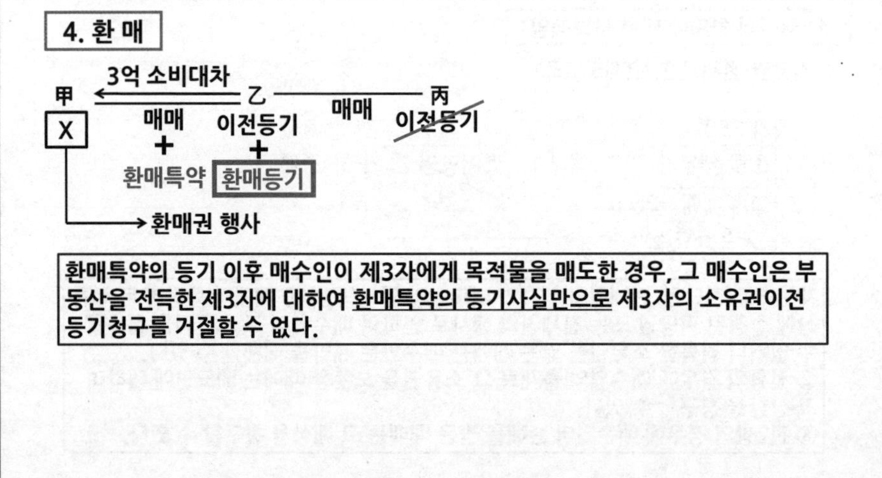

02. 교 환

제596조(교환의 의의) 교환은 당사자 쌍방이 금전 이외의 재산권을 상호이 전할 것을 약정함으로써 그 효력이 생긴다.

03. 민법상의 임대차

1. 임대차의 의의와 법적성질

(1) 의 의

제618조(임대차의 의의) 임대차는 당사자 일방이 상대방에게 목적물을 사용, 수익하게 할 것을 약정하고 상대방이 이에 대하여 차임을 지급할 것을 약정함으로써 그 효력이 생긴다.

(2) 부동산임차권의 대항력

제621조(임대차의 등기) ①부동산임차인은 당사자간에 반대약정이 없으면 임대인에 대하여 그 임대차등기절차에 협력할 것을 청구할 수 있다.
②부동산임대차를 등기한 때에는 그때부터 제삼자에 대하여 효력이 생긴다.

제622조(건물등기있는 차지권의 대항력) ①건물의 소유를 목적으로 한 토지임대차는 이를 등기하지 아니한 경우에도 임차인이 그 지상건물을 등기한 때에는 제삼자에 대하여 (토지)임대차의 효력이 생긴다.

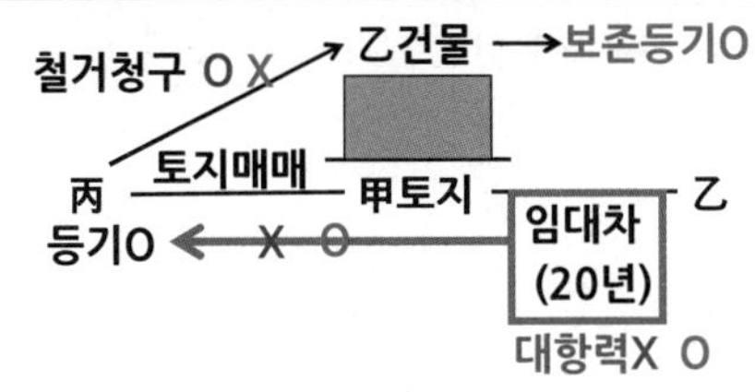

2. 임대차의 존속기간

(1) 존속기간을 약정한 경우

기간약정 ↓ 유효

	최장기간 제한	최단기간 제한	차임연체시 해지
민법상 임대차	X	X	2기
주 임 법	X	2년	X
상 임 법	X	1년	3기

2기

2. 임대차의 존속기간

(2) 존속기간의 약정이 없는 경우

제635조(기간의 약정 없는 임대차의 해지통고) ①임대차기간의 약정이 없는 때에는 당사자는 언제든지 계약해지의 통고를 할 수 있다.
②상대방이 전항의 통고를 받은 날로부터 다음 각호의 기간이 경과하면 해지의 효력이 생긴다.
1. 토지, 건물 기타 공작물에 대하여는 임대인이 해지를 통고한 경우에는 6월, 임차인이 해지를 통고한 경우에는 1월
2. 동산에 대하여는 5일

3. 임대차의 효력

(1) 임대인의 권리와 의무

1) 임대인의 권리

⟶ 차임지급 청구권

2) 임대인의 의무

제623조(임대인의 의무) 임대인은 목적물을 임차인에게 인도하고 계약 존속 중 그 사용, 수익에 필요한 상태를 유지하게 할 의무를 부담한다.

(2) 임차인의 권리와 의무

1) 임차인의 권리 도둑놈도 비용 청구 O

	법적 성격	유치권	채·불 임차인	일시사용 임차인	행사 기간
비용 상환청구권 (모든 임차인)	임의 규정	O	O	O	6월 내
부속물 매수청구권 (건물 임차인)	강행 규정	X	X	X	X
지상물 매수청구권 (토지 임차인)					

유치권 X ⟶ 보 권 복 지 부 매 신

① 비용상환청구권 (임의규정)

제626조(임차인의 상환청구권) ①임차인이 임차물의 보존에 관한 필요비를 지출한 때에는 임대인에 대하여 그 상환을 청구할 수 있다.
②임차인이 유익비를 지출한 경우에는 임대인은 임대차종료시에 그 가액의 증가가 현존한 때에 한하여 임차인의 지출한 금액이나 그 증가액을 상환하여야 한다. 이 경우에 법원은 임대인의 청구에 의하여 상당한 상환기간을 허여할 수 있다.

비용상환청구권 배제(포기)약정 : 유효 ⟶ 유치권 X
(임대차 종료시 원상복구 약정)

기출 특강

비용상환청구권

증축 → 독립성X [부속물매수청구권 X / 비용상환청구권 O → 임의규정

건물 임차인이 자신의 비용을 들여 증축한 부분을 임대인 소유로 귀속시키기로 하는 약정은 특별한 사정이 없는 한 유효하므로, 그 약정이 부속물매수청구권을 포기하는 약정으로서 강행규정에 반하여 무효라고 할 수 없고 또한 그 증축 부분의 원상회복이 불가능하다고 해서 유익비의 상환을 청구할 수도 없다.

② 부속물매수청구권

객관적 편익 (임차인의 특수목적 : 매수청구 X)
독립성 (기존건물의 구성부분 : 매수청구 X)

제646조(임차인의 부속물매수청구권) ①건물 기타 공작물의 임차인이 그 사용의 편익을 위하여 임대인의 동의를 얻어 이에 부속한 물건이 있는 때에는 임대차의 종료시에 임대인에 대하여 그 부속물의 매수를 청구할 수 있다.
②임대인으로부터 매수한 부속물에 대하여도 전항과 같다.

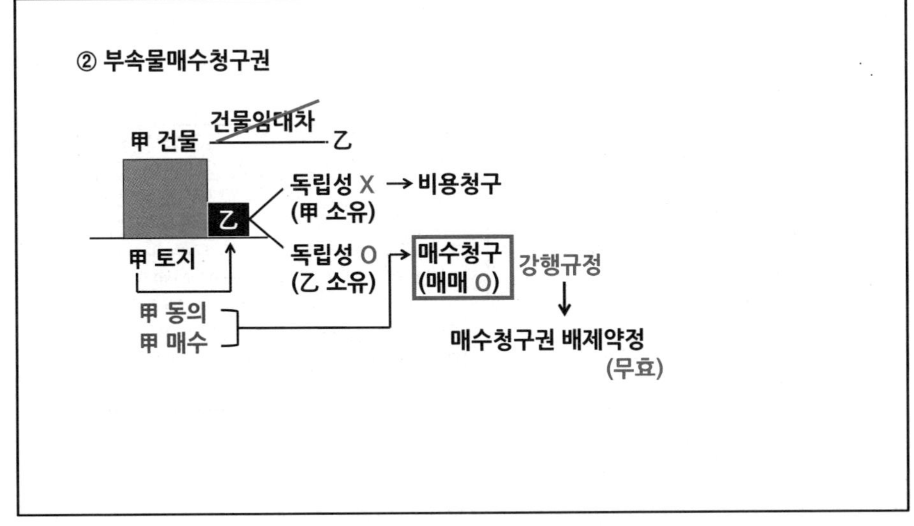

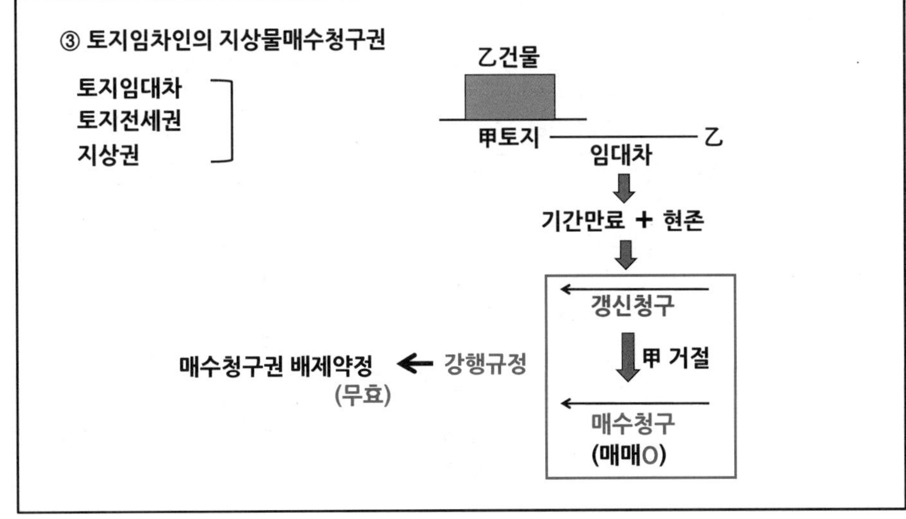

(2) 임차인의 의무

제640조(차임연체와 해지) 건물 기타 공작물의 임대차에는 임차인의 차임연체액이 2기의 차임액에 달하는 때에는 임대인은 계약을 해지할 수 있다.

제641조(동전) 건물 기타 공작물의 소유 또는 식목, 채염, 목축을 목적으로 한 토지임대차의 경우에도 전조의 규정을 준용한다.

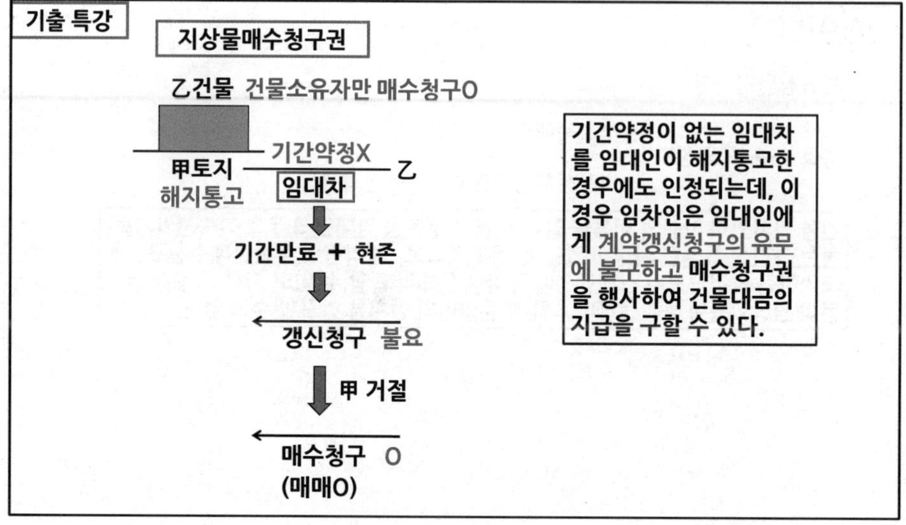

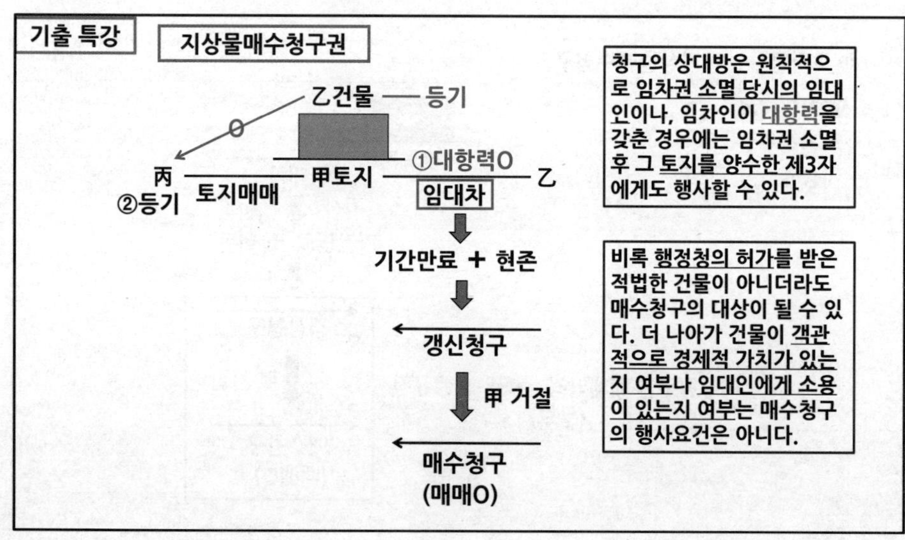

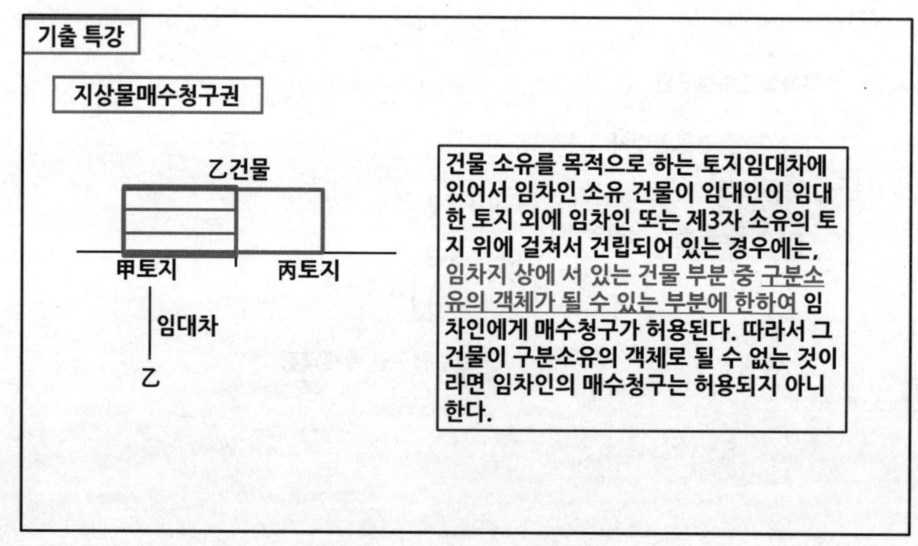

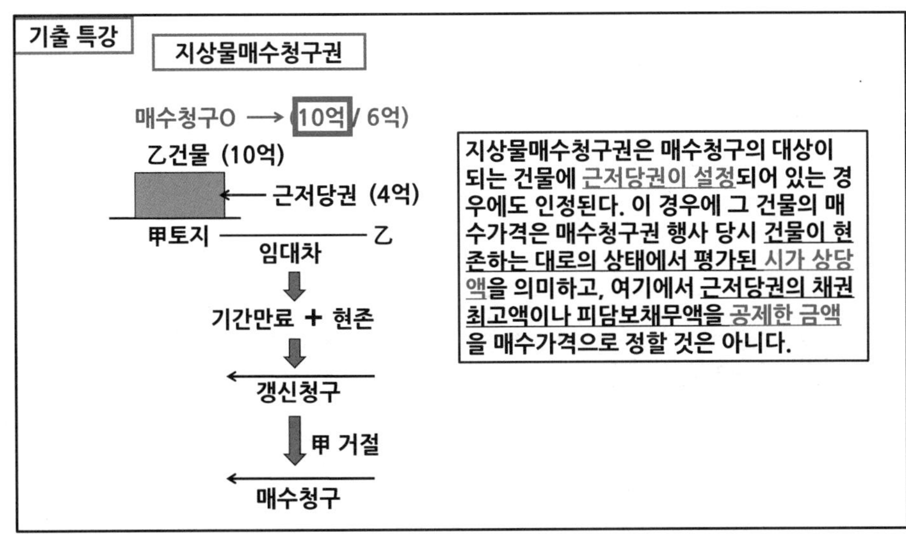

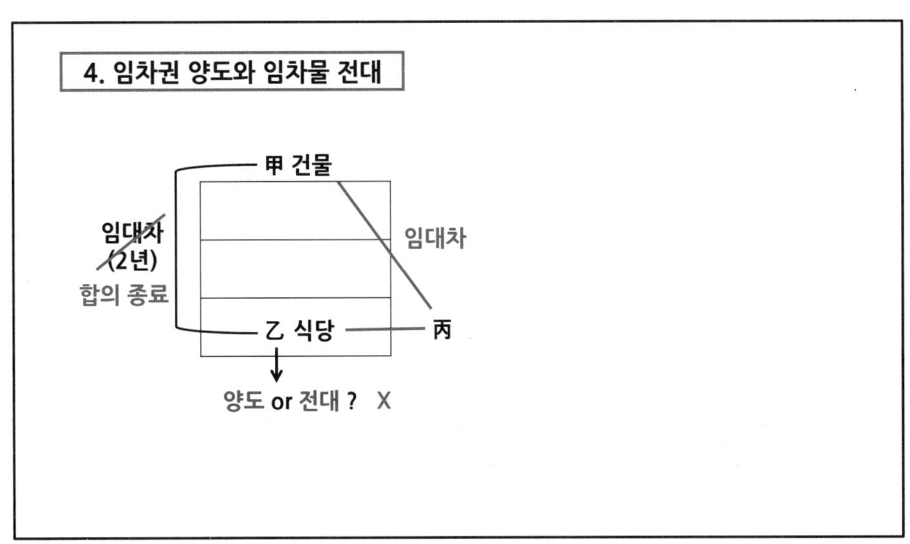

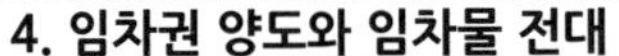

제629조(임차권의 양도, 전대의 제한) ①임차인은 임대인의 동의없이 그 권리를 양도하거나 임차물을 전대하지 못한다.
②임차인이 전항의 규정에 위반한 때에는 임대인은 계약을 해지할 수 있다.

동의O - 임차권 양도

동의O - 임차물 전대

동의X - 양도 전대

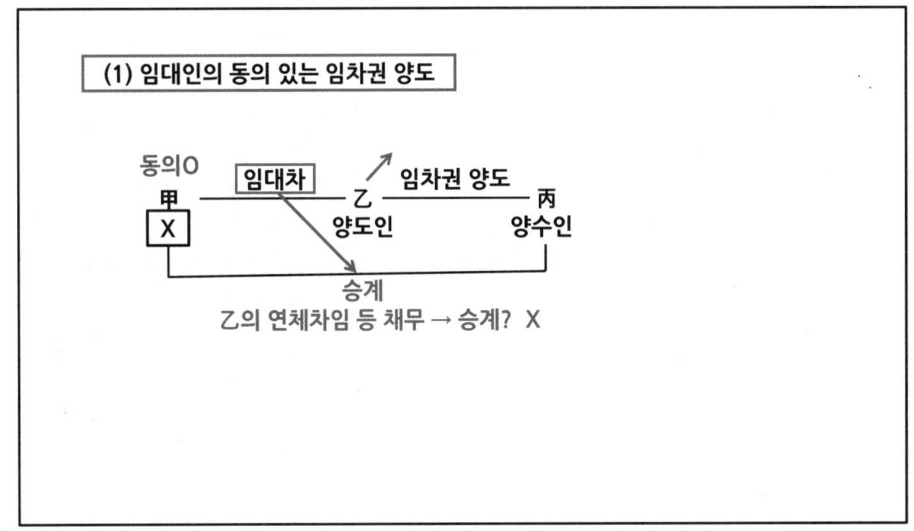

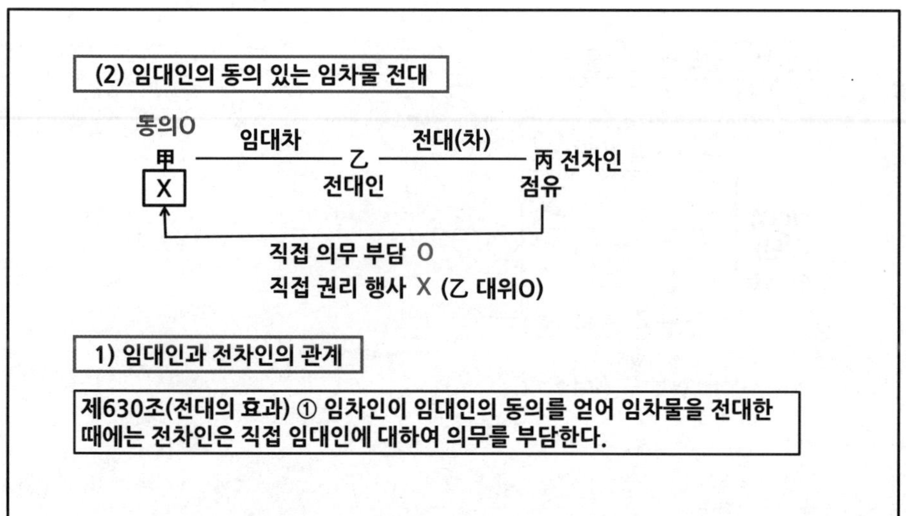

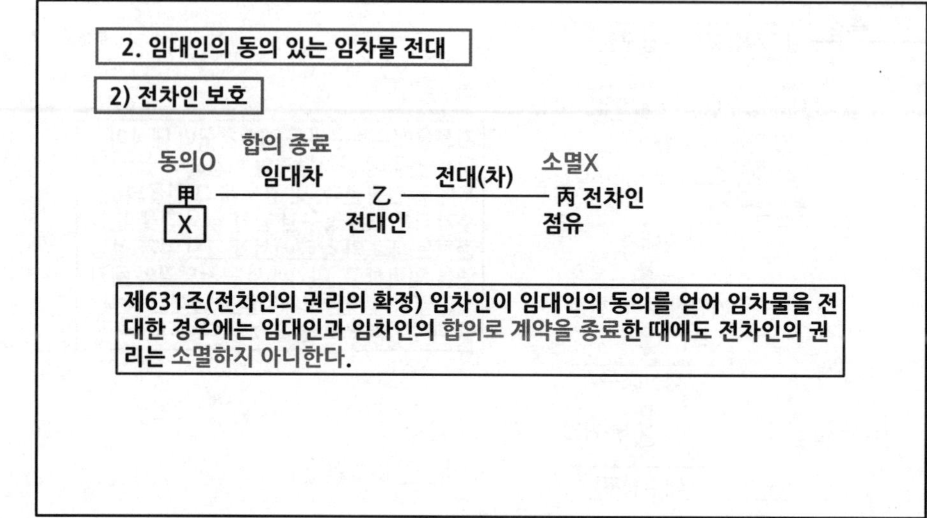

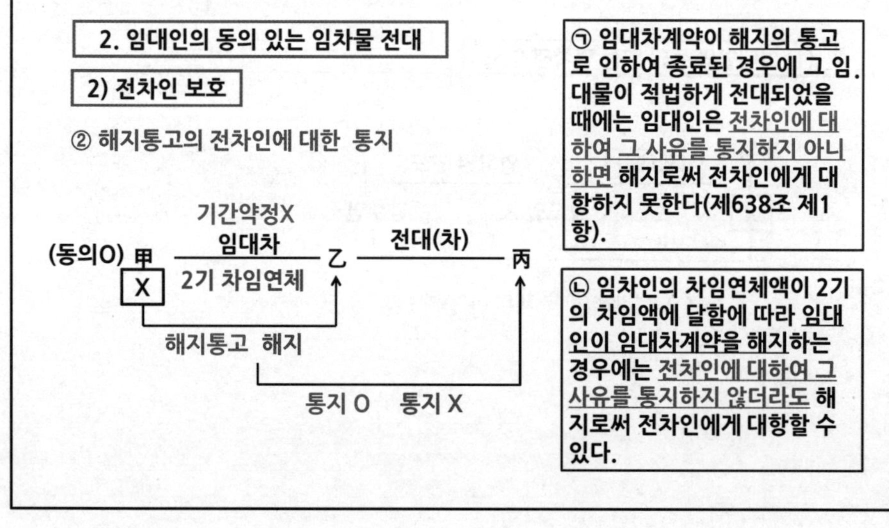

2. 임대인의 동의 있는 임차물 전대

2) 전차인 보호

③임대차와 전대차가 모두 종료한 후에 전차인이 임대인에게 목적물을 직접 반환하면 전대인에 대한 목적물반환의무를 면한다.

④ 적법한 건물전차인이 그 사용의 편익을 위하여 임대인의 동의를 얻어 이에 부속한 물건이 있는 때에는 전대차의 종료시에 임대인에 대하여 그 부속물의 매수를 청구할 수 있다

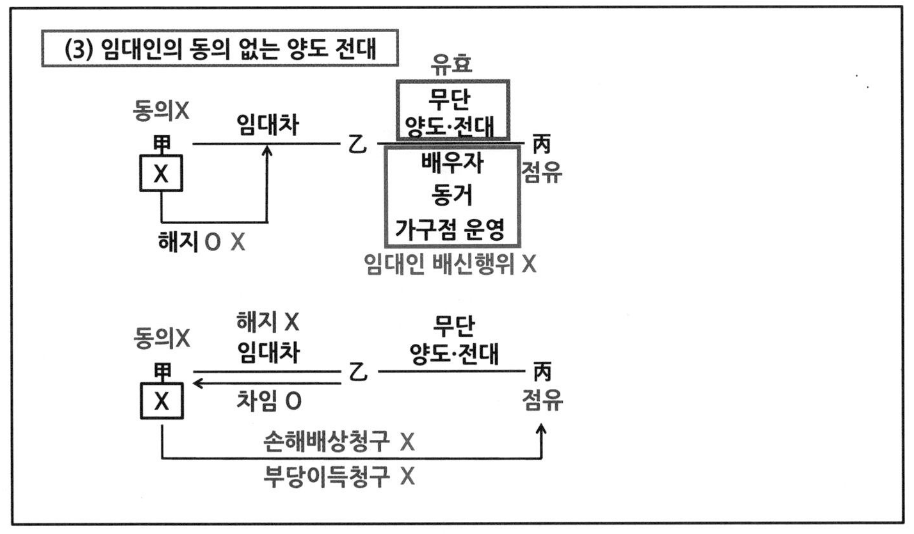

민사특별법

1. 주택임대차보호법
2. 상가건물임대차보호법
3. 집합건물의 소유 및 관리에 관한 법률
4. 가등기담보 등에 관한 법률
5. 부동산 실권리자명의 등기에 관한 법률

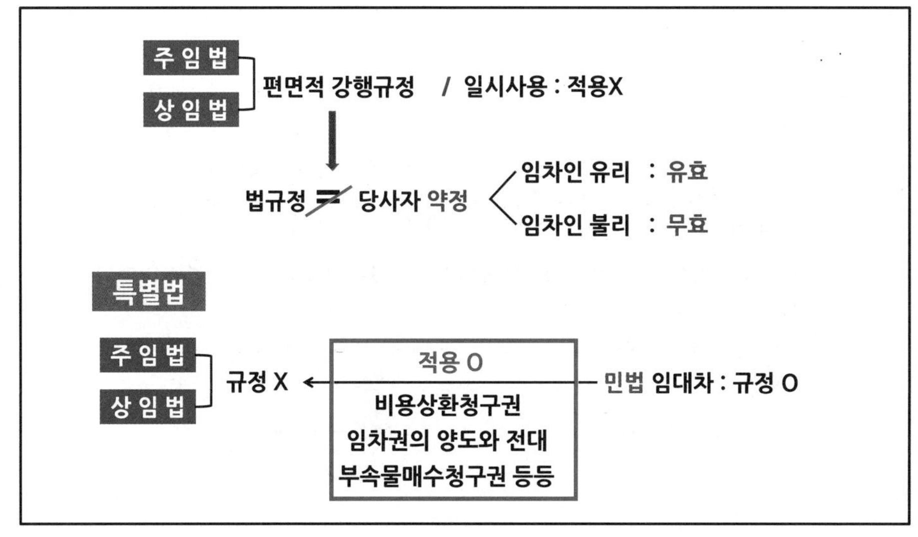

적용범위

- 주 임 법 → 모든 주택임대차에 다 적용된다
- 상 임 법 → 모든 상가임대차에 다 적용되는 것은 아니다
  - 사업자등록 O
  - 환산보증금 제한 O → 서울 : 9억원
    - 이하 : 전부 적용
    - 초과 : 일부 적용

(월세 X 100) + 보증금

제 1 장

주택임대차보호법

1. 주택임대차보호법의 적용범위

(1) 물적 범위

① 동법은 주거용 건물의 전부 또는 일부에 대한 임대차에 적용된다. 주거용 건물에 해당하는지 여부는 임대차 목적물의 공부상의 표시만을 기준으로 할 것이 아니라 그 실제적인 용도에 따라 정해야 한다.

② 임차주택의 일부가 주거 외의 목적으로 사용되는 경우에도 그 전부에 대하여 동법이 적용된다.

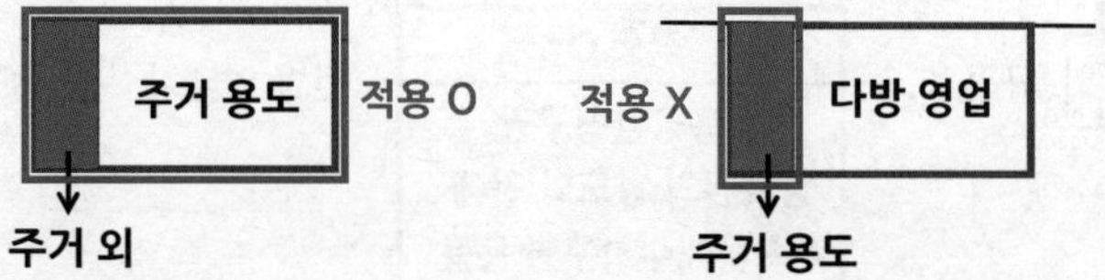

주거 용도 적용 O / 주거 외

적용 X 다방 영업 / 주거 용도

1. 주택임대차보호법의 적용범위

(1) 물적 범위

③
- 채권적 전세 : 적용 O
- 일시사용을 위한 임대차 : 적용 X

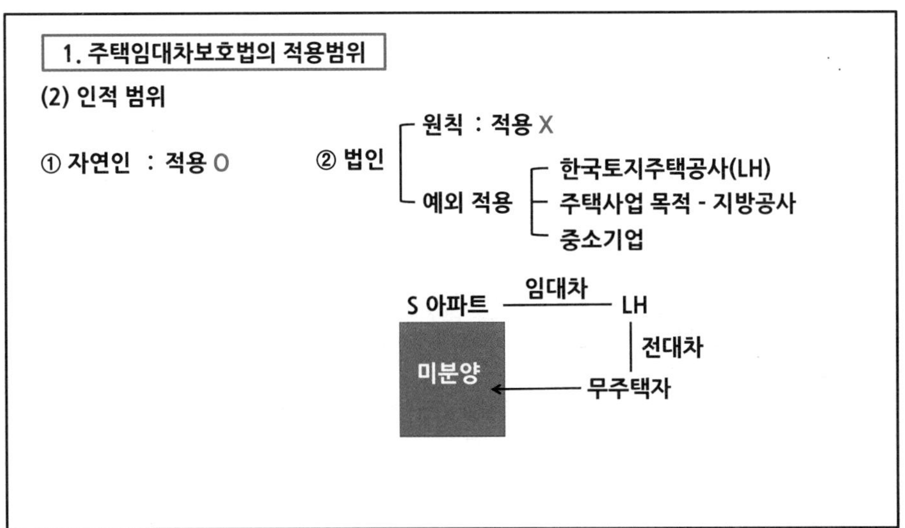

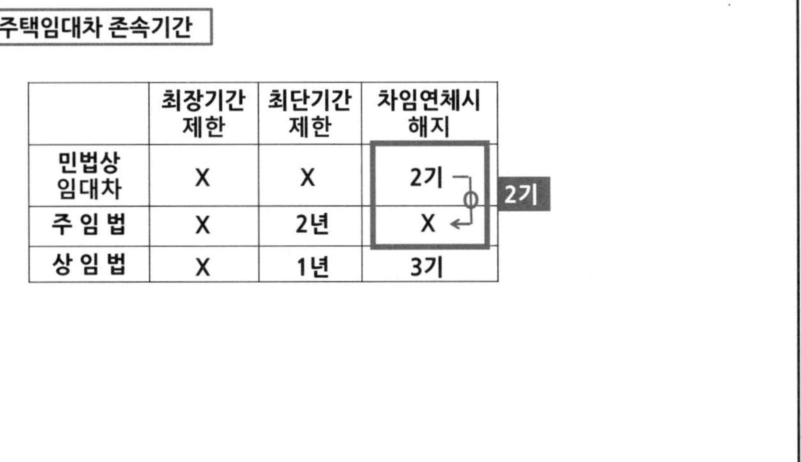

2. 주택임대차 존속기간

	최장기간 제한	최단기간 제한	차임연체시 해지
민법상 임대차	X	X	2기
주 임 법	X	2년	X
상 임 법	X	1년	3기

2. 주택임대차 존속기간

(1) 1) 기간을 정하지 아니하거나 2년 미만으로 정한 임대차는 그 기간을 2년으로 본다. 다만, 임차인은 2년 미만으로 정한 기간이 유효함을 주장할 수 있다.

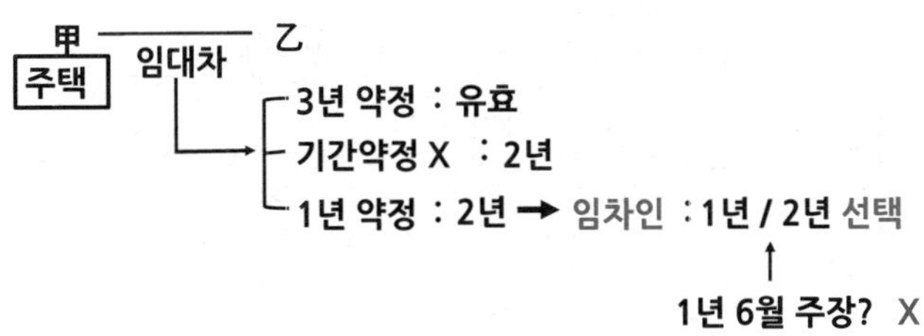

2) 임대차가 종료한 경우에도 임차인이 보증금을 돌려받을 때까지는 임대차 관계는 존속하는 것으로 본다.

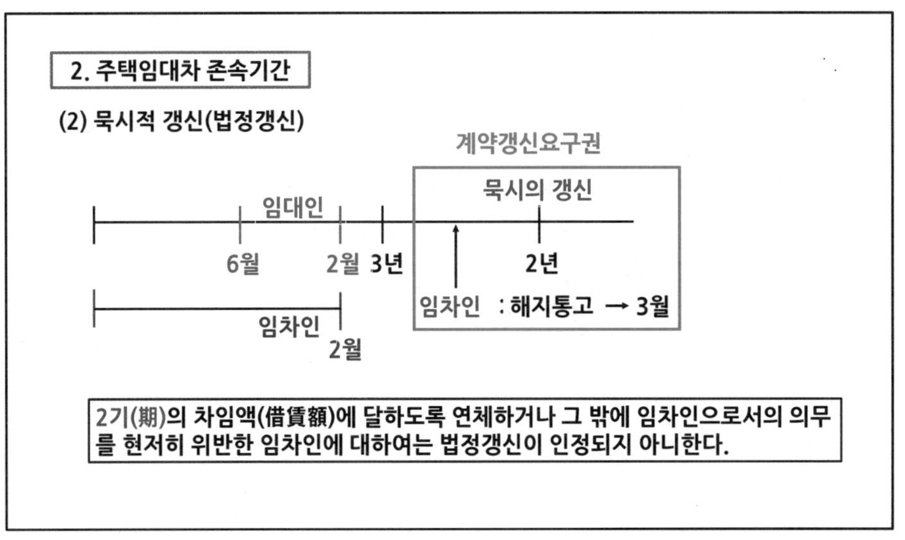

2. 주택임대차 존속기간

(3) 계약갱신요구권

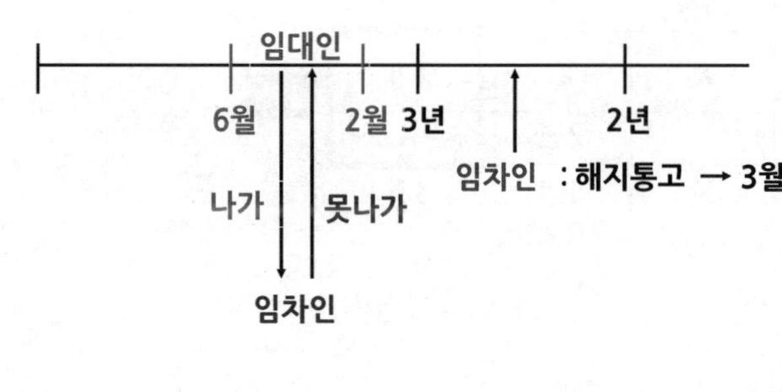

2. 주택임대차 존속기간

(3) 계약갱신요구권

甲 ~~임대차~~ 乙

(2년/6억)

주택

10억

18억

② 임차인은 계약갱신요구권을 1회에 한하여 행사할 수 있다.
이 경우 갱신되는 임대차의 존속기간은 2년으로 본다.

③ 갱신되는 임대차는 전 임대차와 동일한 조건으로 다시 계약된 것으로 본다.
다만, 차임과 보증금은 20분의 1(5%) 범위에서 증감할 수 있다.

2. 주택임대차 존속기간

(3) 계약갱신요구권

① 임대인은 임차인이 임대차기간이 끝나기 6개월 전부터 2개월 전까지의 기간 이내에 계약갱신을 요구할 경우 정당한 사유 없이 거절하지 못한다.

다만, 다음 각 호의 어느 하나에 해당하는 경우에는 그러하지 아니하다.

포실 타고난 대철
부추 2합보쌈 일부 전멸중

임대인의 계약갱신요구 거절사유

포실 타고난 대철
부추 2합보쌈 일부 전멸중

1. 임차인이 2기의 차임액에 해당하는 금액에 이르도록 차임을 연체한 사실이 있는 경우
2. 임차인이 거짓이나 그 밖의 부정한 방법으로 임차한 경우
3. 서로 합의하여 임대인이 임차인에게 상당한 보상을 제공한 경우
4. 임차인이 임대인의 동의 없이 목적 주택의 전부 또는 일부를 전대(轉貸)한 경우
5. 임차인이 임차한 주택의 전부 또는 일부를 고의나 중대한 과실로 파손한 경우
6. 임차한 주택의 전부 또는 일부가 멸실되어 임대차의 목적을 달성하지 못할 경우
7. 임대인이 다음 각 목의 어느 하나에 해당하는 사유로 목적 주택의 전부 또는 대부분을 철거하거나 재건축하기 위하여 목적 주택의 점유를 회복할 필요가 있는 경우
가. 임대차계약 체결 당시 공사시기 및 소요기간 등을 포함한 철거 또는 재건축 계획을 임차인에게 구체적으로 고지하고 그 계획에 따르는 경우
나. 건물이 노후·훼손 또는 일부 멸실되는 등 안전사고의 우려가 있는 경우
다. 다른 법령(타법령)에 따라 철거 또는 재건축이 이루어지는 경우
8. 임대인(임대인의 직계존속·직계비속을 포함한다)이 목적 주택에 실제 거주하려는 경우
9. 그 밖에 임차인이 임차인으로서의 의무를 현저히 위반하거나 임대차를 계속하기 어려운 중대한 사유가 있는 경우

2. 주택임대차 존속기간

(3) 계약갱신요구권

甲 —임대차 (2년/6억)— 乙
주택
10억
18억

④ 계약갱신요구에 따라 계약이 갱신된 경우,
임차인은 언제든지 임대인에게 계약해지(契約解止)를 통지할 수 있으며,
임대인이 그 통지를 받은 날부터 3개월이 지나면 그 효력이 발생한다.

⑤ 임대인이 제1항 제8호의 사유(목적 주택에 실제 거주하려는 경우)로
갱신을 거절하였음에도 불구하고 ~~
정당한 사유 없이 제3자에게 목적 주택을 임대한 경우,
임대인은 갱신거절로 인하여 임차인이 입은 손해를 배상하여야 한다.

3. 임차권등기명령제도

임대차가 끝난 후 보증금이 반환되지 아니한 경우 임차인은 임차권등기를 신청할 수 있다.

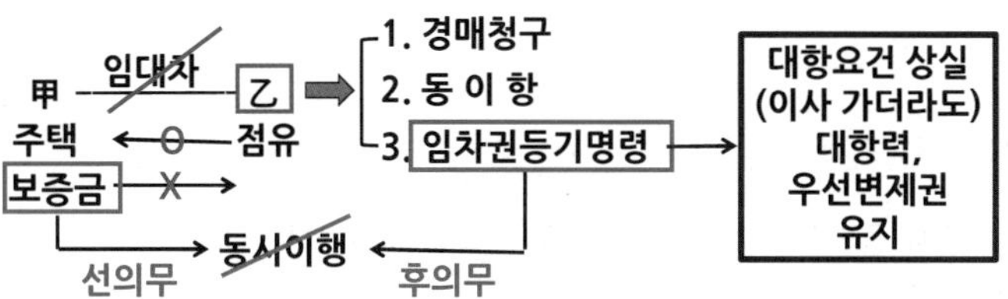

임차권등기명령 후 임차한 소액임차인 → 최우선변제권 X

※ 주택임대차보호법에 의한 임차인의 3권리

- 대 항 력 → 신소유자(매수인, 경락인) 등 제3자에게 주장하는 권리
- 우선변제권 → 경매에서 돈 받는 순서

경매 배당순위

제0순위	경매실행비용
제1순위	저당부동산의 **제3취득자의** 비용상환청구권
제2순위 (최우선변제권)	·주택임대차보호법, 상가건물임대차보호법의 소액보증금 중 일정액 ·근로기준법상 최종 3월분 임금채권 및 최종 3년분 퇴직금채권 등
제3순위	당해세 (집행의 목적물에 대하여 부과된 국세·지방세)
제4순위 (우선변제권)	·당해세를 제외한 국세·지방세 ·저당권·전세권 등에 의해 담보된 채권 ·우선변제권 있는 주택임대차보호법, 상가건물임대차보호법의 보증금 등
제5순위	일반임금채권
제6순위	각종 공과금(의료보험료·산재보험료 등)
제7순위	일반채권

※ 주택임대차보호법에 의한 임차인의 3권리

대 항 력 신소유자(매수인, 경락인) 등 제3자에게 주장하는 권리
(소유자 변경시 나가냐? 안나가냐?)

1. 대항력 인정 여부 : 물권 O / 채권 X

2. 대항력을 갖추어야 할 시기

- 매매 등 ⟶ 양수인 등기보다 대항력이 빨라야 !
- 경 매 ⟶ 말소기준권리(최선순위 저당권 등)보다 대항력이 빨라야 !

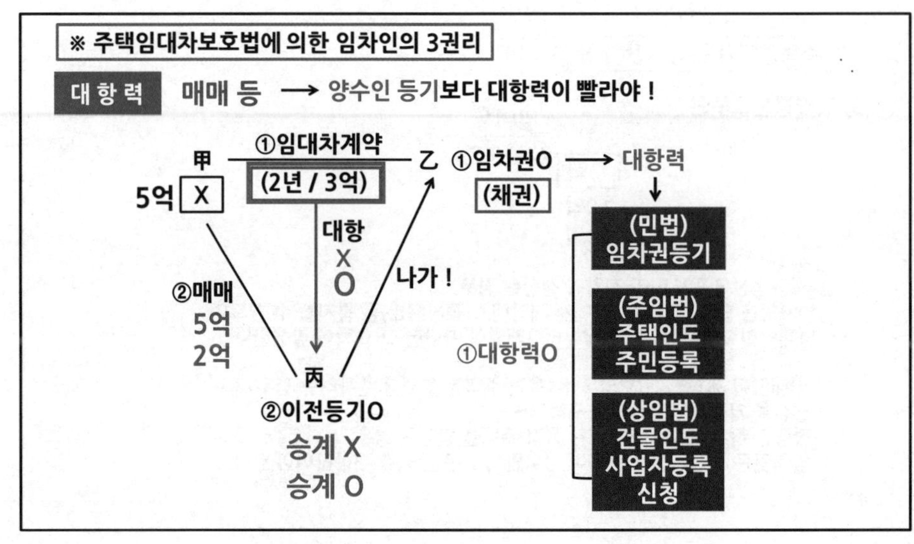

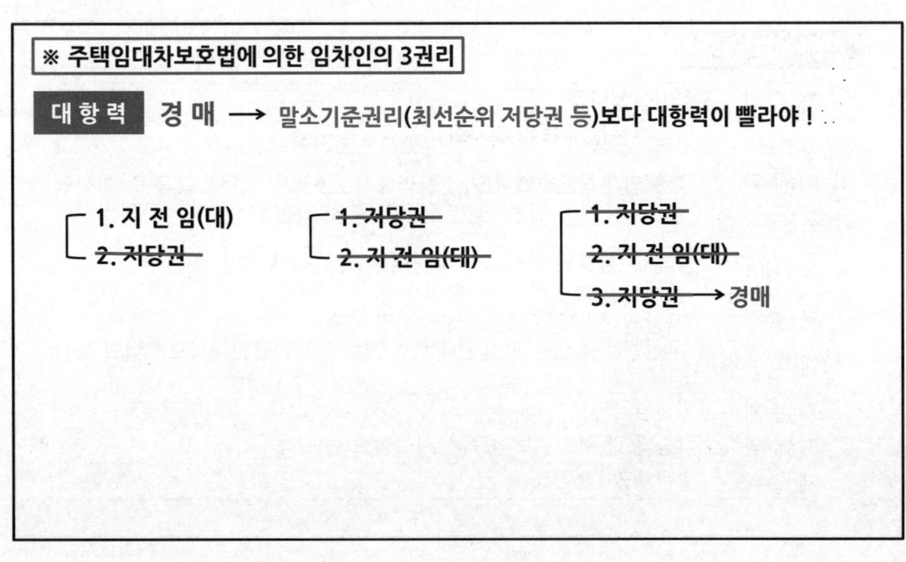

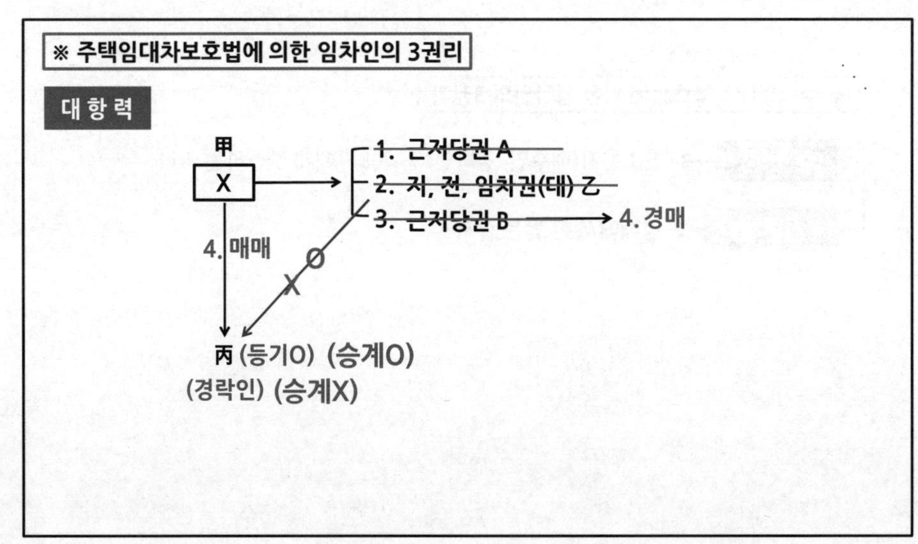

※ 주택임대차보호법에 의한 임차인의 3권리

주택임차인 3권리

권 리	요 건
대항력	주택인도 + 주민등록
우선변제권	대항요건 + 확정일자
최우선변제권	소액보증금 + 대항요건

※ 주택임대차보호법에 의한 임차인의 3권리

	요 건	시 기
우선 변제권	① 대항요건 ② 확정일자	대항요건 + 확정일자 vs 저당권 4/5 (4/6) 4/5 < 4/5 4/5 (4/6) 4/1 > 4/6 4/5 (4/6) 4/10 = 4/10
(최)우선 변제권	① 소액보증금 (월차임X) ② 대항요건	대항력 발생시기가 경매신청등기 전이어야 인정된다

사례 1

乙이 경락받은 甲 주택의 권리관계
~~1. 근저당권 A~~ (4월 1일)
~~2. 주택임차인 B (주택 인도·전입신고일 : 5월 1일~~, 확정일자 X)
~~3. 근저당권 C~~ (6월 1일)
4. 주택임차인 B : 확정일자 O (7월 1일)

1. 주택임차인 B의 대항력 인정여부?
   B는 말소기준권리인 A의 근저당권보다 대항력을 늦게 취득하였으므로 경매시 매수인 乙에게 대항할 수 없다.
2. 배당순서 : ① A ② C ③ B
3. B가 보증금 전액을 변제받지 못하였을 경우, 주택임차인 B는 매수인 乙에게 대항할 수 있는가? X

사례 2

乙이 경락받은 甲 주택의 권리관계
1. 주택임차인 B (주택 인도·전입신고일 : 5월 1일, 확정일자 X)
~~2. 근저당권 A~~ (6월 1일)
3. 주택임차인 B : 확정일자 O (7월 1일)

1. 주택임차인 B의 대항력 인정여부? 대항력 O (말소기준권리인 A의 근저당권보다 대항력을 빨리 취득하였으므로)
2. 경매시 B는 매수인 乙에게 자신의 대항력을 주장하여 남은 기간 동안 거주하다가 기간 종료시 乙에게 보증금을 받고 나갈 수 있다.

4. 주택임대권의 대항력

(1) 대항력의 발생

① 주택의 임대차는 그 등기가 없는 경우에도 임차인이 주택의 인도와 주민등록을 마친 때에는 그 다음 날부터 제3자에 대하여 효력이 생긴다. 이 경우 전입신고한 때 주민등록을 한 것으로 본다.

② 주택의 점유와 주민등록은 대항력의 취득요건이자 존속요건이므로, 대항력의 존속을 위해서는 주택의 점유와 주민등록은 계속 존속되고 있어야 한다.

※ 집주인 : (임차인) 주소 하루만 빼주세요!!!

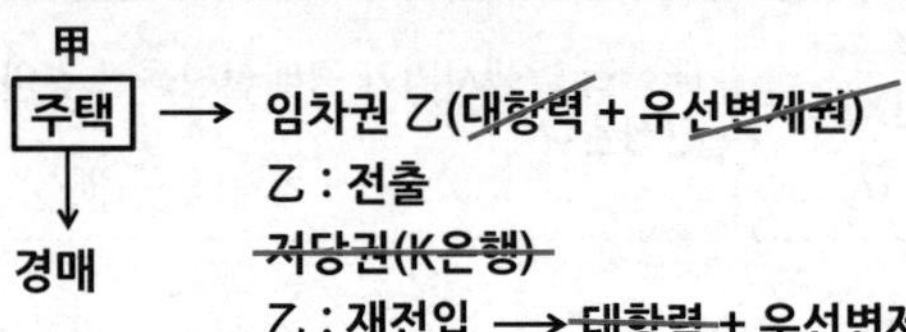

4. 주택임대권의 대항력

(2) 대항력 발생요건

1) 주택인도

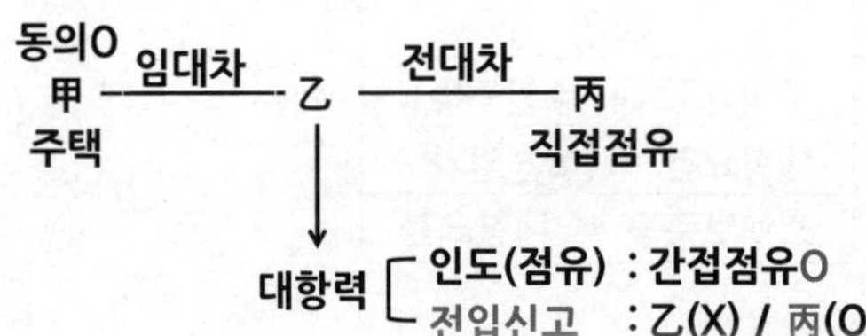

임대인의 승낙을 받아 임차주택을 전대하고 그 전차인이 주택을 인도받아 자신의 주민등록을 마친 때에는 임차인은 제3자에 대하여 대항력을 취득한다.

4. 주택임대권의 대항력

(2) 대항력 발생요건

2) 주민등록(전입신고)

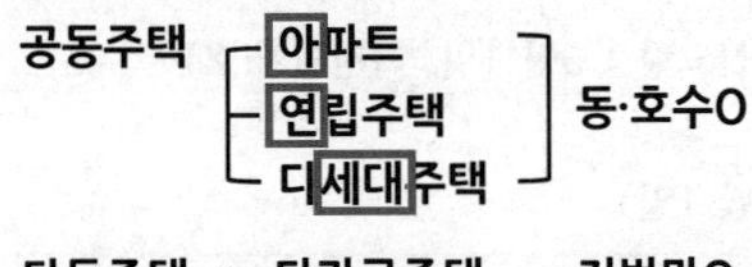

단독주택 ← 다가구주택 — 지번만O

4. 주택임대권의 대항력

(3) 대항력의 내용 ➡ 대항 O → 승계 O

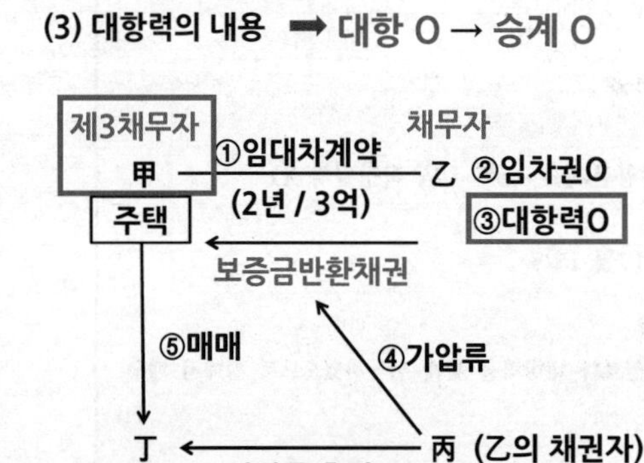

임차주택의 소유권이 이전되어 그 양수인이 임대인의 지위를 승계하는 경우에는 임대차보증금 반환채무도 양수인에게 이전되며 양도인의 보증금반환채무는 소멸한다.

주택임대차보호법상 대항력을 갖춘 임차인의 임대차보증금반환채권이 가압류된 상태에서 임대주택이 양도된 경우, 양수인이 채권가압류의 제3채무자의 지위를 승계하므로 가압류채권자는 양수인에 대하여만 가압류의 효력을 주장할 수 있다.

5. 보증금의 보호

(1) 보증금 우선변제권

주택임대차의 대항요건과 임대차계약증서상의 확정일자를 갖춘 임차인은 경매 또는 공매시 임차주택(대지 포함)의 환가대금에서 후순위 권리자 기타 채권자보다 우선하여 보증금을 변제받을 권리가 있다.

	우선변제권	최우선변제권
주 임 법	대지 포함	
상 임 법		

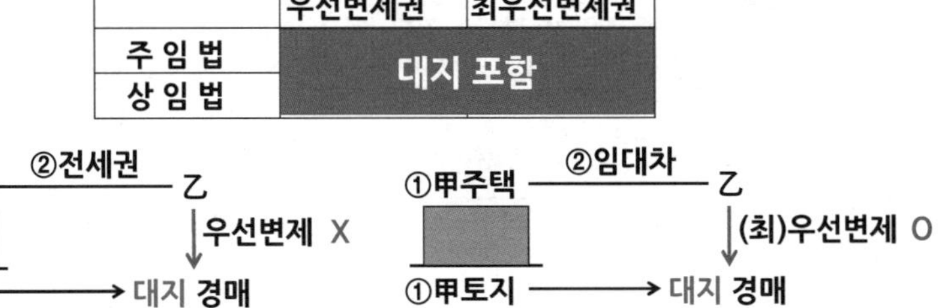

5. 보증금의 보호

(2) 소액보증금 최우선변제권

1) 최우선변제권의 의의

소액임차인은 대지를 포함한 임차주택의 경매대금에서 보증금 중 일정액을 다른 담보물권자보다 우선하여 변제받을 권리가 있다. 이 경우 임차인은 주택에 대한 경매신청의 등기 전에 대항요건을 갖추어야 한다.

(2) 소액보증금 최우선변제권

2) 소액임차인의 기준 및 최우선변제액 : 차임 X

기 간	지 역	소액임차인의 범위 (월차임 X)	보증금 중 일정액 (최우선변제금액)
2023. 2. 21. 이후	**서울특별시**	1억 6천 500만원	5천 500만원
	수도권정비계획법에 따른 과밀억제권역(서울특별시는 제외), 세종특별자치시, 용인시, 화성시 및 김포시	1억 4천 500만원	4천 800만원
	광역시(수도권정비계획법에 따른 과밀억제권역에 포함된 지역과 군지역은 제외), 안산시, 광주시, 파주시, 이천시 및 평택시	8천 500만원	2천 800만원
	그 밖의 지역	7천 500만원	2천 500만원

(2) 소액보증금 최우선변제권

3) 최우선변제권의 내용

최우선변제 대상 보증금액이 주택가액(대지 포함)의 2분의 1을 초과하는 경우에는 주택 가액의 2분의 1에 해당하는 금액에 한하여 최우선변제권이 있다.

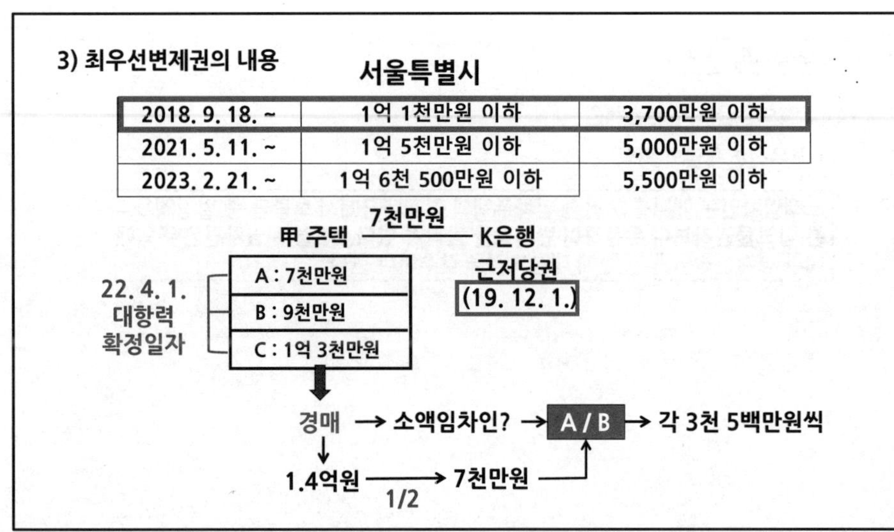
3) 최우선변제권의 내용
서울특별시
2018. 9. 18. ~ | 1억 1천만원 이하 | 3,700만원 이하
2021. 5. 11. ~ | 1억 5천만원 이하 | 5,000만원 이하
2023. 2. 21. ~ | 1억 6천 500만원 이하 | 5,500만원 이하
甲 주택
7천만원
K은행
근저당권
(19. 12. 1.)
22. 4. 1.
대항력
확정일자
A : 7천만원
B : 9천만원
C : 1억 3천만원
경매
소액임차인?
A / B
각 3천 5백만원씩
1.4억원
1/2
7천만원

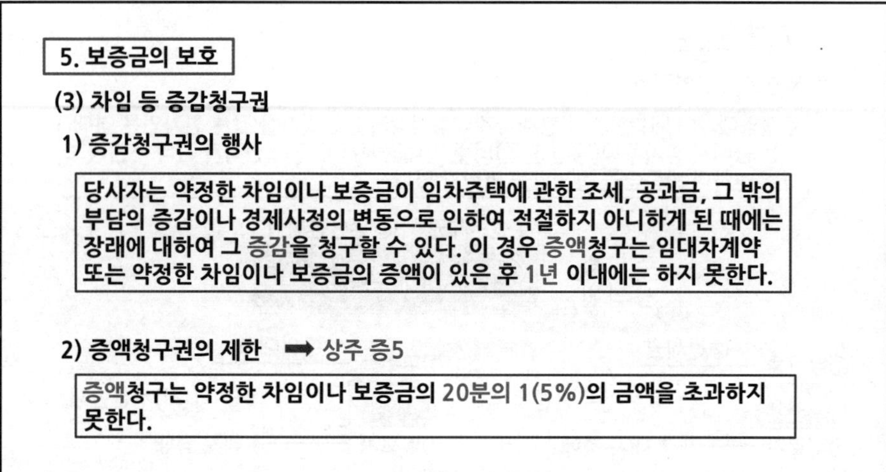
5. 보증금의 보호
(3) 차임 등 증감청구권
1) 증감청구권의 행사
당사자는 약정한 차임이나 보증금이 임차주택에 관한 조세, 공과금, 그 밖의 부담의 증감이나 경제사정의 변동으로 인하여 적절하지 아니하게 된 때에는 장래에 대하여 그 증감을 청구할 수 있다. 이 경우 증액청구는 임대차계약 또는 약정한 차임이나 보증금의 증액이 있은 후 1년 이내에는 하지 못한다.
2) 증액청구권의 제한 ➡ 상주 증5
증액청구는 약정한 차임이나 보증금의 20분의 1(5%)의 금액을 초과하지 못한다.

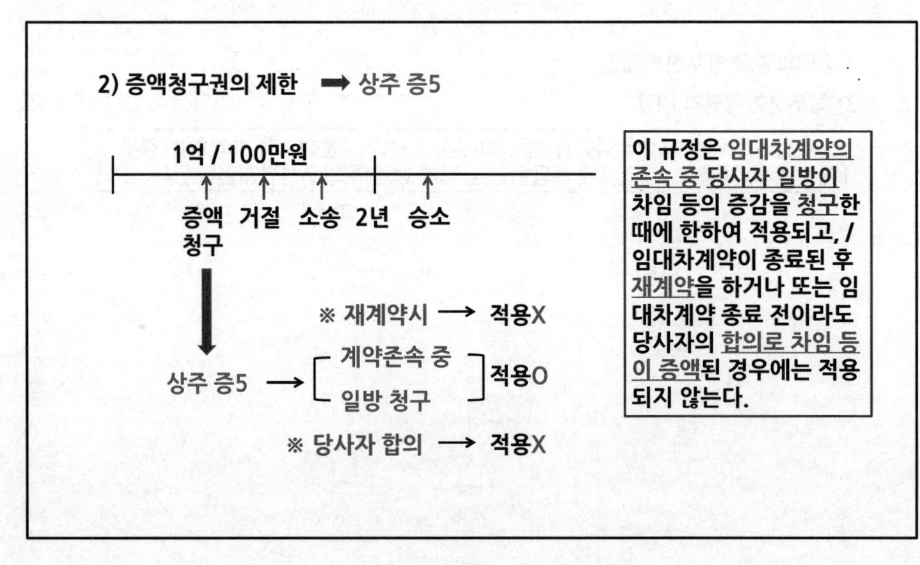
2) 증액청구권의 제한 ➡ 상주 증5
1억 / 100만원
증액 청구
거절
소송
2년
승소
※ 재계약시 → 적용X
상주 증5 →
계약존속 중
일방 청구
적용O
※ 당사자 합의 → 적용X
이 규정은 임대차계약의 존속 중 당사자 일방이 차임 등의 증감을 청구한 때에 한하여 적용되고, / 임대차계약이 종료된 후 재계약을 하거나 또는 임대차계약 종료 전이라도 당사자의 합의로 차임 등이 증액된 경우에는 적용되지 않는다.

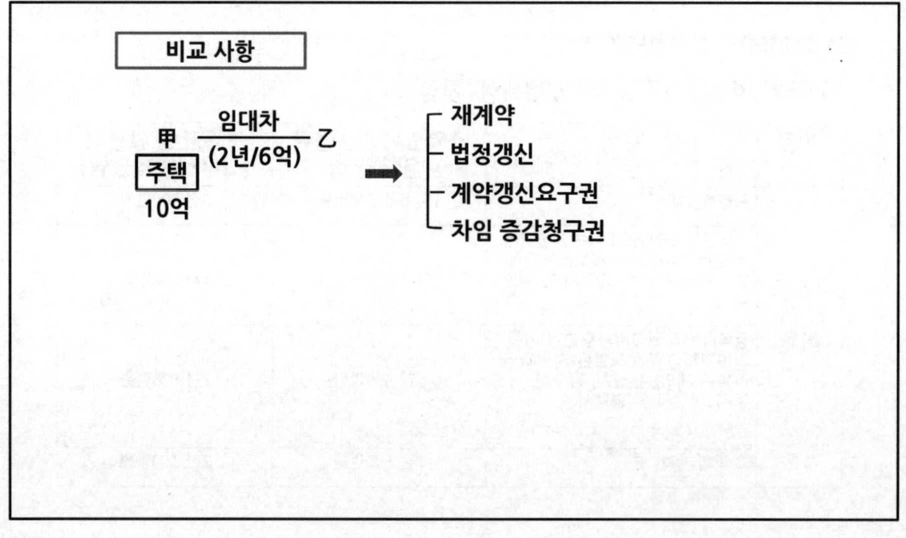
비교 사항
甲
임대차
(2년/6억)
乙
주택
10억
재계약
법정갱신
계약갱신요구권
차임 증감청구권

제 2 장

상가건물 임대차보호법

적용 범위

- 주임법 : 모든 주택임대차에 다 적용 O
- 상임법 : 모든 상가임대차에 다 적용되는 것은 아니다 !!
  - 1. 사업자등록O
  - 2. (환산)보증금 제한

서울
- 9억 이하 : 전부 적용
- 9억 초과 : 일부 적용 →
  - 3기 연체 - 해지
  - 권리금 보호규정
  - 폐업으로 인한 임차인의 해지권
  - 대항력
  - 표준계약서
  - 계약갱신요구권

1. 상임법 적용범위

(1) 적용 대상

상가건물(사업자등록의 대상이 되는 건물)의 임대차(임대차 목적물의 주된 부분을 영업용으로 사용하는 경우를 포함)에 적용된다.

미등기전세에 준용된다.

일시사용을 위한 임대차임이 명백한 경우에는 적용되지 아니한다.

비영리의 건물임대차(교회, 동창회, 종친회 등)에는 적용되지 아니한다.

(2) 적용 범위

대통령령이 정하는 보증금액(환산보증금)을 초과하는 임대차에 대하여는 적용되지 아니한다.

상가건물임대차보호법이 적용되는 범위(대통령령)
㉠ 서울특별시 : 9억 원
㉡ 과밀억제권역(서울특별시 제외) 및 부산광역시 : 6억 9천만 원
㉢ 광역시(수도권정비계획법에 따른 과밀억제권역에 포함된 지역과 군지역, 부산광역시는 제외), 세종특별자치시, 파주시, 화성시, 안산시, 용인시, 김포시 및 광주시 : 5억 4천만 원
㉣ 그 밖의 지역 : 3억 7천만 원

단서(5%) X

다만 제3조(대항력 등), 제10조 제1항, 제2항, 제3항 본문(계약갱신 요구 등), 제10조의2부터 제10조의9까지의 규정, 제11조의2 및 제19조는 제2조 제1항 단서에 따른 보증금액을 초과하는 임대차에 대하여도 적용한다.

(2) 적용 범위

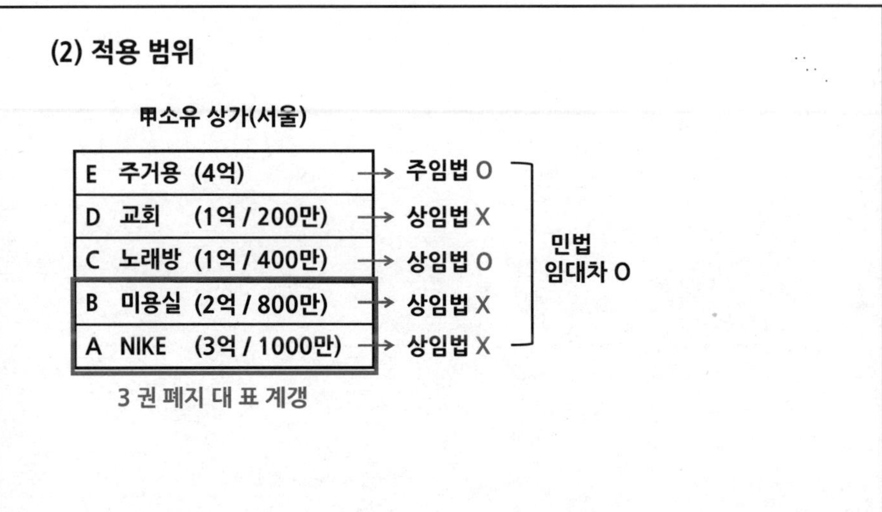

2. 상가임차권의 대항력

상가건물 임대차는 그 등기가 없는 경우에도 임차인이 건물의 인도와 사업자등록을 신청한 때에는 그 다음날부터 제3자에 대하여 효력이 생긴다.

임차인이 폐업신고를 하였다가 다시 같은 상호 및 등록번호로 사업자등록을 하였다고 하더라도 종전의 대항력 및 우선변제권이 그대로 존속한다고 할 수 없다.

임차건물의 양수인 기타 임대할 권리를 승계한 자는 임대인 지위를 승계한 것으로 본다.

3. 보증금의 보호

(1) 임차보증금의 우선변제권

상가건물임차권의 대항요건과 관할 세무서장으로부터 임대차계약서상의 확정일자를 갖춘 임차인은 경매 또는 공매시 임차건물(임대인 소유의 대지 포함)의 환가대금에서 후순위권리자 그 밖의 채권자보다 우선하여 보증금을 변제받을 권리가 있다.

3. 보증금의 보호

(2) 소액보증금 최우선변제권

2) 소액임차인의 기준 및 최우선변제액 : 환산보증금

기 간	지 역	소액임차인 기준	최우선변제액
2014. 1. 1. 이후	서울특별시	6,500만 원 이하	2,200만 원
	수도권정비계획법에 따른 과밀억제권역(서울특별시는 제외한다)	5,500만 원 이하	1,900만 원
	광역시(수도권정비계획법에 따른 과밀억제권역에 포함된 지역과 군지역은 제외한다), 안산시, 용인시, 김포시 및 광주시	3,800만 원 이하	1,300만 원
	그 밖의 지역	3,000만 원 이하	1,000만 원

3. 보증금의 보호

(2) 소액보증금 최우선변제권

3) 최우선변제권의 내용

최우선변제권의 발생요건 : 소액임차인이 대항요건을 갖추어야 한다. 이 경우 임차인은 건물에 대한 경매신청의 등기 전에 대항요건을 갖추어야 한다.

임차인의 보증금 중 일정액이 상가건물의 가액(임대인 소유의 대지가액을 포함)의 2분의 1을 초과하는 경우에는 상가건물의 가액의 2분의 1에 해당하는 금액에 한하여 우선변제권이 있다.

3. 보증금의 보호

(3) 임차권등기명령 ➡ 주택임대차보호법과 동일

(4) 차임 등 증감청구권 ➡ 주택임대차보호법과 동일(상주 증5)

(5) 폐업으로 인한 임차인의 해지권

① 임차인은 「감염병의 예방 및 관리에 관한 법률」 제49조 제1항 제2호에 따른 집합 제한 또는 금지 조치(같은 항 제2호의2에 따라 운영시간을 제한한 조치를 포함한다)를 총 3개월 이상 받음으로써 발생한 경제사정의 중대한 변동으로 폐업한 경우에는 임대차계약을 해지할 수 있다.

② ①에 따른 해지는 임대인이 계약해지의 통고를 받은 날부터 3개월이 지나면 효력이 발생한다.

4. 존속기간 보장

(1) 최단기간의 보장과 임대차관계의 존속

제9조(임대차기간 등) ①기간을 정하지 아니하거나 기간을 1년 미만으로 정한 임대차는 그 기간을 1년으로 본다. 다만, 임차인은 1년 미만으로 정한 기간이 유효함을 주장할 수 있다.
②임대차가 종료한 경우에도 임차인이 보증금을 돌려받을 때까지는 임대차 관계는 존속하는 것으로 본다.

(2) 묵시의 갱신(법정갱신) 임차인 규정 X

제10조(계약갱신 요구 등) ④ 임대인이 임대차기간이 만료되기 6개월 전부터 1개월 전까지 사이에 임차인에게 갱신 거절의 통지 또는 조건 변경의 통지를 하지 아니한 경우에는 그 기간이 만료된 때에 전 임대차와 동일한 조건으로 다시 임대차한 것으로 본다. 이 경우에 임대차의 존속기간은 1년으로 본다.
⑤ 법정갱신된 경우 임차인은 언제든지 임대인에게 계약해지의 통고를 할 수 있고, 임대인이 통고를 받은 날부터 3개월이 지나면 효력이 발생한다.

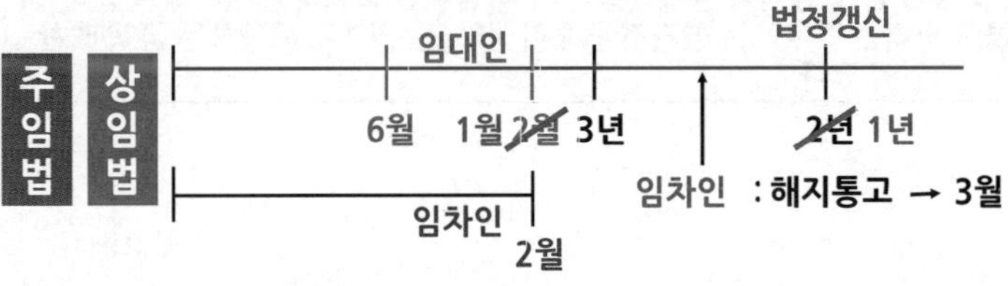

5. 계약갱신요구권

임차인은 임대인에게 임대차기간 만료 전 6월부터 1월까지 사이에 최초 임대차기간을 포함하여 10년을 초과하지 않는 범위 내에서 계약갱신을 요구할 수 있다. 이 경우 임대인은 정당한 사유가 없는 한 이를 거절할 수 없다.

갱신된 임대차는 전임대차와 동일한 조건으로 다시 계약된 것으로 본다.
다만 차임과 보증금은 청구당시의 차임 또는 보증금의 100분의 5의 금액 안에서 증감할 수 있다(제10조 제3항).

임대인의 동의를 받고 전대차계약을 체결한 전차인은 임차인의 계약갱신요구권 행사기간 범위 내에서 임차인을 대위하여(직접 X) 임대인에게 계약갱신요구권을 행사할 수 있다.

5. 계약갱신요구권

제10조(계약갱신 요구 등) ① 임대인은 임차인이 임대차기간이 만료되기 6개월 전부터 1개월 전까지 사이에 계약갱신을 요구할 경우 정당한 사유 없이 거절하지 못한다. / 다만, 다음 각 호의 어느 하나의 경우에는 그러하지 아니하다.

1. ~ 8.

포실 타고난 대철

부추 3합보쌈

일부 전멸중

※ 주임법

포실 타고난 대철

부추 2합보쌈

일부 전멸중

※ 임대인의 계약갱신요구 거절사유(제10조 제1항)

타고난 대철
부추 3합보쌈
일부 전멸중

1. 임차인이 **3**기의 차임액에 해당하는 금액에 이르도록 차임을 연체한 사실이 있는 경우
2. 임차인이 거짓이나 그 밖의 **부**정한 방법으로 임**차**한 경우
3. 서로 **합**의 하에 임대인이 임차인에게 상당한 **보상**을 제공한 경우
4. 임차인이 임대인의 동의 없이 목적 건물의 전부 또는 **일부**를 **전**대한 경우
5. 임차인이 임차한 건물의 전부 또는 **일부**를 고의 또는 **중**대한 과실로 파손한 경우
6. 임차한 건물의 전부 또는 **일부**가 **멸**실되어 임대차의 목적을 달성하지 못할 경우
7. 임대인이 다음 각 목의 어느 하나에 해당하는 사유로 목적 건물의 전부 또는 **대**부분을 **철**거하거나 재건축하기 위하여 목적 건물의 점유를 회복할 필요가 있는 경우
가. 임대차계약 체결 당시 공사시기 및 소요기간 등을 포함한 철거 또는 재건축 계획을 임차인에게 구체적으로 **고**지하고 그 계획에 따르는 경우
나. 건물이 노후·훼손 또는 일부 멸실되는 등 **안**전사고의 우려가 있는 경우
다. 다른 법령(**타**법령)에 따라 철거 또는 재건축이 이루어지는 경우
8. **그 밖에** 임차인이 임차인으로서의 의무를 현저히 위반하거나 임대차를 계속하기 어려운 중대한 사유가 있는 경우

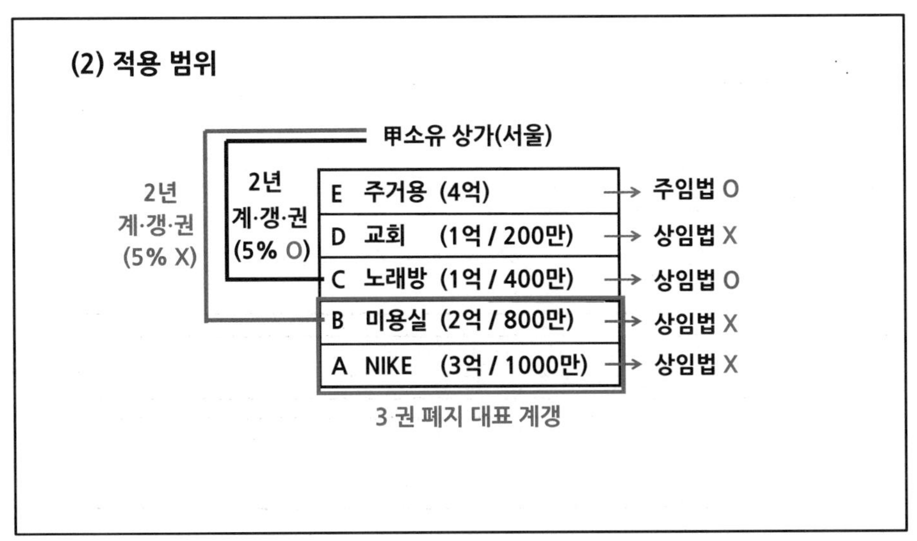
(2) 적용 범위
甲소유 상가(서울)
2년
계·갱·권
(5% X)
2년
계·갱·권
(5% O)
E 주거용 (4억) → 주임법 O
D 교회 (1억 / 200만) → 상임법 X
C 노래방 (1억 / 400만) → 상임법 O
B 미용실 (2억 / 800만) → 상임법 X
A NIKE (3억 / 1000만) → 상임법 X
3 권 폐지 대표 계갱

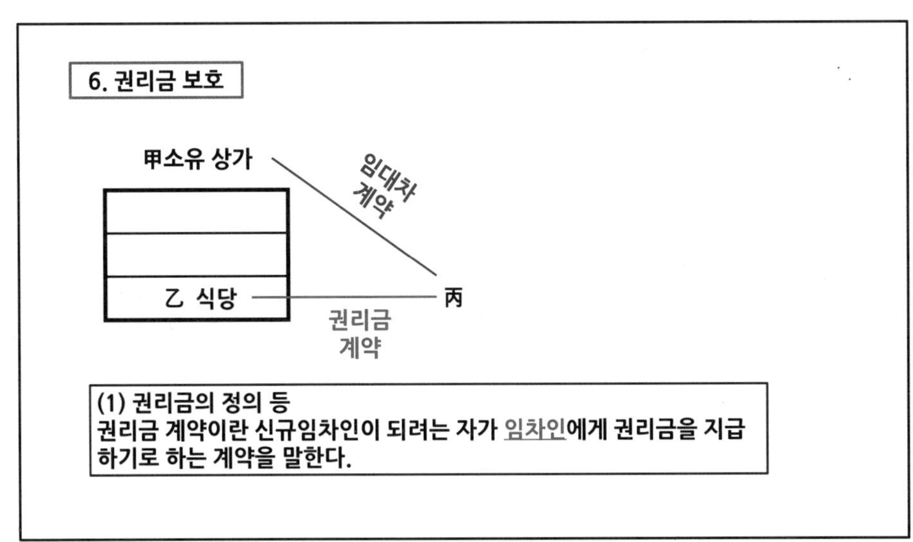
6. 권리금 보호
甲소유 상가
임대차 계약
乙 식당
丙
권리금 계약
(1) 권리금의 정의 등
권리금 계약이란 신규임차인이 되려는 자가 임차인에게 권리금을 지급하기로 하는 계약을 말한다.

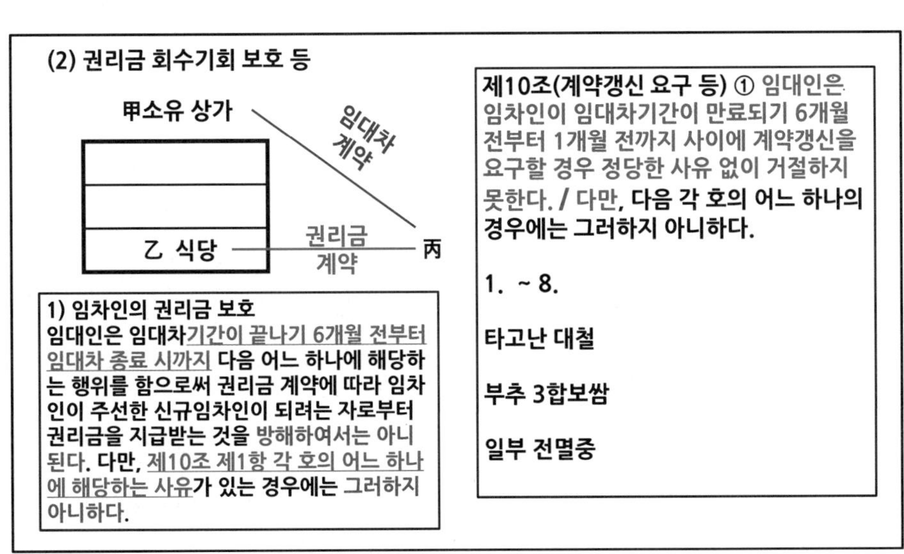
(2) 권리금 회수기회 보호 등
甲소유 상가
임대차 계약
乙 식당
丙
권리금 계약
1) 임차인의 권리금 보호
임대인은 임대차기간이 끝나기 6개월 전부터 임대차 종료 시까지 다음 어느 하나에 해당하는 행위를 함으로써 권리금 계약에 따라 임차인이 주선한 신규임차인이 되려는 자로부터 권리금을 지급받는 것을 방해하여서는 아니 된다. 다만, 제10조 제1항 각 호의 어느 하나에 해당하는 사유가 있는 경우에는 그러하지 아니하다.
제10조(계약갱신 요구 등) ① 임대인은 임차인이 임대차기간이 만료되기 6개월 전부터 1개월 전까지 사이에 계약갱신을 요구할 경우 정당한 사유 없이 거절하지 못한다. / 다만, 다음 각 호의 어느 하나의 경우에는 그러하지 아니하다.
1. ~ 8.
타고난 대철
부추 3합보쌈
일부 전멸중

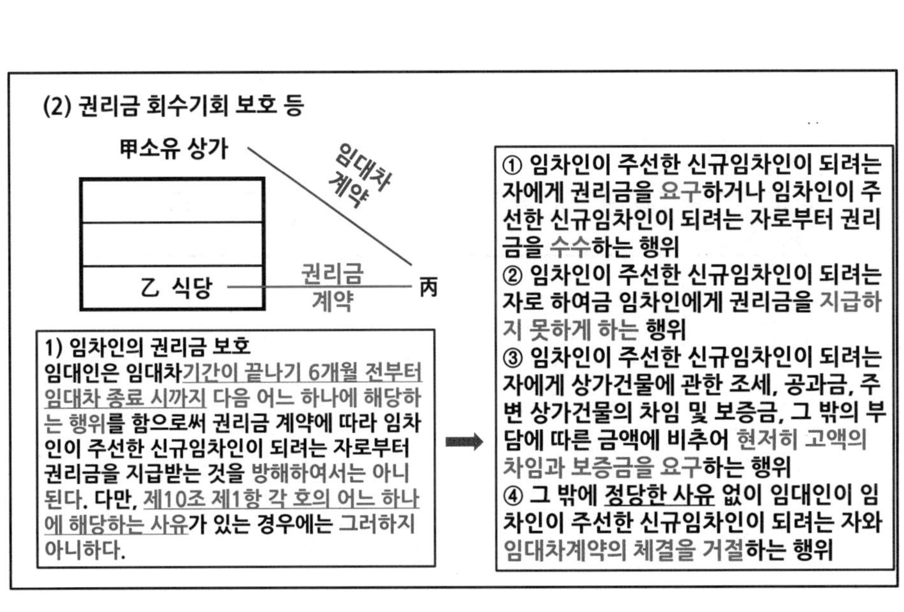
(2) 권리금 회수기회 보호 등
甲소유 상가
임대차 계약
乙 식당
丙
권리금 계약
1) 임차인의 권리금 보호
임대인은 임대차기간이 끝나기 6개월 전부터 임대차 종료 시까지 다음 어느 하나에 해당하는 행위를 함으로써 권리금 계약에 따라 임차인이 주선한 신규임차인이 되려는 자로부터 권리금을 지급받는 것을 방해하여서는 아니 된다. 다만, 제10조 제1항 각 호의 어느 하나에 해당하는 사유가 있는 경우에는 그러하지 아니하다.
① 임차인이 주선한 신규임차인이 되려는 자에게 권리금을 요구하거나 임차인이 주선한 신규임차인이 되려는 자로부터 권리금을 수수하는 행위
② 임차인이 주선한 신규임차인이 되려는 자로 하여금 임차인에게 권리금을 지급하지 못하게 하는 행위
③ 임차인이 주선한 신규임차인이 되려는 자에게 상가건물에 관한 조세, 공과금, 주변 상가건물의 차임 및 보증금, 그 밖의 부담에 따른 금액에 비추어 현저히 고액의 차임과 보증금을 요구하는 행위
④ 그 밖에 정당한 사유 없이 임대인이 임차인이 주선한 신규임차인이 되려는 자와 임대차계약의 체결을 거절하는 행위

(2) 권리금 회수기회 보호 등

3) 손해배상책임

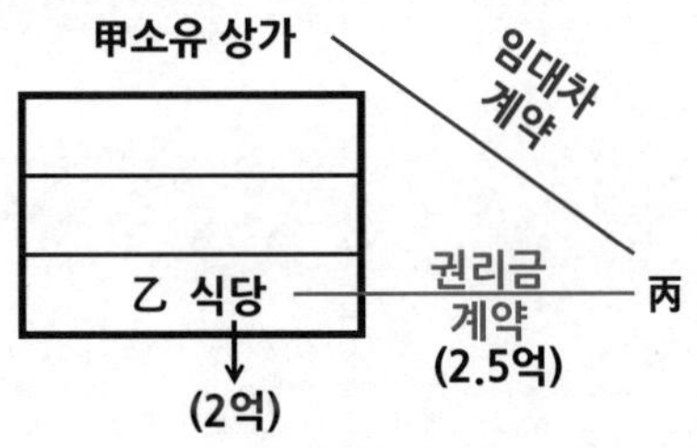

임대인이 권리금 계약에 따라 임차인이 주선한 신규임차인이 되려는 자로부터 권리금을 지급받는 것을 방해하여 임차인에게 손해를 발생하게 한 때에는 그 손해를 배상할 책임이 있다. 임대인에게 손해배상을 청구할 권리는 임대차가 종료한 날부터 3년 이내에 행사하지 아니하면 시효의 완성으로 소멸한다.

(3) 권리금 적용 제외

제10조의 4(권리금 회수기회 보호 등)는 다음 어느 하나에 해당하는 상가건물 임대차의 경우에는 적용하지 아니한다.

① 임대차 목적물인 상가건물이 「유통산업발전법」제2조에 따른 대규모점포 또는 준대규모점포의 일부인 경우(다만, 「전통시장 및 상점가 육성을 위한 특별법」 제2조 제1호에 따른 전통시장은 제외한다)

② 임대차 목적물인 상가건물이 「국유재산법」에 따른 국유재산 또는 「공유재산 및 물품 관리법」에 따른 공유재산인 경우

대규모점포 ➡ 매장면적합계 : 3천제곱미터 이상인 점포의 집단
1. 대형마트 2. 전문점 3. 백화점 4. 쇼핑센터 5. 복합쇼핑몰 등

준대규모점포 ➡
1. 대규모점포를 경영하는 회사 또는 그 계열회사가 직영하는 점포
2. 대규모점포를 경영하는 회사 또는 그 계열회사가 직영점형 체인사업 및 프랜차이즈형 체인사업의 형태로 운영하는 점포 등

7. 차임연체와 해지

임차인의 차임연체액이 3기의 차임액에 달하는 때에는 임대인은 계약을 해지할 수 있다.

제 3 장

집합건물의 소유 및 관리에 관한 법률

물 권 법 : 약 180개 조문 → 14문제
집합건물법 : 약 60개 조문 → 1문제

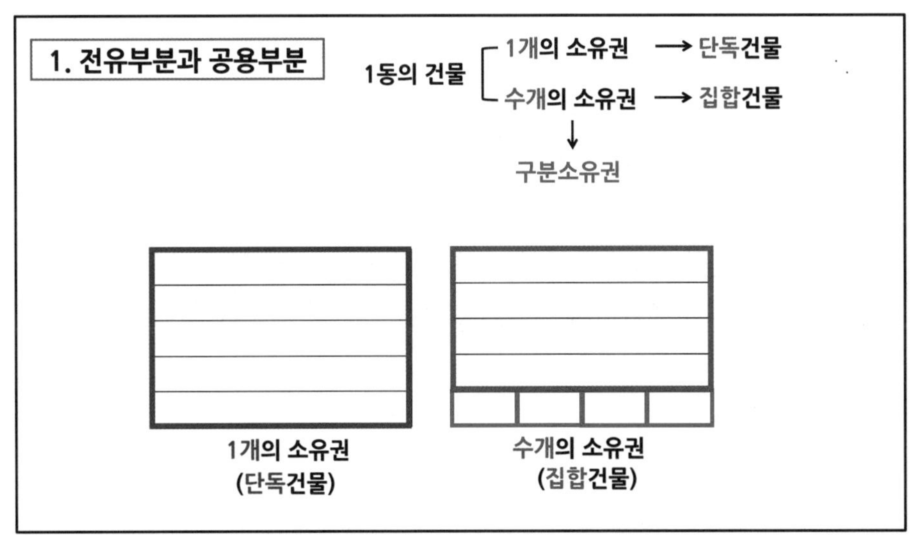

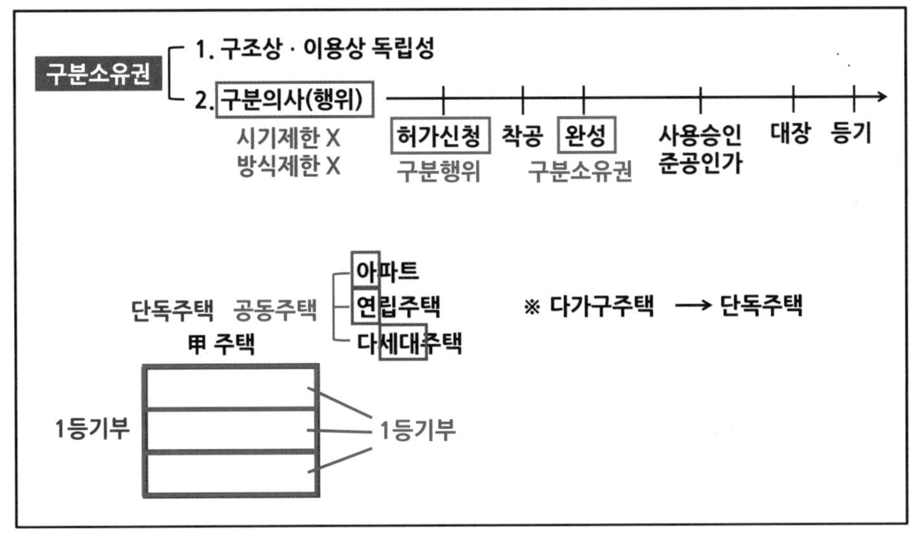

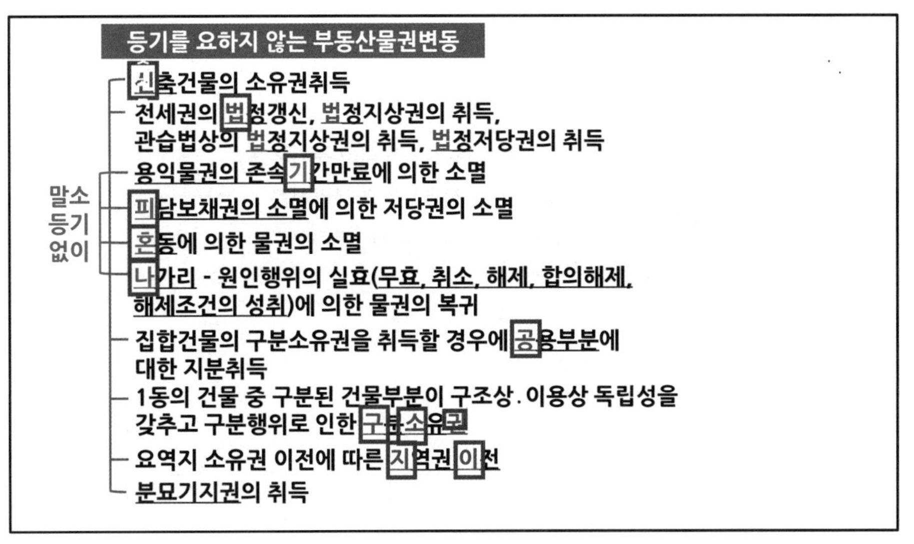

(1) 전유부분

구분소유권의 객체가 된 건물부분을 전유부분이라고 한다.

건물의 일부에 구분소유권이 성립하기 위해서는 건물의 일부가 '구조상, 이용상 독립성'을 갖추었다는 것만으로는 부족하고 소유자의 '구분행위(구분의사)'가 있어야 한다.

1동의 건물 및 그 구분행위에 상응하는 구분건물이 객관적, 물리적으로 완성되면 아직 그 건물이 집합건축물대장에 등록되거나 구분건물로서 등기부에 등기되지 않았더라도 그 시점에서 구분소유가 성립한다.

(2) 공용부분

공용부분은 원칙적으로 구분소유자 전원의 공유에 속한다

집합건물의 공용부분은 지분비율이 아니라 그 용도에 따라(지분 비율에 따라 X) 사용한다.

공용부분의 지분은 그 전유부분의 처분에 따르며, 공용부분에 관한 물권의 득실변경은 등기가 필요하지 아니한다.

기출 특강

전유부분과 공용부분

전유부분과 분리처분 여부
- 공용부분의 지분 → 전유부분과 절대 분리처분 X → 등기 불요
- 대지사용권
  - 원칙 → 전유부분과 분리처분 X
  - 규약 (공정증서) → 전유부분과 분리처분 O

2. 구분소유건물의 관리

(1) 공용부분의 관리

체납관리비 특별승계인 승계여부
- 전유부분 → 승계X
- 공용부분 → 승계O
  - ↓ 연체료 → 승계X

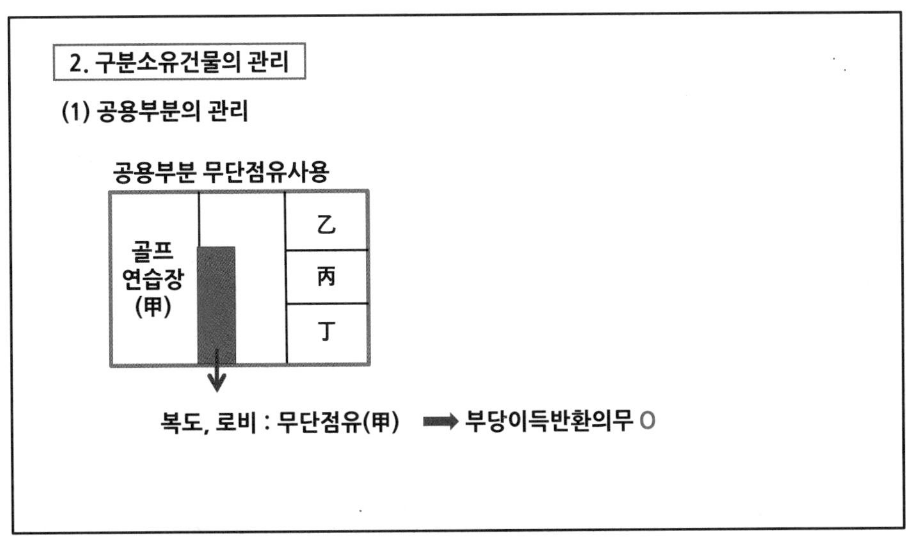

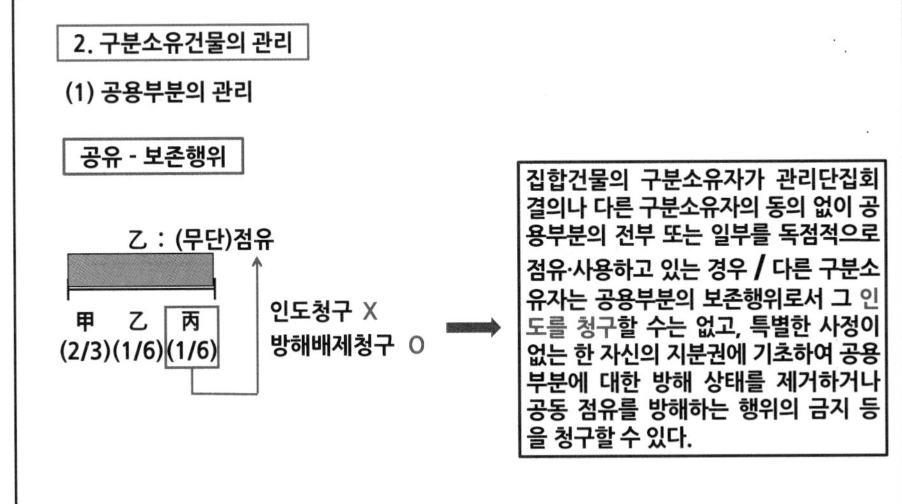

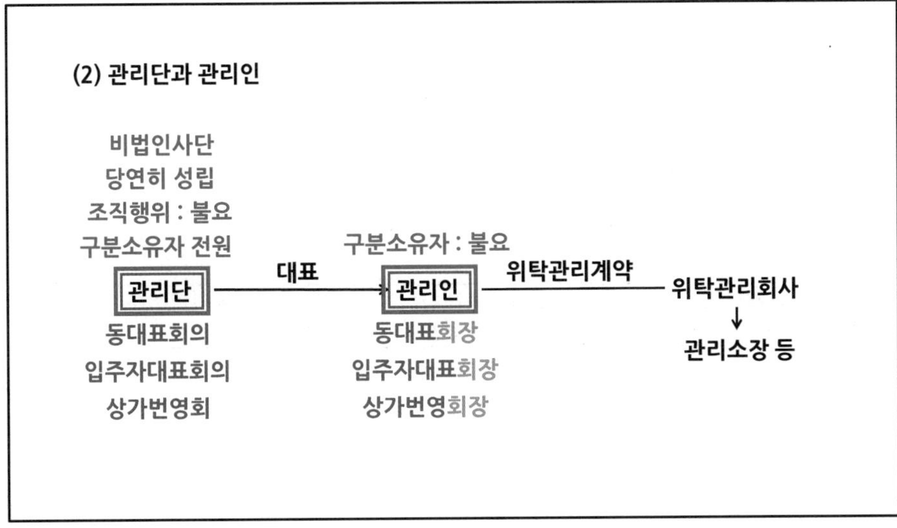

(2) 관리단과 관리인

① 관리단은 어떠한 조직행위를 거쳐야 하는 것이 아니라 구분소유자 전원으로 당연히 한다.
② 관리단은 당연히 성립하나, 관리인은 반드시 있어야 하는 것은 아니다.
(구분소유자가 10인 이상인 경우에만 선임의무가 있음)
③ 관리인은 구분소유자일 필요 없다.

(3) 분양자 및 시공자의 담보책임

① 분양자 및 시공자는 건물의 하자에 대해 담보책임을 진다.

② 기산점

㉠ 전유부분 : 구분소유자에게 인도한 날

㉡ 공용부분 : 사용검사일 또는 사용승인일

(4) 재건축

재건축 결의는 구분소유자 및 의결권의 5분의 4 이상의 결의에 의하며, 서면결의도 가능하다.

재건축 결의 O —재건축 참가여부 / 서면 촉구(최고)→ 반대하는 구분소유자 —2월 내 / 회답 X→ 참가 X

제 4 장

가등기담보 등에 관한 법률

1. 적용범위와 법적성질

(1) 적용범위

매매대금채권, 공사대금채권 등을 담보하기 위하여 가등기 내지 소유권이전등기를 한 경우에는 가등기담보법이 적용되지 않는다.

(2) 가등기담보의 성질

① 가등기담보권의 성질은 저당권과 같다. 따라서 부종성, 수반성, 불가분성, 물상대위성이 인정된다.
② 가등기가 담보가등기인지 여부는 그 등기부상 표시에 의하여 형식적으로 결정될 것이 아니고 거래의 실질과 당사자의 의사해석에 따라 결정될 문제라고 할 것이다.

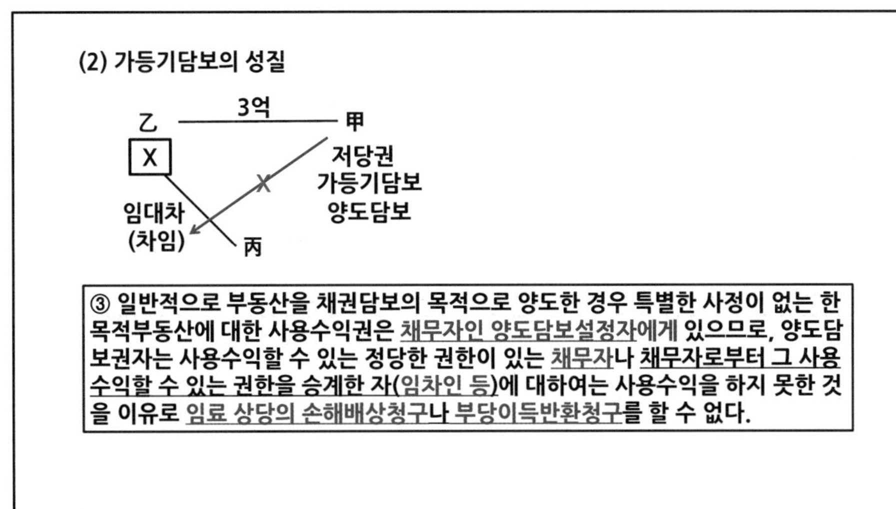

2. 가등기담보권의 실행

- 공적실행 → 경매(처분청산)
- 사적실행
  - 처분청산 : 허용 X
  - 귀속청산 : 허용 O

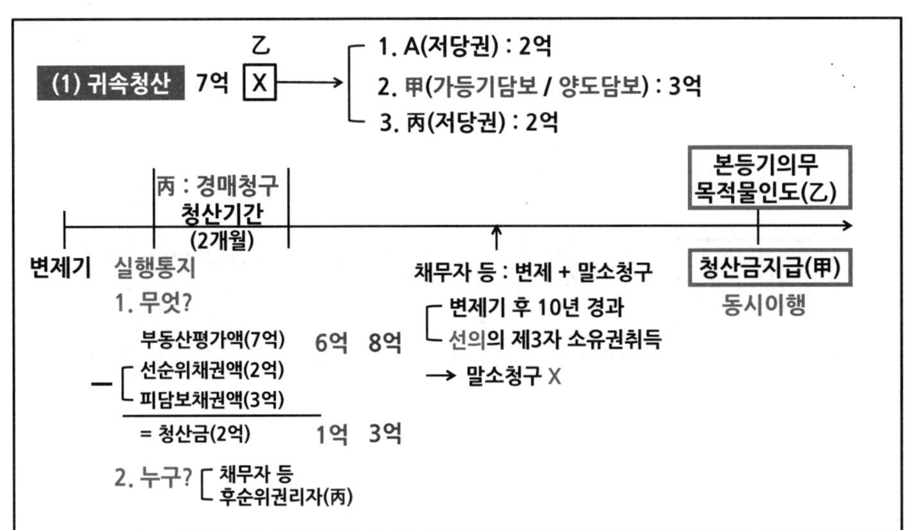

1) 담보권 실행의 통지

청산금 : 목적부동산의 평가액에서 피담보채권액과 선순위권리자의 채권액을 제외한 금액이다.

청산금이 없다면 청산금이 없다는 뜻을 통지하여야 한다.

주관적으로 평가한 청산금이 객관적인 가액에 미달하더라도 통지로서 유효하다.

평가액의 통지를 하고 나면 채권자는 그가 통지한 청산금의 수액에 관하여 다툴 수 없다.

동시이행관계 여부

- 채무자의 부동산의 소유권이전등기 및 인도채무 / 채권자의 청산금 지급의무 → 동시이행관계 O
- 피담보채무의 변제의무 (선) / 가등기담보(소유권이전등기)의 말소의무 (후) → 동시이행관계 X

4) 본등기에 의한 소유권의 취득

양도담보권자 → (소유권 - 인도청구 X / 담보권실행 - 인도청구 O) → 이행지체의 채무자 / 채무자로부터 점유이전받은 제3자

③ 채권담보를 위하여 소유권이전등기를 경료한 양도담보권자는 채무자가 변제기를 도과하여 피담보채무의 이행지체에 빠졌을 때에는 담보권의 실행으로서 채무자나 채무자로부터 적법하게 목적 부동산의 점유를 이전받아 있는 경우에는 그 목적 부동산의 인도청구를 할 수 있으나, 소유권에 기하여 그 인도를 구할 수는 없다.

5) 후순위권리자의 보호

후순위권리자는 청산기간 내라면 자신의 채권이 변제기 도래 전이라도 경매를 청구할 수 있다.

(2) 경매에 의한 공적실행

① 경매의 경우에는 가등기담보권을 저당권과 동일하게 취급한다.
② 담보가등기를 마친 부동산에 대하여 강제경매 등이 행하여진 경우에는 담보가등기권리는 그 부동산의 매각에 의하여 소멸한다.

제 5 장

부동산 실권리자 명의등기에 관한 법률

1. 총 설

(1) 실명등기의무
누구든지 부동산에 관한 물권을 명의신탁약정에 의하여 명의수탁자의 명의로 등기하여서는 아니된다.

1. 총 설

(2) 명의신탁약정의 효력

신탁자 甲 — 명의신탁 약정 — 수탁자 乙
X
등기O

제4조(명의신탁약정의 효력)
① 명의신탁약정은 무효로 한다.
② 명의신탁약정에 따른 등기로 이루어진 부동산에 관한 물권변동은 무효로 한다.
③ 제1항 및 제2항의 무효는 제3자에게 대항하지 못한다.

(선의/악의)

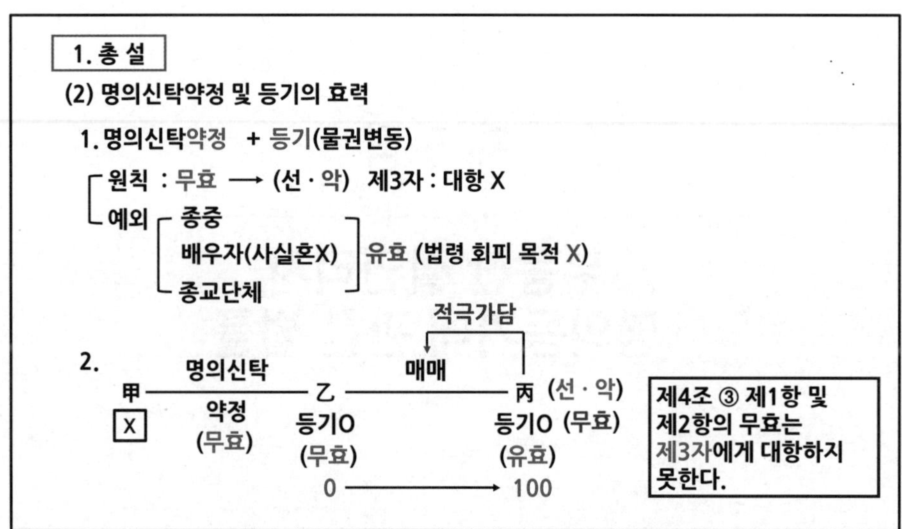
1. 총 설
(2) 명의신탁약정 및 등기의 효력
1. 명의신탁약정 + 등기(물권변동)
원칙 : 무효 ⟶ (선 · 악) 제3자 : 대항 X
예외 종중
배우자(사실혼X)
종교단체
유효 (법령 회피 목적 X)
적극가담
2.
명의신탁
매매
甲
乙
丙 (선 · 악)
X
약정
(무효)
등기O
(무효)
등기O (무효)
(유효)
0 ⟶ 100
제4조 ③ 제1항 및 제2항의 무효는 제3자에게 대항하지 못한다.

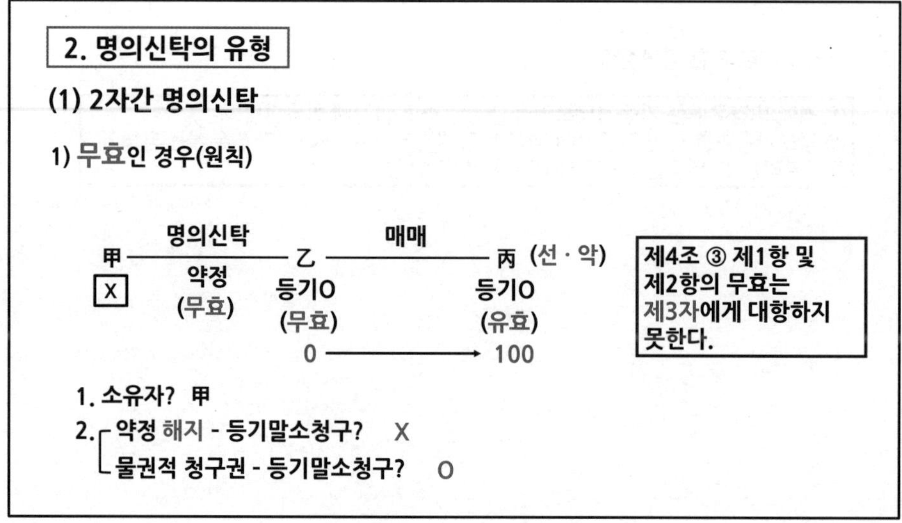
2. 명의신탁의 유형
(1) 2자간 명의신탁
1) 무효인 경우(원칙)
명의신탁
매매
甲
乙
丙 (선 · 악)
X
약정
(무효)
등기O
(무효)
등기O
(유효)
0 ⟶ 100
제4조 ③ 제1항 및 제2항의 무효는 제3자에게 대항하지 못한다.
1. 소유자? 甲
2. 약정 해지 - 등기말소청구? X
물권적 청구권 - 등기말소청구? O

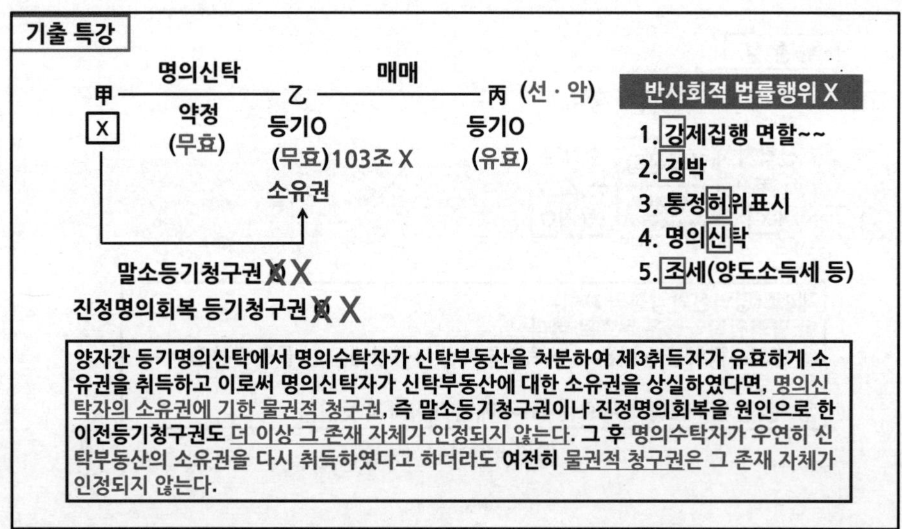
기출 특강
명의신탁
매매
甲
乙
丙 (선 · 악)
X
약정
(무효)
등기O
(무효)103조 X
소유권
등기O
(유효)
반사회적 법률행위 X
1. 강제집행 면할~~
2. 강박
3. 통정허위표시
4. 명의신탁
5. 조세(양도소득세 등)
말소등기청구권 X
진정명의회복 등기청구권 X
양자간 등기명의신탁에서 명의수탁자가 신탁부동산을 처분하여 제3취득자가 유효하게 소유권을 취득하고 이로써 명의신탁자가 신탁부동산에 대한 소유권을 상실하였다면, 명의신탁자의 소유권에 기한 물권적 청구권, 즉 말소등기청구권이나 진정명의회복을 원인으로 한 이전등기청구권도 더 이상 그 존재 자체가 인정되지 않는다. 그 후 명의수탁자가 우연히 신탁부동산의 소유권을 다시 취득하였다고 하더라도 여전히 물권적 청구권은 그 존재 자체가 인정되지 않는다.

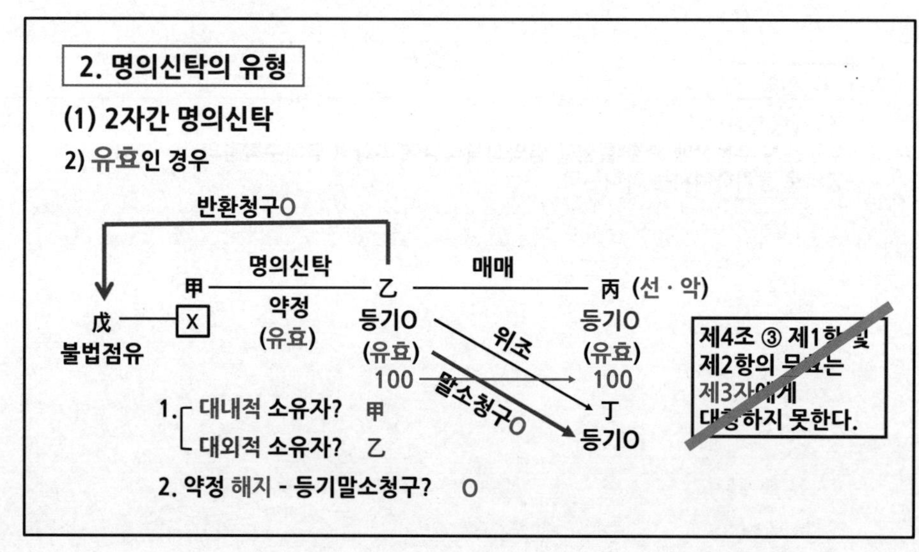
2. 명의신탁의 유형
(1) 2자간 명의신탁
2) 유효인 경우
반환청구O
명의신탁
매매
甲
乙
丙 (선 · 악)
戊
불법점유
X
약정
(유효)
등기O
(유효)
100 ⟶ 100
등기O
(유효)
위조
말소청구O
丁
등기O
제4조 ③ 제1항 및 제2항의 무효는 제3자에게 대항하지 못한다.
1. 대내적 소유자? 甲
대외적 소유자? 乙
2. 약정 해지 - 등기말소청구? O

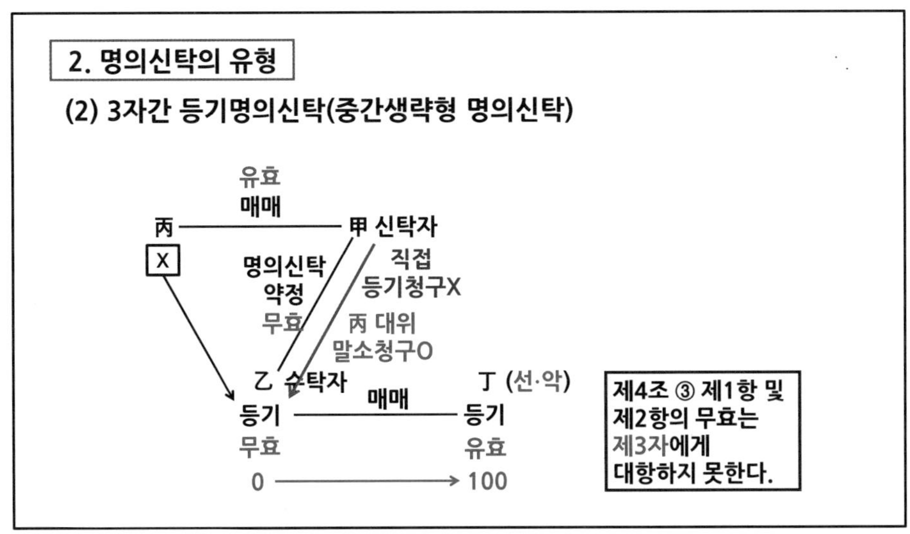
2. 명의신탁의 유형
(2) 3자간 등기명의신탁(중간생략형 명의신탁)
유효
매매
丙
X
甲 신탁자
명의신탁
약정
무효
직접
등기청구X
丙 대위
말소청구O
乙 수탁자
등기
무효
0
매매
丁 (선·악)
등기
유효
100
제4조 ③ 제1항 및
제2항의 무효는
제3자에게
대항하지 못한다.

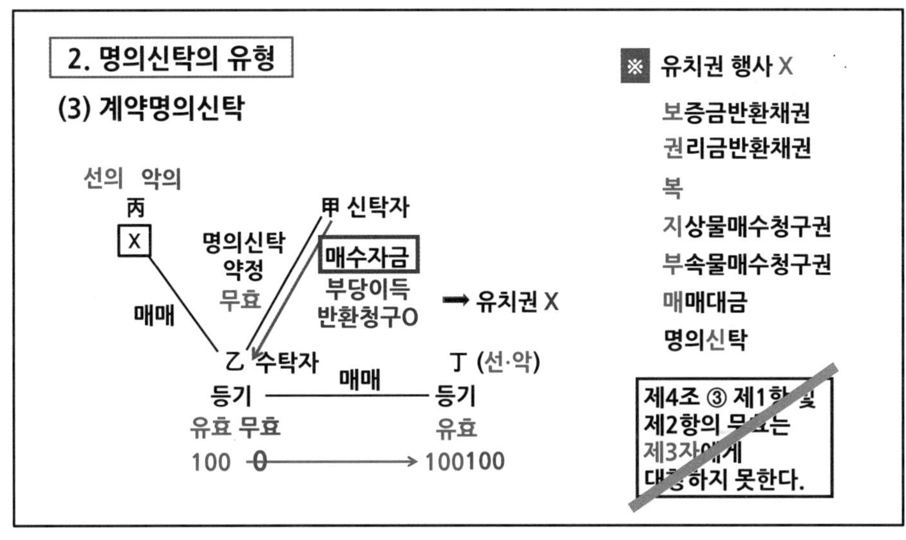
2. 명의신탁의 유형
(3) 계약명의신탁
선의 악의
丙
X
매매
甲 신탁자
명의신탁
약정
무효
매수자금
부당이득
반환청구O
➡ 유치권 X
乙 수탁자
등기
유효 무효
100 0
매매
丁 (선·악)
등기
유효
100100
※ 유치권 행사 X
보증금반환채권
권리금반환채권
복
지상물매수청구권
부속물매수청구권
매매대금
명의신탁
제4조 ③ 제1항 및
제2항의 무효는
제3자에게
대항하지 못한다.

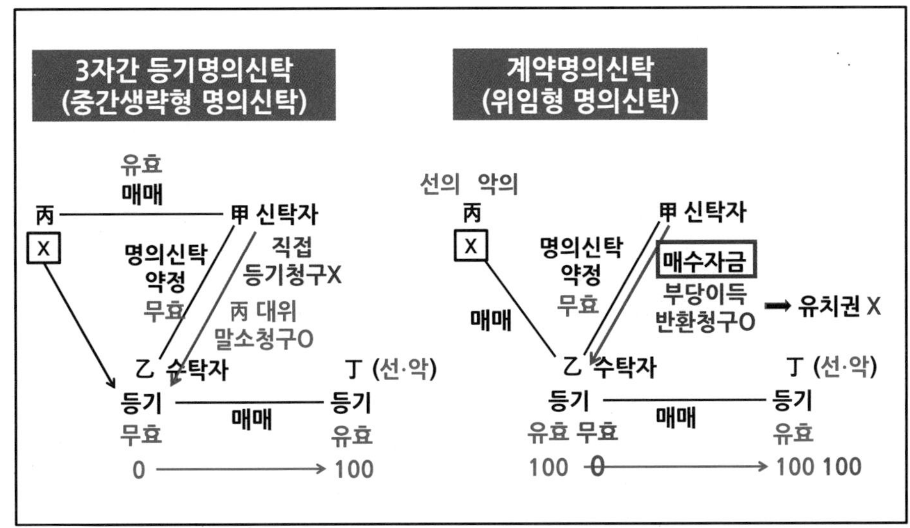
3자간 등기명의신탁
(중간생략형 명의신탁)
계약명의신탁
(위임형 명의신탁)
유효
매매
丙
X
甲 신탁자
명의신탁
약정
무효
직접
등기청구X
丙 대위
말소청구O
乙 수탁자
등기
무효
0
매매
丁 (선·악)
등기
유효
100
선의 악의
丙
X
매매
甲 신탁자
명의신탁
약정
무효
매수자금
부당이득
반환청구O
➡ 유치권 X
乙 수탁자
등기
유효 무효
100 0
매매
丁 (선·악)
등기
유효
100 100

제36회 공인중개사 시험대비 **전면개정판**

2025 박문각 공인중개사

김화현 강의노트 1차 민법·민사특별법

초판인쇄 | 2024. 11. 10. **초판발행** | 2024. 11. 15. **편저** | 김화현 편저

발행인 | 박 용 **발행처** | (주)박문각출판 **등록** | 2015년 4월 29일 제2019-000137호

주소 | 06654 서울시 서초구 효령로 283 서경빌딩 4층 **팩스** | (02)584-2927

전화 | 교재 주문 (02)6466-7202, 동영상문의 (02)6466-7201

정가 17,000원

ISBN 979-11-7262-326-5